"十四五"规划教材·立信高职系列

财务会计

（第六版）

李正华　主编

沈亚香　副主编

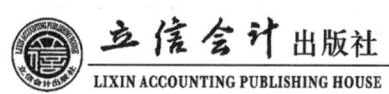

立信会计出版社
LIXIN ACCOUNTING PUBLISHING HOUSE

图书在版编目(CIP)数据

财务会计 / 李正华主编. —6 版. —上海：立信
会计出版社，2023.7(2025.1 重印)
ISBN 978-7-5429-7392-4

Ⅰ. ①财… Ⅱ. ①李… Ⅲ. ①财务会计 Ⅳ.
①F234.4

中国国家版本馆 CIP 数据核字(2023)第 121633 号

策划编辑	赵志梅
责任编辑	赵志梅
美术编辑	吴博闻

财务会计(第六版)

CAIWU KUAIJI

出版发行	立信会计出版社		
地　　址	上海市中山西路 2230 号	邮政编码	200235
电　　话	(021)64411389	传　　真	(021)64411325
网　　址	www.lixinaph.com	电子邮箱	lixinaph2019@126.com
网上书店	http://lixin.jd.com		http://lxkjcbs.tmall.com
经　　销	各地新华书店		
印　　刷	常熟市人民印刷有限公司		
开　　本	787 毫米×1092 毫米	1/16	
印　　张	27.25		
字　　数	698 千字		
版　　次	2023 年 7 月第 6 版		
印　　次	2025 年 1 月第 2 次		
书　　号	ISBN 978-7-5429-7392-4/F		
定　　价	56.00 元		

如有印订差错,请与本社联系调换

第六版前言

在现代市场经济和现代企业制度环境下,根据我国国内企业和资本市场发展的实际需要,在借鉴国际财务报告准则的基础上,财政部于2006年发布了企业会计准则,并于2014年起陆续发布了修订后的基本会计准则,修订后的长期股权投资、职工薪酬、财务报表列报、合并财务报表、金融工具列报、金融工具确认和计量、金融资产转移、套期会计、政府补助、收入、租赁、非货币性资产交换、债务重组等具体会计准则,以及公允价值计量、合营安排、在其他主体中权益的披露、持有待售的非流动资产、处置组和终止经营四项新具体会计准则。

此次修订和新发布的企业会计准则是对现行企业会计准则体系的进一步修订和完善,保持了我国企业会计准则与国际财务报告准则的持续趋同,同时也顺应了中央深化改革、改进治理、扩大开放、防范风险的要求,促进了国民经济市场化、法制化和规范化,标志着我国与国际惯例趋同的企业会计准则体系正式建立,意味着中国企业从2007年起开始使用国际通用的商业语言与国际企业对话。

本教材由上海立信会计金融学院的教师根据党的二十大精神,按照财政部修订和新发布的企业会计准则(1项基本会计准则和41项具体会计准则),结合财政部对企业会计准则作出的具体解释、2016年12月财政部发布的《增值税会计处理规定》(财会〔2016〕22号)、2018年4月财政部、国家税务总局发布的《关于调整增值税税率的通知》(财税〔2018〕32号)、财政部发布的《关于修订印发2019年度一般企业财务报表格式的通知》(财会〔2019〕6号),以及财政部最新会计准则解释和会计处理规定等,再次组织对本教材相关内容(如融资租赁的会计处理等)进行修改或补充,以满足会计教学对新教材的需求。本教材是"'十四五'规划教材·立信高职系列"之一,其主要特点如下:

1. 以企业会计准则为依据

本教材以企业会计准则为依据,对财务会计的基本理论和方法进行阐述,体现了我国现行相关法规、准则的最新要求。

2. 符合教学规律

本教材的编写不是对企业会计准则简单的解释,而是按照教学规律,以财务报表要素构成为主线,阐述财务会计事项的确认、计量、记录以及财务报表的编制。同时,注重财务会计理论、现行会计准则与会计实务的有机结合。

3. 强调概念,例证丰富

本教材强调基本概念的掌握,采用了丰富的例证,帮助学生加深对基本理论、基本方法的理解。我们的一个主要目标是使学生掌握足够的基本概念,能够对会计事项进行分析和处理。

4. 配套练习注重实用性

本教材具有较强的实用性,每一章节以简单实用的课前预习题帮助学生课前预习,并以每一章后的复习思考题和相关的业务题,帮助学生课后复习,便于学生在学习中检验各章节知识的掌握程度。

5. 三本教材相互结合,强调思政

为培养高职高专学生的岗位胜任能力,提升课程学习的实践性,本教材同时配套了立信会计出版社出版的实验实训教材《财务会计实训(第三版)》供实训教学使用和《财务会计习题及解答(第四版)》供学生课后练习。三本教材相互配合,在理论上从《财务会计(第六版)》入手对财务会计的基本理论和方法进行阐述,体现了我国现行相关法规、准则的最新要求;在实操上,从《财务会计实训(第三版)》入手帮助学生理解财务会计所学的知识点;同时,为进一步掌握所学的知识点,从《财务会计习题及解答(第四版)》入手帮助学生在学习中检验各章节知识的掌握程度。三本教材可以从三个层面帮助学生兼备扎实的会计理论知识和实际操作能力。我们要以社会主义核心价值观和习近平新时代中国特色社会主义思想引领会计文化建设,塑造正确的会计价值观和国际视野,为提高会计核算质量奠定相应的基础。

本教材由李正华担任主编,沈亚香担任副主编,共同负责大纲的编写,设计各章节的结构和内容,并由李正华对整本教材的内容进行审核和总纂。本教材第一章、第五章、第六章、第八章、第十章、第十二章、第十三章、第十五章由李正华编写,第二章由梅义编写,第三章、第七章、第九章、第十一章、第十四章、第十六章由沈亚香编写,第四章由方辉编写、李正华修改。同时,还要感谢赵志梅编辑,她认真负责的敬业精神给我们留下了深刻印象。

本教材可以作为高职高专大数据与会计、大数据与财务管理、大数据与审计专业和其他经济、管理专业的学生学习财务会计的教材,也可以作为会计实务工作者岗位培训、业务进修的教材。

书中如有不妥之处,恳请读者给予批评与指正,以便再版时修订。

李正华

2023 年 7 月

配套资源

目　　录

财 务 会 计

第一章 总 论

通过本章学习,你应当:

1. 熟悉企业财务报告的目标。
2. 熟悉会计基本假设。
3. 掌握会计信息质量要求。
4. 掌握会计要素的确认条件。
5. 掌握会计计量属性及其应用原则。
6. 熟悉相关会计法规体系。

课前预习题

1. 我国企业财务报告(又称财务会计报告)的目标是向财务报告使用者提供与企业财务状况、经营成果和现金流量等有关的会计信息,反映企业管理层受托责任的履行情况,有助于财务报告使用者作出经济决策。

请问:谁是财务报告使用者? 财务报告使用者需要什么样的信息?

2. 光明股份有限公司(简称光明公司)拥有 3 家控股子公司。光明公司与各子公司均属于不同的法律主体,光明公司为了全面反映整体的财务状况、经营成果和现金流量等会计信息,成立了由母公司和子公司组成的企业集团。

请问:如何判断会计主体? 上述公司中哪些可确认为会计主体? 该企业集团是否属于会计主体?

3. 甲公司由于经营困难、连年严重亏损,无法继续经营,决定提前终止营业。

请问:如果甲公司不能持续经营,能否采用持续经营基本假设下的会计确认、计量和报告的原则与方法? 并说明其理由。

4. 2×19年年末,乙公司发现由于市场供求关系改变,公司销售萎缩,无法实现年初确定的销售收入目标,但考虑到在2×20年度市场供求关系将会得到扭转,公司销售会出现较大幅度的增长,为此提前预计并确认库存商品销售收入。

请问:乙公司的上述做法违背了哪条会计信息质量要求?

5. 丙公司以租赁方式租入1台大型设备,不可撤销期限为10年,租赁付款总额为150万元,租赁协议约定租赁期结束时丙公司有优先购买该设备的选择权。丙公司租入该设备后,会计小王认为丙公司并不拥有其所有权,因此将该设备记入"固定资产备查簿"备查登记,以备日常管理。

请问:丙公司的上述做法是否正确?如不正确,请说明违背了哪条会计信息质量要求。

6. 2×19年年末,丙公司在盘点存货时,发现由于遭受水灾,库存材料毁损10万元,丙公司会计小王以该存货管理责任不清为由,将毁损的库存材料继续挂账,并在资产负债表中作为流动资产予以反映。

请问:丙公司的上述做法是否正确?如不正确请说明正确的处理方法。

7. 2×19年5月20日,丙公司与银行达成了2个月后借入100万元的借款意向书。

请问:丙公司是否应根据借款意向书确认负债100万元?并说明其理由。

8. 乙公司用银行存款偿还了一笔应付购货款15万元。

请问:对于该经济利益的流出,乙公司是否应作为费用予以确认?并说明其理由。

第一节　财务会计概述

会计是以货币为主要计量单位,反映和监督一个单位经济活动的一项经济管理工作。会计是一种国际通用的商业语言,一个经济单位对外经济活动、与外部经济单位的交流,主要是通过会计这种商业语言来完成的。财务会计是通过对企业已经完成的资金运动全面系统的核算与监督,以为外部与企业有经济利害关系的投资人、债权人和政府有关部门提供企业的财务状况与盈利能力等经济信息为主要目标而进行的经济管理活动。

财务会计是现代企业的一项重要的基础性工作。它通过一系列会计程序,提供决策有用的信息,并积极参与经营管理决策,提高企业经济效益,服务于市场经济的健康有序发展。

财务会计担负着"会计文化"的建设重任,对于从事财务会计的工作人员,应熟悉会计发展史、会计法、会计准则、会计职业道德、会计监管等经济管理理论和企业实践,具备扎实的会计理论知识和实际操作能力,以社会主义核心价值观和习近平新时代中国特色社会主义思想的世界观和方法论引领会计文化建设,塑造正确的会计价值观和国际视野。

一、财务会计的产生、概念、作用与特征

(一)财务会计的产生

物质资料的生产是人类社会赖以生存和发展的基础。在生产活动当中,为了获得一定的劳动成果,必须要消耗一定的人力和物力。人们一方面关心劳动成果的多少,另一方面也注重劳动耗费的高低。在人类社会的早期,人们只是凭借着头脑来记忆生活当中的所得与费用。随着生产与经营活动的进一步发展,会计由简单的记录和计算逐渐发展成为以货币为主要计量单位,综合地反映和监督单位经济活动的一种经济管理工作。会计的发展经历了漫长的历史时期。会计随着生产的发展和科学技术的不断进步而不断地提高和完善,因此会计是发展到一定阶段的产物。

财务会计的发展源远流长。从其诞生之日至今,财务会计的发展已经经历了商业经济时代的会计、工业经济时代的会计和现代会计三个阶段。

商业经济时代其实并不存在真正意义上的会计。商业经济时代的会计也称为簿记。经过中世纪文艺复兴时期和思想启蒙运动的洗礼,地中海沿岸的经济得到迅猛发展。资本主义经济关系的萌芽,尤其是地中海沿岸金融、商业和手工业方面所发生的巨大变革对于传统单式簿记发起了挑战。1494年,意大利数学家卢卡·帕乔利的《算术、几何、比及比例概要》的问世揭开了簿记史上新的一页,并将古代簿记推进到近代簿记。它是会计发展史上的第一个里程碑,标志着近代会计的开始。

从18世纪60年代开始的产业革命在促进生产力发展的同时,大大提高了生产的社会化程度。随着人类社会步入工业经济时代,簿记立法受到重视,并很快在国家经济、法制中占据重要地位,簿记在政府与公司的管理中发挥着越来越大的作用。围绕资产负债表的研究在完善簿记理论的同时,为法定性审计奠定了基础,簿记实质上已经发展为会计。

1721年,英国的"南海公司事件"使人们对通过报表反映公司的经营情况产生了巨大的疑问。1844年,为了保护外部股东和债权人的利益,英国议会颁布了《公司法》。该《公司法》规

定,公司必须定期提供真实、清楚的财务报表;股利的发放只能来自利润;公司的财务报表必须经过审计等。随着股份公司的发展及相应法律的规范,现代会计最为主要的思想当时已基本形成。而股份有限公司的兴起及英国《公司法》的修订则促成了 1853 年世界上第一个会计师公会——爱丁堡会计师公会的成立。爱丁堡会计师公会的成立被视为会计发展史上的第二个里程碑。

19 世纪末 20 世纪初的科技、经济、政治及文化的发展对于会计发展的历程产生了深远的影响。以一系列会计概念及其逻辑关系为研究起点的会计基础理论初步建立,成本会计理论从单纯的成本计算发展为科学的成本控制系统,管理会计的雏形已初步形成。

进入 20 世纪,工业经济时代的会计也逐步发展成为现代会计。这一阶段,会计规范体系开始建立;美国发生于 20 年代末 30 年代初的经济危机则促成了《证券法》和《证券交易法》的颁布及对会计准则的系统研究和制定。财务会计准则体系的形成不仅奠定了现代会计法制体系和现代会计理论体系的基础,而且促进了传统会计向现代会计的转变。进入 20 世纪 50 年代以后,在会计规范进一步发展的同时,为适应现代管理科学的发展,建立了以决策会计为主体,为全面提高企业经济效益服务的现代管理会计。1952 年,国际会计师联合会正式通过"管理会计"这一专业术语。这标志着会计正式划分为财务会计和管理会计两大领域。

(二)财务会计的概念

财务会计是在传统会计的基础上发展起来的一个重要的会计分支。财务会计是指对外报告会计,编制财务报表是为企业内部和外部用户提供信息,其重点在于报告企业财务状况、经营成果、现金流量等有助于使用者作出决策的会计信息。财务会计在会计确认、会计计量、会计记录和财务报告等方面,都发展了传统会计,这主要体现在以下四个方面。

1. 会计确认

按照传统会计的观点,权责发生制是唯一的确认基础。资产负债表和利润表都是权责发生制的产物。但随着现金流量表被确定为第三张财务报表后,在财务报表中确认的信息就不再单纯以权责发生制为基础了。考虑到现金具有较强的流动性,及时反映和监督现金的动态是会计的一项任务,财务会计的确认在以权责发生制为主的前提下,不排斥使用收付实现制。

2. 会计计量

传统会计强调会计信息的可靠性和稳健性,因此主要采取历史成本计量属性。但是经济发展经历过世界范围内持续的通货膨胀、衍生金融工具和金融创新的日新月异后,人们感到了历史成本的局限性,转而寻求其他能够提供更符合相关性信息的计量属性。历史成本已经不是唯一的计量基础,现行成本、重置成本和公允价值等都可以用来对特定的资产项目进行计量。

3. 会计记录

财务会计已经逐渐实现了由手工簿记系统到电子数据处理系统的转变。互联网的迅速发展使互联网上的财务报告披露成为可能。

4. 财务报告

在传统会计中,财务报告其实就是财务报表,而且仅包括资产负债表和利润表。现金流量表反映了企业某个期间资金或现金的流量,体现了企业在该期间内现金资源的增减变动及其结果,所以财务报告中增加了现金流量表。同时,企业在财务报表之外增加了其他报告手段,如会计报表附注和补充资料等部分,以适应外部信息使用者的需要,进一步提高报表内容的可理解性。

（三）财务会计的作用

（1）财务会计有助于提供决策有用的信息，提高企业透明度，规范企业行为。财务会计通过其反映职能，提供有关企业财务状况、经营成果和现金流量方面的信息，是包括投资者和债权人在内的各方面进行决策的依据。

（2）财务会计有助于企业加强经营管理，提高经济效益，促进企业可持续发展。企业经营管理水平的高低直接影响着企业的经济效益、经营成果、竞争能力和发展前景，在一定程度上决定着企业的前途和命运。

（3）财务会计有助于考核企业管理层经济责任的履行情况。企业接受了所有投资者和债权人的投资，企业有责任按照其预定的发展目标和要求，合理利用资源，加强经营管理，提高经济效益，接受考核和评价。

（四）财务会计的特征

财务会计的主要特征表现在以下六个方面：

（1）服务对象方面。财务会计主要为外部利益关系集团服务，提供受托主体履行和完成经济责任的信息，以满足外部利益集团的需要，因此财务会计是一种社会化的会计。

（2）依据标准方面。财务会计严格遵守一定的规范和依据，提供的信息以统一的标准（即公认会计准则）为依据。

（3）提供信息方面。财务会计主要以已完成或已发生的交易或者事项作为加工对象，所生产的信息面向过去，以货币信息为主。

（4）包括的内容方面。财务会计以公认会计准则为指导，主要考虑有关经济事项的确认、计量和报告的问题。

（5）运用的程序和方法方面。财务会计的程序包括确认、计量、记录和报告，采用的方法是描述性方法。

（6）报告的形式和时间方面。财务会计按照公认会计准则的要求，以一定的期间（年、季、月）来编制，报告的形式较为固定。

二、财务报告的目标

我国企业财务报告的目标是向财务报告使用者提供与企业财务状况、经营成果和现金流量等有关的会计资料和信息，反映企业管理层受托责任的履行情况，有助于财务报告使用者作出经济决策，达到不断提高企业乃至经济社会整体的经济效益和效率的目的及要求。

（一）向财务报告使用者提供对决策有用的信息

企业财务报告的主要目的是满足财务报告使用者的信息需要，有助于财务报告使用者作出经济决策。因此，向财务报告使用者提供对决策有用的信息是财务报告的基本目标。

财务报告的使用者包括投资者、债权人、政府及其有关部门和社会公众等。

财务报告应当提供诸如企业财务状况、盈利能力、资产管理效率、现金流量以及企业成长性等信息。财务报告的信息质量的基本要求是有用性，只有客观、真实的信息才是有用的。财务报告所提供的会计信息应当如实反映企业资产、负债和所有者权益增减的变化情况；如实反映企业的各项收入、费用、利得和损失；如实反映企业现金流入和现金流出情况等，使投资者、债权人以及其他信息使用者在对企业进行评估、分析、判断以致作出决策时能获得有用的信息。

（二）反映企业管理层受托责任的履行情况

现代企业制度要求经营权与管理权相分离。企业经营者受企业所有者或股东的委托,对企业所有者或股东投入企业的资本的保值和增值负有责任。企业经营者负责企业的日常经营活动,必须确保公司支付给股东与风险相适应的收益,及时偿还各种到期债务,确保企业的各种经济资源得到有效利用。因此,企业经营者需要通过财务报告向委托者,即企业的投资人报告经营业绩,并获得约定的报酬。企业投资者通过财务报告及时了解企业经营者保管、使用资产的情况,并对企业经营者的经营业绩作出评价,决定是否继续委托,同时决定对企业是扩大投资还是减少投资。因此,财务报告应当反映企业经营者受托责任的履行情况,恰当评价企业经营者的受托情况和资源使用的有效性。

第二节　会计基本假设

会计基本假设是指为了保证会计工作正常进行和会计信息的质量,对会计核算的范围、内容、基本程序和方法所作的限定。会计基本假设是会计核算的前提条件,对于履行会计职能、实现会计目标等具有重要的作用和意义。会计基本假设包括会计主体、持续经营、会计分期和货币计量等内容。

一、会计主体

会计主体是指企业会计确认、计量和报告的空间范围。即无论企业组织形式如何,都将它作为一个独立于业主之外的经济实体,企业应当对其本身发生的交易或者事项进行会计确认、计量和报告。

会计主体假设要求将会计主体的业务和企业投资人的经济活动以及其他有经济往来的外部企业的经济业务区别开来,正确划分经济实体的资产、负债、所有者权益。其为确定企业所掌握的经济资源和所进行的经济业务提供了基础,从而也为规定有关记录和报告所涉及的范围提供了基础。会计主体可以是一个企业,也可以是若干企业组织起来的集团公司。

会计主体不同于法律主体。会计主体与经济上的法人不是同一概念。一般来说,法律主体必然是会计主体,但会计主体不一定是法律主体,如独资及合伙企业,以及企业集团编制合并报表所依据的是合并主体而非法律主体。

二、持续经营

持续经营是指企业的生产经营活动将按照既定的目标持续下去,在可以预见的将来,不会停业清算,也不会大规模削减业务。企业是否持续经营,在会计原则、会计方法的选择上有很大差别。企业会计确认、计量和报告应当以持续经营为前提。持续经营下的会计主体,其拥有或控制的资产将按照预定的目标在正常的生产经营过程中被耗用、出售,所承担的债务也将如期偿还。对于持续经营的企业,投资者需要通过其现在的财务状况与过去一定时期的经营成果,来预测其未来的财务状况与经营成果,据以作出投资决策。

持续经营企业的会计核算应当采用非清算基础,如资产按成本计价就是基于持续经营这一假设的。然而在市场经济条件下,每一个企业都存在经营失败的风险,都可能因无力偿债而被迫宣告破产或进行法律上的改组。一旦有证据表明企业将要破产清算,持续经营的假设就不再成立,此时企业的会计核算必须采用清算基础。

三、会计分期

会计分期是指将会计主体持续不断的经营活动划分为若干个连续的、长短相同的期间。会计信息应划分期限收集和处理,会计分期假设是对持续经营假设的一个必要的补充。

例如,将会计主体的经营活动看成是流动的长河,为把它隔断以测定其流量,于是产生了一系列会计基本要求、特有的程序和方法,以便既立足于继续经营,同时,又可分清各个会计期间的经营业绩,为一个会计主体连续提供各个会计期间的经营成果和期初、期末财务状况及其变动的信息。如果没有会计分期假设,会计上就无所谓"收入实现"和"费用分配",无所谓"资产"和"费用",不存在"本期"和"上期",不存在"权责发生制"和"收付实现制",不存在"预收""预付""应收""应付",因而也就不可能定期编制财务报告,为会计信息使用者提供会计信息。

在会计分期假设下,企业应当划分会计期间,分期结算账目和编制财务报告。会计期间分为年度和中期。年度和中期均按公历起讫日期确定。中期是指短于一个完整的会计年度的报告期间。

四、货币计量

货币计量是指会计主体在财务会计确认、计量和报告时以货币计量,反映会计主体的生产经营活动。即会计提供信息应当以货币为主要计量尺度。会计主体的经济活动是多种多样、错综复杂的,为了实现会计目的,必须综合反映会计主体的各项经济活动,这就要求有一个统一的计量尺度。可供选择的计量尺度有货币、实物和时间等,但在商品经济条件下,货币作为一种特殊的商品,必然充当统一的计量尺度。例如,采购原材料支付 10 万元,支付职工薪酬 25 万元,出售商品取得收入 18 万元等,都是会计核算的内容。又如,公司召开生产调度会议属于企业重要的经营活动,但其不能以货币计量,因而不属于会计核算的范围。

会计在选择货币作为统一的计量尺度的同时,应以实物量度和时间量度等作为辅助的计量尺度。货币计量隐含币值稳定假设。

会计核算的四项基本假设,具有相互依存、相互补充的关系。会计主体确立了会计核算的空间范围,持续经营与会计分期确立了会计核算的时间长度,而货币计量则为会计核算提供了必要手段。没有会计主体,就不会有持续经营;没有持续经营,就不会有会计分期;没有货币计量,就不会有现代会计。

第三节 会计信息质量要求

会计信息质量是指会计信息应当符合会计法律、会计准则等规定要求,是满足企业利益相关者需要的能力和程度,基于经济资源配置和生产组织的委托代理关系中权属性质界定。会计信息最基本的质量特征就是决策有用性,会计信息的质量直接关系到决策者的决策及其后果,会计信息的真实性和可靠性是保证信息使用者作出正确决策的基本前提和条件。会计信息失真所带来的经济后果是十分严重的,它将引起投资决策失误和社会经济资源的无效配置,使交易成本高昂,最终导致交易的停顿。企业将因此无法筹集到资金而纷纷破产,银行倒闭,失业率提高,物资短缺,物价飞涨,整个社会将陷入严重经济危机。会计信息质量要求主要包括可靠性、相关性、可理解性、可比性、实质重于形式、重要性、谨慎性和及时性等。

一、可靠性

可靠性要求企业应当以实际发生的交易或者事项为依据进行会计确认、计量和报告,如实反映符合确认和计量要求的各项会计要素及其他相关信息,保证会计信息真实可靠、内容完整。

可靠性要求企业先要确保会计信息的真实性,要求会计反映的各项经济活动是真实、客观存在的,并准确地揭示各项经济活动所包含的经济内容。真实性是会计信息的生命。没有了真实性,会计信息的质量就成了"空中楼阁"。可靠性要求企业还应当如实反映企业的交易或者事项,真实描述交易或者事项所涉及的资产、负债、所有者权益、收入、费用和利润,不能夸大或缩小,并在资产负债表中系统、完整地予以披露,保证信息使用者获得可靠的会计信息。

任何虚假和误导的信息都比没有信息更有害,更会损害国家和公众的利益。

二、相关性

相关性要求企业提供的会计信息应当与财务报告使用者的经济决策需要相关,有助于财务报告使用者对企业过去、现在或者未来的情况作出评价或者预测。

投资者把资源投资于企业,目的在于未来获得更多的收益,包括股利和资本利得等,出于这一目的,投资者需要作出持有还是出售的决策,债权人需要作出是否贷款的决策等。这些会计信息使用者都需要有用的会计信息,即有利于他们作出决策的信息,对其预测未来时会导致决策差别的信息。所以,相关性是保证会计信息对决策有用的最重要的质量要求。

三、可理解性

可理解性要求企业提供的会计信息应当清晰明了,便于财务报告使用者理解和使用。

会计信息的需求各方均要求会计信息能够简单明了地反映企业的财务状况、经营成果和现金流量。

提供会计信息的目的在于使用会计信息,要使用会计信息就必须了解会计信息的内涵,知晓会计信息所反映的经济实质。在我国资本市场发展的过程中,对企业会计信息披露的可理解性提出了越来越高的要求。如果会计信息的表达含糊不清,就容易产生歧义,从而降低会计信息的质量。为此,要求会计记录和会计报告做到清晰完整、简明扼要,数据记录和文字说明能一目了然地反映出企业经济活动的来龙去脉。

四、可比性

可比性要求企业提供的会计信息应当具有可比性。

可比性要求的第一个层次是,同一企业不同时期发生的相同或者相似的交易或者事项,应当采用一致的会计政策,不得随意变更。确需变更的,应当在附注中说明。

可比性要求的第二个层次是,不同企业发生的相同或者相似的交易或者事项,应当采用规定的会计政策,确保会计信息口径一致、相互可比。

可比性要求的实质是,在经济情况相同时,报告的会计信息应当相同;在经济情况不同时,报告的会计信息应能反映其差异。

五、实质重于形式

实质重于形式要求企业应当按照交易或者事项的经济实质进行会计确认、计量和报告,不应仅以交易或者事项的法律形式为依据。

在会计实务中,交易或者事项的实质,往往存在着与其法律形式明显不一致的情形。例如,企业将某项固定资产出售给其他单位,出售方已经收到了价款,并且已经办理了有关资产划转手续;同时,交易双方又签订了补充协议,规定出售方待日后某个时间内必须将其出售的该项固定资产以高于原出售价格购回。在这项交易中,如果仅仅从固定资产出售这个事项看,似乎资产所有权上的风险和报酬已经转移给购买方,出售方可以确认出售固定资产的收益。但是由于补充协议又规定了出售方在未来某个时间内必须回购所出售的固定资产,即该项固定资产的风险和报酬并未真正转移给购买方,因此从交易的整体上看其实质是一项融资行为,而不是一项销售行为。

例如,甲公司向乙公司销售一批商品,该批商品已经售出,但甲公司为确保到期收回货款而暂时保留了商品的法定所有权,该权利未对乙公司取得商品的控制权构成障碍,经评估该项交易满足收入确认的其他条件,甲公司应当确认收入。又如,企业建造厂房已达到预定可使用状态,但尚未办理竣工决算的,应当自达到预定可使用状态之日起,根据工程预算、造价或者工程实际成本等,按暂估价值转入固定资产,并按有关计提固定资产折旧的规定,计提固定资产折旧。

六、重要性

重要性要求企业提供的会计信息应当反映与企业财务状况、经营成果和现金流量等有关的所有重要交易或者事项。

在会计实务中,对交易或者事项应当区别其重要程度,采用不同的核算方式。对资产、负债、损益等有较大影响,并进而影响财务报告使用者据以作出合理判断的重要会计事项,企业必须按照规定的会计方法和程序进行处理,并在财务报告中予以充分、准确的披露;对于次要的会计事项,在不影响会计信息真实性和不至于误导财务报告使用者作出正确判断的前提下,可适当简化处理。

七、谨慎性

谨慎性要求企业对交易或者事项进行会计确认、计量和报告时应当保持应有的谨慎,不应高估资产或者收益、低估负债或者费用。

谨慎性是针对经济活动中的不确定性因素,要求人们在账务处理上持谨慎态度,充分估计到各种风险和损失,既不高估资产或者收益,也不低估负债或者费用,使会计信息使用者、决策者保持警惕,把风险损失缩小或限制在较小的范围内。谨慎性对具体会计核算行为起着重要的指导性作用。

同时,要防止滥用或歪曲使用谨慎性要求来设置秘密准备、过分提取准备、故意压低资产或收益、故意抬高负债或费用等。

企业在进行账务处理时,不管是缺乏谨慎还是过度谨慎,都不符合会计信息的可靠性和相关性要求,都会损害会计信息质量,扭曲企业实际的财务状况和经营成果,从而对财务报告使用者的决策产生误导。

八、及时性

及时性要求企业对于已经发生的交易或者事项,应当及时进行会计确认、计量和报告,不得提前或者延后。

及时性是由会计信息的时效性决定的。任何信息的价值都有其时效性,且在某种程度上信息越及时其价值越高。会计信息的使用价值不仅要真实可靠,而且要保证时效性,在信息的使用者需要时能及时提供。特别是随着社会主义市场经济的发展,市场瞬息万变,企业之间的竞争日趋激烈,各方面对会计信息的及时性要求越来越高。

在会计实务中,为达到及时性要求,一是要求及时收集会计信息;二是要求及时对会计信息进行加工处理;三是要求及时传递会计信息。

第四节　会　计　要　素

会计要素是指按照交易或者事项的经济特征所作的基本分类,分为反映企业财务状况的会计要素和反映企业经营成果的会计要素。它既是会计确认和计量的依据,也是确定财务报表结构和内容的基础。

一、反映企业财务状况的会计要素及其确认

(一)资产

1. 资产的定义和特征

资产是指企业过去的交易或者事项形成的、由企业拥有或者控制的、预期会给企业带来经济利益的资源。根据资产的定义,资产具有以下三个方面的特征:

(1)资产预期会给企业带来经济利益。资产预期会给企业带来经济利益是指资产具有直接或者间接导致现金和现金等价物流入企业的潜力。这种潜力可以是直接增加的未来的现金流入,也可以是因耗用或使用经济资源而节约的未来现金流出。资产预期会给企业带来经济利益是资产的重要特征。如果某一项目预期不能给企业带来经济利益,那么就不能将其确认为企业的资产。比如,企业前期确认的一项食品存货,遭到台风袭击而遭水淹,以致不能使用或出售,这项存货不能给企业带来任何经济利益,企业不能在资产负债表中再予以确认。

(2)资产应为企业拥有或者控制的资源。拥有是指企业拥有资产的所有权。控制是指企业虽然不拥有所有权,但实际上可以对其支配和使用,如融资租入固定资产。

(3)资产是由企业过去的交易或者事项形成的。过去的交易或者事项包括购买、生产、建造行为或其他交易或者事项。企业不能根据尚未履行的合同或计划中的经济业务来确认资产。

2.资产的确认条件

将一项资源确认为资产,应先符合资产的定义。除此之外,还需要同时满足以下两个条件:

(1)与该资源有关的经济利益很可能流入企业。

(2)该资源的成本或者价值能够可靠地计量。

3.资产的分类

在资产负债表中,资产分为流动资产和非流动资产。

资产满足下列条件之一的,应当归类为流动资产:

(1)预计在一个正常营业周期中变现、出售或耗用。

(2)主要为交易目的而持有。

(3)预计在资产负债表日起 1 年内(含 1 年,下同)变现。

(4)自资产负债表日起 1 年内,交换其他资产或清偿负债的能力不受限制的现金或现金等价物。

流动资产主要包括货币资金、交易性金融资产、应收票据、应收账款、预付账款、应收利息、应收股利、其他应收款和存货等。

流动资产以外的资产应当归类为非流动资产,并应按其性质分类列示。非流动资产主要包括债权投资、其他债权投资、长期应收款、长期股权投资、其他权益工具投资、投资性房地产、固定资产、在建工程、生物资产、无形资产、商誉和递延所得税资产等。

(二)负债

1.负债的定义和特征

负债是指企业过去的交易或者事项形成的、预期会导致经济利益流出企业的现时义务。根据负债的定义,负债具有以下三个方面的特征:

(1)负债是企业承担的现时义务。现时义务是指企业已经承担的义务。未来发生的交易或者事项将会形成的义务,不是现时义务,不应当确认为负债。例如,某汽车运输公司发生了一项交通事故,交警判定企业应负主要责任,为此企业将要支付赔偿 20 万元。在该例中,企业承担了一项现时义务。汽车运输公司一般都有较大的事故风险,但汽车运输公司不能将还未发生的、只是根据存在的风险来推断的应承担的义务作为一项现时义务。

(2)负债的清偿预期会导致经济利益流出企业。偿债的形式可以是货币资金,也可以是非货币资金或提供劳务等形式。无论形式如何,最终会导致经济利益流出企业。

(3)负债是由企业过去的交易或者事项形成的。负债是由企业过去的交易或者事项形成的,企业对未来将要发生的事项或交易所作的承诺不形成负债。例如,企业对售出产品承诺在 1 年的保修期内对正常损坏给予免费修理。企业只有在产品售出后,才能根据合理的推断,确定可能发生的保修费用,并确认一项负债。如果产品并未售出,这种承诺不会形成负债。

2.负债的确认条件

将一项现时义务确认为负债,应先符合负债的定义。除此之外,还需要同时满足以下两个条件:

(1)与该义务有关的经济利益很可能流出企业。

(2)未来流出的经济利益的金额能够可靠地计量。

3.负债的分类

在资产负债表中,负债分为流动负债和非流动负债。

负债满足下列条件之一的,应当归类为流动负债:

(1) 预计在一个正常营业周期中清偿。

(2) 主要为交易目的而持有。

(3) 自资产负债表日起 1 年内到期应予以清偿。

(4) 企业无权自主地将清偿推迟至资产负债表日后 1 年以上。

流动负债主要包括短期借款、交易性金融负债、应付票据、应付账款、预收账款、应付职工薪酬、应交税费、应付利息、应付股利和其他应付款等。

流动负债以外的负债应当归类为非流动负债,并应按其性质分类列示。非流动负债主要包括长期借款、应付债券、长期应付款、预计负债和递延所得税负债等。

对于在资产负债表日起 1 年内到期的负债,企业预计能够自主地将清偿义务展期至资产负债表日后 1 年以上的,应当归类为非流动负债;不能自主地将清偿义务展期的,即使在资产负债表日后、财务报告批准报出日前签订了重新安排清偿计划协议的,该项负债仍应归类为流动负债。

(三) 所有者权益

1. 所有者权益的定义

所有者权益是指企业资产扣除负债后,由所有者享有的剩余权益。公司的所有者权益又称股东权益。所有者权益反映了所有者对企业资产的剩余索取权,是企业资产扣除债权人权益后应由所有者享有的部分。

2. 所有者权益的来源构成

所有者权益按其来源主要包括所有者投入的资本、直接计入所有者权益的利得和损失(其他综合收益)、留存收益等。

所有者投入的资本既包括构成企业注册资本或者股本部分的金额,也包括投入资本超过注册资本或者股本部分的金额,即资本溢价或者股本溢价。

直接计入所有者权益的利得和损失是指不应计入当期损益、会导致所有者权益发生增减变动的、与所有者投入资本或者向所有者分配利润无关的利得或者损失。

利得是指由企业非日常活动所形成的、会导致所有者权益增加的、与所有者投入资本无关的经济利益的流入;损失是指由企业非日常活动所发生的、会导致所有者权益减少的、与向所有者分配利润无关的经济利益的流出。

留存收益是指企业历年实现的净利润留存于企业的部分,主要包括计提的盈余公积和未分配利润。

3. 所有者权益的确认条件

根据会计等式"资产－负债＝所有者权益",所有者权益的确认主要依赖于资产和负债的确认,所有者权益金额的确定也主要取决于资产和负债的计量。

二、反映企业经营成果的会计要素及其确认

(一) 收入

1. 收入的定义和特征

收入是指企业在日常活动中形成的、会导致所有者权益增加的、与所有者投入资本无关的

经济利益的总流入。根据收入的定义,收入具有以下三个方面的特征:

(1)收入应当是企业在其日常活动中形成的,而非偶然发生的。偶然发生的活动形成的经济利益的流入不能确认为收入,而应当计入利得。

(2)收入应当会导致经济利益的流入,该流入不包括所有者投入的资本。收入表现为资产的增加或负债的减少。资产增加的不管是货币资金还是非货币资金,都会使经济利益流入企业。负债的减少,如预收账款减少收入增加,意味着经济利益流出的减少。企业经济利益的流入并不全是收入,由所有者投入资本的增加导致的经济利益的流入不应当确认为收入,应当将其直接确认为所有者权益。

(3)收入应当最终会导致所有者权益的增加。

2. 收入的确认条件

企业确认收入的方式应当反映其向客户转让商品的模式,收入的金额应当反映企业因转让这些商品而预期有权收取的对价金额。因此,企业应当在履行了合同中的履约义务,即在客户取得相关商品控制权时确认收入。客户取得相关商品控制权,是指客户能够主导该商品的使用并从中获得几乎全部的经济利益。

(二)费用

1. 费用的定义和特征

费用是指企业在日常活动中发生的、会导致所有者权益减少的、与向所有者分配利润无关的经济利益的总流出。根据费用的定义,费用具有以下三个方面的特征:

(1)费用应当是企业在日常活动中发生的。费用应当是企业在日常活动中发生的,而非偶然发生的。偶然发生的活动所形成的经济利益的流出不能确认为费用,应当计入损失。

(2)费用应当会导致经济利益的流出,该流出不包括向所有者分配的利润。费用会导致资产的减少或者负债的增加。减少的资产不论是货币资金还是非货币资金,都会导致经济利益的流出。负债的增加,由于要清偿债务,必定会使经济利益流出企业。企业向所有者分配利润也会导致经济利益的流出,这直接导致企业所有者权益的减少和资产的减少,因而不应确认为费用。

(3)费用应当最终会导致所有者权益的减少。与费用相关的经济利益的流出最终应当会导致所有者权益的减少,因为费用的发生会使利润减少,而利润在未分配前或者分配后的剩余,构成了所有者权益。

2. 费用的确认条件

费用的确认除了应当符合定义,还应当满足严格的确认条件。费用的确认至少应当同时符合以下条件:与费用相关的经济利益很可能流出企业;经济利益流出企业的结果会导致资产的减少或者负债的增加;经济利益的流出额能够可靠地计量。

企业为生产产品、提供劳务等发生的可归属于产品成本、劳务成本等的费用,应当在确认产品销售收入、劳务收入等时,将已销售产品、已提供劳务的成本等计入当期损益(主营业务成本、其他业务成本等)。企业发生的支出不产生经济利益的,或者即使能够产生经济利益但不符合或者不再符合资产确认条件的,应当在发生时确认为费用,计入当期损益(管理费用、财务费用、销售费用等)。企业发生的交易或者事项导致其承担了一项负债而又不确认为一项资产的,应当在发生时确认为费用,计入当期损益,如未决诉讼符合负债确认条件时,在确认预计负债的同时确认管理费用等。

（三）利润

利润是指企业在一定会计期间的经营成果。利润包括收入减去费用后的净额、直接计入当期利润的利得和损失等。直接计入当期利润的利得和损失是指应当计入当期损益、会导致所有者权益发生增减变动的、与所有者投入资本或者向所有者分配利润无关的利得或者损失。利润的确认主要依赖于收入和费用以及利得和损失的确认，其金额的确定也主要取决于收入、费用、利得和损失金额的计量。

第五节　会计计量属性

会计计量是为了将符合确认条件的会计要素运用特定的计量单位，选择合理的计量属性登记入账并列报于财务报表而确定其金额的过程。

计量属性是指计量客体的特征或外在表现形式。不同的计量属性会使相同的会计要素表现为不同的货币数量，从而使会计信息反映的财务状况和经营成果建立在不同的计量基础上。计量属性主要包括历史成本、重置成本、可变现净值、现值和公允价值等。

一、历史成本

历史成本又称为实际成本。在历史成本计量下，资产按照购置时支付的现金或者现金等价物的金额，或者按照购置资产时所付出的对价的公允价值计量。在历史成本计量下，负债按照其因承担现时义务而实际收到的款项或者资产的金额，或者承担现时义务的合同金额，或者按照日常活动中为偿还负债预期需要支付的现金或者现金等价物的金额计量。

历史成本具有可靠性，并且具有丰富的实践经验和理论基础。但是在物价变动明显时，其可比性、相关性下降，收入与费用的配比缺乏逻辑统一性，经营业绩和持有收益不能分清，非货币性资产和负债出现低估，难以真正揭示企业的财务状况。

二、重置成本

重置成本又称为现行成本。在重置成本计量下，资产按照现在购买相同或者相似资产所需支付的现金或者现金等价物的金额计量。在重置成本计量下，负债按照现在偿付该项债务所需支付的现金或者现金等价物的金额计量。

重置成本计量能避免价格变动的虚计收益，反映真实财务状况，客观评价企业的经营业绩。但是确定重置成本较困难，无法与原持有资产完全吻合，从而影响信息的可靠性。而且，它仍然不能消除货币购买力变动的影响，也无法以持有资本的形式解决资本保值问题，使以后的生产能力难以得到补偿。

三、可变现净值

在可变现净值计量下，资产按照其正常对外销售所能收到的现金或者现金等价物的金额扣减该资产至完工时估计将要发生的成本、估计的销售费用以及相关税金后的金额计量。

这种计量属性能反映预期变现能力，体现了稳健原则，但可变现净值计量仅适用于计划将来销售的资产,并不适用于所有的资产。

四、现值

在现值计量下,资产按照预计从其持续使用和最终处置中所产生的未来净现金流入量的折现金额计量。在现值计量下,负债按照预计期限内需要偿还的未来净现金流出量的折现金额计量。

这种计量属性考虑了货币的时间价值,与决策的相关性最强,但其未来现金流入量的现值是不确定的,与决策的可靠性最差。

五、公允价值

在公允价值计量下,市场参与者在计量日发生的有序交易中,出售一项资产所能收到或者转移一项负债所需支付的价格(即脱手价格),企业应当严格按照公允价值定义对相关资产或负债进行公允价值计量。

我国目前的产权、生产要素市场还不很活跃,使用公允价值这一计量属性还存在一定的难度,相关的公允价值又难以取得,从而给一些企业利用公允价值计量操纵利润留下了一定的空间,也对会计信息的客观性、相关性提出了挑战。但是面对错综复杂的经济行为,单一计量属性构成的计量模式无法满足各方信息使用者提出的多元化信息要求。在某些情况下,如果仅仅以单一计量模式作为计量属性,可能难以达到会计信息的质量要求,不利于实现财务报告的目标,有时甚至会损害会计信息质量,影响会计信息的有用性。为了提高会计信息的有用性,向使用者提供与决策更相关的信息,就有必要采用不同计量属性(如公允价值)进行会计计量。

鉴于应用重置成本、可变现净值、现值、公允价值等其他计量属性往往需要依赖于估计,为了使所估计的金额在提高会计信息相关性的同时,又不影响其可靠性,企业会计准则要求企业应当保证根据重置成本、可变现净值、现值、公允价值所确定的会计要素金额能够取得并可靠计量;如果这些金额无法取得或者无法可靠计量,则不允许采用其他计量属性。

第六节 会 计 规 范

在我国,制约企业编制财务报告的会计法规体系主要有以下内容。

一、会计法律

《中华人民共和国会计法》(简称《会计法》)是调整我国经济活动中会计关系的法律总规范,是会计法律规范体系的最高层次,是制定其他会计法规的基本依据,也是指导会计工作的最高准则。《会计法》由全国人民代表大会常务委员会制定和颁布。

在中华人民共和国成立后的相当一段时期内,一直只有会计制度而没有相关的立法。1985 年 1 月 21 日,第六届全国人民代表大会常务委员会第九次会议通过《会计法》;1993 年 12 月 29 日,第八届全国人民代表大会常务委员会第五次会议第一次修正;1999 年 10 月 31 日,第九届全国人民代表大会常务委员会第十二次会议修订;2017 年 11 月 4 日第十二届全国人民代表大会常务委员会第三十次会议第二次修正。现行的《会计法》分为 7 章 52 条,主要针对会计核算、会计监督、会计机构和会计人员、法律责任等作出了详细的规定。

二、会计行政法规

《企业财务会计报告条例》由国务院于 2000 年 6 月 21 日颁布,自 2001 年 1 月 1 日起开始施行。它规范了财务报告的构成、编制、对外提供、法律责任等重大方面,是对《会计法》有关财务报告要求的具体化,对于严格财务报告纪律、加强对财务报告编制工作的监督、杜绝财务报告中的造假行为,起到积极有力的支持作用。应该特别注意的是,它对会计要素作了重新定义,使之更符合会计要素的性质和内涵,更加准确。

三、会计部门规章

会计部门规章主要是指财政部颁布的企业会计准则。企业会计标准体系包括小企业会计准则和企业会计准则两大体系。小企业会计准则和企业会计准则是基本会计准则框架下的两个子系统,分别适用于大中型企业和小企业。

小企业会计准则体系是在基本会计准则框架下,规范小企业会计确认、计量和报告行为,为小企业常见交易或事项的会计处理提供具体而统一的标准,具体包括总则、资产、负债、所有者权益、收入、费用、利润、外币业务、财务报表、附则等内容;规定了会计科目的设置、主要账务处理、财务报表的种类、格式及编制说明等,为小企业执行小企业会计准则提供操作性规范。

企业会计准则体系包括基本会计准则、具体会计准则、会计准则应用指南、会计准则解释和会计处理规定等。它们之间的关系是,基本会计准则是纲,在整个准则体系中起统驭作用;具体会计准则是目,是依据基本准则的原则性要求对有关业务或报告作出的具体规定;会计准则应用指南是补充,是对具体会计准则的操作指导;会计准则解释是对企业会计准则作出的具体解释。

下面主要介绍企业会计准则体系的相关内容。

(一)基本会计准则

我国《企业会计准则——基本准则》由财政部于 2006 年 2 月 15 日颁布,2007 年 1 月 1 日开始施行。2014 年 7 月 23 日,财政部对其进行了修订,修订后的《企业会计准则——基本准则》于 2014 年 7 月 23 日起施行。《企业会计准则——基本准则》是企业财务会计的概念框架。其主要内容有财务报告目标、会计基本假设、会计信息质量要求、会计要素及其确认、会计计量、财务报告构成等。基本准则对各项具体准则的制定起统驭作用,属于准则体系中的最高层次。

(二)具体会计准则

财政部于 2006 年 2 月 15 日颁布了 38 项具体会计准则,于 2007 年 1 月 1 日起施行。2014 年起财政部对原具体会计准则中的长期股权投资等 8 项准则进行了修订,并新制定了公允价值计量等 3 项准则。为贯彻落实中央经济工作会议防控金融风险、促进经济稳中求进的要求,财政部从 2017 年 3 月起陆续修订发布了《企业会计准则第 22 号——金融工具确认和计量》《企业会计准则第 23 号——金融资产转移》《企业会计准则第 24 号——套期会计》《企业会计准则第 37 号——金融工具列报》4 项金融工具会计准则,以及对《企业会计准则第 16 号——政府补助》《企业会计准则第 14 号——收入》和《企业会计准则第 21 号——租赁》进行了修订。2017 年 4 月 28 日,财政部发布了《企业会计准则第 42 号——持有待售的非流动资产、处置组和终止经营》。2019 年 5 月起又陆续修订发布了《企业会计准则第 7 号——非货币性资产交换》《企业会计准则第 12 号——债务重组》。新修订和颁布的具体会计准则与国际会计准则基本趋同。

新颁布的具体会计准则体系基本框架是,在基本会计准则指导原则下,以存货、固定资产、收入等共同业务准则为主线,兼顾金融、保险、石油天然气、生物资产等特殊行业中的特定业务准则,按照财务报表列报、合并财务报表等报告准则进行列报,涵盖了企业绝大部分经济业务的账务处理和相关信息披露,形成适应我国社会主义市场经济发展进程的、能够独立实施和执行的、与国际会计标准趋同的我国企业会计准则体系。

(三)会计准则应用指南

财政部于 2006 年 10 月 30 日颁布了《企业会计准则——应用指南》,并于 2007 年 1 月 1 日起施行。根据修订和新颁布的具体会计准则,财政部于 2014 年重新颁布了相关《企业会计准则——应用指南》。《企业会计准则——应用指南》是我国企业会计准则体系的重要组成部分,内容包括对《企业会计准则第 1 号——存货》等 41 项具体会计准则的进一步阐释,以及对会计科目和主要账务处理作出的规定。

2006 年企业会计准则的颁布,标志着中国与国际财务报告准则趋同的企业会计准则体系正式建立,这对于完善我国社会主义市场经济体制、提高对外开放水平和加速中国融入全球经济都具有重要意义。

(四)会计准则解释

企业会计准则解释(简称为解释公告)是随着企业会计准则的贯彻实施,就实务中遇到的实施问题而对企业会计准则作出的具体解释,2007 年 11 月至 2021 年 12 月,财政部分别印发了第 1 号至第 15 号《企业会计准则解释》。

(五)会计处理规定

会计处理规定是对某项特定交易或事项的会计处理所作的规定,如《增值税会计处理规定》。

(六)会计准则应用案例、会计准则实施问答和会计准则实务问答

会计准则应用案例、会计准则实施问答和会计准则实务问答是对企业实务中遇到的具体案例或者实施中对会计准则的理解问题所作的回应,以帮助财务会计人员更好地理解和实施企业会计准则。

本章要点概览

1. 财务会计是为满足企业外部会计信息使用者的需要,以财务会计准则为指导,运用确认、计量、记录和报告等程序,提供有关企业财务状况、经营成果、现金流量等有助于使用者作出决策的会计信息的对外报告会计。

2. 我国财务报告的目标是向财务报告使用者提供与企业财务状况、经营成果和现金流量等有关的会计信息,反映企业管理层受托责任的履行情况,有助于财务报告使用者作出经济决策。

3. 为了保证会计工作正常进行和会计信息的质量,就要对会计核算的范围、内容、基本程序和方法作出相应限定。这种限定表现为会计基本假设,主要有会计主体、持续经营、会计分期和货币计量等,它们是会计核算的前提条件。

4. 会计信息的质量将会影响信息使用者作出正确的决策,会计信息质量要求主要包括可靠性、相关性、可理解性、可比性、实质重于形式、重要性、谨慎性和及时性等。

5. 会计要素是指按照交易或者事项的经济特征所作的基本分类,主要有资产、负债、所有者权益、收入、费用和利润。会计要素既是会计确认和计量的依据,又是确定财务报表结构和内容的基础。

6. 计量属性是指计量客体的特征或外在表现形式。不同的计量属性会使相同的会计要素表现为不同的货币数量,从而使会计信息反映的财务状况和经营成果建立在不同的计量基础上。计量属性主要包括历史成本、重置成本、可变现净值、现值和公允价值等。

7. 在我国,制约企业编制财务报告的会计法规体系主要有《会计法》《企业财务会计报告条例》《企业会计准则》等。

主 要 术 语

财务会计	财务报告目标
会计主体	持续经营
会计期间	货币计量
可靠性要求	相关性要求
可理解性要求	可比性要求
实质重于形式要求	重要性要求
谨慎性要求	及时性要求
资产	负债
所有者权益	收入
费用	利润
会计计量	计量属性
历史成本	重置成本
可变现净值	现值
公允价值	会计规范

复习思考题

1. 什么是财务会计? 财务会计有哪些主要特征?

2. 企业财务报告的目标是什么?

3. 会计信息的质量要求有哪些? 这些会计信息质量要求的含义是什么?

4. 什么是会计基本假设? 各会计基本假设的含义是什么?

5. 各会计要素的特征是什么? 其确认标准是什么?

6. 会计计量属性有哪些内容?

7. 企业会计标准体系有哪些? 其中,企业会计准则体系由哪些规范构成?

第二章 货币资金

 学习目的与要求

通过本章学习,你应当:

1. 了解库存现金和银行存款管理的相关规定。

2. 掌握备用金的核算。

3. 熟悉银行九种支付结算办法的适用范围、结算注意点,掌握银行存款的核算。

4. 掌握其他货币资金的内容和核算。

课前预习题

1. 甲公司于2×19年4月8日向乙企业采购原材料,价款共计20 000元,以现金一次付讫。

请问:甲公司的付款方式是否符合我国现金管理的相关规定?

2. 小张是甲公司的出纳,负责保管公司的支票、收据、财务专用章和法人章。她至少每隔3天盘点一次库存现金,与现金日记账的余额进行核对;每月月末,她将银行存款日记账与银行对账单进行核对,根据未达账项编制银行存款余额调节表。

请问:小王的做法是否符合库存现金和银行存款管理的相关规定?

3. 小黄刚踏上出纳岗位,了解到公司有两个账户,其中基本存款户开在工商银行,一般存款户开在农业银行。公司备用金不足,小黄打算开出现金支票从农业银行提现。

请问:小黄的做法是否正确?

4. 小黄刚接手出纳工作,对银行结算相关凭证,如支票、银行汇票、银行本票、商业汇票、托收凭证、电汇凭证、信用证等不是很了解。

请问：你能告诉小黄这些银行结算相关凭证的用途以及如何核算吗？

5. 甲公司销售一批商品给乙企业，开出的增值税专用发票上注明价款 20 000元，增值税额 2 600 元，收到乙企业交来的一张出票金额为 20 000 元的银行本票和一张金额为 2 600 元的转账支票。

请问：针对上述经济业务，甲公司应如何作账务处理？

6. 甲公司为了方便赴外地采购，专门汇款至采购地银行开立采购专户。

请问：从该采购专户支付货款是否通过"银行存款"账户核算？这类账户有何特点？

第一节 现 金

现金是流动性最强的一种货币性资产,企业通常将其划分为流动资产。广义的现金包括库存现金(硬币、纸币)、可动用的银行存款、银行本票等可流通的票据。本章所指的现金是狭义的现金,仅指企业的库存现金,包括人民币现金和外币现金。

一、现金的管理与控制

(一)现金的使用范围

企业收支的各种款项必须按照国务院颁布的《现金管理暂行条例》的规定办理。现金的使用范围是:① 职工工资、津贴。② 个人劳务报酬。③ 根据国家规定颁发给个人的科学技术、文化艺术、体育等各种奖金。④ 各种劳保、福利费用以及国家规定的对个人的其他支出。⑤ 向个人收购农副产品和其他物资的价款。⑥ 出差人员必须随身携带的差旅费。⑦ 结算起点(人民币1 000元)以下的零星支出。⑧ 中国人民银行确定需要支付现金的其他支出。不属于上述规定范围的款项收支应通过银行办理转账结算。

(二)库存现金的限额

库存现金的限额由开户单位提出申请,由开户银行审查核定,原则上根据企业3~5天的日常零星开支所需现金确定。边远地区和交通不便地区的开户单位的库存现金限额,可以多于5天,但不得超过15天的日常零星开支。库存现金的限额一旦确定,企业必须严格遵守。企业每日结存的现金不得超过核定的库存现金,超过部分应及时送存银行;低于限额的部分,可签发现金支票从银行提取现金补足。这样,不仅可以减少保存大量库存现金的成本和风险,而且可以通过签发银行支票加强对现金支出的控制。

(三)现金日常收支的内部控制

为了保护现金的安全完整以及保障现金收支记录的真实性和完整性,企业必须建立严密、恰当的现金内部控制制度。企业在办理现金收支业务时应遵守以下规定:

(1)全部现金收入必须及时入账,应于当天送存银行,当天送存银行确有困难的,由开户银行确定送存时间。

(2)从开户银行提取现金,应当如实写明用途,由本单位财会部门负责人签字盖章,不允许谎报用途套取现金。

(3)企业支付现金时,可以从本单位库存现金限额中支付或者从开户银行提取,不得从本单位的现金收入中直接支付(即坐支)。因特殊情况需要坐支现金的,应当事先报经开户银行审查批准,由开户银行核定坐支范围。

(4)建立严格的授权批准制度,明确定义需要经过授权批准的现金收支业务,并明确各责任人审批的标准、程序、责任和相关控制措施。对于重大货币资金支付,其业务决策记录必须作为档案保管。

(5)分离不相容的职能,即对现金收支的各个环节,包括审批、经办、会计记录、财产保管、稽核检查等应指定不同的人员负责。例如,负责保管现金的出纳不能兼任会计档案的保管和收入、费用、债权债务账簿的登记工作。

（6）收据、发票、支票等票证应指定专人购买、保管和发放。购入票证时应及时登记，妥善保管。发放时必须按编号顺序使用，详细登记，领用人员应在登记簿上签名。

（7）凡是与现行财务制度和会计凭证规定手续不相符的白条和单据，不得抵充库存现金，不准保留账外公款（即小金库）。

（8）单位收入的现金不能以个人名义存入储蓄。

（9）不能利用银行存款账户替其他单位或个人存入、支取或汇兑现金。

（10）出纳人员应定期轮岗，不得一人长期从事出纳工作。

（11）出纳应严格执行现金清查盘点制度，企业内部审计人员或稽核人员应定期或不定期地对库存现金进行核查，以保证现金安全、完整。

二、现金的核算

所有的现金收支业务，必须填制或取得证明收付款的原始凭证并由主管会计或指定人员审核后，方可据以填制现金收付款凭证。以下介绍现金的序时核算、现金的总分类核算和现金清查的核算。

（一）现金的序时核算

为了加强对现金的管理，随时掌握现金收支的动态和库存余额，企业必须设置现金日记账，由出纳根据收付款凭证，按照企业业务发生的先后顺序逐笔登记。每日终了，应当计算当日的现金收入合计数、现金支出合计数和结余数，将结余数与实际库存数进行核对，做到账实相符。月份终了，现金日记账的余额必须与现金总账的余额核对相符。

有外币现金收支业务的企业，应当分币种设置现金日记账进行核算。

（二）现金的总分类核算

为了总括反映企业库存现金的收支和结存情况，应设置"库存现金"总账账户，并由非出纳人员登记。企业发生现金收支业务时，可根据审核无误的原始凭证编制记账凭证，据以记账，也可采用汇总记账凭证或科目汇总表等核算形式登记。收到现金时，借记"库存现金"账户，贷记有关账户；支出现金时，借记有关账户，贷记"库存现金"账户。

（三）现金清查的核算

库存现金由出纳人员每天清点核对，企业的稽核人员应该定期或不定期地核查。在清查前，出纳人员应将现金收付款凭证全部登记入账。清查时，采用实地盘点法，出纳人员必须在场，以明确经济责任。在清查的过程中，应注意企业是否遵守现金管理相关法规。清查后，若出现以下两种账实不符的情况，必须查明原因，进行账务处理：

第一，现金长款，即实际库存现金数大于账面余额。

（1）清查时，发现现金溢余，应根据盘点报告表，作账务处理如下：

借：库存现金

    贷：待处理财产损溢——待处理流动资产损溢

（2）待查明原因，报经有关部门批准转销时，作账务处理如下：

借：待处理财产损溢——待处理流动资产损溢

    贷：其他应付款　　　　　　　　　　　　　　　（应付有关单位或人员的部分）

        营业外收入　　　　　　　　　　　　　　　（无法查明原因的部分）

第二,现金短款,即实际库存现金数小于账面余额。

(1)清查时,发现现金短缺,应根据盘点报告表,作账务处理如下:

借:待处理财产损溢——待处理流动资产损溢

　　贷:库存现金

(2)待查明原因,报经有关部门批准转销时,作账务处理如下:

借:其他应收款　　　　　　　　　　　　　　　　　（应由责任人或保险公司赔偿的部分）

　　管理费用　　　　　　　　　　　　　　　　　　　　（无法查明原因的部分）

　　贷:待处理财产损溢——待处理流动资产损溢

三、备用金的核算

企业的现款,除了由财会部门集中保管的库存现金,为了方便企业采购人员、办公室人员等日常零星开支的需要,减少审批、领用、报销等的工作量,按照重要性原则,常提取一笔固定金额的零用现金,交专人保管,以备日常零星开支之用,这部分现金通常称为备用金。备用金一般采取先领后用、定期报销的核算办法。

企业备用金的会计处理,一般通过"其他应收款"账户核算,也可专设"备用金"账户进行核算。备用金的管理制度有两种:定额管理和非定额管理。

企业若实行备用金定额管理制度,由企业财会部门单独拨给企业内部各单位周转使用的备用金,借记"其他应收款"等账户,贷记"库存现金"或"银行存款"账户。自备用金中支付零星支出,应根据有关的支出凭单,定期编制备用金报销清单,财务部门根据内部各单位提供的备用金报销清单,定期实报实销,同时补足备用金。除了增加或减少拨入的备用金,使用或报销有关备用金支出不再通过"其他应收款"等账户核算。

【例2-1】 2×19年4月6日,甲企业会计部门为满足供应部门日常零星开支的需要,特设立定额备用金3 500元,以现金支付。4月30日,供应部门凭报销清单及所附的各种发票报销,发票金额为3 260元,出纳以现金补足备用金定额。2×19年12月20日,甲企业经研究决定取消定额备用金制度,供应部门最后一次报销748元,并将多余款项交还出纳。假设甲企业不专设"备用金"账户,应作账务处理如下:

(1)4月6日,设立备用金时:

借:其他应收款——供应部门　　　　　　　　　　　　　　　　　3 500

　　贷:库存现金　　　　　　　　　　　　　　　　　　　　　　　　3 500

(2)4月30日,报销时:

借:管理费用　　　　　　　　　　　　　　　　　　　　　　　3 260

　　贷:库存现金　　　　　　　　　　　　　　　　　　　　　　　3 260

(3)12月20日,最后一次报销并取消定额备用金时:

借:管理费用　　　　　　　　　　　　　　　　　　　　　　　748

　　库存现金　　　　　　　　　　　　　　　　　　　　　　　2 752

　　贷:其他应收款——供应部门　　　　　　　　　　　　　　　　3 500

企业若实行备用金非定额管理制度,当预支款项时,根据借款单等单据,借记"其他应收款"等账户,贷记"库存现金"或"银行存款"账户;报销时,根据实际报销金额,借记"管理费用"等账户,按退回的余款或补付款,借记或贷记"库存现金"账户,同时冲销"其他应收款"账户。

【例2-2】 2×19年5月23日,乙企业销售部门张某出差前到会计部门预支差旅费1 500元,出纳以现金付讫。3天后,张某凭发票账单等到会计部门报销,按照企业内部报销制度的规定,实报金额为1 558元,补付现金58元,乙企业应作账务处理如下:

(1)5月23日,预支差旅费时:

借:其他应收款——张某   1 500

　　贷:库存现金   1 500

(2)3天后,凭发票账单报销时:

借:销售费用   1 558

　　贷:其他应收款——张某   1 500

　　　库存现金   58

第二节　银　行　存　款

银行存款是指企业存放在银行或其他金融机构的货币资金。按照国家《支付结算办法》的规定,企业应在银行开立账户,办理存款、取款和转账等结算。企业开立结算账户,必须遵守中国人民银行制定的《人民币银行结算账户管理办法》的各项规定。

一、银行存款的管理

(一)银行结算账户

银行结算账户是指存款人在经办银行开立的办理资金收付结算的人民币活期存款账户。企业在银行开立的银行结算账户分为基本存款账户、一般存款账户、临时存款账户和专用存款账户四种:

(1)基本存款账户是企业办理日常转账结算和现金收付的银行结算账户。企业日常经营活动的资金收付以及工资、奖金等现金的支取,只能通过基本存款账户办理。企业只能开立一个基本存款账户,不能在多家银行机构开立基本存款账户。

(2)一般存款账户是企业在基本存款账户以外办理银行借款转存以及与基本存款账户的企业不在同一地点的附属非独立核算单位的银行结算账户。开立基本存款账户的存款人都可以开立一般存款账户,且没有数量限制。该账户可以办理转账结算和现金交存,但不得办理现金支取。

(3)临时存款账户是企业因临时经营活动需要并在规定期限内使用而开立的银行结算账户。企业可以通过该账户办理转账结算和根据国家现金管理的规定办理现金收付。临时存款账户的有效期最长不得超过2年。

(4)专用存款账户是企业按照法律、行政法规和规章,对其特定用途资金进行专项管理和使用而开立的银行结算账户。

（二）银行结算纪律

企业通过银行办理支付结算时,应当认真执行国家各项管理办法和结算制度。不准签发没有资金保证的票据和远期支票,套取银行信用;不准签发、取得和转让没有真实交易和债权债务的票据,套取银行和他人资金;不准无理拒绝付款,任意占用他人资金;不准违反规定开立和使用账户;不准利用多头开户转移资金、逃避债务。

（三）银行存款的清查

出纳根据收付款凭证,按照业务的发生顺序逐笔登记银行存款日记账,每日终了结出余额。企业应当指定专人定期核对银行账户,每月至少一次。若确实是企业或银行一方或双方记录错误,应核对原始凭证,予以更正;若存在未达账项,即企业与银行一方已经入账,而另一方由于未收到结算凭证尚未入账,导致企业银行存款账面余额与银行对账单余额之间有差额,企业应编制银行存款余额调节表调节相符。

二、银行支付结算办法的种类及其核算

企业货币资金的收入和付出,除按规定可用现金收付的款项外,其他款项必须通过银行办理结算。银行转账结算是指由银行将结算款项从付款单位的存款户中划拨到收款单位的存款户中。根据中国人民银行有关支付结算办法的规定,目前,企业通过银行办理的货币资金收付业务主要有以下九种结算方式。

（一）银行汇票

银行汇票是由出票银行签发的由其在见票时按照实际结算金额无条件支付给收款人或持票人的票据。单位和个人各种款项的结算均可以使用银行汇票。银行汇票可以用于转账,填明"现金"字样的银行汇票也可以用于支取现金,但签发现金银行汇票,申请人和收款人必须均为个人。银行汇票一律记名,非现金银行汇票可以背书转让。全国银行汇票一式四联,其提示付款期限自出票日起1个月。这种结算方式具有使用广泛、方便灵活,结算迅速、票随人到、兑现性强、剩余款项由银行负责退回等优点,适用于先收款后发货或钱货两清的商品交易。银行汇票结算程序如图2-1所示。

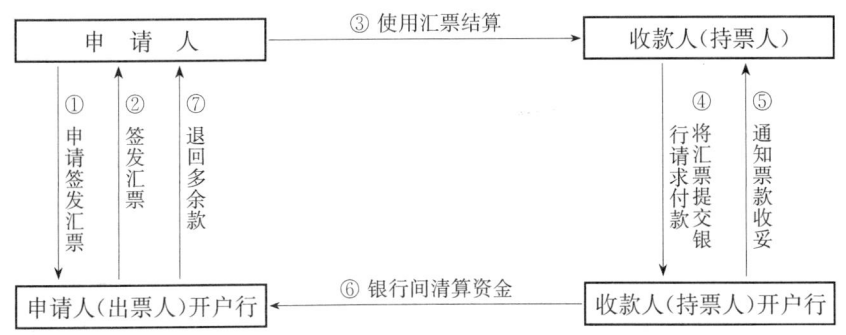

图2-1 银行汇票结算程序图

采用银行汇票结算方式时,银行汇票申请人(付款单位)应填制银行汇票申请书,所申请的出票金额不应超过所用账户的银行存款余额。申请企业根据收到的银行汇票申请书的回单编制付款凭证,并把银行签发的银行汇票的第二联和第三联交收款人,其账务处理见本章第三节

其他货币资金的相关内容。

收款单位持银行汇票第二联和第三联以及填制的进账单到开户行办理进账手续,根据银行进账单的回单联和发票等,应作账务处理如下:

借:银行存款

　　贷:主营业务收入等

　　　　应交税费——应交增值税(销项税额)

(二)银行本票

银行本票是银行签发的、承诺自己在见票时无条件支付确定金额给收款人或持票人的票据。单位和个人在同一票据交换区域需要支付各种款项,均可以使用银行本票。银行本票可以用于转账,注明"现金"字样的银行本票可以用于支取现金,但申请人或收款人为单位的,不得申请签发现金银行本票。银行本票一律记名,允许背书转让,但注明"现金"字样的银行本票不得背书转让。银行本票提示付款期限自出票日起最长不超过 2 个月。持票人超过提示付款期限不获付款的,可持银行本票,在票据权利时效内向出票银行作出说明,并提供本人身份证件或单位证明,向出票银行请求付款。未注明"现金"字样的银行本票丧失,不得挂失止付。银行本票见票即付,对于银行本票应视同现金,妥善保管。银行本票分为不定额和定额两种,定额本票面额为 1 000 元、5 000 元、10 000 元和 50 000 元。在西方,本票常常作为现金来流通,尤其是那些资本雄厚、信誉卓越的大银行或大公司所签发的本票可以视同现金,即通过背书将票据转让给他人以换取现金。银行本票结算程序如图 2-2 所示。

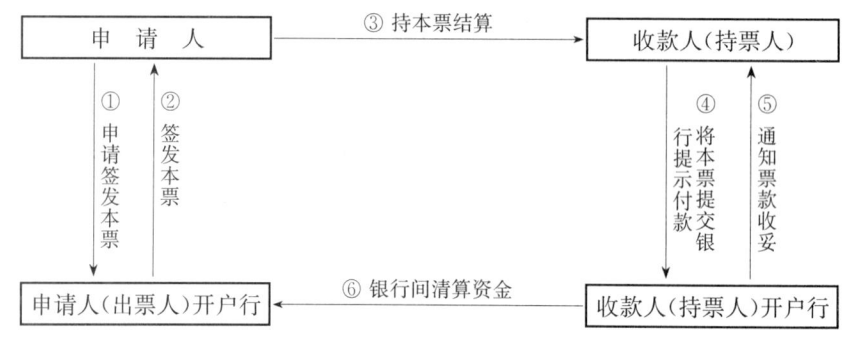

图 2-2　银行本票结算程序图

采用银行本票结算方式时,银行本票申请人(付款单位)应填制银行本票申请书,所申请的本票金额不应超过所用账户的银行存款余额。申请企业根据收到的银行本票申请书的回单编制付款凭证,并把银行签发的银行本票交收款人,其账务处理见本章第三节其他货币资金的相关内容。

收款单位应将银行本票连同填制的进账单送交银行办理转账,根据银行进账单的回单联和发票等,应作账务处理如下:

借:银行存款

　　贷:主营业务收入等

　　　　应交税费——应交增值税(销项税额)

（三）支票

支票是出票人签发的、委托办理支票存款业务的银行在见票时无条件支付确定的金额给收款人或持票人的票据。支票是同城范围内应用较广的一种结算方式，具有方便、灵活的特点。支票的提示付款期限为自出票日起 10 天。支票分为现金支票、转账支票和普通支票。现金支票只能用于支取现金；转账支票只能用于转账；普通支票既可用于支取现金，也可用于转账。在普通支票左上角划两条平行线的，只能用于转账，不得支取现金。出票人签发空头支票，银行应予以退票，并按票面金额处以 5% 但不低于 1 000 元的罚款。支票可以挂失止付，用于转账的支票能背书转让。支票结算程序如图 2-3 所示。

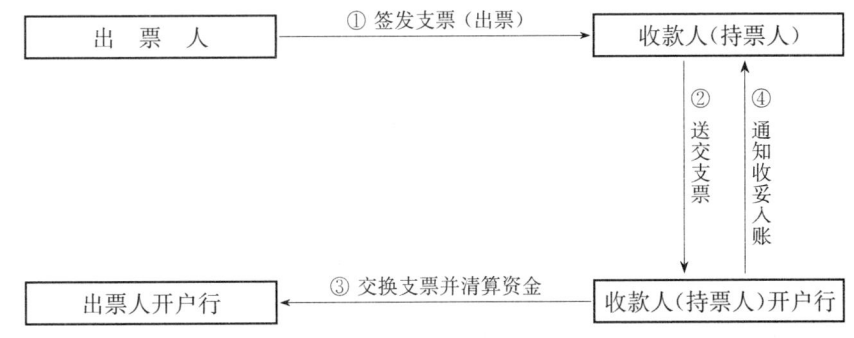

图 2-3 支票结算程序图

采用支票结算方式时，出票人应根据支票存根和发票等有关原始凭证，作账务处理如下：

借：原材料等
　　应交税费——应交增值税（进项税额）
　　　贷：银行存款

收款人收到支票，应在提示付款期内填制进账单，连同支票送交银行，根据银行盖章的进账单回单联和发票等原始凭证，作账务处理如下：

借：银行存款
　　　贷：主营业务收入等
　　　　　应交税费——应交增值税（销项税额）

（四）商业汇票

商业汇票是出票人签发的、委托付款人在指定日期无条件支付确定的金额给收款人或持票人的票据。在银行开立存款账户的法人以及其他组织之间，具有真实的交易关系或债权债务关系的才能使用商业汇票。商业汇票一律记名，付款期最长不超过 6 个月，提示付款期限为汇票到期日起 10 日。该类汇票可在同城和异地使用，并可背书转让或贴现。商业汇票按其承兑人的不同分为商业承兑汇票和银行承兑汇票。

商业承兑汇票可以由付款人签发并承兑，也可以由收款人签发交由付款人承兑，所指付款人是除银行以外的付款人。付款人收到开户银行的付款通知，应在当日通知银行付款。付款人在接到通知日的次日起 3 日内（遇法定休假日顺延）未通知银行付款的，视同付款人承诺付款，银行应于付款人接到通知日的次日起第 4 日（法定休假日顺延）上午开始营业时，将票款划给持票人。付款人承兑商业汇票,不得附有条件;承兑附有条件的,视为拒绝承兑。由付款人签发并承兑的商业承兑汇票结算程序如图2-4所示。

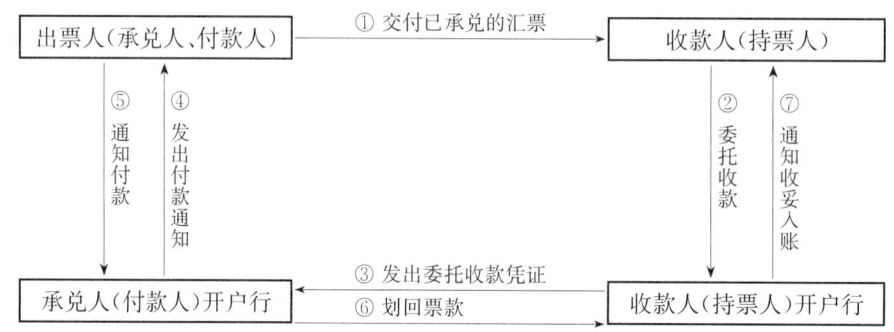

图2-4　商业承兑汇票结算程序图

银行承兑汇票应由在承兑银行开立存款账户的法人以及其他组织签发并由银行承兑。承兑银行应按票面金额向出票人收取5‰的手续费。出票人应于汇票到期前将票款足额交存其开户银行,承兑银行应在汇票到期日或到期日后的见票当日支付票款。若汇票到期日出票人未能足额交存票款,承兑银行除凭票向持票人无条件付款外,对出票人尚未支付的汇票金额按照每天5‰计收利息。银行承兑汇票结算程序如图2-5所示。

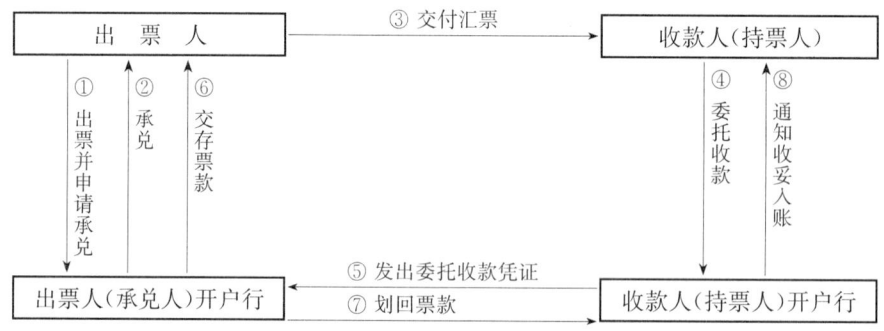

图2-5　银行承兑汇票结算程序图

商业汇票通过"应收票据""应付票据"账户进行核算。出票人填制商业汇票,由承兑人承兑后,把商业汇票交付收款人。出票人根据商业汇票的存查联以及发票等原始凭证,作账务处理如下:

借:原材料等

　应交税费——应交增值税(进项税额)

　贷:应付票据

收款人收到商业汇票,应予以复印,汇票原件应妥善保管,待到期之日填制托收凭证办理进账手续。收款人根据商业汇票复印件及发票等,作账务处理如下:

借:应收票据

　贷:主营业务收入等

　　应交税费——应交增值税(销项税额)

（五）汇兑

汇兑是汇款人委托银行将其款项交付给收款人的结算方式。它适用于单位和个人之间各种款项的结算。汇兑是异地结算的一种，有电汇和信汇两种方式。相对于信汇，电汇结算方式因其安全、快捷而被更多企业采用。汇兑结算程序如图2-6所示。

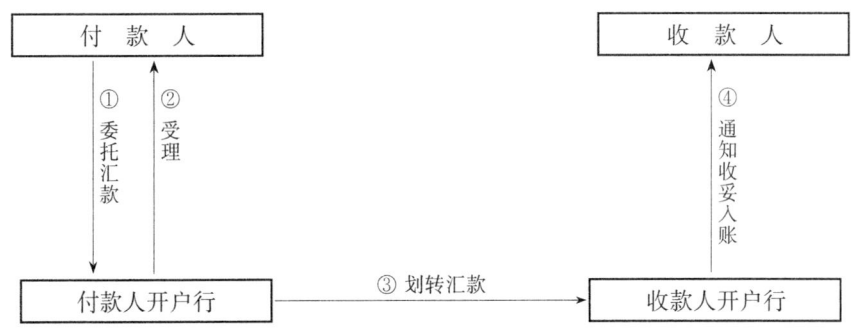

图2-6 汇兑结算程序图

企业采用汇兑结算方式时，应先填写汇兑凭证，委托银行将款项汇往收款人账户，并根据汇兑凭证回单联等，作账务处理如下：

借：应付账款等

　　贷：银行存款

收款人开户行将汇款收进单位存款户后，向收款人发出收款通知，收款人据此作账务处理如下：

借：银行存款

　　贷：应收账款等

（六）委托收款

委托收款是收款人委托银行向付款人收取款项的结算方式。这种结算方式同城、异地均可使用，既适用于在银行开立账户的单位结算，也适用于水电、邮政、电信等劳务款项的结算。单位和个人凭已承兑的商业汇票、债券、存单等付款人债务凭证，可采用委托收款方式收取款项。委托收款按款项划回方式不同分为邮寄和电报两种，由收款人选用。委托收款结算程序如图2-7所示。

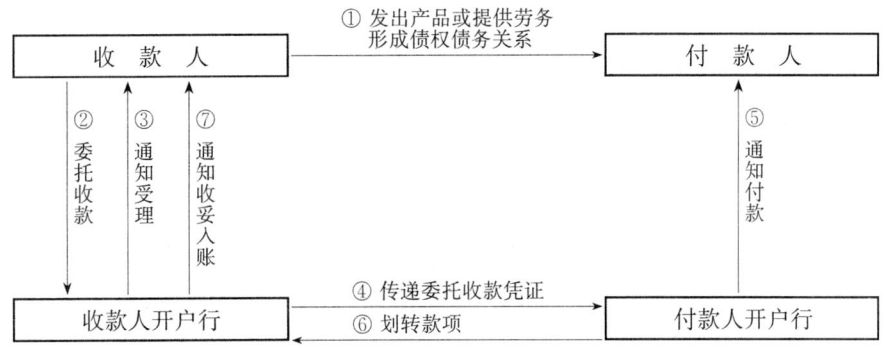

图2-7 委托收款结算程序图

委托收款单位委托开户银行收款时,应提供相关的债权证明,并向银行提交填制的委托收款凭证。在收到银行的收款通知时,作账务处理如下:

借:银行存款
　　贷:应收账款等

付款人开户行接到寄来的委托收款凭证及债务证明,应及时通知付款人,将有关债务证明交给付款人签收。付款人应于接到通知的当日书面通知银行付款。若付款人未在接到通知日的次日起 3 日内通知银行付款的,视同付款人同意付款,银行应于付款人接到通知日的次日起第 4 日上午开始营业时,将款项划给收款人。付款人提前收到由其付款的债务证明,应通知银行于债务证明的到期日付款。付款人根据开户银行给付款人的按期付款通知,作账务处理如下:

借:应付账款等
　　贷:银行存款

付款人拒绝付款的,应在接到通知的次日起 3 日内出具拒绝证明,连同有关债务证明和委托收款凭证送交开户银行。银行将拒绝证明、有关债务证明和委托收款凭证一并寄给被委托银行,转交收款人。

（七）托收承付

托收承付是根据购销合同由收款人发货后委托银行向异地付款人收取款项,由异地付款人向银行承诺付款的结算方式。这种方式适用于买卖双方订有购销合同,并在合同上订明使用托收承付结算方式的商品交易。使用托收承付结算方式的收款单位和付款单位必须是国有企业、供销合作社以及经营管理较好并经开户银行审查同意的城乡集体所有制工业企业。收付双方使用托收承付结算款项,必须重合同、守信用。收款人办理托收,必须具有商品确已发运的证件(包括铁路、航运、公路等运输部门签发运单、运单副本和邮寄包裹回执)。办理托收承付结算的款项,必须是商品交易,以及因商品交易而产生的劳务供应的款项。代销、寄销、赊销商品的款项不得办理托收承付结算。托收承付结算每笔金额的起点为 10 000 元,新华书店系统每笔金额的起点为 1 000 元。托收承付结算程序如图 2-8 所示。

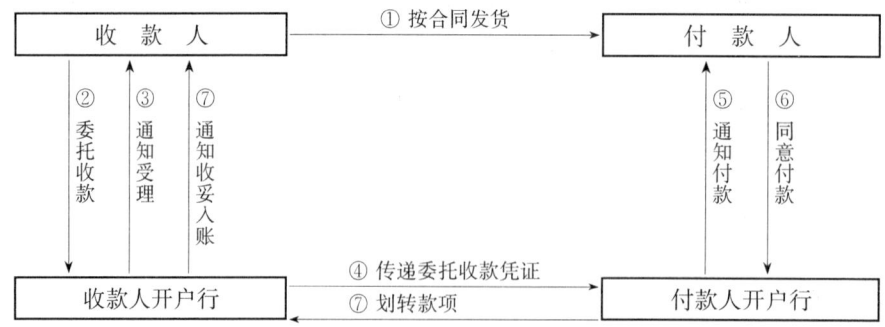

图 2-8　托收承付结算程序图

采用托收承付结算方式时,收款单位按合同发货后,应填写托收承付结算凭证,与发票和运单等有关凭证一并送交开户银行办理托收手续,并根据托收凭证的回单和发票等,作账务处理如下：

借：应收账款
　　贷：主营业务收入
　　　　应交税费——应交增值税（销项税额）

待付款单位支付款项后，收款单位根据银行转来的收账通知，作账务处理如下：

借：银行存款
　　贷：应收账款等

付款单位收到开户银行转来的付款通知后，应在承付期内审查核对并决定是否承付。验单付款承付期为 3 天，验货付款承付期为 10 天。若付款企业全部或部分拒绝付款，应在承付期内填写拒绝付款理由书，向开户银行办理拒付手续，由银行负责审查。承付期内付款人未表示拒绝付款的，银行视作承付，于承付期满的次日（法定休假日顺延）将款项主动从付款人的账户内，按照收款人指定的划款方式划给收款人。付款人根据托收结算凭证和发票等单据，作账务处理如下：

借：原材料等
　　应交税费——应交增值税（进项税额）
　　贷：银行存款

（八）信用卡

信用卡是指商业银行向个人和单位发行的，凭以向特约单位购物、消费和向银行存取现金，具有消费信用的特制载体卡片。

信用卡按照发行对象不同，分为个人卡和单位卡。其中，单位卡按照用途分为商务差旅卡和商务采购卡。商务差旅卡是指商业银行与政府部门、法人机构或其他组织签订合同建立差旅费用报销还款关系，为其工作人员提供日常商务支出和财务报销服务的信用卡。商务采购卡是指商业银行与政府部门、法人机构或其他组织签订合同建立采购支出报销还款关系，为其提供办公用品、办公事项等采购支出相关服务的信用卡。

信用卡按是否向发卡银行交存备用金分为贷记卡和准贷记卡。贷记卡是指发卡银行给予持卡人一定的信用额度，持卡人可在信用额度内先消费、后还款的信用卡。准贷记卡是指持卡人须先按发卡银行要求交存一定金额的备用金，当备用金账户余额不足支付时，可在发卡银行规定的信用额度内透支的信用卡。信用卡允许善意透支。贷记卡银行记账日至发卡银行规定的到期还款日之间为免息还款期，免息还款期最长为 60 天。持卡人在到期还款前偿还所使用全部银行款项有困难的，可按照发卡银行规定的最低还款额还款。贷记卡持卡人支取现金、准贷记卡透支，不享受免息还款期和最低还款额待遇。信用卡结算程序如图 2-9 所示。

采用信用卡结算方式时，收款单位对于当日受理的信用卡签购单，填写汇总计算表和进账单，连同签购单送交银行办理转账，根据进账单回单及相关原始凭证，进行账务处理。

付款单位在特约单位消费后，根据信用卡签购单和发票等，进行账务处理，其账务处理见本章第三节其他货币资金的相关内容。

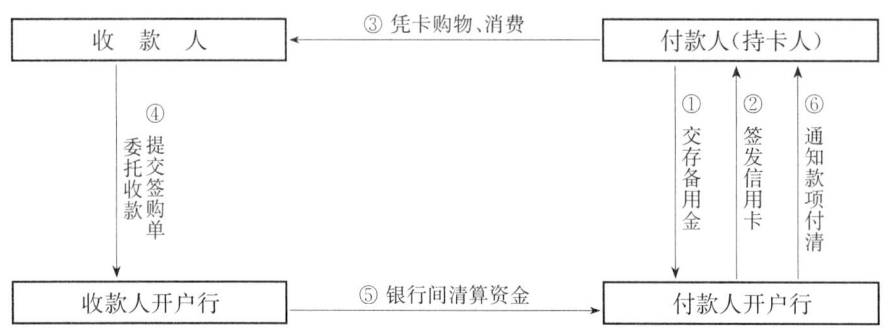

图 2-9 信用卡结算程序图

（九）信用证

信用证是国际结算的一种主要方式。它是进口方银行根据进口方要求,向出口方开立,凭出口方提交的符合信用证条款的单据,在一定期限内支付一定金额的付款承诺。我国从事进出口业务的企业和对外经济合作企业均可采用信用证结算方式。所有信用证都必须清楚地表明该证是否适用即期付款、延期付款、承兑汇票或议付。经中国人民银行批准经营结算业务的商业银行总行以及经商业银行总行批准开办信用证结算业务的分支机构,也可以办理国内企业之间商品交易的信用证结算业务。国内信用证为不可撤销、不可转让的跟单信用证,只限于办理转账结算,不得支取现金,适用于国内企业之间的商品交易。信用证结算程序如图 2-10 所示。

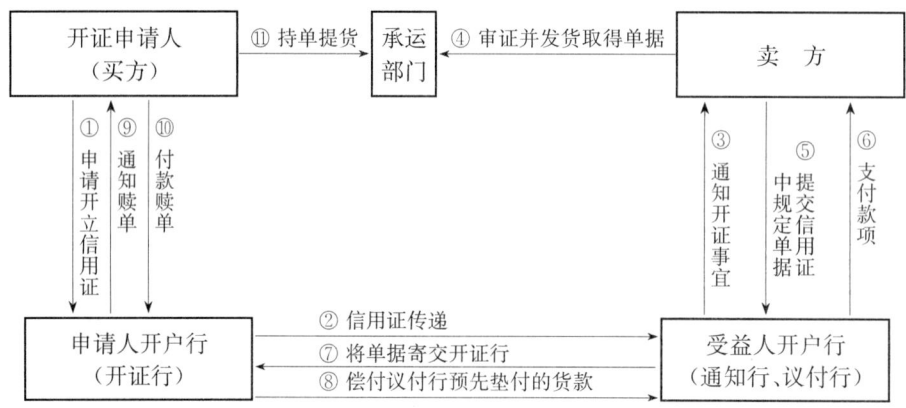

图 2-10 信用证结算程序图

企业办理国内信用证的基本程序如下所述。

1. 开证

申请企业申请办理信用证时,应当填具开证申请书、信用证申请人承诺书并提交有关购销合同。开证行审核后受理该项业务,应向申请人收取不低于开证金额 20% 的保证金。申请企业根据开证申请书的回单等,作账务处理如下:

借:其他货币资金——信用证保证金

　　贷:银行存款

2. 通知

通知行(受开证行委托向受益人通知信用证的银行)收到开证行发来的信用证,应认真审核。审核无误的,应填制信用证通知书,连同信用证交付收款单位。收款单位取得信用证后,备货装运,签发有关发票账单,填制委托收款凭证等,连同运输单据和信用证正本在交单期(提交运输单据的信用证所注明的货物装运后必须交单的特定日期)或信用证有效期(受益人向银行提交单据的最后期限,最长不得超过 6 个月)内提交银行。

3. 议付

议付是指信用证指定的议付行在单证相符的条件下,扣除议付利息后向受益人给付对价的行为。议付行必须是开证行指定的受益人开户行。议付仅限于延期付款信用证。受益人可以对议付信用证在交单期或信用证有效期内向议付行提示单据、信用证正本等,请求议付。

4. 付款

开证行核对议付行或受益人开户行寄交的委托收款凭证、信用证正本、单据等无误后付款,将信用证来单通知书连同有关单据交开证申请企业,企业付款赎单并作账务处理如下:

借:原材料等

　　应交税费——应交增值税(进项税额)

　　贷:其他货币资金——信用证保证金

申请企业交存的保证金和其存款账户余额不足支付的,开证行仍应在规定的时间内进行付款,不足支付的部分作为对企业的逾期贷款。

三、银行支付结算方式的发展

从最初的物物交换发展到货币结算,再到银行转账支付结算,支付结算方式经历了多次变革。然而随着经济的发展和信息技术的进步,对支付系统的运行效率和服务质量的要求越来越高,促使支付系统从手工操作走向电子化和网络化,从而出现了网上银行。

网上银行又称在线银行、3A 银行,是指以互联网为媒介,以客户发出的电子信息为依据,向客户提供金融服务,使客户足不出户就能够安全快捷地管理存款、支票、信用卡及投资等的电子银行。企业网上银行服务一般提供账户余额和交易记录查询、总账户和分账户管理、转账、在线支付各种费用、透支保护、储蓄账户和支票账户资金自动划拨、贷款业务、商业信用卡服务、投资服务等。

网上银行的出现,使以前使用的票据和单据大部分被电子支票、电子汇票和电子收据代替,原有的纸币被电子现金、电子钱包、电子信用卡代替,原来的纸质文件的邮寄变为通过数据通信网络进行传递。又由于网上银行不受时间、空间限制,能够在任何时间(anytime)、任何地点(anywhere),以任何方式(anyway)为客户提供金融服务,因而其克服了传统支付结算方式运作速度和处理效率较低、支付介质多、处理流程复杂、资金回笼慢、非全天候服务等缺点,正被越来越多的企业所接受。

第三节　其他货币资金

在企业的经营资金中,有些货币资金的存款地点和用途与库存现金和银行存款不同,如外埠存款、银行汇票存款、银行本票存款、信用卡存款、信用证保证金存款和存出投资款等,这些资金在会计核算上统称为"其他货币资金"。

一、外埠存款

外埠存款是指企业到外地进行临时或零星采购时,汇往采购地银行开立采购专户的款项。采购资金存款不计利息,除采购员差旅费可以支取少量现金外,其他一律转账。采购专户只付不收,付完注销账户。

【例 2 - 3】 A 企业委托开户银行将 200 000 元存款汇往采购地银行开设采购专户。不久,收到采购员交来供货单位发票账单等凭证,增值税专用发票上注明货款为 150 000 元,增值税额为 19 500 元,该增值税已经税务机关认证可予抵扣,该材料尚未运抵企业。其后,接到银行收款通知,收到汇回的多余外埠存款 30 500 元。假定 A 企业的原材料按实际成本法核算,应作账务处理如下:

(1)收到银行汇款回单时:

借:其他货币资金——外埠存款   200 000
  贷:银行存款   200 000

(2)收到供货单位发票账单等凭证时:

借:在途物资   150 000
  应交税费——应交增值税(进项税额)   19 500
  贷:其他货币资金——外埠存款   169 500

(3)收到汇回的多余外埠存款时:

借:银行存款   30 500
  贷:其他货币资金——外埠存款   30 500

二、银行汇票存款和银行本票存款

银行汇票存款和银行本票存款是指企业为取得银行汇票和银行本票,按规定存入银行的款项。两者核算程序和核算方法大体相同,只是银行汇票存款的多余款项可由银行自动退交汇款人,而银行本票存款只办理全额结算,票面金额与实际交易金额之间的差额,由交易双方自行结清。现以银行汇票存款为例说明其账务处理。

【例 2 - 4】 A 企业填制银行汇票申请书,委托出票银行办理银行汇票,银行汇票申请书上申请金额为 95 000 元。银行审查后签发银行汇票,A 企业持该汇票购料,增值税专用发票上注明材料价款为 80 000 元,增值税额为 10 400 元,该增值税已经税务机关认证可予抵扣,该材料尚未运抵企业。不久 A 企业收到银行转来的银行汇票多余款 4 600 元。假定 A 企业的原材料按实际成本法核算,应作账务处理如下:

(1)取得银行汇票时:

借:其他货币资金——银行汇票   95 000
  贷:银行存款   95 000

（2）企业用上述银行汇票购料时：

借：在途物资　　　　　　　　　　　　　　　　　　　　　　　　80 000

　　应交税费——应交增值税（进项税额）　　　　　　　　　　　10 400

　　　贷：其他货币资金——银行汇票　　　　　　　　　　　　　　　90 400

（3）收到银行转来的银行汇票多余款时：

借：银行存款　　　　　　　　　　　　　　　　　　　　　　　　　4 600

　　　贷：其他货币资金——银行汇票　　　　　　　　　　　　　　　4 600

三、信用卡存款

信用卡存款是指企业为取得信用卡按规定存入银行信用卡专户的款项。将资金存入信用卡以及持信用卡在特约商户进行消费，通过"其他货币资金——信用卡"账户核算。

【例 2-5】　A 企业向银行申领准贷记卡，经银行审核同意后从其基本存款账户划转 100 000 元到准贷记卡账户。此后，A 企业以该信用卡向特约单位支付业务招待费 2 000 元。

（1）办理信用卡手续时，A 企业根据转账凭证，应作账务处理如下：

借：其他货币资金——信用卡　　　　　　　　　　　　　　　　100 000

　　　贷：银行存款　　　　　　　　　　　　　　　　　　　　　　100 000

（2）特约单位在签购单上压卡经银行间结算后，A 企业根据信用卡签购单和银行转来的付款通知等，应作账务处理如下：

借：管理费用　　　　　　　　　　　　　　　　　　　　　　　　2 000

　　　贷：其他货币资金——信用卡　　　　　　　　　　　　　　　　2 000

四、信用证保证金存款

信用证保证金存款是指企业为开具信用证，按规定存入银行的保证金。企业交存保证金以及支付货款时，通过"其他货币资金——信用证保证金"账户核算。

【例 2-6】　A 企业提交购货合同，向银行申请开立信用证，并存入保证金 600 000 元。不久，A 企业收到开户行转来的信用证结算凭证及相关单据，增值税专用发票上注明材料价款为 500 000 元，增值税额为 65 000 元，取得的增值税专用发票已经税务机关认证其增值税可予抵扣，该材料尚未运抵企业。此后，A 企业收到未用完信用证保证金 35 000 元。假定 A 企业的原材料采用实际成本法核算，应作账务处理如下：

（1）办理信用证手续时：

借：其他货币资金——信用证保证金　　　　　　　　　　　　600 000

　　　贷：银行存款　　　　　　　　　　　　　　　　　　　　　600 000

（2）收到信用证结算凭证及发票账单时：

借：在途物资　　　　　　　　　　　　　　　　　　　　　　　500 000

　　应交税费——应交增值税（进项税额）　　　　　　　　　　　65 000

　　　贷：其他货币资金——信用证保证金　　　　　　　　　　　565 000

（3）收到未用完信用证保证金时：

借：银行存款   35 000

 贷：其他货币资金——信用证保证金   35 000

五、存出投资款

存出投资款是指企业已存入证券公司但尚未进行投资的款项。企业向证券公司划出资金及购买股票、债券等时，通过"其他货币资金——存出投资款"账户进行核算。

【例2-7】 2×19年4月12日，A企业通过银证转账方式向证券资金账户划入资金100 000元，准备用于投资股票。4月13日，购入B公司股票10 000股，成交价为56 300元。假定不考虑相关税费，应作账务处理如下：

（1）4月12日，根据银证转账相关凭证：

借：其他货币资金——存出投资款   100 000

 贷：银行存款   100 000

（2）4月13日，根据股票交割单：

借：交易性金融资产——B公司股票（成本）   56 300

 贷：其他货币资金——存出投资款   56 300

本章要点概览

1. 货币资金是流动性最强的资产，根据存放地点和用途的不同，分为现金、银行存款和其他货币资金。现金有广义和狭义之分，本章所指现金仅指库存的硬币和纸币，包括人民币现金和外币现金。

2. 加强现金的管理，应做到：① 严格按照《现金管理暂行条例》规定的现金使用范围使用现金。② 企业每天结存的现金不得超过开户银行核定的库存现金限额。③ 未经银行批准，企业不能坐支现金。④ 加强货币资金支出的审批。⑤ 现金收支实行钱账分管。⑥ 发票、支票等重要票证由专人购买、保管、发放。⑦ 企业应加强库存现金的内部核查等。

3. 出纳人员每日序时、逐笔地登记现金日记账和银行存款日记账。现金收支的核算应当遵循账实相符和账账相符的原则。银行存款除了遵循账账相符原则，至少每月末应将银行存款日记账与银行对账单进行核对。

4. 备用金有两种管理制度：定额管理和非定额管理。实行定额管理的备用金报销时会计部门补足备用金，不通过"其他应收款"等账户核算。实行非定额管理的备用金报销时，应该转销"其他应收款"账户。

5. 企业在银行开立的银行结算账户分为基本存款账户、一般存款账户、临时存款账户和专用存款账户四种。企业日常经营活动的资金收付以及工资、奖金等现金的支取，只能通过基本存款账户办理。一般存款账户不能支取现金。

6. 银行存款的支付结算办法主要有九种：银行汇票、银行本票、支票、商业汇票、汇兑、委托收款、托收承付、信用卡和信用证。每种方法有其相应的结算注意点、结算程序和适用范围，核算的时候需从购销双方的角度注意账户的使用。

7. 其他货币资金的存放地点和用途不同于库存现金和银行存款,企业对于外埠存款、银行汇票存款、银行本票存款、信用卡存款、信用证保证金存款和存出投资款应通过"其他货币资金"账户核算。

主 要 术 语

库存现金	银行存款
其他货币资金	库存现金限额
备用金	银行支付结算办法
银行汇票	银行本票
支票	商业汇票
商业承兑汇票	银行承兑汇票
汇兑	电汇
信汇	委托收款
托收承付	信用卡
信用证	外埠存款

复习思考题

1. 简述现金的使用范围。
2. 加强对货币资金内部控制的意义何在？货币资金内部控制的要点包括哪些？
3. 备用金定额管理制度与非定额管理制度在核算上有何区别？
4. 银行结算账户分为哪几类？试述各类账户的用途和开户注意事项。
5. 银行支付结算方式有哪些？试述各自的适用范围及特点。
6. 简述其他货币资金的内容和核算方法。

业 务 题

【业务题】

（一）**目的** 练习货币资金的核算。

（二）**资料** 甲公司为增值税一般纳税人,增值税税率为13%,材料采用实际成本法核算,2×19年4月发生经济业务如下:

1. 1日,开出现金支票提取现金150 000元,并发放工资。

2. 3日,向银行申请汇出存款100 000元,到外地临时开立采购专户,并派采购员张某到外地采购。张某预借差旅费1 200元,以现金支付。

3. 5 日,供应科实行定额备用金制度,以现金拨给备用金 3 000 元(假设甲公司未专设"备用金"账户)。

4. 8 日,开户银行转来委托收款结算凭证,系上月电费 3 400 元,其中生产车间生产产品承担 3 200 元,行政管理部门承担 200 元。

5. 9 日,采购员张某以外地采购专户存款支付材料款,收到增值税专用发票上注明价款为 80 000 元,增值税额为 10 400 元,取得的增值税专用发票已经税务机关认证其增值税可予抵扣,材料已经验收入库。

6. 11 日,收到 A 公司电汇款项 50 000 元,系 A 公司前欠货款。

7. 13 日,采购员张某回来报销差旅费 1 070 元,并交回多余现金 130 元,外地采购专户结束,余款划回。

8. 15 日,电汇款项 30 000 元给外地供应商 Y 公司,用以偿还前欠货款。

9. 19 日,向银行申请签发银行汇票 50 000 元,银行同意办理。

10. 20 日,持上述银行汇票购料,收到增值税专用发票上注明价款为 42 000 元,增值税额为 5 460 元,取得的增值税专用发票均已经税务机关认证,其增值税可予抵扣,材料已验收入库。

11. 23 日,销售产品一批,开出的增值税专用发票上注明价款为 50 000 元,增值税额为 6 500 元,收到 A 公司交来的一张出票金额为 50 000 元的银行本票和一张金额为 6 500 元的支票。

12. 25 日,供应科报账,计 2 650 元,出纳人员开出现金支票补足。

13. 26 日,收到银行转来本月 19 日签发的银行汇票多余款 2 540 元。

14. 30 日,开户银行转来 C 公司的托收凭证及其附件,要求承付该公司发出的一批材料货款 100 000 元,承付期为 10 天。

(三) 要求 根据上述经济业务,编制会计分录。

第三章 应收及预付款项

学习目的与要求

通过本章学习,你应当:

1. 了解应收款项的概念及内容。
2. 掌握各应收款项的确认与计量。
3. 熟练掌握应收票据取得、转让、贴现的账务处理。
4. 熟练掌握总价法下应收账款的账务处理。
5. 熟练掌握应收款项期末计量及账务处理。

课前预习题

1. A公司销售给B公司产品一批,开出的增值税专用发票上注明的价款为 100 000 元,增值税额为 13 000 元,当日,收到B公司签发的面值为 113 000 元的不带息商业汇票一张,该票据期限为 6 个月。

请问:什么是商业汇票?A公司一定会在 6 个月之后取得该笔款项吗?如果票据尚未到期但A公司急需资金,则可以对该票据作何处理?

2. 甲公司销售给乙公司产品 100 件,增值税专用发票上注明的价款为 300 000 元,增值税额为 39 000 元。销售合同中约定:① 乙公司一次购买 100 件产品,甲公司将给予 1% 的商业折扣。② 现金折扣条件为"2/10,1/20,n/30"。产品已经发出,款项尚未收到。

请问:什么是商业折扣?什么是现金折扣?商业折扣和现金折扣影响应收账款的初始计量吗?我国会计实务中对商业折扣和现金折扣的账务处理是如何规定的?上述交易事项甲公司应作怎样的账务处理?

3. 王婷应聘到H公司财务部,主要负责应收账款明细账的登记工作。上班第一天,她仔细翻看了公司应收账款明细账,发现其中有一笔金额为 50 000 元的 Z 公司欠款已经挂账 3 年,王婷问前任会计,为什么这笔账款迟迟不处理? 得到的回答是 Z 公司财务状况不好,催讨好几次都没有结果。

　　请问：H 公司财务对该应收账款的处理是否得当？ 为什么？

第一节　应　收　票　据

票据是用来证明债权债务信用契约的存在而依照一定形式形成的一种书面文件,是出票人在特定日期无条件支付一定金额给持票人的书面承诺。应收票据是指企业在销售商品、提供劳务时由债权人或债务人签发的,表明债务人在约定日期应偿付约定金额的书面证明。我国会计实务中作为应收票据核算的是商业汇票。

商业汇票按承兑人的不同分为商业承兑汇票和银行承兑汇票。商业承兑汇票由付款人承兑,如果商业承兑汇票到期,付款人无力支付款项时,银行负责将商业汇票退还给收款人,款项由购销双方自行处理,银行不承担付款责任。银行承兑汇票由银行承兑,银行承兑汇票到期,如果付款人无力支付款项,承兑银行应无条件地支付票款给收款人,同时对付款人尚未支付的款项按每天5‰计收罚息。

商业汇票按是否计息可分为带息票据和不带息票据。带息票据是指票据上注明利率的票据。不带息票据是指票据上未注明利率的票据。带息票据的到期值等于面值加上利息,不带息票据的到期值等于面值。

一、应收票据确认和计量

企业销售商品、提供劳务等收到商业汇票时,按票面金额入账。在资产负债表日,企业应对应收票据的账面价值进行减值测试,如果有客观证据表明该应收票据尚未发生但预计未来可能发生减值的,应计提减值准备,有关应收票据减值的处理在本章第五节介绍。

二、应收票据核算

为了核算企业因销售商品、提供劳务等而收到的商业汇票,企业应设置"应收票据"账户。该账户属于资产类账户,其借方登记因销售商品、提供劳务收到的商业汇票的票面金额,贷方登记票据到期收回、背书转让、票据贴现以及到期无法收回转出等的票面金额,期末借方余额反映企业持有的商业汇票的票面金额。为了加强对应收票据的管理,企业应当设置"应收票据备查簿",逐笔登记每一商业汇票的种类、号数和出票日、票面金额、交易合同号和付款人、承兑人、背书人的姓名或单位名称、到期日、背书转让日、贴现日、贴现率和贴现净额以及收款日和收回金额、退票情况等资料,商业汇票到期结清票款或退票后,应当在备查簿内逐笔注销。

应收票据核算主要包括应收票据取得和收回、应收票据转让以及应收票据贴现。

（一）应收票据取得和收回

企业因销售商品、提供劳务等而收到商业汇票时,按票面金额,借记"应收票据"账户,贷记"主营业务收入""应交税费——应交增值税(销项税额)"等账户;票据到期收回时,按实际收到的金额,借记"银行存款"账户,按票据的票面金额,贷记"应收票据"账户。

【例3-1】　2×19年4月1日,开欣公司销售给华明公司产品一批,开出的增值税专用发票上注明的价款为70 000元,增值税额为9 100元。当日,开欣公司收到华明公司签发的面值为79 100元的不带息商业承兑汇票一张,该票据期限为6个月。开欣公司应作账务处理如下:

销售商品收到商业汇票时：

借：应收票据 79 100

  贷：主营业务收入 70 000

   应交税费——应交增值税（销项税额） 9 100

6 个月后，票据到期收到款项时：

借：银行存款 79 100

  贷：应收票据 79 100

6 个月后，票据到期没有收到款项时：

借：应收账款 79 100

  贷：应收票据 79 100

（二）应收票据转让

应收票据转让是指持票人因偿还货款等原因，将持有未到期的商业汇票背书后转让给其他单位或个人的业务活动。背书是指在票据转让时让持票人在票据背面签字的行为。签字人为背书人，背书人对票据负连带法律责任。

企业将持有的商业汇票背书转让以取得所需物资时，按应计入取得物资成本的价值，借记"材料采购""原材料""库存商品"等账户，按当月已经税务机关认证的可抵扣增值税额，借记"应交税费——应交增值税（进项税额）"账户，按应收票据的票面金额，贷记"应收票据"账户，如有差额，借记或贷记"银行存款"等账户。

【例 3－2】 2×19 年 4 月 18 日，开欣公司向甲公司采购材料，增值税专用发票上注明的价款为 50 000 元，增值税额为 6 500 元，该增值税已经税务机关认证可予抵扣，材料已验收入库。开欣公司将一张票面金额为 55 000 元的不带息商业汇票经背书后转让给甲公司，余款当即以支票支付。开欣公司应作账务处理如下：

借：原材料 50 000

  应交税费——应交增值税（进项税额） 6 500

  贷：应收票据 55 000

   银行存款 1 500

（三）应收票据贴现

企业在经营过程中，由于临时资金短缺等原因，可以将未到期的应收票据向银行申请贴现。应收票据贴现是指持票人将未到期的商业汇票经背书后转让给银行，银行受理后，从到期值中扣除按银行规定的贴现率计算确定的贴现息后，将余款交付给持票人的行为。贴现实质上是一种融通资金的行为，从银行角度看，贴现是银行放出现金买入未到期的票据所载金额的债权，以达到获利目的的行为；从贴现者角度看，贴现是将经背书后的票据金额转让给银行，并贴利息以换取现金的行为。

1. 应收票据贴现的计算

不带息票据到期值等于票据面值。

带息票据的到期值等于票据面值加上利息,其计算公式如下:

$$票据到期值＝票据面值＋面值×票面利率×票据期限$$
$$贴现息＝票据到期值×贴现率×贴现期$$
$$贴现实收金额＝票据到期值－贴现息$$

其中,贴现期是指从贴现日到期日的时间间隔。

应收票据到期日一般有以下三种计算方法:① 如果票据上明确标明到期日的,依照标明的日期。② 如果票据期限按日表示的,则票据到期日按实际天数计算,天数计算原则是"算头不算尾"或"算尾不算头"。③ 如果票据期限按月表示的,则票据到期日按"日对日"原则计算,即票据的到期日为到期月份中与出票日相同的那一天,如果票据是在月末签发,则"月末对月末"。这在实务中存在以下两种特殊情况:一是出票日为某月 31 日,但到期月份只有30 日,则到期日为该月的 30 日;二是出票日为某月的 29 日、30 日、31 日,而到期月份正好是2 月份,则该票据的到期日为 2 月份的最后一天。

【例 3-3】 2×19 年 4 月 1 日,开欣公司收到 H 公司当日签发的不带息商业汇票一张,用以抵付前欠货款,该票据面值为 10 000 元,期限为 6 个月。7 月 11 日,开欣公司因急需资金,经银行同意,将此商业汇票向银行申请贴现,银行贴现率为 7.2%。票据贴现所得额计算如下:

$$票据到期值＝10\ 000(元)$$
$$贴现天数＝20＋31＋30＋1＝82(天)$$
$$贴现息＝10\ 000×7.2\%÷360×82＝164(元)$$
$$贴现所得额＝10\ 000－164＝9\ 836(元)$$

2. 应收票据贴现的核算

应收票据贴现按有无追索权可分为无追索权的票据贴现和有追索权的票据贴现两种。无追索权的票据贴现是指贴现票据的所有风险和利益在贴现时全部转移给银行,在票据到期时,如果债务人未按期偿还,申请贴现企业不负有连带还款责任。有追索权的票据贴现是指贴现票据的所有风险和利益在贴现时并不完全转移给银行,如果贴现的票据到期无法收回,银行可以向申请贴现企业进行追索,申请贴现企业负有连带还款责任。

1) 无追索权票据贴现

无追索权票据贴现,如果贴现票据到期无法收回,申请贴现企业不负有连带还款责任,申请贴现企业将此类业务视为应收债权出售,注销该票据的账面价值。企业持未到期的商业汇票向银行申请贴现时,按实际收到的金额,借记"银行存款"账户,按商业汇票的票面金额,贷记"应收票据"账户,按其差额,借记或贷记"财务费用"账户。

【例 3-4】 根据[例 3-3]的资料,开欣公司应作账务处理如下:

4 月 1 日,收到商业汇票时:

借:应收票据　　　　　　　　　　　　　　　　　　　　　　　　　　　　　10 000
　　贷:应收账款　　　　　　　　　　　　　　　　　　　　　　　　　　　　　　10 000

7 月 11 日,申请贴现时:

借：银行存款   9 836

　　财务费用   164

　　贷：应收票据   10 000

2）有追索权票据贴现

有追索权票据贴现，如果贴现票据到期无法收回，申请贴现企业负有连带还款责任，申请贴现企业将此类业务视为以应收债权向银行质押取得贷款，增加企业的负债，不注销该票据的账面价值。企业持未到期的商业汇票向银行申请贴现时，按实际收到的金额，借记"银行存款"等账户，按商业汇票的到期值，贷记"短期借款"账户，按其差额，借记或贷记"财务费用"账户。

【例3-5】 根据[例3-3]的资料，开欣公司应作账务处理如下：

4月1日，收到商业汇票时：

借：应收票据   10 000

　　贷：应收账款   10 000

7月11日，申请贴现时：

借：银行存款   9 836

　　财务费用   164

　　贷：短期借款   10 000

10月1日，票据到期承兑人支付款项时：

借：短期借款   10 000

　　贷：应收票据   10 000

10月1日，票据到期承兑人没有支付款项时：

借：短期借款   10 000

　　贷：银行存款   10 000

借：应收账款   10 000

　　贷：应收票据   10 000

第二节　应收账款

应收账款是指企业在日常经营活动中，由于销售商品、提供劳务等而形成的应向购货单位或接受劳务单位收取的款项，包括销售商品或提供劳务的价款、增值税额和代购货单位垫付的运费等。应收账款是企业在一定时期内可以收回的一种经营债权。对应收账款的理解应注意以下三点：① 应收账款是指因销售活动形成的债权，不包括其他应收款。② 应收账款是指流动资产性质的债权，不包括长期债权。③ 应收账款是指本企业应收客户的款项，不包括本企业付出的各类存出保证金。

应收账款的确认与收入的确认密切相关，一般情况下应于收入确认的同时确认，因此销售收入实现的时间也是应收账款的入账时间,有关收入实现的确认条件见本教材第十三章的相关内容。

一、应收账款的确认和计量

企业销售商品、提供劳务等取得应收账款时,通常按实际发生的交易价格作为其入账金额(包括发票金额和代购货单位垫付的运费等),如果销售过程中存在商业折扣和现金折扣,应收账款的计量还应考虑商业折扣和现金折扣。在资产负债表日,对应收账款的账面价值进行减值测试,如果有客观证据表明该应收账款尚未发生但预计未来可能发生减值,应计提减值准备,有关应收账款减值的处理在本章第五节介绍。

(一)商业折扣

商业折扣是数量折扣,是卖方为了扩大销售,占领市场而经常采用的一种促销手段,体现了"薄利多销"的营销策略,商业折扣是在商品原有标价的基础上,给予买方的价格折扣。商业折扣一般用百分比表示,扣除折扣后的金额是实际的售价。例如,售价为 2 500 元的电冰箱,一次订货 10 台时可享受 95 折优惠,则商业折扣为 5%,此时,每台电冰箱的售价为 2 375 元(2 500×95%)。商业折扣在交易发生时已经确定,买卖双方一般按照扣除折扣后的价格成交办理结算,因此应收账款应以扣除商业折扣后的实际售价入账,会计核算时无需对商业折扣单独进行账务处理。

(二)现金折扣

现金折扣又称销货折扣,是指卖方为了鼓励买方早日归还赊欠的货款,而允诺在一定的付款期限内给予的债务扣除。买方在不同期限内付款可以享受不同比例的折扣。现金折扣一般用"折扣率/折扣期限"表示。例如,现金折扣条件为"2/10,1/20,n/30",表示客户如在 10 天内付款,可享受 2% 的折扣优惠;如在 11~20 天内付款,可享受 1% 的折扣优惠;超过 20 天,则应付全价。现金折扣发生在销售之后,折扣是否发生要视买方付款时间而定,卖方应收账款的收回金额因买方付款时间的不同而有差异。企业在销售时无法确定现金折扣是否发生,因此在销售实现确认应收账款时产生了总价法和净价法两种不同的账务处理方法。

总价法是指在销售成立时,按未扣除现金折扣的发票金额作为应收账款的入账金额的方法。现金折扣在买方实际付款时才予以确认。总价法下,卖方给予买方的折扣优惠,应作为融资的理财费用计入当期财务费用。

净价法是指在销售成立时,按扣除最高现金折扣后的发票金额作为应收账款的入账金额的方法。这种方法是假设买方一般都会为了得到折扣而提前付款,将买方取得现金折扣视为正常现象,对于买方超过折扣期限付款而放弃的现金折扣,卖方应作为企业的理财收益,冲减财务费用。

总价法在销售时直接按发票总额入账,可以简化记账工作,但在买方可能享受现金折扣的情况下,会虚记应收账款和销售收入。从理论上讲,净价法弥补了总价法的缺点,在发达的市场经济中,买方得到现金折扣是一种正常现象,净价法下按预期可实现的净值确认应收账款的入账金额,可以较客观地反映企业财务状况和经营成果。但净价法需要对每一笔应收账款作详细分析,当收到已过折扣期的应收款时还需要进行调整,会计核算工作量大。

在我国会计实务中,对含有现金折扣的应收账款采用总价法核算。

二、应收账款的核算

为了核算企业因销售商品、提供劳务等经营活动应收取的款项,企业应设置"应收账款"账户。该账户属于资产类账户,其借方登记应向购货单位或接受劳务单位收取的款项,贷方登记收回、转为应收票据以及转销为坏账的应收账款,期末余额在借方,反映期末尚未收回的应收账款。该账户按债务人进行明细核算。

（一）无商业折扣和现金折扣的账务处理

在没有商业折扣和现金折扣的情况下,企业发生应收账款时,按应收金额,借记"应收账款"账户,按实现的营业收入,贷记"主营业务收入""其他业务收入"等账户,按增值税专用发票上注明的增值税额,贷记"应交税费——应交增值税(销项税额)"账户;收回应收账款时,借记"银行存款"等账户,贷记"应收账款"账户。

【例3-6】 2×19年10月10日,开欣公司赊销给华明公司产品一批,增值税专用发票上注明的价款为60 000元,增值税额为7 800元,另开出现金支票代华明公司垫付运费1 000元,款项已通过银行办妥托收手续。开欣公司应作账务处理如下:

借:应收账款——华明公司   68 800
　　贷:主营业务收入   60 000
　　　　应交税费——应交增值税(销项税额)   7 800
　　　　银行存款   1 000

【例3-7】 2×19年10月25日,开欣公司收到华明公司交来转账支票一张,其金额为68 800元,系支付10月10日货款,出纳填妥进账单后,解存银行。根据进账单回单联,开欣公司应作账务处理如下:

借:银行存款   68 800
　　贷:应收账款——华明公司   68 800

（二）有商业折扣和现金折扣的账务处理

商业折扣一般在交易发生时就已经确定,应收账款的入账金额按扣除商业折扣后的实际金额确定,不需要对商业折扣单独进行账务处理。

现金折扣是否发生、发生多少通常是在销售之后,视买方的付款时间而定,现金折扣的存在直接影响应收账款的入账及收回,对于有现金折扣的应收账款入账金额的确定有总价法和净价法两种。

如前所述,在总价法下,销售成立时,企业按未扣除现金折扣的发票金额作为应收账款的入账金额。卖方给予买方的折扣优惠,作为融资的理财费用计入当期财务费用。

【例3-8】 2×19年12月14日,开欣公司销售给A企业产品500台,每台售价100元,增值税税率为13%。因为是批量销售,开欣公司决定给予1%的商业折扣,同时合同规定的现金折扣条件为"2/10,1/20,n/30"(假定现金折扣的计算基数为不含增值税的实际成交价)。采用总价法时,开欣公司应作账务处理如下:

（1）12 月 14 日,销售产品时:

借:应收账款——A 企业   55 935
  贷:主营业务收入[500×100×(1−1%)]   49 500
    应交税费——应交增值税(销项税额)   6 435

（2）如 A 企业在 1~10 天内付款,收到货款为 54 945 元(55 935−49 500×2%)时:

借:银行存款   54 945
  财务费用   990
    贷:应收账款——A 企业   55 935

（3）如 A 企业在 11~20 天内付款,收到货款为 55 440 元(55 935−49 500×1%)时:

借:银行存款   55 440
  财务费用   495
    贷:应收账款——A 企业   55 935

（4）如 A 企业在 21 天以后付款,收到货款为 55 935 元时:

借:银行存款   55 935
  贷:应收账款——A 企业   55 935

在净价法下,销售成交时,企业按扣除最高现金折扣后的发票金额为应收账款的入账金额;款项结算时,企业按购货方放弃的现金折扣为企业的理财收益,冲减财务费用。

【例 3−9】 沿用[例 3−8]的资料,采用净价法时,开欣公司应作账务处理如下:

（1）12 月 14 日,销售产品时:

借:应收账款——A 企业   54 945
  贷:主营业务收入[49 500×(1−2%)]   48 510
    应交税费——应交增值税(销项税额)(49 500×13%)   6 435

（2）如 A 企业在 1~10 天内付款,收到货款为 54 945 元时:

借:银行存款   54 945
  贷:应收账款——A 企业   54 945

（3）如 A 企业在 11~20 天内付款,收到货款为 55 440 元(54 945+49 500×1%)时:

借:银行存款   55 440
  贷:应收账款——A 企业   54 945
    财务费用   495

（4）如 A 企业在 21 天以后付款,收到货款为 55 935 元(54 945+49 500×2%)时:

借:银行存款   55 935
  贷:应收账款——A 企业   54 945
    财务费用   990

第三节 预付账款和其他应收款

应收账款是销售商品、提供劳务应收未收的款项,在未来收回的一般是货币形式的资产,而预付账款与企业销售商品、提供劳务没有直接的关系,它在未来收回的一般是事先约定的某种实物资产。企业除了因营业(如销售商品、提供劳务)产生应收账款和应收票据外,还存在一些非营业性的应收项目,如应收租金、应收垫付款等各种应收及暂付款项,这些应收及暂付款项在会计核算上归属于其他应收款。

一、预付账款核算

预付账款是指企业按照合同规定预付的款项。企业预付款项时,取得了要求收款方履行义务的权利,因此,与应收账款一样,预付账款也属于企业的应收款项。所不同的是,应收账款是企业销售引起的,通常,收回应收账款会增加企业货币资金;而预付账款是企业购买货物或劳务等引起的,通常因收到货物或劳务等而减少预付账款。资产负债表日,预付账款的计量与应收账款相同,这里不再赘述。为了反映和核算企业按合同预付的款项,企业应设置"预付账款"账户。该账户属于资产类账户,其借方登记按合同规定预付的款项,贷方登记预付已结算或退回的款项,期末余额一般在借方,反映已经预付但尚未结算的款项。

企业预付供应单位货款时,借记"预付账款"账户,贷记"银行存款"账户;收到所购货物时,根据增值税专用发票上注明的价款及按当月已经税务机关认证的可抵扣增值税额,借记"原材料""应交税费——应交增值税(进项税额)"等账户,贷记"预付账款"账户;退回多付的货款时,借记"银行存款"账户,贷记"预付账款"账户;补付货款时,借记"预付账款"账户,贷记"银行账款"账户。预付账款一般按供应单位进行明细核算。

【例3-10】 2×19年4月15日,开欣公司向Y公司订购材料一批,货款共计100 000元,按照合同规定,先预付30%的定金,余款在交货时一同支付。开欣公司应作账务处理如下:

借:预付账款——Y公司   30 000
　　贷:银行存款   30 000

【例3-11】 2×19年4月28日,收到Y公司发来的材料,增值税专用发票上注明的价款为100 000元,增值税额为13 000元,取得的增值税专用发票已经税务机关认证,该增值税可予抵扣,材料已验收入库,款项冲销原预付款外,余款83 000元以支票支付。开欣公司应作账务处理如下:

借:原材料   100 000
　　应交税费——应交增值税(进项税额)   13 000
　　　贷:预付账款——Y公司   113 000
借:预付账款——Y公司   83 000
　　　贷:银行存款   83 000

预付账款业务不多的企业,可以不设置"预付账款"账户,发生预付账款业务时,直接记入"应付账款"账户的借方;收到货物时,再将相应的预付账款从"应付账款"账户的贷方转销。此时,"应付账款"账户具有双重性质,因此,期末编制资产负债表时,应分析"预付账款"和"应付账款"明细账余额的方向,确定应填入"预付款项"项目还是"应付账款"项目。

二、其他应收款核算

其他应收款是指除应收账款、应收票据、预付账款、应收利息、应收股利以外的其他各项应收、暂付其他单位或个人的款项,其他应收款主要包括下列内容:① 应收的各项赔款、罚款。② 应收出租包装物租金。③ 应向职工收取的各种垫付款项。④ 拨给企业内部各职能部门和职工个人的备用金。⑤ 存出的保证金,如租入包装物支付的押金。企业拨出用于投资、购买物资的各种款项,不得列入其他应收款。发生其他应收款按实际发生的金额入账,其他应收款在资产负债表日的计量与应收账款相同,这里不再赘述。

为了核算其他应收款,企业应设置"其他应收款"账户。企业发生其他各种应收、暂付款时,借记"其他应收款"账户,贷记"库存现金""银行存款""原材料""固定资产清理"等账户;收回各种款项时,借记"库存现金""银行存款""管理费用"等账户,贷记"其他应收款"账户。"其他应收款"账户一般按其他应收的项目分类,并按不同的债务人进行明细核算。

【例 3 - 12】 2×19 年 1 月 1 日,开欣公司租入 Y 公司机器设备 1 台,押金为 10 000 元,租赁期限为 1 年,当即签发转账支票支付押金。开欣公司应作账务处理如下:

借:其他应收款——Y 公司 10 000

贷:银行存款 10 000

【例 3 - 13】 2×19 年 12 月 31 日,设备租赁期满,开欣公司收回押金 10 000 元,存入银行。开欣公司应作账务处理如下:

借:银行存款 10 000

贷:其他应收款——Y 公司 10 000

第四节 长 期 应 收 款

长期应收款是指企业长期应收的款项,如采用递延方式分期收款、实质上具有融资性质的销售商品和提供劳务等经营活动产生的应收款项。

为了核算长期应收款项,企业应设置"长期应收款"账户。该账户属于资产类账户,其借方登记采用递延方式分期收款等应收的款项,贷方登记收回以及转销为坏账的长期应收款,期末余额一般在借方,反映期末尚未收回的长期应收款。该账户应当按照购货单位(接受劳务单位)等进行明细核算。

企业采用递延方式分期收款、实质上具有融资性质的销售商品或提供劳务等经营活动产生的长期应收款,满足收入条件的,按应收合同或协议价款,借记"长期应收款"账户,按应收合同或协议价款的公允价值,贷记"主营业务收入"等账户,按增值税专用发票上注明的增值税额,贷记"应交税费——应交增值税(销项税额)"账户,按其差额,贷记"未实现融资收益"账户。

企业根据合同或协议每期收到承租人或购货单位(接受劳务单位)偿还的款项时,借记"银行存款"等账户,贷记"长期应收款"账户。

需要说明的是,企业融资租赁产生的应收租赁款,不通过"长期应收款"账户,应在"应收融资租赁款"账户核算。

第五节　应收款项期末计量

在市场经济快速发展的今天,商业信用无处不在,企业向客户提供商业信用,一方面可以使企业的销货增加,另一方面却使企业承担着预期信用损失的风险。预期信用损失是指以发生违约的风险为权重的信用损失的加权平均值。企业在资产负债表日对应收款项的账面价值进行检查,如果有客观证据表明该应收款项尚未发生但预计未来可能发生减值,应当确认信用减值损失,计提减值准备。

一、应收款项信用减值损失的确认

应收款项信用减值损失的确认必须有客观证据可以证明可能发生违约(或存在违约)的迹象。表明应收款项可能发生违约(或存在违约)的客观证据是指该应收款项初始确认后实际发生的,对该应收款项的预计未来现金流量产生影响,且企业能够对该影响进行可靠计量的事项。

(一)应收款项减值的确认标准

应收款项符合下列条件之一的,可以判断该应收款项可能发生了违约(或存在违约):

(1)债务人发生严重财务困难。

(2)债务人违反了合同条款,如债务人偿付利息或本金发生违约或逾期等。

(3)债权人出于经济或法律等方面因素的考虑,对发生财务困难的债务人作出的让步。

(4)债务人可能倒闭或进行其他财务重组。

(5)债务人财务困难导致该应收款项的活跃市场消失。

(6)其他表明应收款项可能发生违约(或存在违约)减值的客观证据。

(二)判断应收款项减值的注意事项

企业在判断应收款项是否可能发生违约(或存在违约)时,应注意以下几点:

(1)用来证明应收款项可能发生违约(或存在违约)的事项,必须对应收款项的预计未来现金流量产生影响,而且这一影响是能够可靠计量的。对于预期未来事项可能导致的损失,无论其发生的可能性多大,都不能作为减值损失予以确认。

(2)企业通常难以找到某项单独的证据来认定应收款项是否可能发生违约(或存在违约),因而应综合考虑相关证据的总体影响进行判断。

(3)债务人信用等级下降本身不足以说明企业所持的应收款项可能发生违约(或存在违约),判断应收款项是否可能发生违约(或存在违约),应将债务人的信用等级下降因素与企业可获得的其他客观的减值依据结合起来。

二、应收款项信用减值损失的计量

应收款项可能发生违约（或存在违约）时，应当将该应收款项的账面价值减记到预计未来现金流量的现值，减记的金额确认为信用减值损失，计入当期损益。应收款项预计未来现金流量现值的计算可采用合同规定的现行实际利率作为折现率，如果合同条款因债务方发生财务困难而重新商定或被修改，在确认应收款项减值损失时，未来现金流量现值的计算仍采用条款修改前所确定的该应收款项的原实际利率计算。短期应收款项的预计未来现金流量与其现值相差很小的，在确定相关减值损失时，可以不对其预计未来现金流量进行折现。

信用减值损失的计算公式如下：

$$\begin{matrix} 本期信用 \\ 减值损失 \end{matrix} = \begin{matrix} 应收款项的 \\ 账面余额 \end{matrix} - \begin{matrix} 预期收取现 \\ 金流量现值 \end{matrix} - \begin{matrix} 该项应收款项坏账 \\ 准备的当前余额 \end{matrix}$$

上式计算结果若为负数，为本期信用减值利得。

由收入准则规范的交易所形成的应收款项，企业可以采用实务中惯用的方法确认预期信用损失。在我国会计实务中，企业可以根据具体情况确定标准，划分单项金额重大和非重大的应收款项。对于单项金额重大的应收款项，应单独进行减值测试，有客观证据表明其可能发生违约（或存在违约）的，应当根据其未来现金流量现值低于其账面价值的差额，确认应收款项信用减值损失，计提减值准备。对于单项金额非重大的单项应收款项可以单独进行减值测试，确定信用减值损失，计提减值准备；也可以与经单独测试后未减值的应收款项一起按类似信用风险特征划分为若干组合，再按这些应收款项组合在资产负债表日余额的一定比例计算确定减值损失，计提减值准备。

对于按类似信用风险特征划分为若干组合的应收款项，企业应根据以前年度与之相同的或相类似的、具有类似信用风险特征的应收款项的实际损失率为基础，结合现时情况确定本期各组合应计提减值准备的比例，并据此计算本期应计提的减值准备。

对于已确认减值损失的应收款项，如有客观证据表明该应收款项的价值已经恢复，且客观上与确认该损失后发生的事项有关（如债务人的信用评级已经提高等），应对原已确认的减值损失予以转回，作为减值利得计入当期损益，但转回后该应收款项的账面价值不得超过假定不计提减值准备情况下该应收款项在转回日的账面价值。

应收款项的减值准备作为应收款项的抵减项目，在资产负债表上不单独列示。对于经批准已经核销的应收款项，并不意味着企业放弃了追索权，一旦重新收回，应及时入账。

三、应收款项信用减值损失的核算

企业核算应收款项减值损失，应设置"坏账准备"和"信用减值损失"账户。"坏账准备"账户是应收款项账户的备抵调整账户，其借方登记实际已经确认为坏账并注销的应收款项金额，以及冲销多提的应收款项减值准备金额，贷方登记提取的应收款项减值准备金额，以及收回前已确认并核销的坏账金额，期末贷方余额反映已经计提但尚未转销的应收款项减值准备。"信用减值损失"账户属于损益类账户，反映应收款项等金融资产预计客户违约可能带来的损失，其金额在利润表中单独列示。

企业在资产负债表日对应收款项的账面价值进行减值测试,按预期信用损失的金额,借记"信用减值损失"账户,贷记"坏账准备"账户。对于确实无法收回的应收款项,按管理权限报经批准后作为坏账,转销应收款项,借记"坏账准备"账户,贷记"应收票据""应收账款""预付账款""其他应收款""长期应收款"等账户。已确认并转销的应收款项以后又收回的,应按实际收回的金额,借记"应收票据""应收账款""预付账款""其他应收款""长期应收款"等账户,贷记"坏账准备"账户;同时,借记"银行存款"账户,贷记"应收票据""应收账款""预付账款""其他应收款""长期应收款"等账户。已确认并转销的应收款项以后又收回的,为简化处理,企业也可以按照实际收回的金额,借记"银行存款"账户,贷记"坏账准备"账户。

在资产负债表上,应收款项按扣除坏账准备后的净额列示,消除了虚列的应收款项,可以更为真实地反映企业的财务状况,有利于加快企业资金周转,提高企业经济效益。

预期信用损失法的关键是以未来可能的违约事件造成的损失的期望值(即按违约率估计)确认损失准备,目前常用的应收款项信用减值损失估计方法有以下四种:余额百分比法、账龄分析法、赊销百分比法和个别认定法。企业可以自行确定对应收款项减值损失计提减值准备的方法和比率,但不得计提秘密准备。如果计提秘密准备,应作为重要的前期差错处理。

在同一会计期间内,采用按余额百分比法、账龄分析法和赊销百分比法估计应收款项减值损失时,应收款项金额应剔除运用个别认定法计提减值准备的应收款项。下面以应收账款为例介绍应收款项减值准备的核算。

(一)余额百分比法

采用余额百分比法,当期预期损失是根据会计期末应收款项的余额乘以预期信用损失率计算提取减值准备。预期信用损失率是指预期的减值损失占应收款项余额的比率。采用这种方法是认为应收款项余额与减值损失的发生有着直接相关的联系,应收款项余额越大,发生预期信用损失的风险也越高。当期应调整的减值准备计算公式如下:

$$\begin{array}{c}当期应调整 \\ 的减值准备\end{array} = \begin{array}{c}按当期应收款项余额 \\ 计算的减值准备金额\end{array} - \begin{array}{c}调整前"坏账准备"账户的贷方 \\ 余额(如为借方余额应加上)\end{array}$$

如果计算结果大于零,差额为本期确认的信用减值损失,借记"信用减值损失"账户,贷记"坏账准备"账户;如果计算结果小于零,差额为本期转回的信用减值损失,即信用减值利得,则作相反的会计分录。

【例3-14】 某企业按应收账款余额百分比法估计信用减值损失,估计的预期信用损失率为1%。2×17年年末,应收账款余额为1 000 000元;2×18年,发生坏账损失16 000元,年末应收账款余额为1 500 000元;2×19年,收回上年已冲销的应收账款中的8 000元,年末应收账款余额为1 200 000元。该企业应作账务处理如下:

(1) 2×17年年末,计提减值准备时:

$$应调整的减值准备 = 1\,000\,000 \times 1\% = 10\,000(元)$$

借：信用减值损失　　　　　　　　　　　　　　　　　　　　　　　　10 000
　　　贷：坏账准备　　　　　　　　　　　　　　　　　　　　　　　　　　10 000

（2）2×18年，发生坏账16 000元时：

借：坏账准备　　　　　　　　　　　　　　　　　　　　　　　　　　16 000
　　　贷：应收账款　　　　　　　　　　　　　　　　　　　　　　　　　　16 000

（3）2×18年年末，计提减值准备时：

$$应调整的减值准备＝1\,500\,000×1\%＋6\,000＝21\,000（元）$$

借：信用减值损失　　　　　　　　　　　　　　　　　　　　　　　　21 000
　　　贷：坏账准备　　　　　　　　　　　　　　　　　　　　　　　　　　21 000

（4）2×19年，收回上年已转销的应收账款时：

借：应收账款　　　　　　　　　　　　　　　　　　　　　　　　　　8 000
　　　贷：坏账准备　　　　　　　　　　　　　　　　　　　　　　　　　　8 000

借：银行存款　　　　　　　　　　　　　　　　　　　　　　　　　　8 000
　　　贷：应收账款　　　　　　　　　　　　　　　　　　　　　　　　　　8 000

或者：

借：银行存款　　　　　　　　　　　　　　　　　　　　　　　　　　8 000
　　　贷：坏账准备　　　　　　　　　　　　　　　　　　　　　　　　　　8 000

（5）2×19年年末，计提减值准备时：

$$应调整的减值准备＝1\,200\,000×1\%－(10\,000－16\,000＋21\,000＋8\,000)$$

$$＝－11\,000（元）$$

借：坏账准备　　　　　　　　　　　　　　　　　　　　　　　　　　11 000
　　　贷：信用减值损失　　　　　　　　　　　　　　　　　　　　　　　　11 000

（二）账龄分析法

账龄分析法是根据应收款项账龄的长短来预计应收款项信用减值损失的方法。账龄是指应收款项入账时间的长短，也是客户拖欠账款时间的长短。账龄段的划分，通常看企业的信用期，账龄段划分越短，对坏账的估计越准确。一般来讲，账款拖欠时间越长，发生坏账的可能性就越大，这是账龄分析法的理论依据。

【例3-15】　开欣公司采用账龄分析法估计应收账款预期信用损失，计提减值准备。2×19年12月31日，应收账款账龄如表3-1所示。

表 3-1

应收账款账龄分析表

单位：元

客户	账户余额	应收账款账龄				
		未过期	过期 1~30 天	过期 31~60 天	过期 61~90 天	过期 91 天以上
甲	80 000	20 000	30 000		30 000	
乙	100 000	45 000	40 000	10 000		5 000
丙	245 000	100 000	75 000	50 000	20 000	
丁	155 000	25 000	50 000	40 000	30 000	10 000
戊	20 000		5 000	10 000		5 000
合计	600 000	190 000	200 000	110 000	80 000	20 000

根据账龄分析表和预期信用损失率估计损失准备，计算如表 3-2 所示。

表 3-2

应收账款预期信用损失准备计算表

应收账款账龄	应收账款金额（元）（A）	预期信用损失率（B）	按整个存续期内预期信用损失确认的损失准备（元）（C=A×B）
未过期	190 000	1%	1 900
过期 1~30 天	200 000	2%	4 000
过期 31~60 天	110 000	5%	5 500
过期 61~90 天	80 000	20%	16 000
过期 91 天以上	20 000	50%	10 000
合　计	600 000	—	37 400

假定开欣公司 2×19 年 12 月 31 日调整前"坏账准备"账户的账面余额为贷方 15 000 元，根据表 3-2，应作账务处理如下：

借：信用减值损失 22 400
　　贷：坏账准备 22 400

假定开欣公司 2×19 年 12 月 31 日调整前"坏账准备"账户的账面余额为借方 5 000 元，根据表 3-2，应作账务处理如下：

借：信用减值损失 42 400
　　贷：坏账准备 42 400

采用账龄分析法估计应收款项信用减值损失比余额百分比法更为精确，企业可以通过账龄分析密切关注应收款项的动态。但在账龄计算时应注意以下问题：① 如果只收到债务单位当期偿还的部分债务，则剩余的应收款项仍以原账龄为计算基础，即在原账龄的基础上加上本期应增加的账龄确定。② 如果存在多笔应收款项，且各笔应收款项账龄不同的情况下，收到债务单位当期偿还的部分债务时，应逐笔认定收到的是哪一笔应收款项，假如确实无法认定的，按照先发生先收回的原则确定，剩余应收款项的账龄按上述同一原则确定。

（三）赊销百分比法

赊销百分比法是以赊销金额的一定百分比来估计应收款项信用减值损失的方法。采用这种方法，是因为坏账的发生仅和当期因赊销而发生的应收款项有关，当期赊销业务越多，发生减值损失的可能性就越大。因此，可以根据过去的经验和有关资料，估计预期信用损失和赊销金额之间的比率。其计算公式如下：

$$预期信用损失百分比 = \frac{预期信用损失}{估计赊销} \times 100\%$$

【例 3 - 16】 开欣公司 2×19 年全年赊销额为 500 000 元，根据以往经验和资料估计预期信用损失率为 1%，则开欣公司年末估计应收款项减值损失为 5 000 元（500 000×1%）。

如果开欣公司 2×19 年年末调整前"坏账准备"账户没有余额，根据上述计算，应作账务处理如下：

借：信用减值损失　　　　　　　　　　　　　　　　　　　　　　　　　　　　5 000
　　贷：坏账准备　　　　　　　　　　　　　　　　　　　　　　　　　　　　　　5 000

采用赊销百分比法估计减值损失时应注意，由于企业生产经营情况变化会导致不同时期采用不同的信用政策，估计的信用减值损失百分比也应及时调整。

（四）个别认定法

个别认定法就是根据每一应收款项的情况来估计应收款项信用减值损失的方法。如果某项应收款项的可收回性与其他各项应收款项存在明显的差别，例如，因债务单位处在特定地区，如果按照与其他各项应收款项同样的方法计提坏账准备，将无法真实地反映该应收账款可收回的金额时，对该应收款项可以采用个别认定法计提减值准备。在同一会计期间内，已采用个别认定法单项确认减值损失的应收款项，不应包括在具有类似信用风险特征的组合中进行减值测试，即应剔除运用个别认定法计提减值准备的应收款项，再按余额百分比法、账龄分析法和赊销百分比法估计应收款项信用减值损失。

本章要点概览

1. 应收款项是指企业在生产经营过程中因业务往来等而发生的应向其他单位或个人收回的各种债权，主要包括应收票据、应收账款、预付账款、其他应收款和长期应收款。应收款项应归属于在活跃市场中没有报价，且回收金额固定或可确定的非衍生金融资产。

2. 应收票据是指企业在销售商品、提供劳务时由债权人或债务人签发的，表明债务人在约定日期应偿付约定金额的书面证明。我国会计实务中作为应收票据核算的是商业汇票。商业汇票按承兑人的不同分为商业承兑汇票和银行承兑汇票；按是否计息可分为带息票据和不带息票据。企业收到商业汇票时,按票面金额入账。应收票据核算主要包括应收票据取得和收回、应收票据转让以及应收票据贴现。

3. 应收账款是指企业在日常经营活动中,由于销售商品、提供劳务等而形成的应向购货单位或接受劳务单位收取的款项。一般情况下,应于收入确认的同时确认应收账款,企业取得应收账款时按实际发生的交易价格作为其入账金额,如果销售过程中存在商业折扣和现金折扣,应收账款的计量还应考虑商业折扣和现金折扣。商业折扣不需要单独进行账务处理,发生商业折扣时,应收账款的入账金额按扣除商业折扣后的实际金额确定;对于有现金折扣的应收账款入账金额的确定,我国会计实务中采用总价法,即在销售成立时,按未扣除现金折扣的发票金额作为应收账款的入账金额,卖方给予买方的折扣优惠,应作为融资的理财费用计入当期财务费用。

4. 预付账款是指企业按照合同规定预付的款项。其他应收款是指除应收账款、应收票据、预付账款、应收利息、应收股利以外的其他各项应收、暂付其他单位或个人的款项。长期应收款是指企业长期应收的款项,如采用递延方式分期收款、实质上具有融资性质的销售商品和提供劳务等经营活动产生的应收款项。

5. 在资产负债表日,应对应收款项的账面价值进行减值测试,如果有客观证据表明该应收款项可能发生违约(或存在违约)的,应确认信用减值损失。在我国会计实务中,对应收款项信用减值损失的估计方法有余额百分比法、账龄分析法、赊销百分比法、个别认定法四种。

主 要 术 语

应收票据	商业汇票
贴现	应收账款
现金折扣	商业折扣
净价法	总价法
预付账款	其他应收款
长期应收款	预期信用损失
信用减值损失	余额百分比法
账龄分析法	赊销百分比法

复习思考题

1. 什么是应收票据? 应收票据如何计量?
2. 什么是贴现? 简述应收票据贴现的账务处理。
3. 如何确定应收账款的入账价值? 影响应收账款入账价值的因素有哪些?
4. 什么是总价法? 应收账款采用总价法核算如何进行账务处理?
5. 简述商业折扣和现金折扣的区别。
6. 简述应收账款和预付账款的区别。
7. 简述其他应收款的概念及内容。
8. 什么是应收款项信用减值损失? 应收款项信用减值损失如何计量?

9. 应收款项信用减值损失如何核算?

业 务 题

【业务题一】

(一) **目的** 练习应收票据的核算。

(二) **资料** 2×19 年 4 月 1 日,新明公司向 A 企业销售商品一批,开出的增值税专用发票上注明的价款为 100 000 元,增值税额为 13 000 元。A 企业于当日签发一张不带息商业承兑汇票支付该款项,该票据面值为 113 000 元,期限为 4 个月。

(三) **要求**

1. 编制取得该票据并持有至到期兑现的会计分录。

2. 如果该票据持有至到期无法兑现,编制相关的会计分录。

【业务题二】

(一) **目的** 练习应收票据贴现核算。

(二) **资料** 2×18 年 11 月 1 日,Y 公司以一张面值为 20 000 元、期限为 6 个月的不带息商业承兑汇票抵付前欠 H 公司的货款。2×19 年 2 月 1 日,H 公司因急需资金,经与银行协商后将该商业汇票向银行申请贴现,银行同期贴现率为 7.2%。为简化处理该票据贴现,假定按月计算票据贴现息。

(三) **要求**

1. 计算贴现所得额。

2. 假定 H 公司对该票据贴现不负有连带责任,编制应收票据取得、贴现和票据到期承兑人支付款项的会计分录。

3. 假定 H 公司对该票据贴现负有连带责任,编制应收票据取得、贴现和票据到期承兑人支付款项的会计分录。

【业务题三】

(一) **目的** 练习应收账款的核算。

(二) **资料** 甲企业销售 100 件商品给乙企业,每件单价为 500 元,增值税税率为 13%。有关折扣条件为:商业折扣 10%;现金折扣"2/10,1/20,n/30"。假定计算现金折扣的基数为不含增值税的实际成交价。

(三) **要求**

1. 假定客户在 1~10 天内付款,采用总价法编制销售商品和收到货款的会计分录。

2. 假定客户在 11~20 天内付款,采用总价法编制销售商品和收到货款的会计分录。

3. 假定客户在 21~30 天内付款,采用总价法编制销售商品和收到货款的会计分录。

【业务题四】

(一) **目的** 练习预付账款和其他应收款的核算。

（二）资料　2×19 年 6 月，W 公司发生下列业务：

1. 5 日，签发转账支票预付 B 公司的购料款 30 000 元。

2. 10 日，签发现金支票 600 元支付包装物押金。

3. 12 日，收到 B 公司发来材料，增值税专用发票上注明的价款为 30 000 元，增值税额为 3 900 元，材料已验收入库，除了转销原预付款，差额部分当即签发转账支票补付。

4. 14 日，职工张三因违反公司规章制度，按规定罚款 500 元，款项尚未收到。

5. 18 日，向 Y 公司购买材料，取得的增值税专用发票上注明的价款为 50 000 元，增值税额为 6 500 元，该增值税已经税务机关认证可予抵扣，材料已验收入库。W 公司将一张面值为 50 000 元的不带息银行承兑汇票经背书后抵付货款，不足部分开出转账支票支付。

6. 25 日，收到张三交来的罚款现金 500 元。

（三）要求　根据上述资料，编制会计分录。

【业务题五】

（一）目的　练习余额百分比法下应收款项信用减值损失的核算。

（二）资料　M 公司采用余额百分比法估计应收款项信用减值损失，预期坏账损失率为 1%。第一年年末，应收账款的余额为 1 000 000 元；第二年，应收账款中 12 000 元确认无法收回，第二年年末，应收账款余额为 1 300 000 元；第三年，上年已冲销的坏账 10 000 元又收回，第三年年末，应收账款余额为 1 500 000 元。

（三）要求　根据以上资料，编制 M 公司连续 3 年相关的会计分录。

【业务题六】

（一）目的　练习账龄分析法下应收款项信用减值损失的核算。

（二）资料　2×19 年 1 月 1 日，A 公司"应收账款"账户借方余额为 1 000 000 元，"坏账准备"账户贷方余额为 200 000 元；2×19 年度，应收账款 100 000 元经确认无法收回；2×19 年 12 月 31 日，应收账款余额资料如表 3-3 所示。

表 3-3

应收账款预期信用损失准备计算表

应收账款账龄	应收账款金额（元）	预期信用损失率	按整个存续期内预期信用损失确认的损失准备（元）
未过期	100 000	2%	2 000
过期 1～6 个月	200 000	10%	20 000
过期 6～12 个月	50 000	30%	15 000
过期 1～2 年	100 000	50%	50 000
过期 2 年以上	20 000	70%	14 000
合　　计	470 000	—	101 000

（三）要求

1. 编制 2×19 年转销无法收回的应收账款的会计分录。

2. 采用应收账款余额百分比法，计算 A 公司 2×19 年年末应调整的减值准备金额（假定预期信用损失率为 20%），编制计提或冲销减值准备的会计分录。

3. 采用账龄分析法，计算 A 公司 2×19 年年末应调整的减值准备金额，编制计提或冲销减值准备的会计分录。

第四章 存　　货

学习目的与要求

通过本章学习,你应当:

1. 掌握存货的确认条件。
2. 掌握存货初始计量和核算。
3. 掌握存货发出的计量方法。
4. 掌握原材料按实际成本法的核算。
5. 掌握原材料按计划成本法的特点和原材料收发的核算。
6. 掌握存货可变现净值的确定。
7. 掌握存货期末计量方法。
8. 熟悉委托加工物资、包装物、低值易耗品和库存商品的核算。
9. 熟悉存货的清查。
10. 了解存货的范围和特点。

课前预习题

1. 甲公司为增值税一般纳税人。2×19 年 9 月,甲公司购入 1 000 千克 A 原材料,取得的增值税专用发票上注明的价款为 50 000 元,增值税额为 6 500 元,取得的增值税专用发票已经税务机关认证,其增值税可予抵扣,另取得普通发票支付了该原材料的运输费 500 元,并支付了采购 A 原材料的采购人员差旅费 800 元。

请问:A 原材料的实际采购总成本是多少?

2. 甲公司是一家生产和销售家用电器的股份有限公司。2×19 年 8 月 15 日,F5 型号电器配件存放在原材料仓库里共有 800 件,由于是分三次购入的,该电器配件的每次单价也有所不同。第一次购买了 200 件,单价为 100 元;第二次购买了 500 件,单价为 98 元;第三次购买了 100 件,单价为 103 元。8 月 15 日,生产车间为了生产产品领用该电器配件 720 件。

请问:甲公司领用该电器配件可以采用哪些计价方法?不同的计价方法对产品成本有什么影响?

3. 2×19 年 12 月 31 日,甲公司库存产成品为 150 件,单位成本为 16 万元。150 件产成品中,120 件签订了不可撤销的销售合同,合同价格为每件 19 万元;其余 30 件没有签订不可撤销的销售合同,市场销售价格为每件 15 万元;销售每件产品预计将发生销售费用及税金 0.6 万元。

请问:2×19 年 12 月 31 日,甲公司库存产成品是否发生了减值?

4. 2×19 年 12 月 31 日,甲公司库存原材料 600 万元,全部为生产产成品而持有的,预计可生产产成品 50 件,每件产品的销售价格估计为 15 万元,将原材料加工成产品估计还需发生加工成本共计 50 万元;销售每件产品预计将发生销售费用及税金 0.8 万元。

请问:2×19 年 12 月 31 日,甲公司库存原材料是否发生了减值?

第一节 存 货 概 述

存货是企业的一项重要的流动资产,通常占流动资产的比例较高。存货会计核算的正确与否直接影响企业的财务状况和经营成果。

一、存货的概念、特点和分类

存货是指企业在日常活动中持有以备出售的产成品或商品、处在生产过程中的在产品、在生产过程或提供劳务过程中消耗的材料和物料等。存货具有以下特点:

第一,存货属于有形资产。商标权、专利权等无形资产虽然也为企业所持有或耗用,但不属于存货。

第二,存货属于流动资产。它通常能在 1 年或一个营业周期内被耗用或者销售。因此,存货经常处于不断销售、重置,耗用、重置之中,具有较强的变现能力,流动性也较大。

第三,存货属于企业日常经营活动中持有的。企业持有存货的目的在于准备在正常经营活动中直接出售或进一步加工后出售,如商品、产成品、材料、在产品等。

企业的存货一般按照其来源和用途,可分为原材料、在产品、半成品、产成品、商品以及包装物和低值易耗品、委托加工物资等。

此外,企业的存货还可以按照其存放地点,分为库存存货、在途存货和发出存货。

需要明确的是,企业为建造固定资产而储备的各种材料、企业的特准储备以及按国家指令专项储备的资产不符合存货的定义,因而不属于企业的存货。

二、存货的确认

某个项目要确认为存货,首先要符合存货的定义,在此前提下,应当同时符合以下两个条件。

（一）与该存货有关的经济利益很可能流入企业

存货是企业的一项重要的流动资产,因此确认存货的关键是判断其是否能给企业带来经济利益。通常,存货的所有权是存货包含的经济利益很可能流入企业的一个重要标志。凡是所有权属于企业,无论存货放在何处,均作为企业的存货;反之,如果没有取得所有权,即使存货放在企业,也不能作为本企业的存货。例如,一般情况下,根据销售合同已经售出,客户已取得相关商品控制权,则该存货的所有权已经转移,即使该存货尚未运离企业,也不能再作为企业存货。又如,支付手续费方式的委托代销安排,虽然企业作为委托方已将商品发送给受托方,但是受托方并未取得该商品的控制权,在委托代销商品售出以前,所有权并未转移至受托方,因此代销商品应作为委托方存货的一部分。

（二）该存货的成本能够可靠地计量

成本能够可靠地计量是资产确认的一项基本条件。作为企业资产组成部分的存货,其成本能够可靠地计量必须以取得确凿、可靠的证据为依据,并且具有可验证性。如果存货成本不能可靠地计量,则不能确认为存货。例如,企业预计发生的制造费用,由于并未实际发生,不能可靠地确定其成本,因此不能计入产品成本。又如,对于约定未来购入的商品,由于企业并没有实际的购货行为发生,不能可靠地确认存货的成本,因此也不作为企业的存货。

三、存货的初始计量

存货的初始计量是指取得存货时的价值计量。根据企业会计准则的规定,存货应当按照成本进行初始计量。存货成本包括采购成本、加工成本和其他成本。

(一)采购成本

存货的采购成本一般包括购买价款、相关税费、运输费、装卸费、保险费以及其他可归属于存货采购成本的费用。

存货的采购价格是指企业购入的材料或商品的发票账单上注明的价款,但不包括按规定可以抵扣的增值税额。

相关税费有进口关税和其他税金。进口关税是指从中华人民共和国境外购入的货物和物品根据税法规定所交纳的进口关税。其他税金是指企业购买、自制或委托加工存货发生的消费税、资源税和不能从增值税销项税额中抵扣的进项税额等。

其他可直接归属于存货采购的费用是指采购成本中除上述各项以外的可直接归属于存货采购的费用,如在存货采购过程中发生的保险费、包装费、运输途中的合理损耗、入库前的挑选整理费用等。

商品流通企业在商品采购过程中发生的运输费、保险费、装卸费和其他可直接归属于存货采购成本的费用等进货费用,应当计入存货的采购成本,也可以先进行归集,期末,再根据所购商品的存销情况进行分摊,其中对于已经销售的商品所发生的进货费用,分摊记入"主营业务成本"账户;对于尚未销售的商品所发生的进货费用,分摊计入期末存货成本。企业在商品采购过程中发生的进货费用金额较小的,可以在发生时直接记入"销售费用"账户。

(二)加工成本

存货的加工成本包括直接人工以及按照一定方法分配的制造费用。

直接人工是直接从事产品生产的工人薪酬。如果生产部门(如生产车间)只生产一种产品,则生产工人的薪酬直接计入该产品;如果生产部门同时生产几种产品,生产工人薪酬则应采用一定方法分配计入各产品成本。

制造费用是指为生产产品和提供劳务而发生的各项间接费用,包括企业生产部门(如生产车间)管理人员的薪酬、折旧费、办公费、水电费、机物料消耗、劳动保护费、季节性和修理期间的停工损失等。企业应按合理的方法将制造费用分配计入各产品成本,一般可采用生产工人工时比例法、生产工人工资比例法、机器工时比例法等方法分配制造费用。

(三)其他成本

存货的其他成本是指除采购成本、加工成本以外的,使存货达到目前场所和状态所发生的其他支出,如为特定客户设计产品所发生的设计费用。

需要说明的是,下列费用应当在发生时确认为当期损益,不计入存货成本:

(1)非正常消耗的直接材料、直接人工和制造费用。例如,企业在生产经营过程中,发生的超过有关标准的直接材料、直接人工及制造费用,这些费用,对存货达到目前场所和状态没有什么作用,因此不计入存货的成本,而应在其发生时直接计入当期损益。

(2)仓储费用。这是指企业在采购入库后发生的储存费用,但在生产过程中为达到下一个生产阶段所必需的仓储费用应计入存货成本。例如,生产酒类产品,为使酒达到规定的标准而必须发生的仓储费用,就应直接计入酒的成本,而不能计入当期损益。

（3）不能归属于使存货达到目前场所和状态的其他支出。

此外,有些存货需要经过相当长时间的购建或者生产活动,才能达到预定可使用或者销售状态,如造船厂生产的船舶,其借款费用可予以资本化,计入存货成本。具体处理应按照《企业会计准则第 17 号——借款费用》的规定。对外提供劳务的企业,其存货成本包括从事劳务提供人员的直接人工和其他直接费用以及可归属的间接费用。

四、存货发出的计量

存货在实际生产经营过程中始终处于流动状态,由于企业取得存货的途径多样化,存货取得的渠道和批次不同,使得同一种存货在账面上存在不同的实际单位成本。当发出存货时,企业应当根据各类存货实物流转的情况、企业管理的要求和存货的性质等实际情况,确定发出存货成本的计算方法并计算当期发出存货的实际成本。发出存货的计价方法主要有先进先出法、加权平均法（包括月末一次加权平均法和移动加权平均法）、个别计价法和计划成本法等。

（一）先进先出法

先进先出法是根据先入库先发出的原则,以最早入库的存货先发出这样一种存货实物流转假设为前提,对于发出的存货以先入库存货的单价计算发出存货成本的方法。

【例 4-1】 2×19 年 8 月 1 日,某企业结存甲种材料 300 件,单价 10 元;8 月 3 日,发出存货 200 件;8 月 6 日,购进存货 200 件,单价 12 元;8 月 15 日,发出存货 200 件;8 月 20 日,购进存货 300 件,单价 11 元;8 月 29 日,发出存货 300 件。按先进先出法计价核算时,发出和结存材料如表 4-1 所示。

表 4-1

材料明细分类账

数量单位：件
金额单位：元

品种：甲材料

2×19年		凭证号	摘要	收入			发出			结存		
月	日			数量	单价	金额	数量	单价	金额	数量	单价	金额
8	1		期初结存							300	10	3 000
	3		发出				200	10	2 000	100	10	1 000
	6		购进	200	12	2 400				100 200	10 12	1 000 2 400
	15		发出				100 100	10 12	1 000 1 200	100	12	1 200
	20		购进	300	11	3 300				100 300	12 11	1 200 3 300
	29		发出				100 200	12 11	1 200 2 200	100	11	1 100
8	31		本月合计	500		5 700	700		7 600	100	11	1 100

采用这种计价方法,可以在发出存货时结转存货发出成本,有利于均衡核算工作;存货以最近采购价格计价,因此资产负债表的存货资产价值就更接近其现行重置成本。但在存货收发业务频繁,特别是发出存货属于两批甚至几批收入的存货时,要用两个甚至几个单价计价,核算工作比较繁琐。在物价持续上涨的情况下,先进先出法将较低的成本同营业收入相配比,从而将较高的成本留在了存货中。

（二）月末一次加权平均法

月末一次加权平均法是在月末以存货的数量为权数来计算该存货的平均单价并据以计算发出存货实际成本的一种方法。其计算公式如下:

$$发出存货加权平均单价=\frac{期初结存存货的金额+本期收入存货的金额}{期初结存存货的数量+本期收入存货的数量}$$

【例4-2】　沿用[例4-1]的资料,采用月末一次加权平均法核算时,发出和结存材料如表4-2所示。

表4-2

材料明细分类账

品种:甲材料

数量单位:件

金额单位:元

2×19年		凭证号	摘要	收　入			发　出			结　存		
月	日			数量	单价	金额	数量	单价	金额	数量	单价	金额
8	1		期初结存							300	10	3 000
	3		发出				200			100		
	6		购进	200	12	2 400				300		
	15		发出				200			100		
	20		购进	300	11	3 300				400		
	29		发出				300			100		
8	31		本月合计	500		5 700	700	10.87	7 612	100	10.88	1 088

采用月末一次加权平均法,发出存货的单价只在月末计算一次,简化了成本计算工作,但平时账面上不能及时反映存货的发出金额和结存金额,不利于存货的日常管理和控制。

（三）移动加权平均法

移动加权平均法是在每次进货时都要计算一个加权平均单价并据以计算发出成本的一种方法。其计算公式如下:

$$发出存货的移动加权平均单价=\frac{本次购进前存货的结存金额+本次购进存货的金额}{本次购进前存货的结存数量+本次购进存货的数量}$$

【例4-3】　沿用[例4-1]的资料,采用移动加权平均法核算时,发出和结存材料如表4-3所示。

表 4-3

材料明细分类账

数量单位:件
金额单位:元

品种:甲材料

2×19年		凭证号	摘要	收 入			发 出			结 存		
月	日			数量	单价	金额	数量	单价	金额	数量	单价	金额
8	1		期初结存							300	10.00	3 000
	3		发出				200	10.00	2 000	100	10.00	1 000
	6		购进	200	12	2 400				300	11.33	3 400
	15		发出				200	11.33	2 267	100	11.33	1 133
	20		购进	300	11	3 300				400	11.08	4 433
	29		发出				300	11.08	3 325	100	11.08	1 108
8	31		本月合计	500		5 700	700		7 592	100	11.08	1 108

采用移动加权平均法,可以在发出存货时就对发出的存货计价,并能够及时了解存货的结存情况,计算的平均单位成本及发出和结存的存货成本比较客观。但在存货收入较为频繁的情况下,要在每次收货时计算一次单价,核算的工作量较大。

(四)个别计价法

个别计价法又称个别认定法、具体辨认法或分批实际法,一般适用于数量不多、价值较大或不能替代使用的存货,如名画、珠宝和房屋等。个别计价法是假设存货实物流转和成本流转一致的存货计价方法。该方法是在发出存货时按所发货收入时的单价计价的。

采用这种方法计算存货成本比较合理、准确,但在存货收发频繁的情况下,对其发出成本分辨的工作量较大。

上述发出存货计价方法的选用,可根据企业性质对用途相似的存货采用相同的成本计算方法,以确定发出存货的成本。

(五)计划成本法

计划成本法是指存货的收入、发出和结存均按预先制定的计划成本计算。若企业存货品种繁多、收发频繁,为简化存货成本计算,一般可采用计划成本进行日常核算。企业除因各种存货的计划单位成本差异过大等特殊情况而应修改计划成本外,一般在年度内不应变动计划成本数额。计划成本与实际成本之间的差异,应通过设置"材料成本差异"(或"产品成本差异",下同)等账户反映,期末将发出存货和期末存货的计划成本调整为实际成本。关于计划成本下存货核算举例见本章第二节的相关内容。

第二节 原 材 料

原材料是指企业在生产过程中经加工改变其形态或性质并构成产品主要实体的各种原料及主要材料、辅助材料、燃料、修理用备品备件、包装材料、外购半成品等。

原材料的日常收发及结存,可以按照实际成本计价核算,也可以按照计划成本计价核算。

一、原材料按实际成本法的核算

（一）原材料按实际成本法核算的账户设置

1. "原材料"账户

该账户用于核算企业购入、发出材料的实际成本。"原材料"账户的借方登记入库材料的实际成本,贷方登记发出材料的实际成本,期末余额在借方,反映企业库存材料的实际成本。该账户按原材料的保管地点、材料的类别、品种和规格设置明细账,进行明细核算。

委托外单位加工材料、商品的加工成本在"委托加工物资"账户核算,不在该账户核算。购入的在建工程所需要的材料等在"工程物资"账户核算,也不在该账户核算。

2. "在途物资"账户

该账户用于核算企业购入尚未到达或尚未验收入库的各种物资（即在途物资）的实际成本,其借方登记企业购入的在途物资的实际成本,贷方登记验收入库的在途物资的实际成本,期末余额在借方,反映企业在途物资的实际成本。该账户按供应单位设置明细账,进行明细核算。

（二）原材料按实际成本法核算的账务处理

1. 原材料按实际成本法的购入核算

企业购入原材料,一般经过购进和入库两个阶段。企业外购材料时,由于结算方式和采购地点的不同,材料入库和货款的支付在时间上不一定完全同步,相应地,其账务处理也有所不同,分别如下:

（1）对于发票账单与材料同时到达的采购业务,企业在支付货款或开出、承兑商业汇票,材料验收入库后,应根据发票账单等结算凭证确定的材料成本,借记"原材料"账户,根据取得的增值税专用发票上注明的增值税额（如果企业为增值税一般纳税人,按当月已经税务机关认证的可抵扣增值税额,下同）,借记"应交税费——应交增值税（进项税额）"账户,按照实际支付的款项或应付票据面值,贷记"银行存款"或"应付票据"等账户。

（2）对于已经付款或已开出、承兑商业汇票,但材料尚未到达或尚未验收入库的采购业务,应根据发票账单等结算凭证,借记"在途物资""应交税费——应交增值税（进项税额）"账户,贷记"银行存款"或"应付票据"等账户。待材料到达、验收入库后,再根据收料单,借记"原材料"账户,贷记"在途物资"账户。

（3）对于材料已到达并已验收入库,但发票账单等结算凭证未到,货款尚未支付的采购业务,应于月末,按材料的暂估价值,借记"原材料"账户,贷记"应付账款——暂估应付账款"账户。下月月初,作相反的会计分录予以冲回,以便下月付款或开出、承兑商业汇票后,按正常程序,借记"原材料""应交税费——应交增值税（进项税额）"账户,贷记"银行存款"或"应付票据"等账户。

（4）采用预付货款的方式采购材料,应在预付材料价款时,按照实际预付金额,借记"预付账款"账户,贷记"银行存款"账户。已经预付货款的材料验收入库,根据发票账单等结算凭证,借记"原材料"和"应交税费——应交增值税（进项税额）"账户,贷记"预付账款"账户;预付款项不足,补付上项货款,按补付金额,借记"预付账款"账户,贷记"银行存款"账户。退回上项多付的款项,借记"银行存款"账户,贷记"预付账款"账户。

【例4-4】 L公司经有关部门核定为增值税一般纳税人,该企业购入原材料乙材料一批,取得的增值税专用发票上注明的价款为11 000元,增值税额为1 430元,取得的增值税专用发票已经税务机关认证增值税可予抵扣,根据购货合同,已开出一张为期2个月的商业承兑汇票12 430元,材料已验收入库。根据上述资料,L公司应作账务处理如下:

借:原材料——乙材料   11 000

应交税费——应交增值税(进项税额)   1 430

贷:应付票据   12 430

【例4-5】 L公司接到银行托收承付通知,收取某企业发来的甲种材料120吨,增值税专用发票上注明的价款为72 000元,增值税额为9 360元,取得的增值税专用发票已经税务机关认证增值税可予抵扣,对代垫运费500元(取得普通发票)。经审核,本公司同意承付。现到期付出,但原料尚未到达。L公司应作账务处理如下:

借:在途物资   72 500

应交税费——应交增值税(进项税额)   9 360

贷:银行存款   81 860

【例4-6】 沿用[例4-5]的资料,上述购入的甲材料已收到,并验收入库。L公司应作账务处理如下:

借:原材料——甲材料   72 500

贷:在途物资   72 500

【例4-7】 假设[例4-4]中购入材料已经运到,并验收入库,但发票等结算凭证尚未收到,货款尚未支付,月末发票账单仍未收到,暂估价值为12 000元。L公司应作账务处理如下:

月末估价时:

借:原材料——乙材料   12 000

贷:应付账款——暂估应付账款   12 000

下月月初,作相反会计分录,对上项暂估入账的原材料予以转回时:

借:应付账款——暂估应付账款   12 000

贷:原材料——乙材料   12 000

当L公司收到有关结算凭证,其取得的增值税专用发票已经税务机关认证增值税可予抵扣,并支付货款时:

借:原材料——乙材料   11 000

应交税费——应交增值税(进项税额)   1 430

贷:银行存款   12 430

2. 原材料按实际成本法的发出核算

发出材料实际成本的确定,可以由企业从先进先出法、加权平均法、移动加权平均法和个别计价法等方法中选择。计价方法一经确定,不得随意变更,如需变更,应在会计报表附注中予以说明。

由于企业原材料的日常收发业务频繁,为了简化日常核算工作,平时一般只登记材料明细账,反映各种材料的收发和结存金额,月末根据发料凭证,按领用部门和用途,汇总编制"发料凭证汇总表",据以登记总分类账。

企业生产经营领用原材料,按实际成本,借记"生产成本""制造费用""销售费用""管理费用"等账户,贷记"原材料"账户;企业发出委托外单位加工的原材料,借记"委托加工物资"账户,贷记"原材料"账户。

企业福利等部门领用的原材料,借记"应付职工薪酬"等账户,按实际成本,贷记"原材料"账户,按不予抵扣的增值税额,贷记"应交税费——应交增值税(进项税额转出)"账户。

对于出售的原材料,企业应当按已收或应收的价款,借记"银行存款"或"应收账款"等账户,按实现的销售收入,贷记"其他业务收入"等账户,按应交的增值税额,贷记"应交税费——应交增值税(销项税额)"账户;月度终了,按出售原材料的实际成本,借记"其他业务成本"账户,贷记"原材料"账户。

【例 4-8】 根据如表 4-4 所示的发料记录,L 公司 2×19 年 8 月有关产品生产耗用乙材料 50 000 元,车间间接耗用乙材料 4 500 元,企业行政管理部门耗用乙材料 1 500 元。L 公司应作账务处理如下:

借:生产成本——基本生产成本   50 000
  制造费用   4 500
  管理费用   1 500
   贷:原材料——乙材料   56 000

表 4-4

发出材料汇总表

2×19 年 8 月 31 日   单位:元

科　目	领料部门	原材料	包装物	低值易耗品	合　计
生产成本	一车间	50 000			50 000
	二车间				
	小　计	50 000			50 000
	供电车间 供水车间				
	小　计				
制造费用	一车间	4 500			4 500
	二车间				
	小　计	4 500			4 500
管理费用	行政部门	1 500			1 500

对于外购材料在运输途中发生的损耗,可根据不同情况,分别不同情况进行账务处理:属

于定额内合理损耗,应计入原材料采购成本,材料明细账按实收数量记账,入库材料的单位成本提高;属于应由供应单位、运输机构、保险公司和过失人赔偿的部分,则记入"其他应收款"等账户;对于意外灾害造成的损失,在原因与责任未明确前,应先记入"待处理财产损溢——待处理流动资产损溢"账户,待查明原因后再作相应的账务处理。

原材料按实际成本计价核算时,从材料的收发凭证到明细账、总账全部按实际成本计价。这对于材料收发业务频繁的企业,材料计价工作量是极为繁重的。而且按实际成本计价核算,反映不出材料成本是节约还是超支,不利于反映和考核材料采购业务的经营成果。因此这种方法一般适用于材料收发业务较少的企业。对于材料收发业务较多并且计划成本资料较为健全、准确的企业,在实际工作中,应采用计划成本进行材料收发的核算。

二、原材料按计划成本法的核算

按计划成本计价进行原材料收发核算,即从原材料收发凭证的计价到原材料的明细账和总账的核算全部按计划成本进行。同时,将实际成本与计划成本的差异,单独设置"材料成本差异"账户反映,期末将发出存货和期末存货,由计划成本调整为实际成本。

采用计划成本法的前提是制定科学合理的计划单位成本,原材料计划成本所包括的内容应与其实际成本的内容相一致,包括买价、运杂费和相关的税金等。企业可根据正常的供需条件,结合各种原材料近期的市场价格水平和技术状况,按供应单位所在地的远近等因素以及合理的途中损耗率,制定计划成本。存货的计划成本一般由企业采购部门会同财会等有关部门共同制定,制定的计划成本应尽可能接近实际。存货的计划成本,一般应列入存货目录中,以便有关人员在日常工作中使用。除一些特殊情况外,计划单位成本在年度内一般不作调整。

(一)原材料按计划成本法核算的账户设置

1."原材料"账户

该账户反映企业材料的增加、减少和结存情况,其借方登记入库材料的计划成本,贷方登记发出材料的计划成本,期末余额在借方,反映结存材料的计划成本。

2."材料采购"账户

该账户核算企业采用计划成本进行材料日常核算而购入材料的采购成本,其借方登记购入材料的实际成本及入库材料结转至"材料成本差异"的节约差异,贷方登记入库材料的计划成本及入库材料结转至"材料成本差异"的超支差异,期末余额一般在借方,反映企业在途材料的采购成本。"材料采购"账户通常按材料的种类或品种规格设置明细账,进行明细核算。材料采购明细账的格式如表4-5所示。

3."材料成本差异"账户

该账户反映各种材料的实际成本与计划成本的差异,其借方登记从"材料采购"账户贷方转入的材料成本的超支差异以及发出材料应分摊的节约额,贷方登记从"材料采购"账户借方转入的材料成本的节约差异及发出材料应分摊的超支差异额,期末若有借方余额,反映库存材料的超支差异;若有贷方余额,反映库存材料的节约差异。"材料成本差异"账户是"原材料"账户的调整账户。编制资产负债表时,存货项目中的材料存货,应当列示加(减)材料成本差异后的实际成本。"材料成本差异"账户应与"材料采购"账户的设置口径一致。材料成本差异明细账的格式如表4-6所示。

表 4-5

材料采购明细账

明细科目：　　　　　　　　　　　　　　　　　　　　　　　　　　　　　　　　　　单位：元

年		凭证编号	发票账单编号	发料日期	收料凭证编号	供应单位	材料名称及规格	借　方				贷　方						合计
月	日						实际成本				计划成本	成本差异	其　他				
							价款	运杂费	其他	合计			日期	凭证	摘要	金额	

表 4-6

材料成本差异明细账

明细科目：　　　　　　　　　　　　　　　　　　　　　　　　　　　　　　　　　　单位：元

年		凭证编号	收　入		差异率(%)超支蓝字节约红字	发　出		结　存		
月	日		材料计划成本	差异额超支蓝字节约红字		材料计划成本	差异额超支蓝字节约红字	材料计划成本	借方余额（超支额）	贷方余额（节约额）

（二）原材料按计划成本法核算的账务处理

1. 原材料按计划成本法的购入核算

企业外购材料时，由于结算方式和采购地点不同，材料入库和货款的支付在时间上不一定完全一致，其账务处理也有所不同。

第一种情况，单和料已到，货款已结算。

【例 4-9】 M 企业购入甲材料一批，取得的增值税专用发票上注明的价款为 20 000 元，增值税额为 2 600 元，其计划成本为 20 200 元，取得的增值税专用发票已经税务机关认证增值税可予抵扣，材料已验收入库，款项已用支票支付。

根据发票和银行结算凭证等单据，按实际成本应作账务处理如下：

借：材料采购——甲材料 20 000

　　应交税费——应交增值税(进项税额) 2 600

　　贷：银行存款 22 600

根据收料凭证,按计划成本应作账务处理如下:

借:原材料——甲材料　　　　　　　　　　　　　　　　　　　　　　20 200
　　贷:材料采购——甲材料　　　　　　　　　　　　　　　　　　　　　20 200

同时,结转入库材料的节约差异200元,应作账务处理如下:

借:材料采购——甲材料　　　　　　　　　　　　　　　　　　　　　　　200
　　贷:材料成本差异　　　　　　　　　　　　　　　　　　　　　　　　　200

第二种情况,单到,料未到,货款已结算。

【例4-10】　M企业购入乙材料一批,取得的增值税专用发票上注明的价款为8 000元,增值税额为1 040元,供应单位代垫运费100元(取得普通发票),发票账单已收到,取得的增值税专用发票已经税务机关认证增值税可予抵扣,材料尚未入库,双方商定采用商业承兑汇票结算方式支付货款,付款期限为3个月。该批原材料的计划成本为7 700元。

根据发票、代垫运杂费、银行结算凭证等单据,按实际成本作账务处理如下:

借:材料采购——乙材料　　　　　　　　　　　　　　　　　　　　　　8 100
　　应交税费——应交增值税(进项税额)　　　　　　　　　　　　　　　1 040
　　贷:应付票据　　　　　　　　　　　　　　　　　　　　　　　　　　9 140

待材料验收入库后,再根据收料凭证等,按计划成本,记入"原材料"账户,并结转相应的材料成本差异。

第三种情况,料到,单未到。

【例4-11】　M企业购入丙材料一批,材料已经运到并验收入库,但发票等结算凭证尚未收到,货款尚未支付。该批材料的计划成本为5 000元。企业应于月末按计划成本估计入账,作账务处理如下:

借:原材料　　　　　　　　　　　　　　　　　　　　　　　　　　　　5 000
　　贷:应付账款——暂估应付账款　　　　　　　　　　　　　　　　　　5 000

下月月初,作相反会计分录予以冲回:

借:应付账款——暂估应付账款　　　　　　　　　　　　　　　　　　　5 000
　　贷:原材料　　　　　　　　　　　　　　　　　　　　　　　　　　　5 000

待收到发票等有关结算凭证时,再按正常程序处理。

第四种情况,以预付账款方式购进。

企业预付料款时,类同实际成本计价方法,应通过"预付账款"账户核算。

【例4-12】　M企业信汇给A企业25 000元,作为订购甲材料价款。根据信汇凭证,应作账务处理如下:

借:预付账款——A企业　　　　　　　　　　　　　　　　　　　　　　25 000
　　贷:银行存款　　　　　　　　　　　　　　　　　　　　　　　　　　25 000

企业收到材料和发票账单,增值税专用发票上注明的价款为30 000元,增值税额为

3 900 元,通过银行补付剩余货款。取得的增值税专用发票已经税务机关认证增值税可予抵扣,材料已经验收入库,计划成本为 29 900 元。

根据发票账单等单据,按实际成本应作账务处理如下:

借:材料采购——甲材料   30 000
    应交税费——应交增值税(进项税额)   3 900
      贷:预付账款——A 企业   33 900

借:预付账款——A 企业   8 900
      贷:银行存款   8 900

根据收料凭证,按计划成本应作账务处理如下:

借:原材料——甲材料   29 900
      贷:材料采购——甲材料   29 900

同时,结转入库材料的超支差异 100 元,应作账务处理如下:

借:材料成本差异   100
      贷:材料采购——甲材料   100

第五种情况,材料短缺或毁损。

【例 4-13】 M 企业购入乙材料 3 000 千克,取得的增值税专用发票上注明的价款为 16 800 元,增值税额为 2 184 元,取得的增值税专用发票已经税务机关认证增值税可予抵扣,货款通过银行转账支付。材料验收入库时,实收 2 980 千克,计划成本单价为 5.50 元/千克,其中短缺 20 千克,经查明为运输途中合理损耗。

根据发票账单等单据,应作账务处理如下:

借:材料采购——乙材料   16 800
    应交税费——应交增值税(进项税额)   2 184
      贷:银行存款   18 984

根据收料凭证,按计划成本应作账务处理如下:

借:原材料——乙材料   16 390
      贷:材料采购——乙材料   16 390

同时,结转入库材料的超支差异 410 元,应作账务处理如下:

借:材料成本差异   410
      贷:材料采购——乙材料   410

2. 原材料按计划成本法的发出核算

发出材料时,根据材料用途,按计划成本,借记"生产成本""制造费用""销售费用""管理费用"等账户,贷记"原材料"账户。月末计算材料成本差异率,据以将已发出材料和月末材料的计划成本调整为实际成本。材料成本差异率的计算公式如下:

$$材料成本差异率=\frac{月初库存材料成本差异额+本月收入材料成本差异额}{月初库存材料计划成本+本月收入材料计划成本}\times100\%$$

上述公式中的差异额若为超支额,金额以正数表示;若为节约额,则以负数表示。本月收入材料中不包括暂估入账的计划成本。计算确定材料成本差异率后,即可将发出材料成本调整为实际成本。其计算公式如下:

发出材料应分配的材料成本差异额=发出材料的计划成本×材料成本差异率

【例 4-14】 L公司 2×19 年 6 月月初结存原材料的计划成本为 100 000 元,本月收入原材料的计划成本共为 208 000 元,实际成本共为 204 000 元,本月发出材料的计划成本为 260 000 元,"材料成本差异"账户月初贷方余额为 3 700 元,则相关计算如下:

(1) 本月收入材料差异=204 000−208 000=−4 000(元)

(2) 材料成本差异率=$\dfrac{-3\,700+(-4\,000)}{100\,000+208\,000}\times100\%=-2.5\%$

(3) 发出材料应负担的成本差异=260 000×(−2.5%)=−6 500(元)

(4) 结存材料的计划成本=100 000+208 000−260 000=48 000(元)

结存材料的实际成本=48 000−48 000×2.5%=46 800(元)

【例 4-15】 根据发料凭证汇总表的记录,M 企业原材料发出情况如下:生产车间为生产 A 产品领用 30 000 元,为生产 B 产品领用 20 000 元,车间管理部门领用 10 000 元,企业行政管理部门领用 8 000 元。

根据发料凭证汇总表,先根据计划成本应作账务处理如下:

借:生产成本——基本生产成本(A 产品)	30 000
生产成本——基本生产成本(B 产品)	20 000
制造费用	10 000
管理费用	8 000
贷:原材料	68 000

再结转发出材料应负担的成本差异。假设企业月初结存材料的计划成本为 33 510 元,成本差异为节约 510 元。本月入库材料的计划成本及成本差异沿用[例 4-9][例 4-12]和[例 4-13]的资料,则相关计算如下:

$$材料成本差异率=\frac{-510-200+100+410}{33\,510+20\,200+29\,900+16\,390}\times100\%=-0.2\%$$

发出材料负担的成本差异应作账务处理如下:

借:材料成本差异	136
贷:生产成本——基本生产成本(A 产品)	60
生产成本——基本生产成本(B 产品)	40
制造费用	20
管理费用	16

综合上述核算内容,采用计划成本法进行材料日常核算的优点是:其一,可以简化会计核算工作。材料按计划成本计价,材料明细账只记收入、发出和结存的数量,将数量乘以计划成

本,随时求得材料收、发、存的金额,通过"材料成本差异"账户计算和调整发出和结存材料的实际成本,简便易行。其二,有利于考核采购部门的业绩。将各批采购存货的实际成本与计划成本对比,可以考核采购部门的工作业绩,促使其降低采购成本,提高存货的日常管理工作质量。当然,如果存货的价格变动较频繁、变动幅度较大的情况下,应及时修订存货的计划成本,否则会影响核算工作的正确性。

存货按计划成本核算,一般适用于存货品种繁多,收发频繁的企业。

第三节　其 他 存 货

存货除了上述已阐述的原材料,还有在产品、半成品、产成品、商品以及包装物和低值易耗品、委托加工物资等,下面主要介绍一下委托加工物资、包装物、低值易耗品和库存商品的核算。

一、委托加工物资的核算

委托加工物资是指企业委托外单位加工成新的材料、包装物或低值易耗品的物资,如将木板加工成包装木箱。

（一）委托加工物资的账户设置

企业委托外单位加工的物资,其实际成本包括：加工中实际耗用的原材料或者半成品等物资的实际成本;支付的加工费和往返运费等;按规定应计入材料成本的税金,如委托加工物资应负担的消费税,未取得增值税专用发票的增值税一般纳税人和小规模纳税人的增值税,以及加工物资用于非应纳增值税项目或免征增值税项目。

为了反映和监督委托加工物资增减变动及结存情况,企业应设置"委托加工物资"账户,借方登记委托加工过程中所发生的实际成本;贷方登记加工完成验收入库物资的实际成本和收回的剩余物资;期末余额在借方,反映企业尚未完工的委托加工物资的实际成本和发出物资的运杂费等。

（二）委托加工物资的账务处理

委托加工物资的账务处理主要包括以下环节：发出物资,支付加工费、运杂费和增值税、加工物资完工入库等。

1. 发出物资的账务处理

企业发给外单位加工的物资,应按发出物资的实际成本,借记"委托加工物资"账户,贷记"原材料""库存商品"等账户。如果发出物资是采用计划成本核算的,还应同时结转材料成本差异。

2. 支付加工费、运杂费和增值税等的账务处理等

企业支付的加工费、运费等,借记"委托加工物资"账户,按照当月已经税务机关认证的可抵扣增值税额,借记"应交税费——应交增值税（进项税额）"账户,贷记"银行存款"等账户。

企业负担的由受托方代扣代交的消费税,应分别以下情况处理：

（1）委托加工物资收回后直接用于销售的,应将消费税计入加工物资成本,借记"委托加工物资"账户,贷记"银行存款"等账户。

（2）委托加工物资收回后用于连续生产应税消费品,委托方按规定准予抵扣的消费税,借

记"应交税费——应交消费税"账户,贷记"应付账款""银行存款"等账户。

3. 加工物资完工入库的账务处理

加工完成验收入库的物资和剩余的物资,按加工收回物资的实际成本,借记"原材料""库存商品"等账户,贷记"委托加工物资"账户。如果企业按计划成本核算原材料,还应同时结转材料成本差异。

【例 4 - 16】 L 企业委托 S 企业加工材料一批,2×19 年 3 月 2 日,发出材料一批,计划成本 8 000 元,材料成本差异率 2%。3 月 18 日,支付加工费 5 000 元、增值税额 650 元和运费 150 元(取得普通发票),款项已通过银行转账支付。3 月 20 日,材料加工完成并验收入库,其计划成本为 14 000 元。L 企业和 S 企业均为增值税一般纳税人其取得的增值税专用发票已经税务机关认证增值税可予抵扣,并按计划成本核算原材料。L 企业应作账务处理如下:

(1)发出材料时:

借:委托加工物资　　　　　　　　　　　　　　　　　　　　　　　　8 160
　　贷:原材料　　　　　　　　　　　　　　　　　　　　　　　　　　8 000
　　　　材料成本差异　　　　　　　　　　　　　　　　　　　　　　　　160

(2)支付加工费、增值税和运费时:

借:委托加工物资　　　　　　　　　　　　　　　　　　　　　　　　5 150
　　应交税费——应交增值税(进项税额)　　　　　　　　　　　　　　　650
　　贷:银行存款　　　　　　　　　　　　　　　　　　　　　　　　　5 800

(3)加工完毕验收入库时:

借:原材料　　　　　　　　　　　　　　　　　　　　　　　　　　14 000
　　贷:委托加工物资　　　　　　　　　　　　　　　　　　　　　　13 310
　　　　材料成本差异　　　　　　　　　　　　　　　　　　　　　　　690

二、包装物和低值易耗品的核算

(一)包装物的核算

包装物是指为包装企业商品而储备的和在销售过程中周转使用的各种包装容器,如桶、箱、瓶、坛、袋等。包装物按用途可分为以下四类:

(1)生产过程中用于包装产品作为产品组成部分的包装物,即生产领用包装物。

(2)随同商品出售而不单独计价的包装物。

(3)随同商品出售而单独计价的包装物。

(4)出租或出借给购买单位使用的包装物。

包装物的计价与原材料一样,可以按实际成本计价,也可以按计划成本计价。

为了反映和监督包装物的增减变化及其价值损耗、结存等情况,企业可以设置"包装物"账户进行核算。

企业取得包装物的核算方法,与原材料相似。

企业发出的包装物,按发出包装物的不同用途分别进行核算。

1. 生产领用包装物的账务处理

企业生产部门领用的包装物,应根据其实际成本或计划成本,借记"生产成本"账户,贷记"包装物""材料成本差异"账户。

【例 4 - 17】 L 公司对包装物采用实际成本核算,本月生产产品领用甲包装物的实际成本为 20 000 元。L 公司应作账务处理如下:

借:生产成本   20 000

 贷:包装物   20 000

2. 随同产品出售而不单独计价包装物的账务处理

随同产品出售而不单独计价的包装物,实际上是为了促进产品销售,因此包装物的成本应当作为包装费计入销售费用。在领用时,按其实际成本计入销售费用,借记"销售费用"账户,贷记"包装物"等账户。

【例 4 - 18】 L 公司本月销售产品领用不单独计价包装物的实际成本为 8 000 元,L 公司应作账务处理如下:

借:销售费用   8 000

 贷:包装物   8 000

3. 随同产品出售而单独计价包装物的账务处理

随同产品出售而单独计价的包装物,是在销售产品的同时也在销售其包装物,为了核算包装物的销售利润,在随同产品出售时,一方面反映其销售收入,计入其他业务收入;另一方面应结转其销售成本,借记"其他业务成本"账户,贷记"包装物"等账户。

【例 4 - 19】 L 公司本月销售产品领用单独计价丙包装物的实际成本为 5 000 元,销售收入为 7 000 元,增值税额为 910 元,该批包装物已经全部对外出售,款项也已存入银行。L 公司应作账务处理如下:

(1) 出售单独计价包装物时:

借:银行存款   7 910

 贷:其他业务收入   7 000

  应交税费——应交增值税(销项税额)   910

(2) 结转已售的单独计价包装物成本时:

借:其他业务成本   5 000

 贷:包装物   5 000

4. 出租、出借包装物的账务处理

企业出租、出借包装物在周转使用过程中可反复使用,但其价值随着使用而逐渐减少,因此企业应当采用适当的方法摊销包装物的成本。另外,出租包装物是为了促销而向客户提供的一种有偿服务,其租金收入应计入其他业务收入;出借包装物是给购货单位免费使用。企业可根据包装物价值大小以及管理上的要求,分别采用一次转销法和五五摊销法核算包装物的成本。

(1) 一次转销法。一次转销法是指在领用包装物时,将其全部价值一次计入成本、费用的方法。该方法适用于价值较低的包装物。第一次领用新包装物时,如果用于出租,借记"其他业务成本"账户,如果用于出借,借记"销售费用"账户,贷记"包装物"等账户。

(2)五五摊销法。五五摊销法是指在领用包装物时,先摊销其账面价值的一半,在报废时再摊销其价值的另一半的方法。该方法适用于出租或出借包装物频繁、数量多、金额大的企业。

采用五五摊销法时,企业应在"包装物"账户下设置"在库""在用"和"摊销"进行明细核算。

（二）低值易耗品的核算

低值易耗品是指不能作为固定资产核算的各种用具物品,如工具、管理用具、玻璃器皿和劳动保护用品。

低值易耗品和固定资产一样均属于企业的劳动资料,与固定资产有相似之处,如都可以多次使用而不改变其实物形态,在使用过程中需要进行维修,报废时产生一定的残值等。但低值易耗品单位价值较低,使用期限较短,容易发生损耗,这又与固定资产不同。所以,低值易耗品应视同存货,作为流动资产核算与管理。

低值易耗品按其用途不同可以分为以下几类:

(1)一般工具。这是指生产中常用的工具,如刀具、量具和装配工具等。

(2)专用工具。这是指专门用于制造某一特定产品或在某一特定工序上使用的工具,如专用模具等。

(3)管理用具。这是指管理工作使用的各种办公用具、办公家具等。

(4)劳动保护用具。这是指为了安全生产而发给职工的劳动保护用的工作服、工作鞋和各种防护用品等。

(5)其他。这是指不属于以上各类的低值易耗品。

低值易耗品的计价与原材料一样,可以按实际成本计价,也可以按计划成本计价。

为了反映和监督低值易耗品的增减变化及其结存情况,企业应设置"低值易耗品"账户进行核算。

企业取得低值易耗品的核算方法,与原材料相似。

领用低值易耗品的摊销方法,可按其价值大小、使用期限长短等情况分别确定,企业应当采用一次转销法和五五摊销法。

第一种方法,一次转销法。

在领用低值易耗品时,将其账面价值全部计入成本费用,借记有关账户,贷记"低值易耗品"账户;低值易耗品报废时,收回残料的价值作为当月低值易耗品摊销额的减少,冲减有关成本费用,借记"原材料"等账户,贷记"制造费用""管理费用"等账户。

【例4-20】 2×19年7月8日,W企业生产车间领用工具一批,实际成本10 000元,采用一次转销法。2×19年11月10日,该工具不能继续使用,决定报废。残料已入库,价值300元。企业应作账务处理如下:

(1)领用工具时:

借:制造费用 10 000

　　贷:低值易耗品 10 000

(2)工具报废时：

借：原材料 300
　　贷：制造费用 300

第二种方法,五五摊销法。

低值易耗品采用五五摊销法时,按领用价值,借记"低值易耗品——在用"账户,贷记"低值易耗品——在库"账户,并以其账面价值的 50%,借记"制造费用""管理费用"等账户,贷记"低值易耗品——摊销"账户;报废时,根据报废低值易耗品账面价值,借记成本费用类账户,贷记"低值易耗品——摊销"账户,同时,转销报废低值易耗品的已摊销额,借记"低值易耗品——摊销"账户,贷记"低值易耗品——在用"账户。

【例 4 - 21】 W 企业生产车间领用 10 套工具,每套工具的实际成本 600 元,共计 6 000 元。该工具使用 5 个月后,有 3 套工具毁损并报废,残料入库 100 元。

(1)领用时：

借：低值易耗品——在用 6 000
　　贷：低值易耗品——在库 6 000

(2)同时,摊销 50%：

借：制造费用 3 000
　　贷：低值易耗品——摊销 3 000

(3)报废 3 套工具时,按其领用价值的 50%摊销：

借：制造费用 900
　　贷：低值易耗品——摊销 900

(4)残料入库时：

借：原材料 100
　　贷：制造费用 100

(5)同时,冲销已报废低值易耗品的"在用"数和"摊销"数：

借：低值易耗品——摊销 1 800
　　贷：低值易耗品——在用 1 800

三、库存商品的核算

库存商品是指企业仓库储存的外购商品、自制产品、自制半成品、存放在门市部准备出售的商品、发出展览的商品等,此外,还包括企业接受外来原材料加工制造的代制品和为外单位加工修理的代修品等。已经确认销售收入、但购买单位在月末未提取的产品,不应作为企业的库存商品,而应当作为代管商品处理,单独设置代管商品备查簿进行登记。

(一)库存商品的账户设置

为了反映和监督库存商品增减变动及结存情况,企业应设置"库存商品"账户,核算企业库存的各种商品的实际成本或计划成本。其借方登记验收入库的库存商品成本,贷方登记发出的库存商品成本,期末余额在借方,反映企业库存商品的成本。该账户按库存商品的种类、品种和规格设置明细账,进行明细核算。

(二)库存商品的账务处理

库存商品可以按实际成本核算,也可以按计划成本核算,其方法与原材料收发核算相似。采用计划成本核算时,库存商品实际成本与计划成本的差异,可以单独设置"产品成本差异"账户核算。库存商品的账务处理主要包括入库商品和销售商品等。

1. 入库商品的账务处理

企业生产的产成品一般按实际成本核算,当企业生产完成并验收入库时,借记"库存商品"账户,贷记"生产成本"等账户。

【例4-22】 2×19年7月,W企业已验收入库的甲产品为2 500件,实际单位成本为240元,计600 000元;乙产品为3 000件,实际单位成本为150元,计450 000元。W企业应作账务处理如下:

借:库存商品——甲产品 600 000
　库存商品——乙产品 450 000
　　贷:生产成本——基本生产成本(甲产品) 600 000
　　　生产成本——基本生产成本(乙产品) 450 000

2. 销售商品的账务处理

企业对外销售产成品,当结转销售成本时,借记"主营业务成本"等账户,贷记"库存商品"账户。

【例4-23】 2×19年8月,W企业根据月末汇总的发出产品中,该月已实现销售的甲产品为2 000件,乙产品为2 500件。当月,甲产品的实际单位成本为242元,乙产品的实际单位成本为150元。在结转销售成本时,W企业应作账务处理如下:

借:主营业务成本 859 000
　　贷:库存商品——甲产品 484 000
　　　库存商品——乙产品 375 000

对于商品流通企业,购入的商品可以采用进价或售价核算。库存商品还可以采用毛利率法和售价金额核算法进行日常核算。

第四节　存　货　清　查

企业的存货品种多,收发频繁。在日常存货收发、保管过程中,由于计量错误、计算错误、自然损耗以及发生损坏变质、偷窃、贪污等原因,形成存货的盘盈、盘亏和毁损现象,从而造成存货账实不符。为了保护企业资产的安全和完整,做到账实相符,企业必须对存货进行定期或不定期的清查,确定各种存货的实际库存量,与账面记录相核对,查明账实是否相符,如账实不符应查出原因,并据以编制存货盘点报告,按规定程序报批处理。

一、存货的盘存制度

存货数量要靠盘存来确定,盘存的方法有实地盘存制和永续盘存制。

（一）实地盘存制

实地盘存制又称定期盘存法,是指会计期末通过对各种存货进行实地盘点,来确定期末存货结存数量,然后分别乘以各项存货的盘存单价,计算出期末存货的总金额,倒轧本期存货发出成本的方法。采用这种方法,各种存货平时不作发出记录,只作收入记录。期末,根据盘点数量作为期末结存数量,据以计算期末存货成本,然后计算出当期耗用或销货成本。

实地盘存制的优缺点是使用这种方法平时的核算工作比较简便,但对实际库存存货的数量和金额平时账面不作反映,因此不能及时提供存货的数量及其成本,不利于存货的管理;凡属未计入期末存货的成本均被视为已经售出或消耗,这样由于浪费、盗窃和自然损耗发生的损失,可能隐匿在营业成本之中。

（二）永续盘存制

永续盘存制又称账面盘存法,是指对各项存货作经常性库存记录的方法。企业平时既记录存货的收入数量,也记录存货的发出或售出数量。期末,根据账面上的期初储存数、本期收入数、本期发出数计算出期末结存数量及成本。

采用永续盘存制也需对存货进行实物盘点。为了核对存货账面记录的正确与否,确定损耗和其他损失,企业应于期末进行存货的实物盘点,如发现账实不符,应进一步查明原因,将账面记录数调整为实存数。

永续盘存制的优缺点是可以随时了解存货的收入、发出和结存情况,有利于加强存货管理,但使用这种方法加大了日常明细分类核算工作量,耗费较多的人力和物力。在实际工作中,除少数特殊情况外,企业一般都应采用永续盘存制。

二、存货清查的账务处理

（一）存货盘盈

存货盘盈是指实物存在而账面上无记录的账实不符的一种情况。发生存货的盘盈,通常是由于企业日常收发计量或核算上的错误所致,应及时办理入账手续,调整存货账户的实存数,借记有关存货账户,贷记"待处理财产损溢"账户。经有关部门批准后,再计入管理费用,借记"待处理财产损溢"账户,贷记"管理费用"账户。

【例4-24】　W公司经过财产清查,发现盘盈丙材料2 500千克。经查明是由于收发计量上的错误所造成的。W公司按计划成本核算材料,该材料计划成本为每千克1.60元。其账务处理如下:

（1）批准处理前:

借:原材料——丙材料　　　　　　　　　　　　　　　　　　　　　　　　　　4 000

　　贷:待处理财产损溢　　　　　　　　　　　　　　　　　　　　　　　　　　　　4 000

（2）批准处理后:

借:待处理财产损溢　　　　　　　　　　　　　　　　　　　　　　　　　　　4 000

　　贷:管理费用　　　　　　　　　　　　　　　　　　　　　　　　　　　　　　4 000

企业期末对存货进行清查盘点时,出现存货盘盈金额较大,如符合重要性要求的,应作为重要的前期差错处理。

(二)存货毁损及盘亏

根据《企业会计准则第 1 号——存货》的规定:"应当将处置收入扣除账面价值和相关税费后的金额计入当期损益。存货的账面价值是存货成本扣减累计跌价准备后的金额。"发生毁损或盘亏的存货,应作为待处理财产损溢进行核算。按管理权限报经批准处理后,根据造成存货毁损或盘亏的原因,分别以下情况进行处理:

(1)属于计量收发差错和管理不善等原因造成的存货短缺和毁损,应先扣除残料价值、可以收回的保险赔偿或过失人赔偿,然后将净损失计入管理费用。

(2)属于自然灾害等非正常原因造成的存货毁损,应先扣除处置收入(如残料价值)、可以收回的保险赔偿和过失人的赔偿,然后将净损失计入营业外支出。

【例 4 - 25】 P 公司为增值税一般纳税人,年末财产清查时,发现盘亏丙材料一批,实际成本为 9 000 元。经查明,属于因管理不善造成被盗的非正常损失,其进项税额为 1 170 元,残料入库 200 元。根据保险责任范围及保险合同规定,应由保险公司赔偿 6 000 元。P 公司应作账务处理如下:

(1)批准处理前:

借:待处理财产损溢	10 170
贷:原材料——丙材料	9 000
应交税费——应交增值税(进项税额转出)	1 170

(2)批准处理后:

应收保险公司赔偿款时:

借:其他应收款——××保险公司	6 000
贷:待处理财产损溢	6 000

残料入库时:

借:原材料	200
贷:待处理财产损溢	200

材料非正常损失经批准核销时:

借:营业外支出——盘亏毁损损失	3 970
贷:待处理财产损溢	3 970

企业清查的各种存货的损益,应于期末结账前处理完毕。如果期末结账尚未经批准的,在对外提供财务报告时先行处理,并在会计报表附注中说明。其后有关部门批准处理的金额与已处理的存货的盘盈、盘亏和毁损的金额不一致的,应当调整当期会计报表相关项目的年初数。

第五节　存货的期末计量

资产负债表日,企业的存货应当按照成本与可变现净值孰低计量。

一、成本与可变现净值的含义

所谓"成本与可变现净值孰低",是指对期末存货按照成本与可变现净值两者之中的较低者进行计量的方法。即当成本低于可变现净值时,存货按成本计价;当可变现净值低于成本时,存货按可变现净值计价。

存货的期末成本是指期末存货的实际成本,即以实际成本为基础,采用某种计价方法计算的期末存货的实际成本。如果企业在存货成本的日常核算中采用计划成本法等简化核算方法,那么存货的期末成本应该是经调整后的实际成本。

存货的可变现净值是指在正常生产经营过程中,以存货的估计售价减去至完工时估计将要发生的成本、可能发生的销售费用和相关税费后的净值,也就是存货的预计未来净现金流入量。企业在确定存货的可变现净值时,应当以确凿证据为基础计算确定。存货可变现净值的确凿证据是指对确定存货的可变现净值有直接影响的客观证明,如产成品或商品的市场销售价格、与产成品或商品相同或类似商品的市场销售价格、销货方提供的有关资料和生产成本资料等。不同存货可变现净值的确定如下:

（1）产成品、商品和用于出售的材料等直接用于出售的商品存货,在正常生产经营过程中,应当以该存货的估计售价减去估计的销售费用和相关税费后的金额,确定其可变现净值。

（2）需要经过加工的材料存货,在正常生产经营过程中,应当以所生产的产成品的估计售价减去至完工时估计将要发生的成本、估计的销售费用和相关税费后的金额,确定其可变现净值。

（3）资产负债表日,同一项存货中一部分有合同价格约定、其他部分不存在合同价格的,应当分别确定存货跌价准备的计提或转回的金额。为执行销售合同或者劳务合同而持有的存货,通常应当以产成品或商品的合同价格作为确定其可变现净值的基础;企业持有存货的数量多于销售订购数量,超出部分的存货可变现净值应当以正常销售价格为计算基础;没有销售合同或者劳务合同约定的存货,其可变现净值应以产成品或商品的一般销售价格作为计算基础。

需要注意的是,对于材料存货应当区分两种情况确定其期末价值:

第一,对于为生产而持有的材料等,如果用其生产的产成品的可变现净值预计高于成本,则该材料仍然应当按照成本计量。这里的"材料"指原材料、在产品、委托加工材料等。

第二,如果材料价格的下降,表明产成品的可变现净值低于成本,则该材料应当按可变现净值计量。

二、比较成本与可变现净值的方法

在对成本与可变现净值进行比较时,即确定存货跌价准备的金额时,有三种方法可以计算确定:单项比较法、分类比较法和总额比较法。无论采用何种方法进行比较确定,均在成本与可变现净值两者中取其较低者计量存货,并且按成本高于可变现净值的差额作为计提的存货跌价准备。

企业通常应当按照单个存货项目计提存货跌价准备。对于数量繁多、单价较低的存货,可以按照存货类别计提存货跌价准备。与在同一地区生产和销售的产品系列相关,具有相同或类似最终用途或目的,且难以与其他项目分开计量的存货,可以合并计提存货跌价准备。

三、成本与可变现净值孰低法的账务处理

存货的流动性大、安全性风险较高,为了客观、准确地反映期末存货的实际价值,企业在期末编制资产负债表时,应当按可变现净值低于成本的金额确定存货跌价损失,调整存货的成本,并进行有关的账务处理。同时,资产负债表中的"存货"项目按调整后的账面价值列示反映。

会计期末,对成本与可变现净值进行比较,经计算确定存货跌价损失的金额,借记"资产减值损失"账户,贷记"存货跌价准备"账户;如以前年度计提过跌价准备,则本期应计提的金额与"存货跌价准备"的账面价值相比较,若应提数大于已提数,予以补提;反之,则冲销部分已提数。当以前减记存货价值的因素已经消失,而使存货价值恢复的,按恢复增加的金额,借记"存货跌价准备"账户,贷记"资产减值损失"账户,其冲减的跌价准备金额,应以"存货跌价准备"账户的余额冲减至零为限。如果本期导致存货可变现净值高于其成本的影响因素不是以前减记存货价值的影响因素,则不允许将存货跌价准备转回。

"存货跌价准备"账户期末贷方余额,反映企业已计提但尚未转销的存货跌价准备。

【例 4 - 26】 2×18 年 12 月 31 日,L 公司甲产品的账面成本为 30 000 元,预计可变现净值为 16 000 元。2×19 年 3 月 31 日,由于市场供需发生变化使得甲产品的预计可变现净值为 18 000 元,其账面成本假设为 30 000 元。2×19 年 6 月 30 日,甲产品的账面成本仍为 30 000 元,而预计可变现净值为 31 800 元。L 公司在 2×18 年 12 月 31 日、2×19 年 3 月 31 日和 2×19 年 6 月 30 日计提甲产品存货跌价准备时,应作账务处理如下:

(1) 2×18 年 12 月 31 日,计提的存货跌价准备 14 000 元时:

借:资产减值损失——计提的存货跌价准备　　　　　　　　　　　　　　　14 000
　　贷:存货跌价准备　　　　　　　　　　　　　　　　　　　　　　　　　　　14 000

(2) 2×19 年 3 月 31 日,甲产品的可变现净值有所恢复,应计提的存货跌价准备为 12 000 元(30 000－18 000),则当期应冲减已计提的存货跌价准备为 2 000 元(12 000－14 000)时:

借:存货跌价准备　　　　　　　　　　　　　　　　　　　　　　　　　　　2 000
　　贷:资产减值损失——计提的存货跌价准备　　　　　　　　　　　　　　　2 000

(3) 2×19 年 6 月 30 日,甲产品的可变现净值又有恢复,此时"存货跌价准备"账户贷方金额为 12 000 元,则需冲销"存货跌价准备"账户的全部金额,即冲销 12 000 元,其余可变现净值回升得益额不予确认时:

借:存货跌价准备　　　　　　　　　　　　　　　　　　　　　　　　　　　12 000
　　贷:资产减值损失——计提的存货跌价准备　　　　　　　　　　　　　　　12 000

企业计提了存货跌价准备的存货,如果其中有部分已经对外销售,则企业在结转销售成本

时,应同时结转对其已计提的存货跌价准备。企业如果按存货类别计提存货跌价准备,则应当按照该存货成本的比例结转相应的存货跌价准备。

本章要点概览

1. 存货是企业在日常活动中持有以备出售的产成品或商品、处在生产过程中的在产品、在生产过程或提供劳务过程中消耗的材料和物料等。

企业要确认存货,还须符合两个条件:① 与该存货有关的经济利益很可能流入企业。② 该存货的成本能够可靠地计量。

2. 存货的计价在初始计量基础下,有先进先出法、加权平均法和个别计价法等,它们分别依据不同的存货成本流转假设。

3. 为简化存货成本核算,对存货品种繁多、收发频繁的企业,可采用计划成本法进行存货的日常核算。

4. 存货内容较多,本章主要介绍了原材料、委托加工物资、包装物、低值易耗品和库存商品的收发核算。

5. 为保证财产物资安全完整,存货应定期或不定期进行清查。确定存货账面结存数量的盘存制度有永续盘存制和实地盘存制两种。

6. 成本与可变现净值孰低法是指在会计期末通过比较存货的成本与可变现净值,取两者中低的一个作为成本计价的基础。当存货的可变现净值低于成本时,应确认存货跌价损失,以符合谨慎性要求。

主 要 术 语

存货	先进先出法
加权平均法	个别计价法
计划成本法	实地盘存制
永续盘存制	成本与可变现净值孰低法

复习思考题

1. 什么是存货? 它包括哪些内容? 如何确认存货?
2. 简述存货的初始计量和期末计量。
3. 发出存货按实际成本计价有哪几种方法? 各有什么优缺点及适用性?
4. 简述存货按计划成本计价的日常核算。
5. 试述存货按实际成本计价核算与按计划成本计价核算的异同。
6. 包装物及低值易耗品的摊销方法有哪些? 如何核算?
7. 什么是实地盘存制? 什么是永续盘存制? 两者之间有何区别?
8. 如何进行库存商品的收发核算?

业 务 题

【业务题一】

(一) 目的 练习存货实际成本计价法下发出存货成本的确定方法。

(二) 资料 2×19年7月1日,宝兴公司期初乙材料为10 000件,实际成本为40 000元。7月5日和20日,生产部门分别领用25 000件和35 000件。7月份购料情况如表4-7所示。

表4-7

7月份购料情况表

日 期	单 价	数 量
7月3日	4.10元	20 000件
7月18日	4.15元	30 000件
7月28日	4.25元	8 000件

(三) 要求 分别采用先进先出法、加权平均法和移动加权平均法计算本月发出材料和月末结存材料的成本。

【业务题二】

(一) 目的 练习存货按实际成本计价的日常核算。

(二) 资料 昌盛公司为增值税一般纳税人,该公司采用实际成本进行原材料的核算,2×19年9月发生的有关交易与事项的资料如下:

1. 1日,“原材料”账户期初余额为50 000元,“在途物资”账户期初余额为6 000元(其中,甲材料2 000元为8月20日购入,乙材料4 000元为8月30日购入)。

2. 5日,购入甲材料一批,取得的增值税专用发票上注明的原材料价款为100 000元,增值税额为13 000元,支付运费300元(取得普通发票),有关款项以银行存款支付,取得的增值税专用发票已经税务机关认证增值税可予抵扣,该批材料已验收入库。

3. 7日,8月20日购入的甲材料已如数验收入库。

4. 20日,采用汇兑结算方式从东岭工厂购入丙材料一批,增值税专用发票上注明的价款为9 000元,增值税额为1 170元,对方代垫运费470元(取得普通发票),发票账单已到,取得的增值税专用发票已经税务机关认证增值税可予抵扣,材料尚未到达本公司。

5. 25日,购进乙材料一批,材料已验收入库,但发票等结算凭证尚未收到。月末,按合同价7 500元估计入账。

6. 本月领用原材料的实际成本为56 000元,其中,生产产品领用35 000元,车间管理部门领用15 000元,厂部管理部门领用6 000元。

(三) 要求 根据上述资料,编制有关业务的会计分录。

【业务题三】

(一) **目的** 练习存货按计划成本计价的日常核算。

(二) **资料** 翔飞公司为增值税一般纳税人,采用计划成本对存货进行核算。2×19 年 8 月,"原材料——甲材料"账户期初余额为 56 000 元,"材料成本差异"账户期初借方余额为 4 500 元,"材料采购——甲材料"账户期初借方余额为 18 600 元,甲材料每千克计划单价为 35 元。该公司 8 月份发生以下业务:

1. 5 日,上月采购的甲材料已如数验收入库,数量为 500 千克。

2. 16 日,购进甲材料 800 千克,取得增值税专用发票上注明的价款为 24 800 元,增值税额为 3 224 元,发生运费 645 元(取得普通发票)。上述款项暂未支付。取得的增值税专用发票已经税务机关认证增值税可予抵扣,甲材料已验收入库,未发现短缺。

3. 月末,根据发料凭证汇总表,共发出甲材料 2 000 千克,其中,产品生产领用 1 600 千克,车间一般消耗 100 千克,企业管理部门领用 300 千克。

(三) **要求** 根据上述资料,编制该公司有关的会计分录,并计算 2×19 年 8 月甲材料成本差异率和月末库存甲材料的实际成本。

【业务题四】

(一) **目的** 练习委托加工物资的核算。

(二) **资料** 2×19 年 4 月份,宁宁公司委托飞宇公司加工一批商品(属于应税消费品)共计 5 000 件,宁宁公司有关经济业务如下:

1. 2 日,发出材料一批,计划成本为 60 000 元,材料成本差异率为 -2%。

2. 15 日,支付商品加工费 10 000 元,支付应当交纳的消费税 6 000 元,该商品收回后用于连续生产应税消费品。宁宁公司和飞宇公司均为增值税一般纳税人,适用的增值税税率为 13%,假设取得的增值税专用发票已经税务机关认证增值税可予抵扣。

3. 20 日,用银行存款支付往返运费 500 元(取得普通发票)。

4. 29 日,上述商品 5 000 件(每件计划成本 14 元)加工完毕,已办理验收入库手续。

(三) **要求** 根据上述资料,编制宁宁公司委托加工物资发出、支付加工费、支付有关税费和委托加工物资收回等业务的会计分录。

【业务题五】

(一) **目的** 练习包装物和低值易耗品发出的核算。

(二) **资料** 恺悦公司包装物和低值易耗品按实际成本核算,2×19 年 12 月发生下列经济业务:

1. 生产领用 A 包装物 2 000 件,每件成本 2 元。

2. 销售部门领用单独计价的 B 包装物 3 000 件,每件售价 5 元,成本 3 元,该包装物的增值税额为 1 950 元,款项已存入银行。

3. 出借全新的 C 包装物 500 件,单位成本 10 元,已通过转账方式收到包装物押金 1 100 元,该包装物采用一次摊销法核算。

4. 财务处领用 1 只保险柜,价值 3 000 元,采用五五摊销法核算。报废时,残值收入现金 100 元。分别领用、报废两种情况处理。

(三) **要求** 根据上述资料,编制有关会计分录。

【业务题六】

(一) **目的** 练习存货按成本与可变现净值孰低法计价。

(二) **资料** 2×18 年 6 月 30 日,梦通公司甲产品成本为 26 000 元,可变现净值为 24 000 元,"存货跌价准备"账户余额为零。2×18 年 12 月 31 日,该产品成本为 28 000 元,可变现净值为 25 000 元。2×19 年 6 月 30 日,该产品成本为 30 000 元,可变现净值为 29 000 元。2×19 年 12 月 31 日,该产品成本为 31 000 元,可变现净值为 31 500 元。

(三) **要求** 根据上述资料,分别编制 2×18 年 6 月 30 日、2×18 年 12 月 31 日和 2×19 年 6 月 30 日、12 月 31 日计提存货跌价准备的有关会计分录。

第五章　金融资产

学习目的与要求

通过本章学习,你应当:

1. 熟悉金融资产的概念、特征和分类。
2. 掌握金融资产分类的特殊规定。
3. 掌握各类金融资产的确认条件。
3. 掌握以摊余成本计量的金融资产的确认和计量。
4. 掌握以公允价值计量且其变动计入其他综合收益的金融资产的确认和计量。
5. 掌握以公允价值计量且其变动计入当期损益的金融资产的确认和计量。
6. 掌握各类金融资产的账务处理。
7. 掌握采用实际利率法确定以摊余成本计量的金融资产摊余成本的方法。
8. 掌握各类金融资产重分类的原则和账务处理。

课前预习题

1. 甲公司从上海证券交易所购入乙公司股票 2 000 000 股,占乙公司有表决权股份的 2%。甲公司管理层决议,当持有的乙公司股票市场价格上升,且其盈利达到 10% 时出售该股票。

请问:甲公司购入乙公司股票时,应分类为哪一类金融资产?

2. 甲公司从上海证券交易所购入丙公司股票 1 000 000 股,支付价款合计 5 000 000 元,其中,证券交易税等交易费用为 7 500 元,已宣告发放现金股利为 100 000 元。甲公司没有在丙公司董事会中派出代表,甲公司将其分类为以公允价值计量且其变动计入当期损益的金融资产。

请问:

(1) 甲公司购入丙公司股票时,该股票的初始确认金额为多少?

(2) 甲公司购入丙公司股票时,影响购入当期损益的金额为多少?

(3) 甲公司购入丙公司股票时,对于支付价款中包含的已宣告发放现金股利应如何作账务处理?

3. 2×19 年 10 月 10 日,甲公司自证券市场购入乙公司发行的股票 1 000 000 股,共支付价款 8 600 000 元,其中包括交易费用 40 000 元。购入时,乙公司已宣告但尚未发放的现金股利为每股 0.16 元。甲公司将购入的乙公司股票分类为以公允价值计量且其变动计入当期损益的金融资产核算。2×19 年 12 月 2 日,甲公司出售该金融资产时,收到价款 9 600 000 元。

请问:甲公司 2×19 年利润表中因该金融资产应确认的投资收益为多少?

4. 甲公司从上海证券交易所购入 A 公司同日发行的 5 年期分期付息、到期还本的公司债券 10 000 份,债券票面价值总额为 1 000 000 元,票面年利率为 4.72%,该公司管理该金融资产的业务模式是以收取合同现金流量为目标。

请问:甲公司购入 A 公司债券时,应分类为哪一类金融资产?

5. 2×19 年 1 月 1 日,甲公司支付价款 1 000 000 元购入 B 公司 2×18 年 1 月 1 日发行的 5 年期、债券票面价值总额为 1 200 000 元的公司债券,票面年利率为 5%,于次年 1 月 5 日支付上年度债券利息,本金在债券到期时一次性偿还。甲公司将该债券分类为以摊余成本计量的金融资产。

请问:甲公司购入 B 公司债券时,该债券的初始确认金额为多少?

6. 甲公司结合其投资策略和风险管理要求,将购入的 C 公司债券在初始取得时直接分类确认为以公允价值计量且其变动计入其他综合收益的金融资产。

请问:甲公司这种做法是否正确?

7. 甲公司于 2×19 年 7 月 20 日从二级市场购入股票 1 000 000 股,每股市价 12 元,不考虑手续费,初始确认时将该股票指定为以公允价值计量且其变动计入其他综合收益的非交易性权益工具投资。甲公司至 2×19 年 12 月 31 日仍持有该股票,该股票当时的每股市价为 16 元。

请问:2×19 年 12 月 31 日,甲公司所持该股票由于市价的变动,其公允价值的变动额应计入当期损益还是所有者权益? 其计入的金额为多少?

第一节　金融资产概述

金融工具是指形成一方的金融资产并形成其他方的金融负债或权益工具的合同。其中,合同通常采用书面形式,但也可以不采用书面形式。金融工具包括金融资产、金融负债和权益工具。非合同的资产和负债,不是以合同为基础确定权利和义务,因此不属于金融工具。

一、金融资产的概念

金融资产是指企业持有的现金、其他方的权益工具以及从其他方收取现金或其他金融资产的合同权利或者在潜在有利条件下,与其他方交换金融资产或金融负债的合同权利。其实质是金融工具形成的一方。例如,企业的银行存款、应收账款、应收票据等均属于金融资产。但是,预付账款不属于金融资产,因其产生的未来经济利益是商品或服务,不是收取现金或其他金融资产的权利。

本章所指金融资产的会计处理不涉及长期股权投资、库存现金、银行存款和其他货币资金等。

二、金融资产的分类

(一)金融资产的分类原则

金融资产的分类是确认和计量的基础。企业应当根据其管理金融资产的业务模式和金融资产的合同现金流量特征,对金融资产进行合理的分类。

1. 企业管理金融资产的业务模式

企业管理金融资产的业务模式,是指企业如何管理其金融资产以产生现金流量。业务模式决定企业所管理金融资产现金流量的来源是收取合同现金流量、出售金融资产还是两者兼有。

企业管理金融资产的业务模式,可分为以收取合同现金流量为目标的业务模式、以收取合同现金流量和出售金融资产为目标的业务模式以及其他业务模式。其中:

在以收取合同现金流量为目标的业务模式下,企业管理金融资产旨在通过在金融资产存续期内收取合同付款来实现现金流量,而不是通过持有并出售金融资产产生整体回报。

在以收取合同现金流量和出售金融资产为目标的业务模式下,企业管理金融资产旨在通过既以收取合同现金流量又以出售金融资产,两者不可或缺来实现其管理目标。与以收取合同现金流量为目标的业务模式相比,出售金融资产是此业务模式的目标之一,因此其出售通常频率更高、价值更大。

在其他业务模式下,企业管理金融资产的业务模式,不是以收取合同现金流量为目标,也不是既以收取合同现金流量又以出售金融资产来实现其目标,企业持有金融资产的目的是交易性的或者基于金融资产的公允价值作出决策并对其进行管理,企业管理金融资产的目标是通过出售金融资产以实现现金流量。

一个企业可能会采用多个业务模式管理其金融资产。例如,企业持有一组以收取合同现金流量为目标的投资组合,同时还持有另一组既以收取合同现金流量为目标又以出售该金融资产为目标的投资组合。

2. 金融资产的合同现金流量特征

金融资产的合同现金流量特征,是指金融工具合同约定的、反映相关金融资产经济特征的现金流量属性。如果某项金融资产在特定日期产生的合同现金流量仅为对本金和以未偿付本金金额为基础的利息的支付,该项金融资产其合同现金流量特征应当与基本借贷安排相一致。

本金是指金融资产在初始确认时的公允价值,本金金额可能因提前还款等原因在金融资产的存续期内发生变动;利息包括对货币时间价值、与特定时期未偿付本金金额相关的信用风险,以及成本和利润的对价。

公允价值是指市场参与者在计量日发生的有序交易中,出售一项资产所能收到或者转移一项负债所需支付的价格。存在活跃市场的金融资产,活跃市场中的报价应当用于确定其公允价值。

(二)金融资产的具体分类

企业应当根据其管理金融资产的业务模式和金融资产的合同现金流量特征,将金融资产分类为以摊余成本计量的金融资产、以公允价值计量且其变动计入其他综合收益的金融资产和以公允价值计量且其变动计入当期损益的金融资产等。

1. 以摊余成本计量的金融资产

金融资产同时符合下列条件的,应当分类为以摊余成本计量的金融资产:① 企业管理该金融资产的业务模式是以收取合同现金流量为目标。② 该金融资产的合同条款规定,在特定日期产生的现金流量,仅为对本金和以未偿付本金金额为基础的利息的支付。例如,银行向企业客户发放的固定利率贷款;企业管理金融资产的业务模式是以收取合同现金流量为目标时,企业购入没有其他特殊安排情况下的普通债券;企业正常商业往来形成的具有一定信用期限的应收账款等。

对于分类为以摊余成本计量的金融资产,企业一般应当设置"贷款""应收账款""债权投资"等账户核算。

2. 以公允价值计量且其变动计入其他综合收益的金融资产

金融资产同时符合下列条件的,应当分类为以公允价值计量且其变动计入其他综合收益的金融资产:① 企业管理该金融资产的业务模式既以收取合同现金流量为目标又以出售该金融资产为目标。② 该金融资产的合同条款规定,在特定日期产生的现金流量,仅为对本金和以未偿付本金金额为基础的利息的支付。例如,企业管理该债券的业务模式既以收取合同现金流量为目标又以出售该债券为目标时,企业购入没有其他特殊安排情况下的普通债券等。

对于分类为以公允价值计量且其变动计入其他综合收益的金融资产,企业一般应当设置"其他债权投资"账户核算。

3. 以公允价值计量且其变动计入当期损益的金融资产

企业分类为除以摊余成本计量的金融资产和以公允价值计量且其变动计入其他综合收益的金融资产之外的金融资产,企业应当将其分类为以公允价值计量且其变动计入当期损益的金融资产。例如,企业购入的普通股股票,其合同现金流量是收取被投资企业未来股利分配以及其清算时获得剩余收益的权利;企业购入的基金、可转换公司债券等。

企业取得某项金融资产,在初始确认时,如果能够消除或显著减少会计错配,企业可以将该金融资产指定为以公允价值计量且其变动计入当期损益的金融资产,该指定一经作出,不得撤销。

对于分类为以公允价值计量且其变动计入当期损益的金融资产,企业一般应当设置"交易性金融资产"账户核算。

（三）金融资产的特殊分类

权益工具投资一般不符合本金加利息的合同现金流量特征,因此应当分类为以公允价值计量且其变动计入当期损益的金融资产,在初始确认时,企业可以将不符合下列任何一条件的权益工具投资(即非交易性权益工具投资)指定为以公允价值计量且其变动计入其他综合收益的金融资产:

（1）取得某项金融资产,主要是为了近期出售。

（2）取得某项金融资产在初始确认时属于集中管理的可辨认金融工具组合的一部分,且有客观证据表明近期实际存在短期获利模式。

（3）取得某项金融资产属于衍生工具。

如果企业取得某项金融资产满足上述条件之一的,表明企业持有该金融资产是以交易为其目的,在初始确认时,企业应当分类为以公允价值计量且其变动计入当期损益的金融资产。

不符合上述任何一条件的权益工具投资即非交易性权益工具投资。例如,企业对其他上市公司的股票投资或者对非上市公司的股权投资,企业将非交易性权益工具投资指定为以公允价值计量且其变动计入其他综合收益的金融资产,该指定一经作出,不得撤销。

对于非交易性权益工具投资指定以公允价值计量且其变动计入其他综合收益的金融资产,企业一般应当设置"其他权益工具投资"账户核算。

第二节　以摊余成本计量的金融资产

企业应当根据其管理金融资产的业务模式和金融资产的合同现金流量特征,将持有同时符合相关条件的金融资产确认为以摊余成本计量的金融资产。

一、以摊余成本计量的金融资产的确认

企业取得以摊余成本计量的金融资产,应当同时符合企业管理的业务模式是以收取合同现金流量为目标;金融资产的合同现金流量特征是该金融资产的合同条款规定,在特定日期产生的现金流量,仅为对本金和以未偿付本金金额为基础的利息的支付。

二、核算设置的主要账户

对于分类为以摊余成本计量的债权投资,主要设置以下账户进行核算:

（1）"债权投资"账户,用来核算企业以摊余成本计量的债权投资的账面余额。该账户应按照以摊余成本计量的债权投资的类别和品种,分别"成本""利息调整""应计利息"等进行明细核算。期末借方余额,反映企业以摊余成本计量的债权投资的摊余成本。

（2）"债权投资减值准备"账户,用来核算企业以摊余成本计量的债权投资以预期信用损失为基础计提的损失准备。

三、以摊余成本计量的金融资产的初始计量

（一）以摊余成本计量的金融资产初始成本的确定

企业初始确认以摊余成本计量的金融资产,应当按照公允价值计量。企业取得以摊余成

本计量的金融资产的初始投资成本是指为获得该项金融资产而付出的代价,包括其取得时的公允价值,以及取得时发生的相关交易费用。企业取得以摊余成本计量的金融资产支付的价款中包含的已到付息期但尚未领取的债券利息,应单独确认为应收项目。

交易费用,是指可直接归属于购买、处置金融资产新增的外部费用,包括支付给代理机构、咨询公司、券商、证券交易所等的手续费、佣金以及其他必要支出,不包括债券溢价、折价以及其他与交易不直接相关的费用。

(二)摊余成本计量的金融资产取得时的账务处理

企业取得以摊余成本计量的债权投资时,应按该债权投资的面值,借记"债权投资——成本"账户,按支付的价款中包含的已到付息期但尚未领取的债券利息,借记"应收利息"账户,按实际支付的价款,贷记"银行存款"等账户,按其差额,借记或贷记"债权投资——利息调整"账户。

收到取得以摊余成本计量的债权投资支付的价款中包含的已到付息期但尚未领取的债券利息时,借记"银行存款"等账户,贷记"应收利息"账户。

【例5-1】 2×19年1月2日,甲公司购入B公司2×19年1月1日发行的5年期分期付息公司债券,票面利率6%,债券面值1 000万元,甲公司支付价款1 050万元,另支付相关交易费用5万元。甲公司根据其管理该债券的业务模式和该债券的合同现金流量特征,初始确认时将该债券分类为以摊余成本计量的金融资产。

甲公司购入该债券时,应作账务处理如下:

借:债权投资——B公司债券(成本)   10 000 000
　　债权投资——B公司债券(利息调整)   550 000
　　贷:银行存款   10 550 000

四、以摊余成本计量的金融资产的后续计量

以摊余成本计量的金融资产应当以摊余成本进行后续计量。企业持有的以摊余成本计量的债权投资,在持有期间应当采用实际利率法,按摊余成本计算确认利息收入,计入投资收益。实际利率应当在取得以摊余成本计量的债权投资时确定,在该以摊余成本计量的债权投资预期存续期间内保持不变。经计算确定的实际利率与债券票面利率差异较小的,也可按债券票面利率计算确认利息收入,计入投资收益。

摊余成本是指以摊余成本计量的债权投资的初始确认金额减去采用实际利率法将该初始确认金额与到期日金额之间的差额进行摊销形成的累计摊销额。摊余成本可通过下列方法调整取得,将该以摊余成本计量的债权投资的初始确认金额,扣除已收回的本金、加上或减去采用实际利率法将该初始确认金额与到期日金额之间的差额进行摊销形成的累计摊销额、扣除计提的累计信用减值准备后的金额。

债权投资的摊余价值包括投资成本、应计利息以及债券溢价或折价摊销调整后的金额。分期付息债券的摊余价值即为摊余成本,包括投资成本以及债券溢价或折价摊销调整后的金额。在确定摊余成本时,一般不包括债券投资中的应收利息。

采用实际利率法是指采用实际利率计算某项以摊余成本计量的债权投资摊余成本及各期

利息收入的方法。实际利率,是指将从取得日开始至到期日或至下一个以市场为基础的重新定价日预期会发生的未来现金流量,折现为该以摊余成本计量的债权投资当前账面价值所使用的利率。

在确定实际利率时,应当在考虑以摊余成本计量的债权投资所有合同条款的基础上预计未来现金流量,但不应当考虑预期信用损失。

资产负债表日,企业对以摊余成本计量的债权投资计息应当分别根据不同情况进行账务处理:

第一,以摊余成本计量的金融资产如为分期付息、一次还本债券投资,应按其票面利率计算确定的应收未收利息,借记"应收利息"账户,按以摊余成本计量的金融资产的摊余成本和实际利率计算确定的利息收入,贷记"投资收益"账户,按其差额,借记或贷记"债权投资——利息调整"账户。

收到分期付息、一次还本债券投资,持有期间应收的利息,借记"银行存款"等账户,贷记"应收利息"账户。

第二,以摊余成本计量的金融资产如为一次还本付息债券投资,应按其票面利率计算确定的应收未收利息,借记"债权投资——应计利息"账户,按以摊余成本计量的金融资产的摊余成本和实际利率计算确定的利息收入,贷记"投资收益"账户,按其差额,借记或贷记"债权投资——利息调整"账户。

【例 5-2】 沿用[例 5-1]的资料,假定该债券每年年末支付利息,到期还本并支付最后一期利息。甲公司按年计算债券利息。甲公司每年年末计算该债券利息时应作账务处理如下:

第一步,取得该债券时计算债券实际利率。

(1)根据有关资料,计算如下:

投资成本	10 550 000
减:债券面值	10 000 000
债券溢价	550 000

每年应计利息＝1 000×6％＝60(万元)

(2)在计算债券实际利率时,如为分期收取利息,到期一次收回本金和最后一期利息的,应当根据下列公式,并采用插值法计算确定债券实际利率:

$$债券面值+\frac{债券溢价}{(或减去债券折价)}=债券到期应收本金的贴现值+各期收取的债券利息的贴现值$$

债券到期应收本金的贴现值＝债券到期应收本金×现值系数

各期收取的债券利息的贴现值＝每期收取的债券利息×年金现值系数

与债券有关的现金流量如下:

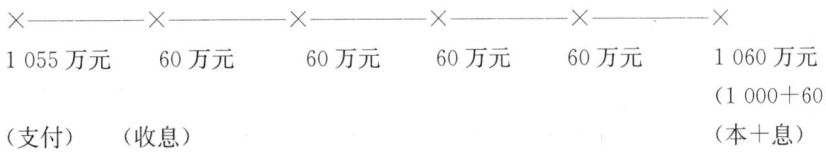

×————×————×————×————×————×					
1 055 万元	60 万元	60 万元	60 万元	60 万元	1 060 万元
					(1 000＋60)
(支付)	(收息)				(本＋息)

假设,该债券的实际利率为 R,则根据公式,计算如下:

$$1\,000 + 55 = \frac{1\,000}{(1+R)^5} + \left[\frac{60}{(1+R)} + \frac{60}{(1+R)^2} + \frac{60}{(1+R)^3} + \frac{60}{(1+R)^4} + \frac{60}{(1+R)^5}\right]$$

如果 $R = 4\%$,则:

$$\frac{1\,000}{(1+4\%)^5} + \left[\frac{60}{(1+4\%)} + \frac{60}{(1+4\%)^2} + \frac{60}{(1+4\%)^3} + \frac{60}{(1+4\%)^4} + \frac{60}{(1+4\%)^5}\right]$$
$$= 821.93 + (57.69 + 55.47 + 53.34 + 51.29 + 49.32)$$
$$= 821.93 + 267.11 = 1\,089.04(万元)$$

如果 $R = 5\%$,则:

$$\frac{1\,000}{(1+5\%)^5} + \left[\frac{60}{(1+5\%)} + \frac{60}{(1+5\%)^2} + \frac{60}{(1+5\%)^3} + \frac{60}{(1+5\%)^4} + \frac{60}{(1+5\%)^5}\right]$$
$$= 783.53 + (57.14 + 54.42 + 51.83 + 49.36 + 47.01)$$
$$= 783.53 + 259.76 = 1\,043.29(万元)$$

即:

利率	现值
4%	1 089.04
R	1 055
5%	1 043.29

采用插值法求 R:

$$\frac{(R - 4\%)}{5\% - 4\%} = \frac{1\,055 - 1\,089.04}{1\,043.29 - 1\,089.04}$$

$$R = 4\% + \frac{1\,055 - 1\,089.04}{(1\,043.29 - 1\,089.04)} \times (5\% - 4\%)$$

$$= 4\% + \frac{-34.04}{-45.75} \times 1\% = 4\% + 0.74\% = 4.74\%$$

经计算该债券实际利率为 4.74%。

各年实际利息收入计算如表 5 - 1 所示。

表 5 - 1

各年实际利息收入计算表

单位:万元

日　　期	期初摊余成本 (1)	实际利息收入 (2)=(1)×R	应收利息 (3)	现金流入 (4)	期末摊余成本 (5)=(1)+[(2)-(3)]
2×19.12.31	1 055.000	50.007	60	60	1 045.007
2×20.12.31	1 045.007	49.533	60	60	1 034.540
2×21.12.31	1 034.540	49.037	60	60	1 023.577
2×22.12.31	1 023.577	48.518	60	60	1 012.095
2×23.12.31	1 012.095	47.905 注①	60	1 060	0 注②
合　计		245	300	1 300	

① 2×23 年 12 月 31 日计算实际利息收入时,采用倒算的方法计算 2×23 年的实际利息收入;

② 2×23 年 12 月 31 日在摊余成本中扣除收回的本金 1 000 万元。

第二步,各年计息的账务处理如下:

(1) 2×19 年 12 月 31 日,计算利息时:

借:应收利息——B 公司	600 000
贷:投资收益	500 070
债权投资——B 公司债券(利息调整)	99 930
借:银行存款	600 000
贷:应收利息——B 公司	600 000

(2) 2×20 年 12 月 31 日,计算利息时:

借:应收利息——B 公司	600 000
贷:投资收益	495 330
债权投资——B 公司债券(利息调整)	104 670
借:银行存款	600 000
贷:应收利息——B 公司	600 000

(3) 2×21 年 12 月 31 日,计算利息时:

借:应收利息——B 公司	600 000
贷:投资收益	490 370
债权投资——B 公司债券(利息调整)	109 630
借:银行存款	600 000
贷:应收利息——B 公司	600 000

(4) 2×22 年 12 月 31 日,计算利息时:

借:应收利息——B 公司	600 000
贷:投资收益	485 180
债权投资——B 公司债券(利息调整)	114 820
借:银行存款	600 000
贷:应收利息——B 公司	600 000

(5) 2×23 年 12 月 31 日,计算利息时:

借:应收利息——B 公司	600 000
贷:投资收益	479 050
债权投资——B 公司债券(利息调整)	120 950

需要注意的是,溢价共 55 万元,前 4 年摊销后第五年余额为 12.095 万元,应全部摊完,故 2×23 年的实际利息收入为 47.905 万元(60－12.095)。

五、以摊余成本计量的金融资产的终止确认

以摊余成本计量的金融资产的终止确认指出售、转让或到期收回等情形。企业到期收回

或处置某项以摊余成本计量的债权投资,应当终止确认该债权投资。在终止确认时,如为到期收回,直接冲销该债权投资的账面价值以及应收而未收回的利息收入。

到期收回以摊余成本计量的债权投资时,按实际收到的金额,借记"银行存款"等账户,已计提减值准备的,借记"债权投资减值准备"账户,按该债权投资的账面余额,贷记"债权投资——成本、应计利息"账户,按其差额,借记或贷记"投资收益"账户。

【例5-3】 沿用[例5-1]和[例5-2]的资料,甲公司于该项债权投资到期时,收回该债券本金以及最后一年的债券利息。甲公司收回债券本金以及债券利息时应作账务处理如下:

借:银行存款   10 600 000
 贷:债权投资——B公司债券(成本)   10 000 000
  应收利息——B公司   600 000

【例5-4】 2×19年1月1日,甲公司支付价款9 675 000元(含交易费用)从上海证券交易所购入A公司同日发行的3年期、到期一次还本付息的公司债券,债券票面价值总额为10 000 000元,票面年利率为4%。甲公司根据其管理该债券的业务模式和该债券的合同现金流量特征,初始确认时将该债券分类为以摊余成本计量的金融资产。甲公司经计算该债券的实际利率为5%,按年计算债券利息。甲公司应作账务处理如下:

(1) 2×19年1月1日,购入A公司债券时:

借:债权投资——A公司债券(成本)   10 000 000
 贷:银行存款   9 675 000
  债权投资——A公司债券(利息调整)   325 000

(2) 2×19年12月31日,计算债券利息时:

$$债券应计利息 = 10\,000\,000 \times 4\% = 400\,000(元)$$
$$债券实际利息收入 = 9\,675\,000 \times 5\% = 483\,750(元)$$

借:债权投资——A公司债券(应计利息)   400 000
 债权投资——A公司债券(利息调整)   83 750
 贷:投资收益——A公司债券   483 750

(3) 2×20年12月31日,计算债券利息时:

$$债券应计利息 = 10\,000\,000 \times 4\% = 400\,000(元)$$
$$债券实际利息收入 = 10\,158\,750 \times 5\% = 507\,938(元)$$

借:债权投资——A公司债券(应计利息)   400 000
 债权投资——A公司债券(利息调整)   107 938
 贷:投资收益——A公司债券   507 938

(4) 2×21年12月31日,计算债券利息时:

$$债券应计利息 = 10\,000\,000 \times 4\% = 400\,000(元)$$
$$债券实际利息收入 = 400\,000 + 133\,312 = 533\,312(元)$$

借:债权投资——A公司债券(应计利息)   400 000
 债权投资——A公司债券(利息调整)   133 312
 贷:投资收益——A公司债券   533 312

(5) 2×21年12月31日,收回债券时:

借:银行存款	11 200 000
贷:债权投资——A企业债券(成本)	10 000 000
债权投资——A公司债券(应计利息)	1 200 000

因被投资单位信用状况严重恶化或因企业发生重大企业合并或重大处置,为保持现行利率风险头寸或维持现行信用风险政策,导致企业将尚未到期的某项以摊余成本计量的债权投资在本会计年度内出售的,应确认其终止确认时所产生的利得或损失,将所取得价款与该债权投资账面价值之间的差额,确认为投资收益。

终止确认以摊余成本计量的债权投资时,按实际收到的金额,借记"银行存款"等账户,已计提减值准备的,借记"债权投资减值准备"账户,按该债权投资的账面余额,贷记"债权投资——成本、应计利息"账户,借记或贷记"债权投资——利息调整"账户,按其差额,贷记或借记"投资收益"账户。

【例5-5】 沿用[例5-4]的资料,假定2×21年5月20日,甲公司得知A公司信用状况严重恶化,为防范A公司的违约风险,甲公司通过上海证券交易所将所持A公司的债券全部出售,取得出售收入11 000 000元(含交易费用)。甲公司出售A公司的债券时应作账务处理如下:

借:银行存款	11 000 000
债权投资——A公司债券(利息调整)	133 312
贷:债权投资——A企业债券(成本)	10 000 000
债权投资——A公司债券(应计利息)	800 000
投资收益——A公司债券	333 312

第三节 以公允价值计量且其变动计入其他综合收益的金融资产

企业应当根据其管理金融资产的业务模式和金融资产的合同现金流量特征,将持有同时符合相关条件的金融资产确认为以公允价值计量且其变动计入其他综合收益的金融资产。

一、以公允价值计量且其变动计入其他综合收益的金融资产的确认

企业取得以公允价值计量且其变动计入其他综合收益的金融资产,应当同时符合企业管理的业务模式是既以收取合同现金流量为目标又以出售该金融资产为目标;金融资产的合同现金流量特征是该金融资产的合同条款规定,在特定日期产生的现金流量,仅为对本金和以未偿付本金金额为基础的利息的支付。

二、核算设置的主要账户

对于分类为以公允价值计量且其变动计入其他综合收益的债权投资,主要设置以下账户进行核算:

(1)"其他债权投资"账户,用来核算企业以公允价值计量且其变动计入其他综合收益的债权投资的账面价值。该账户应按照该债权投资的类别和品种,分别"成本""利息调整""应计利息""公允价值变动"等进行明细核算。期末借方余额,反映企业以公允价值计量且其变动计

入其他综合收益的债权投资的公允价值。

（2）"其他综合收益"账户，用来核算企业根据会计准则规定，未在当期损益中确认的各项利得和损失。该账户分别"其他债权投资公允价值变动""信用减值准备"等进行明细核算，其中，"其他债权投资公允价值变动"明细账户核算企业分类为以公允价值计量且其变动计入其他综合收益的金融资产（债权投资）公允价值与账面余额的差额。"信用减值准备"明细账户核算企业分类为以公允价值计量且其变动计入其他综合收益的金融资产（债权投资）以预期信用损失为基础计提的损失准备。

三、以公允价值计量且其变动计入其他综合收益的金融资产的初始计量

（一）以公允价值计量且其变动计入其他综合收益的金融资产初始成本的确定

企业初始确认以公允价值计量且其变动计入其他综合收益的金融资产，应当按照公允价值计量。企业取得以公允价值计量且其变动计入其他综合收益的金融资产的初始投资成本，是指为获得该项金融资产而付出的代价，包括其取得时的公允价值，以及取得时发生的相关交易费用。企业取得以公允价值计量且其变动计入其他综合收益的债权投资支付的价款中包含的已到付息期但尚未领取的债券利息，应单独确认为应收项目。

（二）以公允价值计量且其变动计入其他综合收益的金融资产取得时的账务处理

企业取得以公允价值计量且其变动计入其他综合收益的债权投资时，应按该债权投资的面值，借记"其他债权投资——成本"账户，按支付的价款中包含的已到付息期但尚未领取的债券利息，借记"应收利息"账户，按实际支付的价款，贷记"银行存款"等账户，按其差额，借记或贷记"其他债权投资——利息调整"账户。

收到取得以公允价值计量且其变动计入其他综合收益的债权投资支付的价款中包含的已到付息期但尚未领取的债券利息时，借记"银行存款"等账户，贷记"应收利息"账户。

【例5-6】 2×19年1月2日，甲公司购入B公司2×19年1月1日发行的5年期、分期付息公司债券，票面利率为6%，债券面值为2 000万元，甲公司支付价款1 900万元，另支付相关交易费用10万元。甲公司购入债券时，根据其管理该债券的业务模式和该债券的合同现金流量特征，将该债券分类为以公允价值计量且其变动计入其他综合收益的金融资产。甲公司购入该债券时，应作账务处理如下：

$$确定该债券投资的初始成本 = 2\ 000（万元）$$
$$实际支付的金额 = 1\ 900 + 10 = 1\ 910（万元）$$
$$该债券投资的利息调整 = 2\ 000 - 1\ 910 = 90（万元）$$

借：其他债权投资——B公司债券（成本）　　　　　　　　　　　　20 000 000
　　贷：其他债权投资——B公司债券（利息调整）　　　　　　　　　　900 000
　　　　银行存款　　　　　　　　　　　　　　　　　　　　　　　19 100 000

四、以公允价值计量且其变动计入其他综合收益的金融资产的后续计量

（一）以公允价值计量且其变动计入其他综合收益的金融资产利息的处理

企业采用实际利率法计算的以公允价值计量且其变动计入其他综合收益的债权投资利息，应当计入当期损益。

资产负债表日,企业对以公允价值计量且其变动计入其他综合收益的债权投资计息应当分别根据不同情况进行账务处理:

第一,以公允价值计量且其变动计入其他综合收益的金融资产如为分期付息、一次还本债券投资,应按其票面利率计算确定的应收未收利息,借记"应收利息"账户,按以债权投资的摊余成本和实际利率计算确定的利息收入,贷记"投资收益"账户,按其差额,借记或贷记"其他债权投资——利息调整"账户。

收到分期付息、一次还本债券投资,持有期间应收的利息,借记"银行存款"等账户,贷记"应收利息"账户。

第二,以公允价值计量且其变动计入其他综合收益的金融资产如为一次还本付息债券投资,应按其票面利率计算确定的应收未收利息,借记"其他债权投资——应计利息"账户,按以债权投资的摊余成本和实际利率计算确定的利息收入,贷记"投资收益"账户,按其差额,借记或贷记"其他债权投资——利息调整"账户。

(二)资产负债表日以公允价值计量且其变动计入其他综合收益的金融资产的计量

资产负债表日,以公允价值计量且其变动计入其他综合收益的金融资产应当以公允价值进行后续计量。持有期间,由于以公允价值计量且其变动计入其他综合收益的金融资产公允价值变动形成的利得或损失,除减值损失和外币货币性债权投资等金融资产形成的汇兑损益外,应当直接计入所有者权益,在该金融资产终止确认或重分类时转出,计入终止确认当期的损益。

资产负债表日,企业应将以公允价值计量且其变动计入其他综合收益的金融资产的公允价值与其账面余额进行比较,如该债权投资的公允价值高于其账面余额的差额,借记"其他债权投资——公允价值变动"账户,贷记"其他综合收益——其他债权投资公允价值变动"账户;如公允价值低于其账面余额的差额,则作相反的账务处理。

【例5-7】　沿用[例5-6]的资料,假定该债券每年年末支付利息,到期还本并支付最后一期利息。甲公司按年计算债券利息。各年年末该债券的公允价值分别如下:2×19年年末公允价值为1 920万元,2×20年年末公允价值为1 940万元,2×21年年末至2×23年年末公允价值等于该债券的账面价值。甲公司每年年末计算该债券利息时,应作处理如下:

第一步,取得该债券时,计算债券实际利率。

(1)根据有关资料计算:采用插值法,假定经计算该债券实际利率为7.103%。

(2)根据该债券实际利率计算(表5-2)。

表5-2

各年实际利息收入计算表　　　　　　　　　　单位:万元

日　　期	期初摊余成本 (1)	实际利息收入 (2)=(1)×R	应收利息 (3)	现金流量 (4)	期末摊余成本 (5)=(1)+[(2)-(3)]
2×19年12月31日	1 910.000 0	135.667 3	120	120	1 925.667 3
2×20年12月31日	1 925.667 3	136.780 1	120	120	1 942.447 4
2×21年12月31日	1 942.447 4	137.972 0	120	120	1 960.419 4
2×22年12月31日	1 960.419 4	139.248 6	120	120	1 979.668 0
2×23年12月31日	1 979.668 0	140.331 0[①]	120	2 120	0[②]
合　　计		690	600	2 600	

① 2×23年12月31日,计算实际利息收入时,采用倒算的方法计算2×23年的实际利息收入。

② 2×23年12月31日,摊余成本中扣除收回的本金2 000万元。

第二步,各年计息的账务处理如下:

(1) 2×19 年:

2×19 年 12 月 31 日,计算利息时:

借:应收利息——B公司	1 200 000
其他债权投资——B公司债券(利息调整)	156 673
贷:投资收益	1 356 673

2×19 年 12 月 31 日,确认公允价值变动损益时:

该债券公允价值=1 920(万元)

该债券账面价值=1 925.667 3(万元)

该债券公允价值变动损益=1 920-1 925.667 3=-5.667 3(万元)

借:其他综合收益——其他债权投资公允价值变动	56 673
贷:其他债权投资——B公司债券(公允价值变动)	56 673

2×19 年 12 月 31 日,收到利息时:

借:银行存款	1 200 000
贷:应收利息——B公司	1 200 000

(2) 2×20 年:

2×20 年 12 月 31 日,计算利息时:

借:应收利息——B公司	1 200 000
其他债权投资——B公司债券(利息调整)	167 801
贷:投资收益	1 367 801

2×20 年 12 月 31 日,确认公允价值变动损益时:

该债券公允价值=1 940(万元)

该债券账面价值=1 936.7801(万元)

该债券公允价值变动损益=1 940-1 936.7801=3.2199(万元)

借:其他债权投资——B公司债券(公允价值变动)	32 199
贷:其他综合收益——其他债权投资公允价值变动	32 199

2×20 年 12 月 31 日,收到利息时:

借:银行存款	1 200 000
贷:应收利息——B公司	1 200 000

(3) 2×21 年:

2×21 年 12 月 31 日,计算利息时:

借:应收利息——B公司	1 200 000
其他债权投资——B公司债券(利息调整)	179 720
贷:投资收益	1 379 720

2×21年12月31日,确认公允价值变动损益时,该债券公允价值等于账面价值,不作账务处理。

2×21年12月31日,收到利息时:

借:银行存款　　　　　　　　　　　　　　　　　　　　　　　1 200 000
　　贷:应收利息——B公司　　　　　　　　　　　　　　　　　　　　1 200 000

(4)2×22年:

2×22年12月31日,计算利息时:

借:应收利息——B公司　　　　　　　　　　　　　　　　　　　1 200 000
　　其他债权投资——B公司债券(利息调整)　　　　　　　　　　192 486
　　贷:投资收益　　　　　　　　　　　　　　　　　　　　　　　1 392 486

2×22年12月31日,该债券公允价值等于账面价值,不作账务处理。

2×22年12月31日,收到利息时:

借:银行存款　　　　　　　　　　　　　　　　　　　　　　　1 200 000
　　贷:应收利息——B公司　　　　　　　　　　　　　　　　　　　　1 200 000

(5)2×23年:

2×23年12月31日,计算利息时:

借:应收利息——B公司　　　　　　　　　　　　　　　　　　　1 200 000
　　其他债权投资——B公司债券(利息调整)　　　　　　　　　　203 320
　　贷:投资收益　　　　　　　　　　　　　　　　　　　　　　　1 403 320

2×23年12月31日,该债券公允价值等于账面价值,不作账务处理。

需要说明的是,取得时"利息调整"明细账户为贷方90万元,前4年摊销后第五年余额为20.332万元,应全部摊销完毕,故2×23年的实际利息收入为140.332万元(120+20.332)。

五、以公允价值计量且其变动计入其他综合收益的金融资产的终止确认

以公允价值计量且其变动计入其他综合收益的金融资产的终止确认,是指其出售、转让或到期收回等情形。终止确认时,应将所取得价款与该金融资产账面价值之间的差额,确认为投资损益。

企业终止确认以公允价值计量且其变动计入其他综合收益的金融资产时,应按取得的价款与该金融资产账面价值之间的差额,确认为终止当期的投资损益;并将原直接计入所有者权益的公允价值变动累计额对应终止确认部分的金额,计入终止确认当期的投资损益。如终止确认的以公允价值计量且其变动计入其他综合收益的金融资产已计提减值准备的,应同时冲减已计提的减值准备。

企业应按终止确认以公允价值计量且其变动计入其他综合收益的债权投资实际收到的金额,借记"银行存款"等账户,按已计提的减值准备,借记"其他综合收益——信用减值准备"账户,按该金融资产账面余额,贷记"其他债权投资"账户,按应从所有者权益中转出的公允价值累计变动额,借记或贷记"其他综合收益——其他债权投资公允价值变动"账户,按其差额,贷

记或借记"投资收益"账户。

【例 5-8】 沿用[例 5-6]和[例 5-7]的资料,假定由于 B 公司的信用状况严重恶化,甲公司基于该债券的风险,于 2×20 年 1 月 2 日将该债券全部出售,取得的出售价款为 1 900 万元。甲公司出售日应作账务处理如下:

借:银行存款	19 000 000
其他债权投资——B 公司债券(利息调整)	743 327
其他债权投资——B 公司债券(公允价值变动)	56 673
投资收益	256 673
贷:其他债权投资——B 公司债券(成本)	20 000 000
其他综合收益——其他债权投资公允价值变动	56 673

【例 5-9】 沿用[例 5-6]和[例 5-7]的资料,假定甲公司于该债券到期日收回全部本金和 2×23 年利息。甲公司到期日收回该债券时应作账务处理如下:

收回该债券本金＝2 000(万元)

收回该债券 2×23 年利息＝120(万元)

借:银行存款	21 200 000
其他债权投资——B 公司债券(公允价值变动)	24 474
贷:其他债权投资——B 公司债券(成本)	20 000 000
应收利息——B 公司	1 200 000
其他综合收益——其他债权投资公允价值变动	24 474

第四节　以公允价值计量且其变动计入当期损益的金融资产

企业分类为除以摊余成本计量的金融资产和以公允价值计量且其变动计入其他综合收益的金融资产之外的金融资产,应当将其分类为以公允价值计量且其变动计入当期损益的金融资产。

一、以公允价值计量且其变动计入当期损益的金融资产的确认

企业取得以公允价值计量且其变动计入当期损益的金融资产,应当符合企业管理的业务模式既不是以收取合同现金流量为目标,也不是以收取合同现金流量和出售金融资产为目标;金融资产的合同现金流量特征是通过出售金融资产以实现现金流量。

金融资产满足下列条件之一的,表明企业持有该金融资产的目的是交易性的:

(1) 取得相关金融资产的目的,主要是为了近期出售或回购。

(2) 相关金融资产在初始确认时属于集中管理的可辨认金融工具组合的一部分,且有客观证据表明近期实际存在短期获利模式。

(3) 相关金融资产属于衍生工具。但符合财务担保合同定义的衍生工具以及被指定为有效套期工具的衍生工具除外。

企业结合自身业务和风险管理特点,在初始确认时,如果能够消除或显著减少会计错配,

企业可以将金融资产指定为以公允价值计量且其变动计入当期损益的金融资产。该指定一经作出,不得撤销。

二、核算设置的主要账户

对于分类为以公允价值计量且其变动计入当期损益的金融资产,主要设置以下账户进行核算:

(1)"交易性金融资产"账户,用来核算企业以公允价值计量且其变动计入当期损益的金融资产的公允价值。该账户应按照该金融资产的类别和品种,分别"成本""公允价值变动"等进行明细核算。期末借方余额,反映企业以公允价值计量且其变动计入当期损益的金融资产的公允价值。

(2)"公允价值变动损益"账户,用来核算企业交易性金融资产等公允价值变动形成的应计入当期损益的利得或损失。

三、以公允价值计量且其变动计入当期损益的金融资产的初始计量

(一)以公允价值计量且其变动计入当期损益的金融资产初始成本的确定

企业初始确认以公允价值计量且其变动计入当期损益的金融资产,应当按照公允价值计量。企业取得以公允价值计量且其变动计入当期损益的金融资产的初始投资成本,是指为获得该项金融资产而付出的代价,即取得时的公允价值。企业取得以公允价值计量且其变动计入当期损益的金融资产时,发生的相关交易费用应当在发生时直接计入当期损益。企业取得该金融资产支付的价款中包含已宣告但尚未发放的现金股利或已到付息期但尚未领取的债券利息,应当单独确认为应收项目。

(二)以公允价值计量且其变动计入当期损益的金融资产取得时的账务处理

企业取得以公允价值计量且其变动计入当期损益的金融资产时,按其公允价值(不含支付的价款中所包含的已到付息期但尚未领取的利息或已宣告但尚未发放的现金股利),借记"交易性金融资产——成本"账户,按发生的交易费用,借记"投资收益"账户,按已到付息期但尚未领取的利息或已宣告但尚未发放的现金股利,借记"应收利息"或"应收股利"账户,按实际支付的金额,贷记"银行存款"等账户。

【例5-10】 2×19年5月10日,A公司以银行存款购入甲公司已宣告但尚未发放现金股利的股票10 000股,每股成交价为10元,其中0.20元为已宣告但尚未发放的现金股利,A公司另支付相关交易税费500元。A公司购入后准备近期内出售以赚取差价,根据其管理该股票投资的业务模式和其合同现金流量特征,将该股票投资分类为以公允价值计量且其变动计入当期损益的金融资产。A公司购入该股票时,应作账务处理如下:

该股票取得时的初始成本=10 000×10-10 000×0.20=98 000(元)

该股票已宣告但尚未发放现金股利的金额=10 000×0.20=2 000(元)

借:交易性金融资产——甲公司股票(成本)		98 000
应收股利——甲公司		2 000
投资收益		500
贷:银行存款		100 500

四、以公允价值计量且其变动计入当期损益的金融资产的后续计量

（一）以公允价值计量且其变动计入当期损益的金融资产持有期间现金股利或债券利息的处理

企业持有以公允价值计量且其变动计入当期损益的金融资产取得股利、利息应当分别根据不同情况进行账务处理：

第一，以公允价值计量且其变动计入当期损益的金融资产取得时实际支付的价款中包含的已宣告但尚未发放的现金股利，或已到付息期但尚未领取的债券利息，属于在购买时暂时垫付的资金，因此，在实际收到时应冲减已记录的应收股利或应收利息，不确认为投资收益。企业收到现金股利或债券利息时，借记"银行存款"账户，贷记"应收股利"或"应收利息"账户。

【例 5-11】 沿用[例 5-10]的资料，假定 2×19 年 5 月 25 日，甲公司发放现金股利，A 公司收到甲公司发放的现金股利 2 000 元。A 公司收到甲公司发放的现金股利时，应作账务处理如下：

借：银行存款   2 000
    贷：应收股利——甲公司   2 000

第二，持有以公允价值计量且其变动计入当期损益的金融资产期间所获得的除已计入应收项目的现金股利或债券利息外的现金股利、债券利息，属于在持有期间实现的利润而分配的现金股利或应收取的债券利息，应计入当期损益。在被投资单位宣告发放现金股利，或在资产负债表日按分期付息、一次还本债券投资的票面利率计算利息时，借记"应收股利"或"应收利息"账户，贷记"投资收益"账户。

收到现金股利或债券利息时，借记"银行存款"账户，贷记"应收股利"或"应收利息"账户。

被投资单位宣告派发股票股利，企业收到被投资单位发放的股票股利，不进行账务处理，但应当在备查簿中登记增加股份的股数。

（二）资产负债表日以公允价值计量且其变动计入当期损益的金融资产的计量

企业在持有以公允价值计量且其变动计入当期损益的金融资产期间，应在每一资产负债表日，以公允价值计量且将其当期公允价值变动计入当期损益。资产负债表日，该金融资产的公允价值高于其账面余额的差额，借记"交易性金融资产——公允价值变动"账户，贷记"公允价值变动损益"账户，公允价值低于其账面余额的差额，借记"公允价值变动损益"账户，贷记"交易性金融资产——公允价值变动"账户。

【例 5-12】 沿用[例 5-10]和[例 5-11]的资料，2×19 年 12 月 31 日，甲公司股票市价为每股 12 元。2×20 年 5 月 8 日，甲公司宣告 6 月 3 日发放股利，每股派发 0.10 元现金股利。A 公司于 2×20 年 6 月 3 日收到甲公司发放的股利。2×20 年 12 月 31 日，甲公司股票市价为每股 11 元。根据上述资料，A 公司应作账务处理如下：

（1）2×19 年 12 月 31 日，确认公允价值变动损益时：

该股票公允价值＝10 000×12＝120 000（元）

该股票账面余额＝98 000（元）

该股票公允价值变动损益＝120 000－98 000＝22 000（元）

借：交易性金融资产——甲公司股票（公允价值变动）　　　　　　　　　　22 000
　　贷：公允价值变动损益　　　　　　　　　　　　　　　　　　　　　　　22 000

(2)2×20年5月8日，甲公司宣告派发现金股利时：

　　　　　　A公司可分得现金股利＝10 000×0.10＝1 000(元)

借：应收股利——甲公司　　　　　　　　　　　　　　　　　　　　　　　1 000
　　贷：投资收益　　　　　　　　　　　　　　　　　　　　　　　　　　　1 000

(3)2×20年6月3日，收到现金股利时：

借：银行存款　　　　　　　　　　　　　　　　　　　　　　　　　　　　1 000
　　贷：应收股利——甲公司　　　　　　　　　　　　　　　　　　　　　　1 000

(4)2×20年12月31日，确认公允价值变动损益时：

　　　　　　该股票公允价值＝10 000×11＝110 000(元)
　　　　　　该股票账面余额＝98 000＋22 000＝120 000(元)
　　　　　　该股票公允价值变动损益＝110 000－120 000＝－10 000(元)

借：公允价值变动损益　　　　　　　　　　　　　　　　　　　　　　　　10 000
　　贷：交易性金融资产——甲公司股票（公允价值变动）　　　　　　　　　10 000

五、以公允价值计量且其变动计入当期损益的金融资产的终止确认

当企业处置某项以公允价值计量且其变动计入当期损益的金融资产时，应当终止确认该金融资产。终止确认时，按所获得的处置收入与该金融资产账面余额的差额，确认损益。如果处置该金融资产时，尚有已确认的应收现金股利或债券利息仍未收回，则按扣除该应收现金股利或债券利息后的金额确认处置损益。

企业出售、转让以公允价值计量且其变动计入当期损益的金融资产时，应按实际收到的金额，借记"银行存款"等账户，按该金融资产的成本，贷记"交易性金融资产——成本"账户，按该项金融资产的累计公允价值变动额，贷记或借记"交易性金融资产——公允价值变动"账户，按其差额，贷记或借记"投资收益"账户。

如果部分处置某项以公允价值计量且其变动计入当期损益的金融资产时，则上述各相关项目均应按相应的比例结转处理。

【例5-13】　沿用[例5-10]至[例5-12]的资料，2×21年3月15日，A公司出售所持有的甲公司股票，取得出售收入125 000元。A公司应作账务处理如下：

2×21年3月15日，出售甲公司股票时：

借：银行存款　　　　　　　　　　　　　　　　　　　　　　　　　　　125 000
　　贷：交易性金融资产——甲公司股票（成本）　　　　　　　　　　　　　98 000
　　　　交易性金融资产——甲公司股票（公允价值变动）　　　　　　　　　12 000
　　　　投资收益　　　　　　　　　　　　　　　　　　　　　　　　　　15 000

【例5-14】　2×19年1月1日，B公司从交易市场购入乙公司同日发行的债券，支付价款合计1 200 000元，其中交易费用20 000元。该债券面值为1 000 000元，期限为3年，票面

年利率为 4%，每年 1 月 5 日支付上年债券利息。B 公司根据其管理该债券投资的业务模式和其合同现金流量特征，将该债券投资分类为以公允价值计量且其变动计入当期损益的金融资产。其他资料如下：

(1) 2×19 年 12 月 31 日，乙公司债券的公允价值为 1 300 000 元(不含利息)。

(2) 2×20 年 1 月 5 日，B 公司收到乙公司债券上年利息。

(3) 2×20 年 3 月 7 日，B 公司通过二级市场出售该债券，取得价款 1 350 000 元。

假定不考虑其他因素，B 公司应作账务处理如下：

(1) 2×19 年 1 月 1 日，购入乙公司债券时：

借：交易性金融资产——乙公司债券(成本)　　　　　　　　　　　　1 180 000
　　投资收益　　　　　　　　　　　　　　　　　　　　　　　　　　　20 000
　　　贷：银行存款　　　　　　　　　　　　　　　　　　　　　　　　　　1 200 000

(2) 2×19 年 12 月 31 日，确认乙公司债券公允价值变动时：

借：交易性金融资产——乙公司债券(公允价值变动)　　　　　　　　　120 000
　　　贷：公允价值变动损益　　　　　　　　　　　　　　　　　　　　　　　120 000

(3) 2×19 年 12 月 31 日，计提乙公司债券利息时：

借：应收利息——乙公司　　　　　　　　　　　　　　　　　　　　　　40 000
　　　贷：投资收益　　　　　　　　　　　　　　　　　　　　　　　　　　　40 000

(4) 2×20 年 1 月 5 日，收到乙公司债券利息时：

借：银行存款　　　　　　　　　　　　　　　　　　　　　　　　　　　40 000
　　　贷：应收利息——乙公司　　　　　　　　　　　　　　　　　　　　　　40 000

(5) 2×20 年 3 月 7 日，出售乙公司债券时：

借：银行存款　　　　　　　　　　　　　　　　　　　　　　　　　　1 350 000
　　　贷：交易性金融资产——乙公司债券(成本)　　　　　　　　　　　　1 180 000
　　　　　交易性金融资产——乙公司债券(公允价值变动)　　　　　　　　　120 000
　　　　　投资收益　　　　　　　　　　　　　　　　　　　　　　　　　　50 000

第五节　指定为以公允价值计量且其变动计入其他综合收益的非交易性权益工具投资

企业持有的权益工具投资应当结合其自身业务和风险管理特点，可以在初始确认时将非交易而持有的权益工具投资指定为以公允价值计量且其变动计入其他综合收益的金融资产，但该指定一经作出，不得撤销。

一、指定为以公允价值计量且其变动计入其他综合收益的非交易性权益工具投资的确认

企业持有的权益工具投资其合同现金流量特征为收取被投资企业未来分配的现金股利以

及被投资企业清算时获得剩余收益的权利,因此,权益工具投资不符合本金加利息的合同现金流量特征,一般应当分类为以公允价值计量且其变动计入当期损益的金融资产。

企业结合自身业务和风险管理特点,在初始确认时可以将非交易性权益工具投资指定为以公允价值计量且其变动计入其他综合收益的金融资产,并按照规定确认股利收入。该指定一经作出,不得撤销。

如果企业持有以交易为目的的权益工具投资,不能指定为此类金融资产,只有不符合以交易为目的的非交易性权益工具投资才可以进行该指定。

二、核算设置的主要账户

对于指定为以公允价值计量且其变动计入其他综合收益的非交易性权益工具投资,主要设置以下账户进行核算:

(1)"其他权益工具投资"账户,用来核算企业以公允价值计量且其变动计入其他综合收益的非交易性权益工具投资的账面价值。该账户应按照该非交易性权益工具投资的类别和品种,分别"成本""公允价值变动"等进行明细核算。期末借方余额,反映企业以公允价值计量且其变动计入其他综合收益的非交易性权益工具投资的公允价值。

(2)"其他综合收益"账户,用来核算企业根据会计准则规定,未在当期损益中确认的各项利得和损失。

三、指定为以公允价值计量且其变动计入其他综合收益的非交易性权益工具投资的初始计量

(一)指定为以公允价值计量且其变动计入其他综合收益的非交易性权益工具投资初始成本的确定

企业初始确认指定为以公允价值计量且其变动计入其他综合收益的非交易性权益工具投资,应当按照公允价值计量。企业取得该类非交易性权益工具投资的初始投资成本,是指为获得该项金融资产而付出的代价,包括其取得时的公允价值,以及取得时发生的相关交易费用。企业取得指定为以公允价值计量且其变动计入其他综合收益的非交易性权益工具投资支付的价款中包含的已宣告但尚未发放的现金股利,应单独确认为应收项目。

(二)指定为以公允价值计量且其变动计入其他综合收益的非交易性权益工具投资取得时的账务处理

企业取得指定为以公允价值计量且其变动计入其他综合收益的非交易性权益工具投资时,应按该权益工具投资的公允价值与交易费用之和,借记"其他权益工具投资——成本"账户,按支付的价款中包含的已宣告但尚未发放的现金股利,借记"应收股利"账户,按实际支付的价款,贷记"银行存款"等账户。

收到取得指定为以公允价值计量且其变动计入其他综合收益的非交易性权益工具投资支付的价款中包含的已宣告但尚未发放的现金股利时,借记"银行存款"等账户,贷记"应收股利"账户。

【例 5-15】 2×19 年 5 月 5 日,A 公司以银行存款购入甲公司已宣告但尚未发放现金股利的股票 20 000 股,每股成交价为 12 元,其中 0.30 元为已宣告但尚未发放的现金股利,A 公司另支付相关交易税费 1 000 元。A 公司购入时的股份比例不足以对甲公司的管理施加重大

影响,将其指定为以公允价值计量且其变动计入其他综合收益的非交易性权益工具投资。A公司购入该股票时,应作账务处理如下:

$$该股票取得时的初始成本=20\ 000\times12-20\ 000\times0.30+1\ 000=235\ 000(元)$$
$$该股票已宣告但尚未发放现金股利的金额=20\ 000\times0.30=6\ 000(元)$$

借:其他权益工具投资——甲公司股票(成本)　　　　　　　　　　235 000
　　应收股利——甲公司　　　　　　　　　　　　　　　　　　　　6 000
　　贷:银行存款　　　　　　　　　　　　　　　　　　　　　　　　　　　　241 000

四、指定为以公允价值计量且其变动计入其他综合收益的非交易性权益工具投资的后续计量

指定为以公允价值计量且其变动计入其他综合收益的非交易性权益工具投资除了获得的现金股利(明确代表投资成本部分收回的股利除外)计入当期损益,其他相关的利得和损失(包括汇兑损益)均应当计入其他综合收益,且后续不得转入当期损益。

(一)指定为以公允价值计量且其变动计入其他综合收益的非交易性权益工具投资持有期间股利的处理

指定为以公允价值计量且其变动计入其他综合收益的非交易性权益工具投资,持有期间被投资企业宣告分派的现金股利,按应享有的份额,借记"应收股利"账户,贷记"投资收益"账户。收到非交易性权益工具投资的现金股利,借记"银行存款"等账户,贷记"应收股利"账户。

非交易性权益工具投资持有期间被投资企业宣告分派的股票股利,不进行账务处理,但应当在备查簿中登记增加股份的股数。

(二)资产负债表日以公允价值计量且其变动计入其他综合收益的非交易性权益工具投资的计量

资产负债表日,以公允价值计量且其变动计入其他综合收益的非交易性权益工具投资应当以公允价值进行后续计量。持有期间,由于该非交易性权益工具投资公允价值变动形成的利得或损失,除了获得的现金股利(明确代表投资成本部分收回的股利除外)计入当期损益,应当直接计入所有者权益,在该非交易性权益工具投资终止确认时转出,计入留存收益。

资产负债表日,企业应将以公允价值计量且其变动计入其他综合收益的非交易性权益工具投资的公允价值与其账面余额进行比较,如该非交易性权益工具投资的公允价值高于其账面余额的差额,借记"其他权益工具投资——公允价值变动"账户,贷记"其他综合收益——其他权益工具投资公允价值变动"账户;如该非交易性权益工具投资的公允价值低于其账面余额的差额,则作相反的账务处理。

【例5-16】　沿用[例5-15]的资料,假定2×19年5月10日,甲公司发放现金股利,A公司收到甲公司发放的现金股利6 000元。2×19年12月31日,甲公司股票市价为每股13元。2×20年4月30日,甲公司宣告5月20日发放股利,每股派发0.15元现金股利。A公司于2×20年5月20日收到甲公司发放的股利。根据上述资料,A公司应作账务处理如下:

(1)2×19年5月10日,收到现金股利时:

借:银行存款　　　　　　　　　　　　　　　　　　　　　　　　　　6 000
　　贷:应收股利——甲公司　　　　　　　　　　　　　　　　　　　　　　6 000

(2)2×19 年 12 月 31 日,确认公允价值变动损益时:

$$该股票公允价值 = 20\,000 \times 13 = 260\,000(元)$$

$$该股票账面余额 = 235\,000(元)$$

$$该股票公允价值变动损益 = 260\,000 - 235\,000 = 25\,000(元)$$

借:其他权益工具投资——甲公司股票(公允价值变动)   25 000

  贷:其他综合收益——其他权益工具投资公允价值变动   25 000

(3)2×20 年 4 月 30 日,甲公司宣告派发现金股利时:

$$A 公司可分得现金股利 = 20\,000 \times 0.15 = 3\,000(元)$$

借:应收股利——甲公司   3 000

  贷:投资收益   3 000

(4)2×20 年 5 月 20 日,收到现金股利时:

借:银行存款   3 000

  贷:应收股利——甲公司   3 000

五、以公允价值计量且其变动计入其他综合收益的非交易性权益工具投资的终止确认

以公允价值计量且其变动计入其他综合收益的非交易性权益工具投资的终止确认,是指其出售、转让等情形。

企业终止确认以公允价值计量且其变动计入其他综合收益的非交易性权益工具投资时,应按取得的价款与该权益工具投资账面价值之间的差额,计入留存收益;并将原直接计入所有者权益的公允价值变动累计额对应终止确认部分的金额,计入留存收益。

企业应按终止确认以公允价值计量且其变动计入其他综合收益的非交易性权益工具投资实际收到的金额,借记"银行存款"等账户,按该非交易性权益工具投资账面余额,贷记"其他权益工具投资"账户,按应从所有者权益中转出的公允价值累计变动额,借记或贷记"其他综合收益——其他权益工具投资公允价值变动"账户,按其差额,贷记或借记"盈余公积""利润分配——未分配利润"账户。

【例 5 - 17】 沿用[例 5 - 15]和[例 5 - 16]的资料,假定 2×20 年 6 月 10 日,A 公司由于某特殊原因,以每股 15 元的价格将股票全部转让。A 公司按照净利润的 10% 计提盈余公积,不考虑其他因素。根据上述资料,A 公司的账务处理如下:

借:银行存款   300 000

  贷:其他权益工具投资——甲公司股票(成本)   235 000

    其他权益工具投资——甲公司股票(公允价值变动)   25 000

    盈余公积   4 000

    利润分配——未分配利润   36 000

同时:

借:其他综合收益——其他权益工具投资公允价值变动   25 000

  贷:盈余公积   2 500

    利润分配——未分配利润   22 500

第六节　金融资产的减值

资产负债表日，企业应当评估相关金融资产的信用风险，根据其持有的金融资产自初始确认后其信用风险是否显著变化，并以预期信用损失为基础进行减值会计处理，确认损失准备。

一、金融资产减值的计量原则

对金融资产减值应采用预期信用损失法，在预期信用损失法下，减值准备的计提不以减值的实际发生为前提，而是以未来可能的违约事件造成的损失的期望值来计量当前资产负债表日应当确认的损失准备。

企业对分类为以摊余成本计量的金融资产和以公允价值计量且其变动计入其他综合收益的金融资产等，应当以预期信用损失为基础进行减值会计处理并确认损失准备。

二、金融资产的一般减值模型

企业应当在每个资产负债表日评估相关金融资产的信用风险自初始确认后是否已显著增加，将金融资产发生信用减值的过程分为三个阶段，并按照三种情形分别计量其损失准备、确认预期信用损失及其变动。其中，信用风险又称为交易对方风险或履约风险（即违约风险），指交易对方不履行到期债务的风险。

（一）信用风险自初始确认后未显著增加（即第一阶段）

信用风险自初始确认后未显著增加的金融资产，企业应当按照未来12个月的预期信用损失计量损失准备，并按该金融资产未扣除减值准备的账面余额和其实际利率计算金融资产的利息收入。

（二）信用风险自初始确认后已显著增加但尚未发生信用减值（即第二阶段）

信用风险自初始确认后已显著增加但尚未发生信用减值的金融资产，企业应当按照该金融资产整个存续期的预期信用损失计量损失准备，并按该金融资产未扣除减值准备的账面余额和实际利率计算金融资产的利息收入。

（三）初始确认后发生信用减值（即第三阶段）

初始确认后发生信用减值的金融资产，企业应当按照该金融资产整个存续期的预期信用损失计量损失准备，但对金融资产的利息收入的计算不同于处于前两阶段的金融资产。对于已发生信用减值的金融资产，企业应当按该金融资产的摊余成本（即该金融资产的账面余额减已计提减值准备）和实际利率计算金融资产的利息收入。

上述三阶段的划分，适用于购买或源生时未发生信用减值的金融资产。对于购买或源生时已发生信用减值的金融资产，企业应当仅将初始确认后整个存续期内预期信用损失的变动确认为损失准备，并按其摊余成本和经信用调整的实际利率计算利息收入。

需要说明的是，如果企业确定借款人在短期内履行其支付合同现金流量义务的能力很强，并且即使较长时期内经济形势和经营环境存在不利变化，也不一定会降低借款人履行其支付合同现金流量义务的能力，则该金融资产具有较低的信用风险。企业对于较低信用风险、应收款项和合同资产等金融资产，不需要比较分析其初始确认时的信用风险与资产负债表日的信用风险。

三、金融资产减值的账务处理

企业对分类为以摊余成本计量的金融资产和以公允价值计量且其变动计入其他综合收益的金融资产等,应当以预期信用损失为基础进行减值会计处理并确认损失准备。

（一）预期信用损失的计量

预期信用损失,是指以发生违约的风险为权重的金融资产信用损失的加权平均值。

对于企业分类为以摊余成本计量的金融资产和以公允价值计量且其变动计入其他综合收益的金融资产等,其信用损失为企业按照金融资产原实际利率折现的、根据合同应收的所有合同现金流量与预期收取的所有现金流量之间的差额,即全部现金短缺的现值。

（二）金融资产减值的账务处理

1. 以摊余成本计量的金融资产减值的账务处理

1）设置的主要账户

对于以摊余成本计量的金融资产减值的账务处理,主要设置以下账户进行核算:

（1）"债权投资减值准备"账户,用来核算企业以摊余成本计量的债权投资以预期信用损失为基础计提的损失准备。

（2）"信用减值损失"账户,用来核算企业根据会计准则规定,金融资产减值准备所形成的预期信用损失。

2）账务处理

资产负债表日,企业以摊余成本计量的金融资产应当比较应收取的合同现金流量现值与预期收取的现金流量现值之间的差额,如果应收取的合同现金流量现值高于预期收取的现金流量现值,应当按照差额确认其信用减值损失;反之,当以摊余成本计量的债权投资确认信用减值损失后,如果其预期信用损失发生有利变化,则应当按照规定转回其已确认的信用减值利得。

企业按本期确认的预期信用损失金额,借记"信用减值损失"账户,贷记"债权投资减值准备"账户。按规定转回其已确认的信用减值利得时,将确认的信用减值利得计入当期损益,借记"债权投资减值准备"账户,贷记"信用减值损失"账户。

【例 5 – 18】　2×19 年 1 月 1 日,甲公司支付价款 4 795 000 元从上海证券交易所购入 A 公司同日发行的 5 年期面值为 5 000 000 元,票面年利率为 6% 的债券,该债券于每年 12 月 31 日支付当年利息。甲公司根据其管理该债券的业务模式和该债券的合同现金流量特征,将该债券分类为以摊余成本计量的金融资产。甲公司经计算该债券的实际利率为 7%。

2×19 年 12 月 31 日,甲公司收到 2×19 年度利息 300 000 元。该债券的信用风险自初始确认后显著增加,甲公司按整个存续期确认预期信用损失准备 25 000 元。

2×20 年 12 月 31 日,甲公司收到 2×20 年度利息 300 000 元,因债务人发生重大财务困难,该金融资产已发生信用减值,甲公司按整个存续期确认预计信用损失准备余额 75 000 元。甲公司应作账务处理如下:

（1）2×19 年 1 月 1 日,购入 A 公司债券时:

借：债权投资——成本　　　　　　　　　　　　　　　　　　　　　　　5 000 000
　　贷：银行存款　　　　　　　　　　　　　　　　　　　　　　　　　　4 795 000
　　　　债权投资——利息调整　　　　　　　　　　　　　　　　　　　　　205 000

（2）2×19年12月31日，计算债券利息以及确认预期信用损失时：

计算债券利息收入：

$$确认投资收益=4\ 795\ 000\times7\%=335\ 650（元）$$

借：应收利息	300 000	
债权投资——利息调整	35 650	
贷：投资收益		335 650

收到债券利息收入：

借：银行存款	300 000	
贷：应收利息		300 000

确认预期信用损失：

$$预期信用损失准备为25\ 000元$$
$$确认预期信用损失准备=25\ 000-0=25\ 000（元）$$

借：信用减值损失	25 000	
贷：债权投资减值准备		25 000

（3）2×20年12月31日，计算债券利息以及确认预期信用损失时：

计算债券利息收入：

$$债权投资账面余额=4\ 795\ 000+35\ 650=4\ 830\ 650（元）$$
$$确认投资收益=4\ 830\ 650\times7\%=338\ 146（元）$$

借：应收利息	300 000	
债权投资—利息调整	38 146	
贷：投资收益		338 146

收到债券利息收入：

借：银行存款	300 000	
贷：应收利息		300 000

确认预期信用损失：

$$预期信用损失准备余额为75\ 000元$$
$$确认预期信用损失准备=75\ 000-25\ 000=50\ 000（元）$$

借：信用减值损失	50 000	
贷：债权投资减值准备		50 000

2. 以公允价值计量且其变动计入其他综合收益的金融资产减值的账务处理

1）设置的主要账户

对于以公允价值计量且其变动计入其他综合收益的金融资产减值的账务处理，主要设置以下账户进行核算：

（1）"其他综合收益——信用减值准备"账户，用来核算企业分类为以公允价值计量且其变动计入其他综合收益的债权投资以预期信用损失为基础计提的损失准备。

（2）"信用减值损失"账户，用来核算企业根据会计准则规定，金融资产减值准备所形成的预期信用损失。

2）账务处理

企业以公允价值计量且其变动计入其他综合收益的债权投资应当在其他综合收益中确认其损失准备，并将减值损失或利得计入当期损益，且不应减少该金融资产在资产负债表中列示的账面价值。

资产负债表日，企业以公允价值计量且其变动计入其他综合收益的债权投资应当比较应收取的合同现金流量现值与预期收取的现金流量现值之间的差额，如果应收取的合同现金流量现值高于预期收取的现金流量现值，应当按照差额确认其信用减值损失；反之，当以公允价值计量且其变动计入其他综合收益的债权投资确认信用减值损失后，如果其预期信用损失发生有利变化，则应当按照规定转回其已确认的信用减值利得。

企业按本期确认的预期信用损失金额，借记"信用减值损失"账户，贷记"其他综合收益——信用减值准备"账户。按规定转回其已确认的信用减值利得时，将确认的信用减值利得计入当期损益，借记"其他综合收益——信用减值准备"账户，贷记"信用减值损失"账户。

【例 5－19】 2×19 年 1 月 3 日，甲公司购入 A 公司 2×19 年 1 月 1 日按面值发行的 2 年期分期付息公司债券，票面利率为 6%，债券面值为 2 000 万元。甲公司购入债券时，根据其管理该债券的业务模式和该债券的合同现金流量特征，将该债券分类为以公允价值计量且其变动计入其他综合收益的金融资产。

2×19 年 12 月 31 日，由于市场利率变动，该债券的公允价值跌至 1 900 万元。甲公司认为，该债券投资的信用风险自初始确认后并无显著增加，应当按 12 个月内预期信用损失计量信用减值准备，信用减值准备金额为 60 万元。甲公司应作账务处理如下：

（1）2×19 年 1 月 3 日，购入该债券时：

$$确定该债券投资的初始成本=2\ 000（万元）$$

借：其他债权投资——A 公司债券（成本）	20 000 000
贷：银行存款	20 000 000

（2）2×19 年 12 月 31 日，确认该债券利息收入、公允价值变动以及信用减值损失时：

确认该债券投资的利息收入：

$$该债券投资的利息收入=2\ 000\times6\%=120（万元）$$

借：应收利息	1 200 000
贷：投资收益	1 200 000

收到该债券投资的利息：

借：银行存款	1 200 000
贷：应收利息	1 200 000

确认该债券的公允价值变动：

该债券投资的公允价值变动＝2 000－1 900＝100(万元)

借：其他综合收益——其他债权投资公允价值变动　　　　　　　　　　　　1 000 000
　　贷：其他债权投资——A公司债券(公允价值变动)　　　　　　　　　　　　　　1 000 000

确认该债券的信用减值损失：

借：信用减值损失　　　　　　　　　　　　　　　　　　　　　　　　　　600 000
　　贷：其他综合收益——信用减值准备　　　　　　　　　　　　　　　　　　　600 000

甲公司在其2×19年年度财务报表中披露该债权投资的累计减值60万元。

第七节　金融资产的重分类

当企业改变其管理金融资产的业务模式时,应当按照规定对其所涉及的相关金融资产进行重新分类。

一、金融资产重分类的原则

当企业开始或终止某项对其经营影响重大的活动时,其管理金融资产的业务模式会发生变更,如企业收购、处置或终止某一业务线导致企业对金融资产的管理业务模式发生变更。当变更源自企业外部或内部的变化导致企业管理金融资产业务模式发生变更的,该变更应由企业的高级管理层进行决策,并能够向外部各方证实。因此,企业应当在其管理金融资产的业务模式改变时,按照规定对所有受影响的相关金融资产进行重分类。

企业在其管理金融资产的业务模式发生变更时,应当在金融资产的重分类日进行账务处理。企业业务模式的变更必须在重分类日之前生效。

重分类日,是指导致企业对金融资产进行重分类的业务模式发生变更后的首个报告期间的第一天。例如,某上市公司决定于2×19年11月20日改变某金融资产的业务模式,则该上市公司确定的重分类日应为2×20年1月1日。

如果企业管理金融资产的业务模式没有发生变更,而金融资产的条款发生变更但未导致终止确认的,不允许重分类。

二、金融资产重分类的账务处理

企业对金融资产进行重分类,应当自重分类日起采用未来适用法进行相关账务处理,不得追溯调整以前已经确认的利得、损失或利息。

（一）以摊余成本计量的金融资产的重分类

1. 以摊余成本计量的金融资产重分类为以公允价值计量且其变动计入当期损益的金融资产

企业将一项以摊余成本计量的金融资产重分类为以公允价值计量且其变动计入当期损益的金融资产时,应当按照该金融资产在重分类日的公允价值进行计量。该金融资产的原账面价值与其公允价值之间的差额计入当期损益。

重分类日,按该金融资产的公允价值,借记"交易性金融资产"账户,已计提减值准备的,借记"债权投资减值准备"账户,按该金融资产的账面余额,贷记"债权投资——成本、利息调整、应计利息"账户,按其差额,贷记或借记"公允价值变动损益"账户。

【例5-20】　2×19年10月15日,甲公司从证券市场购入A公司债券价值总额为100 000元,甲公司根据其管理该债券的业务模式和该债券的合同现金流量特征,将该债券分类为以摊余成本计量的金融资产,该债券的账面余额为100 000元。2×20年11月20日,甲公司变更了其管理债券投资组合的业务模式,其变更符合重分类的要求,因此,甲公司于2×21年1月1日将该债券从以摊余成本计量的金融资产重分类为以公允价值计量且其变动计入当期损益的金融资产。2×21年1月1日,该债券的公允价值为95 000元,已确认的信用减值准备为3 000元。假设不考虑该债券的利息收入。

重分类日,甲公司的会计处理如下:

借:交易性金融资产 95 000
　　债权投资减值准备 3 000
　　公允价值变动损益 2 000
　　贷:债权投资 100 000

2.以摊余成本计量的金融资产重分类为以公允价值计量且其变动计入其他综合收益的金融资产

企业将一项以摊余成本计量的金融资产重分类为以公允价值计量且其变动计入其他综合收益的金融资产时,应当按照该金融资产在重分类日的公允价值进行计量,该金融资产的原账面价值与其公允价值之间的差额计入其他综合收益。该金融资产重分类不影响其实际利率和预期信用损失的计量。

重分类日,按该金融资产的公允价值,借记"其他债权投资"账户,按该金融资产的账面余额,贷记"债权投资——成本、利息调整、应计利息"账户,按其差额,贷记或借记"其他综合收益——其他债权投资公允价值变动"账户,同时,按该金融资产的已计提减值准备的,借记"债权投资减值准备"账户,贷记"其他综合收益——信用减值准备"账户。

【例5-21】　2×19年10月15日,甲公司从证券市场购入A公司债券价值总额为100 000元,甲公司根据其管理该债券的业务模式和该债券的合同现金流量特征,将该债券分类为以摊余成本计量的金融资产,该债券的账面余额为100 000元。2×20年11月20日,甲公司变更了其管理债券投资组合的业务模式,其变更符合重分类的要求,因此,2×21年1月1日,甲公司将该债券从以摊余成本计量的金融资产重分类为以公允价值计量且其变动计入其他综合收益的金融资产。2×21年1月1日,该债券的公允价值为95 000元,已确认的信用减值准备为3 000元。假设不考虑该债券的利息收入。

重分类日,甲公司的会计处理如下:

借:其他债权投资 95 000
　　其他综合收益——其他债权投资公允价值变动 5 000
　　贷:债权投资 100 000

同时:

借:债权投资减值准备 3 000
　　贷:其他综合收益——信用减值准备 3 000

（二）以公允价值计量且其变动计入其他综合收益的金融资产的重分类

1. 以公允价值计量且其变动计入其他综合收益的金融资产重分类为以摊余成本计量的金融资产

企业将一项以公允价值计量且其变动计入其他综合收益的金融资产重分类为以摊余成本计量的金融资产,应视同该金融资产一直以摊余成本计量,重分类日,将该金融资产原计入其他综合收益的累计利得或损失转出,调整该金融资产在重分类日的公允价值,并以调整后的金额作为重分类后的金融资产的账面价值。该金融资产重分类不影响其实际利率和预期信用损失的计量。

重分类日,按该金融资产调整后的金额,借记"债权投资"账户,按该金融资产的账面余额,贷记"其他债权投资——成本、利息调整、应计利息、公允价值变动"账户,按其差额,贷记或借记"其他综合收益——其他债权投资公允价值变动"账户,同时,按该金融资产的已计提减值准备的,借记"其他综合收益——信用减值准备"账户,贷记"债权投资减值准备"账户。

【例 5-22】 2×19 年 10 月 15 日,甲公司从证券市场购入 A 公司债券价值总额为 100 000 元,甲公司根据其管理该债券的业务模式和该债券的合同现金流量特征,将该债券分类为以公允价值计量且其变动计入其他综合收益的金融资产,该债券账面余额为 100 000 元。2×20 年 11 月 20 日,甲公司变更了其管理债券投资组合的业务模式,其变更符合重分类的要求,因此,甲公司于 2×21 年 1 月 1 日将该债券从分类为以公允价值计量且其变动计入其他综合收益的金融资产重分类为以摊余成本计量的金融资产。2×21 年 1 月 1 日,该债券的公允价值为 95 000 元,已确认的信用减值准备为 3 000 元。假设不考虑该债券的利息收入。

重分类日,甲公司的会计处理如下:

借:债权投资   100 000
　　其他债权投资——公允价值变动   5 000
　　贷:其他债权投资——成本   100 000
　　　　其他综合收益——其他债权投资公允价值变动   5 000

同时:

借:其他综合收益——信用减值准备   3 000
　　贷:债权投资减值准备   3 000

2. 以公允价值计量且其变动计入其他综合收益的金融资产重分类为以公允价值计量且其变动计入当期损益的金融资产

企业将一项以公允价值计量且其变动计入其他综合收益的金融资产重分类为以公允价值计量且其变动计入当期损益的金融资产,该金融资产应当继续以公允价值计量。同时,企业应当将该金融资产原计入其他综合收益的累计利得或损失从其他综合收益转入当期损益。

重分类日,按该金融资产的公允价值,借记"交易性金融资产"账户,按该金融资产的账面余额,贷记"其他债权投资——成本、利息调整、应计利息、公允价值变动"账户,同时,按该金融资产的已计提减值准备的,借记"其他综合收益——信用减值准备"账户,按该金融资产原计入其他综合收益的累计利得或损失,借记或贷记"其他综合收益——其他债权投资公允价值变动"账户,按其差额,贷记或借记"公允价值变动损益"账户。

【例5-23】 2×19年10月15日,甲公司从证券市场购入A公司债券价值总额为100 000元,甲公司根据其管理该债券的业务模式和该债券的合同现金流量特征,将该债券分类为以公允价值计量且其变动计入其他综合收益的金融资产,该债券账面余额为100 000元。2×20年11月20日,甲公司变更了其管理债券投资组合的业务模式,其变更符合重分类的要求,因此,甲公司于2×21年1月1日将该债券从分类为以公允价值计量且其变动计入其他综合收益的金融资产重分类为以公允价值计量且其变动计入当期损益的金融资产。2×21年1月1日,该债券的公允价值为95 000元,已确认的信用减值准备为3 000元。假设不考虑该债券的利息收入。

重分类日,甲公司的会计处理如下:

借:交易性金融资产   95 000
　　贷:其他债权投资   95 000

同时:

借:公允价值变动损益   2 000
　　其他综合收益——信用减值准备   3 000
　　贷:其他综合收益——其他债权投资公允价值变动   5 000

(三)以公允价值计量且其变动计入当期损益的金融资产的重分类

1. 以公允价值计量且其变动计入当期损益的金融资产重分类为以摊余成本计量的金融资产

企业将一项以公允价值计量且其变动计入当期损益的金融资产重分类为以摊余成本计量的金融资产,应当以该金融资产在重分类日的公允价值作为以摊余成本计量的金融资产的账面余额。企业应当根据该金融资产在重分类日的公允价值确定其实际利率。同时,如该金融资产存在预期信用损失的,应当自重分类日起按照金融资产减值的规定确定其信用减值损失。

重分类日,按该金融资产的公允价值,借记"债权投资"账户,贷记"交易性金融资产"账户。如该金融资产存在信用损失的,按其预期信用损失的金额,借记"信用减值损失"账户,贷记"债权投资减值准备"账户。

【例5-24】 2×19年10月15日,甲公司从证券市场购入A公司债券价值总额为100 000元,甲公司根据其管理该债券的业务模式和该债券的合同现金流量特征,将该债券分类为以公允价值计量且其变动计入当期损益的金融资产,该债券的账面余额为100 000元。2×20年11月20日,甲公司变更了其管理债券投资组合的业务模式,其变更符合重分类的要求,因此,甲公司于2×21年1月1日将该债券从以公允价值计量且其变动计入当期损益的金融资产重分类为以摊余成本计量的金融资产。2×21年1月1日,该债券公允价值为95 000元,12个月预期信用损失为3 000元。假设不考虑该债券的利息收入。

重分类日,甲公司的会计处理如下:

借:债权投资   95 000
　　贷:交易性金融资产   95 000

同时：

借：信用减值损失	3 000	
贷：债权投资减值准备		3 000

2. 以公允价值计量且其变动计入当期损益的金融资产重分类为以公允价值计量且其变动计入其他综合收益的金融资产

企业将一项以公允价值计量且其变动计入当期损益的金融资产重分类为以公允价值计量且其变动计入其他综合收益的金融资产，该金融资产应当继续以公允价值计量。企业应当根据该金融资产在重分类日的公允价值确定其实际利率。同时，如该金融资产存在预期信用损失的，应当自重分类日起按照金融资产减值的规定确定其信用减值损失。

重分类日，按该金融资产的公允价值，借记"其他债权投资"账户，按该金融资产的账面余额，贷记"交易性金融资产"账户。如该金融资产存在信用损失的，按其预期信用损失的金额，借记"信用减值损失"账户，贷记"其他综合收益——信用减值准备"账户。

【例 5 - 25】 2×19 年 10 月 15 日，甲公司从证券市场购入 A 公司债券价值总额为 100 000 元，甲公司根据其管理该债券的业务模式和该债券的合同现金流量特征，将该债券分类为以公允价值计量且其变动计入当期损益的金融资产，该债券的账面余额为 100 000 元。2×20 年 11 月 20 日，甲公司变更了其管理债券投资组合的业务模式，其变更符合重分类的要求，因此，甲公司于 2×21 年 1 月 1 日将该债券从以公允价值计量且其变动计入当期损益的金融资产重分类为以公允价值计量且其变动计入其他综合收益的金融资产。2×21 年 1 月 1 日，该债券的公允价值为 95 000 元，12 个月预期信用损失为 3 000 元。假设不考虑该债券的利息收入。

重分类日，甲公司的会计处理如下：

借：其他债权投资	95 000	
贷：交易性金融资产		95 000

同时：

借：信用减值损失	3 000	
贷：其他综合收益——信用减值准备		3 000

本章要点概览

1. 对一般企业而言，金融资产是指持有的现金、权益工具投资、从其他单位收取现金或其他金融资产的合同权利，以及在有利条件下与其他单位交换金融资产的合同权利。例如，应收款项、债权投资、股权投资以及衍生金融资产等。

2. 企业管理金融资产的业务模式，是指企业如何管理其金融资产以产生现金流量。业务模式决定企业所管理金融资产现金流量的来源是收取合同现金流量、出售金融资产还是两者兼有。企业管理金融资产的业务模式，应当以企业关键管理人员决定的对金融资产进行管理的特定业务目标为基础确定，应当以客观事实为依据，不得以按照合理预期不会发生的情形为基础确定。

3. 金融资产的合同现金流量特征，是指金融工具合同约定的、反映相关金融资产经济特征的现金流量属性,企业分类为以摊余成本计量的金融资产和以公允价值计量且其变动计入其他综合收益的金融资产,其合同现金流量特征应当与基本借贷安排一致。即相关金融资产在特定日期产生的合同现金流量仅为对本金和以未偿付本金金额为基础的利息的支付。

4. 企业应当按照规定,结合自身业务和风险管理特点,将取得的金融资产在初始确认时划分为以摊余成本计量的金融资产、以公允价值计量且其变动计入其他综合收益的金融资产和以公允价值计量且其变动计入当期损益的金融资产。

5. 初始确认金融资产时,应当按照公允价值计量。对于以公允价值计量且其变动计入当期损益的金融资产,相关交易费用应当直接计入当期损益;对于其他类别的金融资产,相关交易费用应当计入初始确认金额。

6. 权益工具投资一般不符合本金加利息的合同现金流量特征,因此应当分类为以公允价值计量且其变动计入当期损益的金融资产。在初始确认时,企业可以将非交易性权益工具投资指定为以公允价值计量且其变动计入其他综合收益的金融资产,并按照规定确认股利收入。该指定一经作出,不得撤销。

7. 金融资产的后续计量与金融资产的分类密切相关。企业应当对不同类别的金融资产,分别以摊余成本、以公允价值计量且其变动计入其他综合收益或以公允价值计量且其变动计入当期损益进行后续计量。

8. 实际利率法是指按照金融资产的实际利率计算其摊余成本及各期利息收入的方法。

9. 以公允价值计量且其变动计入当期损益的金融资产其公允价值变动形成的利得或损失,应计入当期损益;以摊余成本计量的金融资产,应采用实际利率法,按摊余成本计量,计算的利息收入,应计入当期损益;以公允价值计量且其变动计入其他综合收益的金融资产其公允价值变动形成的利得或损失,直接计入所有者权益;对于以公允价值计量且其变动计入其他综合收益的债权投资在其终止确认时转出,其形成的利得或损失计入当期损益、对于以公允价值计量且其变动计入其他综合收益的非交易性权益工具投资在其终止确认时转出,其形成的利得或损失计入留存收益。

10. 企业改变其管理金融资产的业务模式时,应当按照规定对所有受影响的相关金融资产进行重分类。

11. 指定为以公允价值计量且其变动计入其他综合收益的非交易性权益工具投资不需计提减值准备,除了获得的股利(明确代表投资成本部分收回的股利除外)计入当期损益,其他相关的利得和损失(包括汇兑损益)均应当计入其他综合收益,且后续不得转入当期损益。当其终止确认时,之前计入其他综合收益的累计利得或损失应当从其他综合收益中转出,计入留存收益。

12. 以摊余成本计量的金融资产、以公允价值计量且其变动计入其他综合收益的债权投资和以公允价值计量且其变动计入当期损益的金融资产终止确认时产生的利得或损失,应计入当期损益。

主 要 术 语

金融工具   金融资产
以摊余成本计量的金融资产   债权投资

以公允价值计量且其变动计入当期损益的金融资产　　　　交易性金融资产

以公允价值计量且其变动计入其他综合收益的金融资产　　其他债权投资

其他权益工具投资　　　　　　　　　　　　　　　　　非交易性权益工具投资

交易费用　　　　　　　　　　　　　　　　　　　　　实际利率

摊余成本　　　　　　　　　　　　　　　　　　　　　预期信用损失法

预期信用损失　　　　　　　　　　　　　　　　　　　金融资产重分类

复习思考题

1. 简述企业管理金融资产的业务模式。

2. 简述金融资产的合同现金流量特征。

3. 简述金融资产的分类依据。

4. 简述以摊余成本计量的金融资产的确认条件。

5. 以摊余成本计量的金融资产的初始成本如何确定?

6. 简述以摊余成本计量的金融资产后续计量的方法。

7. 企业对以摊余成本计量的金融资产在资产负债表日计息时如何进行账务处理?

8. 如何确定以公允价值计量且其变动计入其他综合收益的金融资产的初始成本?

9. 以公允价值计量且其变动计入其他综合收益的金融资产的利息、股利应如何进行账务处理?

10. 资产负债表日,以公允价值计量且其变动计入其他综合收益的金融资产应如何进行计量?

11. 简述以公允价值计量且其变动计入当期损益的金融资产的确认条件。

12. 以公允价值计量且其变动计入当期损益的金融资产的初始成本如何确定?

13. 以公允价值计量且其变动计入当期损益的金融资产持有期间取得的现金股利、债券利息如何处理?

14. 资产负债表日如何对以公允价值计量且其变动计入当期损益的金融资产进行计量?

15. 简述企业如何以预期信用损失为基础,对相关金融资产进行减值处理。

16. 简述不同类金融资产之间重分类的原则。

17. 企业分类为以公允价值计量且其变动计入其他综合收益的债权投资与以公允价值计量且其变动计入其他综合收益的非交易性权益工具投资的会计处理有何区别?

业 务 题

【业务题一】

(一) 目的　练习以公允价值计量且其变动计入当期损益的金融资产的核算。

(二) 资料　2×19年1月1日,甲公司以325 000元购入乙公司2×18年1月1日发行的3年期,票面利率为5%,债券面值为300 000元的分期付息、到期一次还本的债券,该债券于每年1月5日支付上年债券利息。甲公司购入时另支付相关交易税费2 000元。购入后，甲公司根据其管理该债券的业务模式和该债券的合同现金流量特征，将该债券分类为以公允价值计量且其变动计入当期损益的金融资产。2×19年1月5日，甲公司收到乙公司发放的上年债券利息。2×19年12月31日，该债券的市场交易价为340 000元。2×20年1月5日，甲公司收到乙公司发放的上年债券利息。2×20年6月30日，甲公司因生产经营急需资金，出售所持有的乙公司债券的60%，取得出售收入210 000元。2×20年12月31日，该债券的市场交易价为126 000元。2×21年1月1日，乙公司债券到期，甲公司收回剩余债券的本金和利息。

（三）要求 根据上述资料，编制甲公司各年有关该债券的会计分录。

【业务题二】

（一）目的 练习以摊余成本计量的金融资产的核算。

（二）资料 2×19年1月3日，长江公司以250 000元的价格购入甲企业2×19年1月1日发行的5年期公司债券，票面利率为12%，债券面值为240 000元，另支付相关交易费用2 000元。该公司债券于每年1月1日支付上年度利息，到期归还本金及最后1年利息。长江公司初始确认时，根据其管理该债券的业务模式和该债券的合同现金流量特征，将该债券分类为以摊余成本计量的金融资产，长江公司债券持有期间均未发生减值。假定长江公司按年计算利息，并经测算该债券的实际利率为10.66%。

（三）要求

1. 编制长江公司各年实际利息收入计算表（表5-3）。

表5-3

长江公司各年实际利息收入计算表

单位：元

年　　份	年初摊余成本	实际利息收入	应收利息	现金流量	摊余成本
2×19.12.31					
2×20.12.31					
2×21.12.31					
2×22.12.31					
2×23.12.31					
合　　计					

2. 根据上述资料，编制长江公司各年有关该公司债券的会计分录。

【业务题三】

（一）目的 练习以公允价值计量且其变动计入其他综合收益的非交易性权益工具投资的核算。

（二）资料 大明公司于2×19年7月5日在某证券公司购入国际公司的普通股股票

100 万股,每股成交价为 4.24 元。大明公司另支付相关交易税费 10 000 元。大明公司取得该公司股票时将其指定为以公允价值计量且其变动计入其他综合收益的非交易性权益工具投资。2×19 年 12 月 31 日,国际公司普通股股票的市场价格为每股 4.80 元。2×20 年 4 月 25 日将所持有的该股票以每股 5.60 元的价格出售。大明公司按净利润的 10% 提取法定盈余公积,不考虑所得税及其他因素影响。

（三）**要求** 根据上述资料,编制大明公司取得、持有以及出售国际公司股票的相关会计分录。

【业务题四】

（一）**目的** 练习金融资产重分类的核算。

（二）**资料** 2×19 年 11 月 30 日,中伟上市公司因变更了其管理债券投资组合的业务模式,其变更符合重分类的要求,2×20 年 1 月 1 日将原以摊余成本计量的 A 公司债券重分类为以公允价值计量且其变动计入当期损益的金融资产。2×20 年 1 月 1 日,重分类日,该持有至到期投资的账面余额为 430 000 元,其中,成本为 400 000 元,利息调整为 30 000 元。该债券投资已计提减值准备 65 000 元,公允价值为 380 000 元。假定不考虑该债券的利息收入。

（三）**要求** 根据上述资料,编制中伟上市公司有关该债券投资的会计分录。

【业务题五】

（一）**目的** 练习金融资产减值的核算。

（二）**资料** 2×19 年 1 月 1 日,甲公司支付价款 9 675 000 元(含交易费用)从上海证券交易所购入 A 公司同日发行的 3 年期、到期一次还本付息公司债券,债券票面价值总额为 10 000 000 元,票面年利率为 4%,甲公司根据其管理该债券的业务模式和该债券的合同现金流量特征,将该债券分类为以摊余成本计量的金融资产。甲公司经计算该债券的实际利率为 5%,按年计算债券利息,其他有关资料如下:

(1) 2×19 年 12 月 31 日,有客观证据表明 A 公司发生了严重财务困难,该债券的信用风险自初始确认后显著增加,甲公司估计该债券的未来现金流量现值为 9 000 000 元。

(2) 2×20 年 12 月 31 日,有客观证据表明 A 公司财务状况显著改善,A 公司的偿债能力有所恢复,其预期信用损失发生有利变化。甲公司估计该债券的未来现金流量现值为 10 000 000 元。

（三）**要求** 根据上述资料,编制甲公司有关该债券投资的会计分录。

第六章 长期股权投资

 学习目的与要求

通过本章学习,你应当:

1. 掌握长期股权投资初始计量及核算。
2. 掌握长期股权投资核算的成本法和权益法。
3. 掌握长期股权投资处置的核算。
4. 了解长期股权投资的概念与特点。
5. 了解长期股权投资减值的判断标准及核算。

课前预习题

1. 甲公司于 2×19 年 5 月 1 日以一幢商务楼为对价自丙公司手中取得乙公司 60％的股权,甲公司、乙公司和丙公司为同属一个企业集团的成员。

请问:甲公司取得乙公司 60％的股权所形成的长期股权投资,属于哪种取得方式?

2. 甲公司持有乙公司 60％的股权。2×19 年 6 月 10 日,乙公司经股东大会决议宣告分派现金股利 200 万元。

请问:乙公司股东大会决议宣告分派现金股利时,甲公司应当如何处理?

3. 2×19 年 4 月 1 日,甲公司以 8 000 万元自二级股票市场购得 K 公司 25％的股权,甲公司对 K 公司的经营决策具有重大影响并准备长期持有,取得时,甲公司支付交易费用 60 万元。

请问:甲公司对此长期股权投资应当采用哪种核算方法?甲公司该长期股权投资的初始投资成本为多少?

4. 甲公司持有 K 公司 25％的股权。2×19 年 7 月 10 日,K 公司经股东大会

决议宣告分派现金股利 300 万元。

请问：K 公司股东大会决议宣告分派现金股利时，甲公司应当如何处理？

5. 甲公司持有 K 公司 25% 的股权。2×20 年，K 公司实现净利润 1 200 万元，K 公司持有的一项以公允价值计量且其变动计入其他综合收益的金融资产的公允价值上升 60 万元，不考虑所得税的影响。

请问：2×20 年年末，甲公司对该长期股权投资应当如何作账务处理？

6. 甲公司持有 K 公司 25% 的股权。假定甲公司取得 K 公司股权时，K 公司可辨认净资产公允价值与其账面价值不同。

请问：年末，甲公司应如何确认该投资的损益？

7. 2×19 年年末，甲公司对丙公司长期股权投资的账面价值为 1 000 万元，2×18 年年末已计提减值准备 80 万元，由于甲公司经营管理有所改善，预期其经济绩效得到较大幅度提高，经测试其可收回金额为 1 100 万元。

请问：2×19 年年末，由于该项投资的可收回金额高于其账面价值，甲公司转回上年年末计提减值准备 80 万元的做法是否正确？并说明理由。

8. 采用权益法核算长期股权投资，因被投资方其他综合收益变动形成的投资价值，投资方应调整记入"其他综合收益"账户。

请问：投资方在处置该项投资时，对此项其他综合收益应如何作账务处理？

9. 甲公司先持有乙公司股份的 40%，具有重大影响能力，后又追加投资购得乙公司 15% 的股份，从而达到对乙公司的控制。

请问：甲公司在追加投资对乙公司达到控制时，应如何作账务处理？

10. 甲公司先持有丁公司股份的 80%，甲公司处置其持有丁公司股份的 50% 导致对丁公司由能够实施控制转为具有重大影响。

请问：甲公司处置该投资时，对此应如何作账务处理？

第一节　长期股权投资概述

长期股权投资是指投资方对被投资单位实施控制、共同控制和具有重大影响的权益性投资，其实质是企业为通过分配来增加财富，或谋求其他利益，而将其他资产让渡给其他单位所获得另一项资产的行为。

一、长期股权投资的特征

企业对其他单位的股权投资，通常是为了长期持有，以及通过股权投资达到控制被投资单位，或对被投资单位施加重大影响，或为了与被投资单位建立密切关系，以分散经营风险。长期股权投资通常具有以下主要特征：

（1）投资期限较长。长期股权投资的目的是为长期持有被投资单位的股份，成为被投资单位的股东,并通过所持有的股份,对被投资单位实施控制或施加重大影响,或为了改善和巩固贸易关系,或持有不易变现的长期股权投资等。

(2) 投资企业作为被投资单位的股东,按所持股份比例享有权益并承担责任。长期股权投资的最终目标是为了获得较大的经济利益,这种经济利益可以通过分得股利或获取利润,也可以通过其他方式取得,如能从被投资单位长期取得生产所需的原材料,保证其生产经营的顺利进行。但是,如果被投资单位经营状况不佳,或者进行破产清算时,投资企业作为股东,也需要承担相应的投资损失。

(3) 不能随时出售。除股票投资外,长期股权投资通常不能随时出售,投资企业一旦成为被投资单位的股东,依所持股份份额享有股东的权利并承担相应的义务,一般情况下不能随意抽回投资。

(4) 投资风险较大。长期股权投资相对于长期债权投资而言,投资风险较大。

二、长期股权投资的类型

长期股权投资依据对被投资单位产生的影响程度,分为以下三种类型:

(1) 控制。控制是指投资方拥有对被投资单位的权力,通过参与被投资单位的相关活动而享有可变回报,并且有能力运用对被投资单位的权力影响其回报金额。投资方能够对被投资单位实施控制的权益性投资,即对子公司投资。拥有控制权的投资企业一般称为母公司;被母公司控制的企业一般称为子公司。

(2) 共同控制。共同控制是指按照相关约定对某项安排所共有的控制,并且该安排的相关活动必须经过分享控制权的参与方一致同意后才能决策。投资方与其他合营方一同对被投资单位实施共同控制且对被投资单位净资产享有权利的权益性投资,即对合营企业投资。投资企业与其他方对被投资单位实施共同控制的,被投资单位称为其合营企业。

(3) 重大影响。重大影响是指对一个企业的财务和经营政策有参与决策的权力,但并不能够控制或者与其他方一起共同控制这些政策的制定。投资企业能够对被投资单位施加重大影响的,被投资单位称为其联营企业。

投资方直接或通过子公司间接持有被投资单位 20% 及以上但低于 50% 及以下的表决权时,一般认为对被投资单位具有重大影响,除非有明确的证据表明该种情况下不能参与被投资单位的生产经营决策,不形成重大影响。

在确定能否对被投资单位施加重大影响时,一方面应考虑投资方直接或间接持有被投资单位的表决权股份,同时要考虑投资方及其他方持有的当期可执行潜在表决权在假定转换为对被投资单位的股权后产生的影响,如被投资单位发行的当期可转换的认股权证、股份期权及可转换公司债券等的影响。

三、长期股权投资核算设置的相关会计科目

企业应正确记录和反映各项投资所发生的成本和损益。长期股权投资的会计处理,一般需要设置以下科目。

(一)"长期股权投资"

(1) 用途:核算企业持有的长期股权投资。

（2）明细账户：按照被投资单位进行明细核算。长期股权投资核算采用权益法的，应当分别"投资成本""损益调整""其他综合收益""其他权益变动"进行明细核算。

（3）账户余额：期末借方余额，反映企业长期股权投资的价值。

（二）"长期股权投资减值准备"

（1）用途：核算企业长期股权投资发生减值时计提的减值准备。

（2）明细账户：按照被投资单位进行明细核算。

（3）账户余额：期末贷方余额，反映企业已计提但尚未转销的长期股权投资减值准备。

（三）"应收股利"

（1）用途：核算企业应收取的现金股利和应收取其他单位分配的利润。

（2）明细账户：按照被投资单位进行明细核算。

（3）账户余额：期末借方余额，反映企业尚未收回的现金股利或利润。

（四）"投资收益"

（1）用途：核算企业根据企业会计准则确认的投资收益或投资损失。

（2）明细账户：按照投资项目进行明细核算。

（3）账户余额：期末，应将该账户余额转入"本年利润"账户，该账户结转后应无余额。

（五）其他综合收益

（1）用途：核算企业根据企业会计准则规定未在损益中确认的各项利得和损失扣除所得税影响后的净额。

（2）账户余额：期末贷方余额，反映企业未在损益中确认的各项利得和损失扣除所得税影响后的净额。

（六）资本公积——其他资本公积

（1）用途：核算企业除股本溢价（或资本溢价）、其他综合收益以及利润分配以外的因素导致的其他所有者权益变动。

（2）账户余额：期末贷方余额，反映企业除股本溢价（或资本溢价）、其他综合收益以及利润分配以外的因素导致的其他所有者权益变动额。

第二节　长期股权投资的初始计量

企业取得的一项投资，在取得时应以初始投资成本计量，作为长期股权投资的入账价值。初始投资成本是指为获得一项投资而付出的代价。初始投资成本的确定，取决于长期股权投资的取得方式。

一、长期股权投资的取得方式

长期股权投资的取得方式主要有以下几种。

（一）企业合并形成

在这种方式下，企业通过企业合并而形成长期股权投资。企业合并是指将两个或者两个以上单独的企业合并形成一个报告主体的交易或事项。

企业合并形成的长期股权投资，初始投资成本的确定应区分企业合并的类型，其类型又分为同一控制下的企业合并形成的长期股权投资和非同一控制下的企业合并形成的长期股权投资。

（1）同一控制下的企业合并是指参与合并的企业在合并前后均受同一方或相同的多方最终控制，且该控制并非暂时性的。例如，受同一方控制的两个企业之间所进行的合并。对于同一控制下的企业合并，在合并日取得对其他参与合并企业控制权的一方为合并方，参与合并的其他企业为被合并方。合并日是指合并方实际取得对被合并方控制权的日期。

（2）非同一控制下的企业合并是指参与合并的各方在合并前后不受同一方或相同的多方最终控制。例如，不受同一方控制的两个企业之间的合并。对于非同一控制下的企业合并，在购买日取得对其他参与合并企业控制权的一方为购买方，参与合并的其他企业为被购买方。购买日是指购买方获得对被购买方控制权的日期。

（二）非企业合并形成

在这种方式下，企业除通过企业合并形成的长期股权投资以外，以其他方式取得的长期股权投资，例如企业以支付现金、发行权益性证券、接受投资者投入、通过非货币性资产交换、通过债务重组等形式取得的长期股权投资。

二、长期股权投资初始投资成本的计量

在确定初始投资成本时，不包括取得长期股权投资实际支付的对价中包含的已宣告但尚未发放的现金股利。

（一）企业合并形成的长期股权投资

企业合并形成的长期股权投资，应当分别同一控制下控股合并与非同一控制下控股合并确定其初始投资成本。

1. 同一控制下企业合并形成的长期股权投资的初始投资成本的确定

在合并日按照所取得的被合并方所有者权益账面价值的份额作为长期股权投资的初始投资成本。这里所指的被合并方所有者权益账面价值，是指被合并方在最终控制方合并财务报表中的净资产的账面价值。对于被合并方的资产、负债按照原账面价值确认，不按公允价值进行调整，不形成商誉，合并对价与合并中取得的净资产份额的差额调整所有者权益相关项目。

在按照合并日应享有被合并方净资产的账面价值的份额确定长期股权投资的初始投资成本时，前提是合并前合并方与被合并方采用的会计政策应当一致。企业合并前合并方与被合并方采用的会计政策不同的，应基于重要性原则，统一合并方与被合并方的会计政策。在按照合并方的会计政策对被合并方净资产的账面价值进行调整的基础上，计算确定长期股权投资的初始投资成本。

合并方应在合并日区别下列情况确定企业合并成本，并将其作为长期股权投资的初始投资成本。

第一，一次交换交易实现的企业合并，合并方应当在合并日，按照被合并方所有者权益账面价值的份额作为长期股权投资的初始投资成本，按长期股权投资初始投资成本与合并对价账面价值的差额，调整资本公积（资本溢价或股本溢价）；资本公积不足冲减的，调整留存收益。合并对价包括支付现金、转让非现金资产、承担债务方式或发行权益性证券。

同一控制下企业合并形成长期股权投资时，应当在合并日，按取得被合并方所有者权益账面价值的份额，借记"长期股权投资"账户，按应自被投资单位收取的已宣告但尚未发放的现金

股利或利润,借记"应收股利"账户,按支付的合并对价的账面价值,贷记有关资产账户或借记有关负债账户,按其差额,贷记"资本公积——资本(股本)溢价"账户;如为借方差额,则借记"资本公积——资本(股本)溢价"账户。资本公积(资本溢价或股本溢价)不足冲减的,应依次借记"盈余公积""利润分配——未分配利润"账户。

企业合并过程中发生的合并费用,如合并中发生的咨询费、律师费、评估费用、佣金以及其他相关费用等,作为期间费用,发生时计入当期管理费用。该直接相关费用不包括为企业合并发行的债券或承担其他债务支付的手续费、佣金等,也不包括企业合并中发行权益性证券发生的手续费、佣金等费用。

【例 6-1】 乙企业与丙企业为同受甲企业控制的两个公司。2×19 年 7 月 1 日,经过协议,双方确定由乙企业以拥有的一幢办公楼作为对价,取得丙企业 60% 的股权,该幢办公楼的账面原价为 23 000 000 元,已提折旧为 6 000 000 元,公允价值为 20 000 000 元。

经审计,丙企业的所有者权益在合并日的账面价值为 30 000 000 元,公允价值为 38 000 000 元。假定乙企业支付与该合并有关的评估等费用为 600 000 元。根据上述资料,不考虑相关税费等其他因素影响,乙企业在合并日应作账务处理如下:

初始投资成本＝30 000 000×60%＝18 000 000(元)

初始投资成本与合并对价账面价值的差额＝18 000 000－(23 000 000－6 000 000)＝1 000 000(元)

借:固定资产清理	17 000 000
累计折旧	6 000 000
贷:固定资产	23 000 000
借:长期股权投资——丙企业	18 000 000
贷:固定资产清理	17 000 000
资本公积——资本溢价	1 000 000
借:管理费用	600 000
贷:银行存款	600 000

合并方以发行权益性证券作为合并对价的,应当在合并日按照取得被合并方所有者权益账面价值的份额作为长期股权投资的初始投资成本。按照发行股份的面值总额作为股本,长期股权投资初始投资成本与所发行股份面值总额之间的差额,应当调整资本公积;资本公积不足冲减的,调整留存收益。

【例 6-2】 2×19 年 6 月 30 日,沪宁公司向同一集团内 H 公司的原股东申南公司定向增发 2 000 万股普通股(每股面值为 1 元,市价为 9 元),取得 H 公司 80% 的股权,相关手续于当日完成,并能够对 H 公司实施控制。合并后 H 公司仍维持其独立法人资格继续经营。合并日,H 公司财务报表中净资产的账面价值为 3 800 万元,申南公司合并财务报表中的 H 公司净资产账面价值为 5 400 万元。

假定沪宁公司和 H 公司都受申南公司同一控制,不考虑相关税费等其他因素影响。根据上述资料,沪宁公司在合并日应作账务处理如下:

初始投资成本＝54 000 000×80%＝43 200 000(元)

借：长期股权投资——H 公司	43 200 000	
贷：股本		20 000 000
资本公积——股本溢价		23 200 000

因此，同一控制下企业合并视企业合并为企业资源的联合，认为是两家和两家以上原企业所有者风险和利益的联合，不要求对被合并企业的资产加以重估，即按原有账面价值入账。

第二，多次交换交易实现的企业合并，企业通过多次交易分步取得同一控制下被投资单位的股权，最终形成企业合并的，应当判断多次交易是否属于"一揽子交易"。

对属于"一揽子交易"的，合并方应当将各项交易作为一项取得控制权的交易进行会计处理。

对不属于"一揽子交易"的，合并方应当在合并日，按照被合并方所有者权益账面价值的份额作为长期股权投资的初始投资成本，合并日长期股权投资的初始投资成本，与达到合并前的长期股权投资账面价值加上合并日进一步取得股份新支付对价的账面价值之和的差额，调整资本公积（资本溢价或股本溢价），资本公积不足冲减的，冲减留存收益。

对于合并日之前持有的股权投资而确认的其他综合收益，以及因采用权益法核算而确认的被投资单位净资产中除净损益、其他综合收益和利润分配以外的所有者权益其他变动，暂不进行会计处理，直至该项投资处置时转入处置当期损益。

2. 非同一控制下企业合并形成的长期股权投资的初始投资成本的确定

非同一控制下企业合并是一个主并企业通过购买方式取得被合并企业净资产或股权的一种交易，这一交易与企业直接从外界购入资产并无区别。采用购买法进行核算，购买方在购买日对作为企业合并对价付出的资产、负债应按照公允价值计量。

购买方应在购买日区别下列情况确定企业合并成本，并将其作为长期股权投资的初始投资成本。

第一，一次交换交易实现的企业合并，其合并成本一般为购买方在购买日为取得对被购买方的控制权而付出的资产、发生或承担的负债以及发行的权益性证券的公允价值。初始投资成本中合并对价的公允价值与合并对价的账面价值的差额，计入当期损益。

企业合并过程中发生的合并费用，如合并中发生的咨询费、律师费、评估费用、佣金以及其他相关费用等，作为期间费用，发生时计入当期管理费用。该直接相关费用不包括为企业合并发行的债券或承担其他债务支付的手续费、佣金等，也不包括企业合并中发行权益性证券发生的手续费、佣金等费用。

因此，非同一控制下企业合并形成长期股权投资时，应在购买日按为取得对被购买方的控制权而付出的资产、发生或承担的负债以及发行的权益性证券的公允价值，借记"长期股权投资"账户，按应自被投资单位收取的已宣告但尚未发放的现金股利或利润，借记"应收股利"账户，按支付合并对价的账面价值，贷记有关资产账户或借记有关负债账户，按其差额，贷记或借记"相关损益类"账户。

非同一控制下企业合并时，如果涉及以库存商品等存货作为合并对价的，应按库存商品等存货的公允价值，确认销售收入，并同时结转库存商品等存货的相关成本；如果涉及以固定资产等作为合并对价的，应作处置处理，将该合并对价的公允价值与其账面价值、相关税费的差额确认处置损益；如果涉及以各项投资作为合并对价的，应作处置处理，将该合并对价的公允价值与其账面价值、相关税费的差额确认投资损益。

【例6-3】 沿用[例6-1]的资料,假定乙企业与丙企业为非同一控制下的两个公司,其他资料同上,乙企业应作账务处理如下:

初始投资成本=20 000 000(元)

初始投资成本与合并对价账面价值的差额=20 000 000-(23 000 000-6 000 000)=3 000 000(元)

借:固定资产清理　　　　　　　　　　　　　　　　　　　　　　　　17 000 000
　　累计折旧　　　　　　　　　　　　　　　　　　　　　　　　　　 6 000 000
　　　贷:固定资产　　　　　　　　　　　　　　　　　　　　　　　　　　 23 000 000

借:长期股权投资——丙企业　　　　　　　　　　　　　　　　　　　 20 000 000
　　　贷:固定资产清理　　　　　　　　　　　　　　　　　　　　　　　　 17 000 000
　　　　　资产处置损益　　　　　　　　　　　　　　　　　　　　　　　　 3 000 000

借:管理费用　　　　　　　　　　　　　　　　　　　　　　　　　　　 600 000
　　　贷:银行存款　　　　　　　　　　　　　　　　　　　　　　　　　　 600 000

因此,购买法视合并为购买行为,在计量基础上,注重合并完成日资产、负债的实际价值。

第二,多次交换交易实现的企业合并,企业通过多次交易分步实现非同一控制下企业合并的,多次交换交易分步取得股权最终形成企业合并,购买方在个别财务报表中应以购买日之前所持被购买方的股权投资的账面价值与购买日新增投资成本之和,作为该项投资的合并成本。

对于购买日之前持有的股权因采用权益法核算而确认的其他综合收益,暂不进行会计处理,直至处置该项投资时采用与被投资单位直接处置相关资产或负债相同的基础进行会计处理;因采用权益法核算而确认的被投资单位净资产中除净损益、其他综合收益和利润分配以外的所有者权益其他变动,暂不进行会计处理,直至处置该项投资时转入当期损益。

对于购买日之前持有的股权因采用金融工具确认和计量规定进行会计处理的,应当按照其购买日确定的股权投资的公允价值加上新增投资成本之和,作为该项投资的合并成本,原持有股权的公允价值与账面价值之间的差额以及原计入其他综合收益的累计公允价值变动应当转入当期投资收益(除原指定为以公允价值计量且其变动计入其他综合收益的非交易性权益工具转入留存收益外)。

(二)非企业合并形成的长期股权投资

非企业合并形成的长期股权投资,即企业除通过企业合并形成的长期股权投资以外,以其他方式取得的长期股权投资,应当按照下列规定确定其初始投资成本:

(1)以支付现金取得的长期股权投资,应当按照实际支付的购买价款作为初始投资成本。初始投资成本包括与取得长期股权投资直接相关的费用、税金及其他必要支出。

【例6-4】 2×19年1月1日,立信公司以银行存款4 000 000元投资于甲公司,占甲公司注册资本的25%,立信公司取得该部分股权后能够对甲公司施加重大影响,并准备长期持有。立信公司投资时支付手续费等相关税费100 000元。投资当日,甲公司所有者权益总额为12 000 000元。则立信公司在投资日应作账务处理如下:

借:长期股权投资——甲公司(投资成本)　　　　　　　　　　　　　 4 100 000
　　　贷:银行存款　　　　　　　　　　　　　　　　　　　　　　　　　　 4 100 000

（2）以发行权益性证券取得的长期股权投资,应当按照发行权益性证券的公允价值作为初始投资成本。按照发行股份的面值总额作为股本,长期股权投资初始投资成本与所发行股份面值总额之间的差额,应当调整资本公积(股本溢价)。

为发行权益性证券发生的手续费、佣金等直接相关的费用,应自所发行证券的溢价发行收入中扣除,不构成取得长期股权投资的成本。

【例 6 - 5】 2×19 年 5 月 1 日,大众股份公司通过发行股票 100 000 000 股,每股股票面值为 1 元,受让丙公司持有的乙公司 25% 的股权,该股票的公允价值为 280 000 000 元。大众公司取得该部分股权后能够对乙公司施加重大影响,不考虑相关税费等其他因素影响,则大众股份公司应作账务处理如下:

借:长期股权投资——乙公司(投资成本)　　　　　　　　　　　　　 280 000 000
　　贷:股本　　　　　　　　　　　　　　　　　　　　　　　　　　　 100 000 000
　　　　资本公积——股本溢价　　　　　　　　　　　　　　　　　　　 180 000 000

（3）接受投资者投入的长期股权投资,如果合同或协议约定价值公允的,应当按照投资合同或协议约定的价值作为初始投资成本;如果合同或协议约定价值不公允的,应当按照取得长期股权投资的公允价值作为其初始投资成本,所确认的长期股权投资初始投资成本与计入企业实收资本(或股本)金额之间的差额,应当调整资本公积(资本或股本溢价)。这里,投资者投入的长期股权投资指投资者将其持有的对第三方的投资投入企业形成的长期股权投资。

（4）通过非货币性资产交换取得的长期股权投资,一般应以换出资产的公允价值进行计量确定初始投资成本,如果交换不具有商业实质或虽具有商业实质但换入、换出资产的公允价值不能可靠计量,则以换出资产的账面价值为基础确定初始投资成本。

（5）通过债务重组取得的长期股权投资,一般应以享有股份的公允价值作为长期股权投资的初始投资成本。

第三节　长期股权投资核算的成本法

采用成本法核算长期股权投资是指投资应当按照投资成本计价。投资企业追加或收回投资应当调整长期股权投资的成本。

一、成本法核算的适用范围

企业持有的对子公司投资应当采用成本法核算。

投资企业能够对被投资单位实施控制的长期股权投资,通常情况下,投资企业拥有被投资单位 50% 以上表决权资本的,则认为投资企业能够对被投资单位实施控制,被投资单位为其子公司。

需要注意的是,投资企业在确定能否对被投资单位实施控制时,应当遵循实质重于形式的原则,考虑投资方直接或间接持有被投资单位的表决权股份,同时结合投资企业和其他方持有的被投资单位当期可转换公司债券、当期可执行认股权证等潜在表决权因素综合考虑。因此,应当关注投资企业对被投资企业实际控制能力的大小,而不仅以投资份额的一定比例作为划分标准。而投资方进行成本法核算时,应仅考虑直接持有的股权份额。

二、成本法核算的基本特点

采用成本法核算主要有以下五个基本特点:

(1) 初始投资或追加投资时,按照确认的初始投资或追加投资的投资成本增加长期股权投资的账面价值。

(2) 除追加投资、将应分得的现金股利或利润转为投资、收回投资、发生投资减值外,长期股权投资的账面价值一般应当保持不变。

(3) 如果被投资企业发生亏损或无力分配现金股利,投资企业不作任何账务处理。

(4) 被投资单位宣告分派现金股利或利润,投资企业应当将所获得的被投资单位宣告发放的现金股利或利润确认投资收益。

(5) 投资企业在确认自被投资单位应分得的现金股利或利润后,应当考虑有关长期股权投资是否发生减值。

三、成本法核算的方法

长期股权投资采用成本法核算,在具体处理时,不考虑被投资单位有关利润分配是属于投资企业取得投资前还是取得投资后被投资单位实现净利润的分配。

（一）被投资单位宣告分派现金股利或利润的处理

投资企业除取得投资时实际支付的价款或对价中包含的已宣告但尚未发放的现金股利或利润外,投资企业应当按照享有被投资单位宣告发放的现金股利或利润确认投资收益。

【例 6-6】 2×19 年 3 月 20 日,中兴公司自非关联方处以现金 200 000 000 元取得乙公司 60%的股权,相关转让手续当日办理完成,并能够对乙公司实施控制。2×19 年 5 月 10 日,乙公司宣告分派 2×18 年度的现金股利 5 000 000 元。不考虑相关税费等其他因素影响。则中兴公司应作账务处理如下:

(1) 2×19 年 3 月 20 日,投资时:

借:长期股权投资——乙公司 200 000 000
　　贷:银行存款 200 000 000

(2) 2×19 年 5 月 10 日,乙公司宣告分派现金股利时:

借:应收股利——乙公司 3 000 000
　　贷:投资收益 3 000 000

【例 6-7】 2×19 年 1 月 1 日,百申公司以银行存款 30 000 000 元,购入云州公司 70%的股份,假定百申公司投资时未发生直接相关的税费,并能够对云州公司实施控制。2×19 年 1 月 1 日,云州公司股东权益合计为 25 000 000 元,其中,股本为 15 000 000 元,盈余公积为 3 000 000 元,未分配利润为 7 000 000 元。2×19 年 4 月 5 日,云州公司宣告分派 2×18 年度的现金股利 1 500 000 元,2×19 年度实现净利润为 1 200 000 元。2×20 年 4 月 20 日,云州公司宣告分派现金股利 3 000 000 元,2×20 年度实现净利润为 4 500 000 元。2×21 年 5 月

8 日,云州公司宣告分派现金股利 2 000 000 元,2×21 年度实现净利润为 5 000 000 元。假定股权交易各方不存在关联方关系。根据上述资料,百申公司应作账务处理如下:

(1) 2×19 年 1 月 1 日,对云州公司投资时:

借:长期股权投资——云州公司　　　　　　　　　　　　　　　　　　30 000 000
　　贷:银行存款　　　　　　　　　　　　　　　　　　　　　　　　　30 000 000

(2) 2×19 年 4 月 5 日,云州公司宣告分派现金股利时:

$$应确认的投资收益=1 500 000×70\%=1 050 000(元)$$

借:应收股利　　　　　　　　　　　　　　　　　　　　　　　　　1 050 000
　　贷:投资收益　　　　　　　　　　　　　　　　　　　　　　　　　1 050 000

(3) 2×20 年 4 月 20 日,云州公司宣告分派现金股利时:

$$应确认的投资收益=3 000 000×70\%=2 100 000(元)$$

借:应收股利　　　　　　　　　　　　　　　　　　　　　　　　　2 100 000
　　贷:投资收益　　　　　　　　　　　　　　　　　　　　　　　　　2 100 000

(4) 2×21 年 5 月 8 日,云州公司宣告分派现金股利时:

$$应确认的投资收益=2 000 000×70\%=1 400 000(元)$$

借:应收股利　　　　　　　　　　　　　　　　　　　　　　　　　1 400 000
　　贷:投资收益　　　　　　　　　　　　　　　　　　　　　　　　　1 400 000

(二) 采用成本法核算时,投资企业对长期股权投资减值测试的处理

投资企业在确认自被投资单位应分得的现金股利或利润后,应当关注长期股权投资的账面价值是否大于享有被投资单位净资产账面价值的份额,如该项长期股权投资的账面价值大于享有被投资单位净资产账面价值的份额时,表明该项长期股权投资存在减值迹象。

对于存在减值迹象的长期股权投资应当进行减值测试,当其可收回金额低于长期股权投资账面价值的,应当计提长期股权投资减值准备。

第四节　长期股权投资核算的权益法

采用权益法核算长期股权投资是指投资最初应当以初始投资成本计价,取得长期股权投资后,应当分别以被投资单位实现的净损益,以及其他所有者权益的变动为基础,按照持股比例计算应享有或承担的部分,调整长期股权投资的账面价值。

一、权益法核算的适用范围

企业持有的长期股权投资,符合下列情况之一的应采用权益法核算:

(1) 企业持有的能够与其他合营方一同对被投资单位实施共同控制的权益性投资,即对合营企业投资。

（2）企业持有的能够对被投资单位施加重大影响的权益性投资，即对联营企业投资。

通常情况下，投资企业直接或通过子公司间接持有被投资单位 20％（含 20％）～50％（含 50％）表决权资本的，则认为投资企业对被投资单位具有重大影响。

投资企业持有被投资单位 20％以下表决权资本，但符合以下情形之一的，应当认定对被投资单位具有重大影响：

一是在被投资单位的董事会或类似权力机构中派有代表。

二是参与被投资单位财务和经营政策制定过程。

三是与被投资单位之间发生重要交易。

四是向被投资单位派出管理人员。

五是向被投资单位提供关键技术资料。

同时，投资企业在确定能否对被投资单位施加重大影响时，还应当遵循实质重于形式的原则，结合投资企业和其他方持有的被投资单位当期可转换公司债券、当期可执行认股权证等潜在表决权因素综合考虑。投资方进行权益法核算时，应仅考虑直接持有的股权份额。

二、权益法核算的基本特点

采用权益法核算长期股权投资时，应当在"长期股权投资"账户下，除按照被投资单位名称设置明细账户外，并应当分别"投资成本""损益调整""其他综合收益""其他权益变动"进行明细核算。

（1）投资企业初始投资时，应当按照投资时确认的初始投资成本，作为长期股权投资的成本。长期股权投资的初始投资成本大于投资时应享有被投资单位可辨认净资产公允价值份额的，不调整长期股权投资的初始投资成本；长期股权投资的初始投资成本小于投资时应享有被投资单位可辨认净资产公允价值份额的，其差额应当计入当期损益，同时调整长期股权投资的成本。

（2）投资企业取得长期股权投资后，应当按照应享有或应分担的被投资单位实现的净损益的份额，确认投资损益并调整长期股权投资的账面价值。

（3）投资企业取得长期股权投资后，应当按照应享有或应分担的被投资单位实现的其他综合收益的份额，确认其他综合收益并调整长期股权投资的账面价值。

（4）被投资单位宣告分派现金股利或利润时，投资企业应当按照被投资单位宣告分派的现金股利或利润计算应分得的部分，相应减少长期股权投资的账面价值。

（5）对于被投资单位除净损益、其他综合收益以及利润分配以外的因素导致的其他所有者权益变动，投资企业应按所持股权比例计算应享有的份额，相应调整长期股权投资的账面价值，同时确认资本公积。

三、权益法核算的方法

（一）初始投资成本的调整

投资企业初始投资时，应当按照投资时确认的初始投资成本，借记"长期股权投资——投资成本"账户，按应自被投资单位收取的已宣告但尚未发放的现金股利或利润，借记"应收股利"账户,贷记"银行存款"等账户。

企业取得长期股权投资的过程中,所产生的实际支付对价和所取得的长期股权投资应分享的净资产公允价值之间的差异,应当根据以下情况分别处理:

(1) 对于长期股权投资的初始投资成本大于投资时应享有被投资单位可辨认净资产公允价值份额的,其差额不调整已确认的初始投资成本,即不作账务处理。这种情况下,投资企业的投资成本不等于投资企业享有的被投资单位可辨认净资产公允价值的份额。

(2) 对于长期股权投资的初始投资成本小于投资时应享有被投资单位可辨认净资产公允价值份额的,按其差额,借记"长期股权投资——投资成本"账户,贷记"营业外收入"账户。这种情况下,投资企业的投资成本等于投资企业享有被投资单位可辨认净资产公允价值的份额。初始投资成本的调整金额可按下列公式计算:

初始投资成本的调整金额＝初始投资成本－投资时被投资单位可辨认净资产公允价值总额×投资持股比例

【例6-8】　2×19年1月1日,甲公司支付银行存款8 000 000元给B公司,受让B公司持有的C公司30%的股权,能够对C公司施加重大影响,并准备长期持有。经评估,受让股权时,C公司的可辨认净资产公允价值为25 000 000元(假定C公司各项可辨认净资产的公允价值与其账面价值相同)。不考虑相关税费等其他因素影响,根据上述资料,甲公司应作账务处理如下:

初始投资成本＝实际支付的价款＋支付的相关税费＝8 000 000＋0＝8 000 000(元)
应享有被投资单位可辨认净资产公允价值份额＝25 000 000×30%＝7 500 000(元)

借:长期股权投资——C公司(投资成本)　　　　　　　　　　　　　　8 000 000
　　贷:银行存款　　　　　　　　　　　　　　　　　　　　　　　　　　8 000 000

甲公司初始投资成本大于应享有被投资单位可辨认净资产公允价值份额,因此不调整长期股权投资的初始投资成本。

【例6-9】　2×19年1月1日,甲公司支付现金8 000 000元给B公司,受让B公司持有的C公司30%的股权,能够对C公司施加重大影响,并准备长期持有。经评估,受让股权时,C公司的可辨认净资产公允价值为30 000 000元(假定C公司各项可辨认净资产的公允价值与其账面价值相同)。不考虑相关税费等其他因素影响,根据上述资料,甲公司应作账务处理如下:

初始投资成本＝实际支付的价款＋支付的相关税费＝8 000 000＋0＝8 000 000(元)
应享有被投资单位可辨认净资产公允价值份额＝30 000 000×30%＝9 000 000(元)

借:长期股权投资——C公司(投资成本)　　　　　　　　　　　　　　8 000 000
　　贷:银行存款　　　　　　　　　　　　　　　　　　　　　　　　　　8 000 000

借:长期股权投资——C公司(投资成本)　　　　　　　　　　　　　　1 000 000
　　贷:营业外收入　　　　　　　　　　　　　　　　　　　　　　　　　1 000 000

(二) 对被投资单位实现净损益的处理

投资企业取得长期股权投资后,应当按照应享有或应分担的被投资单位实现的净损益的份额,确认投资损益,并调整长期股权投资的账面价值。

1. 被投资单位实现净利润的处理

被投资单位采用的会计政策及会计期间与投资企业一致,投资企业如果能够合理确定取得投资时被投资单位各项可辨认资产公允价值的,在确认应享有被投资单位净损益的份额时,应当以取得投资时被投资单位各项可辨认资产等的公允价值为基础,对被投资单位的净损益进行调整后确认。例如,以取得投资时被投资单位固定资产、无形资产的公允价值为基础计算确定的折旧额或摊销额,与被投资单位已计提的折旧额、摊销额之间存在差额的,应按其差额对被投资单位的净损益进行调整,并按调整后的净损益和持股比例计算确认投资损益。因此,投资企业根据被投资单位实现的净利润或经调整的净利润计算应享有的份额,借记"长期股权投资——损益调整"账户,贷记"投资收益"账户。

【例 6 - 10】 甲公司于 2×19 年 12 月 31 日取得对乙联营企业 30% 的股权,能够对乙企业施加重大影响,并准备长期持有。取得投资时,该联营企业的固定资产公允价值为 11 000 000 元,账面价值为 6 000 000 元,固定资产的预计使用寿命为 10 年,净残值为零,采用直线法计提折旧。乙联营企业 2×20 年度利润表中净利润为 4 000 000 元。假定不考虑计提折旧对所得税的影响。根据上述资料,甲公司应作账务处理如下:

被投资单位按账面价值计算年折旧额＝(6 000 000－0)÷10＝600 000(元)

被投资单位按公允价值计算年折旧额＝(11 000 000－0)÷10＝1 100 000(元)

投资单位 2×20 年应确认的投资收益＝(4 000 000－500 000)×30%＝1 050 000(元)

借:长期股权投资——乙企业(损益调整)   1 050 000

    贷:投资收益   1 050 000

当存在下列情况之一时,投资企业可以按照被投资单位的账面净损益与持股比例计算确认投资损益:

(1) 无法可靠确定投资时被投资单位各项可辨认资产等的公允价值。

(2) 投资时被投资单位可辨认资产等的公允价值与其账面价值之间的差额较小。

(3) 其他原因导致无法对被投资单位净损益进行调整。

上述情况说明,投资企业无法合理确定取得投资时被投资单位各项可辨认资产公允价值,但应在财务报表附注中说明这一事实及其无法合理确定被投资单位各项可辨认资产等的公允价值的原因。

2. 被投资单位发生净亏损的处理

属于被投资单位当年发生的净亏损而引起的所有者权益的变动,投资企业应按持股比例计算应分担的份额,减少长期股权投资的账面价值,并确认为当期投资损失。投资企业根据被投资单位发生的净亏损或经调整后的净亏损(调整原则同被投单位实现净利润的调整原则)计算应分担的份额,借记"投资收益"账户,贷记"长期股权投资——损益调整"账户。

投资企业确认被投资单位发生的净亏损,除投资企业负有承担额外损失的情况外,应当以长期股权投资的账面价值以及对被投资单位长期性的应收项目减记至零为限。这里的长期投资账面价值是指该项股权投资的账面余额减去该项股权投资已提的减值准备;长期性的应收项目是指投资企业对被投资单位的长期债权,该债权没有明确的清收计划,且在可预见的未来期间不准备收回,实质上构成对被投资单位的净投资。

在确认应分担被投资单位发生的亏损时,应当按照以下顺序进行处理:首先,冲减长期股权投资的账面价值,借记"投资收益"账户,贷记"长期股权投资——损益调整"账户;其次,长期股权投资的账面价值不足以冲减的,应当以对被投资单位长期性的应收项目的账面价值为限继续确认投资损失,借记"投资收益"账户,贷记"长期应收款"账户,以长期应收项目的账面价值减记至零为限。长期应收项目的账面价值减记至零时,除因投资合同或协议约定投资企业将履行其他额外的损失补偿义务外,未确认的亏损分担额应在备查簿中登记。

被投资单位以后实现净利润的,投资企业应在其收益分享额弥补未确认的亏损分担额后,按以上相反顺序分别恢复确认投资收益。

【例6-11】　2×19年1月1日,创新公司支付现金900 000元向恒达公司投资,创新公司的投资占恒达公司有表决权资本的40%,并准备长期持有,双方投资合同约定创新公司不负有承担出资额以外损失的责任。创新公司初始投资成本与应享有恒达公司所有者权益份额相等。2×19年,恒达公司全年实现净利润150 000元。2×20年3月16日,宣告分派现金股利350 000元。2×20年,恒达公司全年净亏损3 200 000元。2×21年,恒达公司全年实现净利润950 000元。假定2×20年12月31日,创新公司对恒达公司"长期应收款"账户的账面余额为300 000元,且在可预见的未来期间不准备收回。创新公司投资时,恒达公司各项可辨认资产等的公允价值与其账面价值相等,恒达公司采用的会计政策及会计期间与创新公司一致。根据上述资料,创新公司应作账务处理如下:

(1) 2×19年1月1日,投资时:

借:长期股权投资——恒达公司(投资成本)　　　　　　　　　　　　　900 000
　　贷:银行存款　　　　　　　　　　　　　　　　　　　　　　　　　　900 000

(2) 2×19年12月31日,确认投资收益时:

借:长期股权投资——恒达公司(损益调整)　　　　　　　　　　　　　　60 000
　　贷:投资收益　　　　　　　　　　　　　　　　　　　　　　　　　　60 000

2×19年年末,创新公司的"长期股权投资——恒达公司"账户的账面余额为960 000元(900 000+60 000)。

(3) 2×20年3月16日,恒达公司宣告分派现金股利时:

借:应收股利——恒达公司　　　　　　　　　　　　　　　　　　　　　140 000
　　贷:长期股权投资——恒达公司(损益调整)　　　　　　　　　　　　　140 000

宣告分派股利后,"长期股权投资——恒达公司"账户的账面余额为820 000元(960 000－140 000)。

(4) 2×20年12月31日,确认投资损失时:

可减少"长期股权投资——恒达公司"账户账面价值的金额为820 000元,"长期应收款"账户账面价值的金额为300 000元。

借：投资收益   1 120 000

    贷：长期股权投资——恒达公司（损益调整）   820 000

        长期应收款——恒达公司   300 000

2×20 年 12 月 31 日,"长期股权投资——恒达公司"账户的账面余额为零,"长期应收款——恒达公司"账户的账面余额为零。备查簿中应当记录未确认的亏损分担额为 160 000 元（3 200 000×40%－1 120 000）。

(5) 2×21 年 12 月 31 日,确认投资收益时,冲减未确认的亏损分担额的金额为 160 000 元,可恢复"长期应收款——恒达公司"账户的账面价值金额为 220 000 元（950 000×40%－160 000）。

借：长期应收款——恒达公司   220 000

    贷：投资收益   220 000

投资企业在确认被投资单位净损益时,应注意的是：

(1) 在确认被投资单位发生的净亏损时,如果"长期股权投资"账户下的"损益调整"明细账户不够冲减的,仍应继续冲减,而不得冲减"长期股权投资"账户下的"投资成本""其他综合收益""其他权益变动"明细账户。

(2) 如果按照投资合同或协议约定,企业仍承担额外义务的,应按预计承担的损失金额计入当期投资损失,借记"投资收益"账户,贷记"预计负债"账户。

被投资单位以后期间实现盈利时,投资企业扣除未确认的亏损分担额后,先冲减已确认的预计负债的账面余额,然后恢复对被投资单位长期性的应收项目以及长期股权投资的账面价值,同时确认投资收益。

(3) 投资企业按被投资单位实现的净利润或发生的净亏损,计算应享有或应分担的份额时,应以取得被投资单位股权后发生的净损益为基础,投资前被投资单位实现的净损益已经包括在投资时的初始投资成本之中,因此不能再将投资前被投资单位实现的净损益包括在内。

(4) 在会计年度内,投资企业持股比例发生变动的,应分别情况处理：如果能够得到持股比例变动前后被投资单位所实现的净利润（或净亏损）数额的,应分段计算所持股份期间应享有的投资损益；如果无法得到持股比例变动前后被投资单位所实现的净利润（或净亏损）数额的,则可根据投资持有时间加权平均计算,确认为当期的投资损益。

其计算公式如下：

加权平均持股比例＝原持股比例×当年投资持有月份/12＋追加持股比例×当年投资持有月份/12

【例 6－12】 申文公司对星海公司投资,占星海公司 30%股权,并有重大影响。股权投资时,申文公司无法可靠确定星海公司各项可辨认资产公允价值。2×19 年 10 月 1 日,申文公司将对星海公司的投资追加至 50%,仍准备长期持有。星海公司 2×19 年 1~9 月实现净利润 700 000 元,10~12 月实现净利润 400 000 元。申文公司 2×19 年确认投资收益时,应作账务处理如下：

申文公司 2×19 年确认的投资收益＝700 000×30%＋400 000×50%＝410 000（元）

借：长期股权投资——星海公司（损益调整）   410 000

    贷：投资收益   410 000

如申文公司无法获知星海公司各期实现的净利润,则应根据投资持有时间加权平均计算,确认当期的投资损益。

(5) 被投资单位实现的净利润中包括法规或企业章程规定不属于投资企业的净利润时,投资企业应按扣除不能由投资企业享有的净利润的部分后的金额计算应享有的份额并确认投资收益。例如,按照我国有关法律、法规规定,外商投资企业实现的净利润可以提取一定比例的职工奖励及福利基金,这部分从净利润中提取的职工奖励及福利,投资企业不能享有。又如,承包经营企业所支付的承包利润也不属于投资企业的净利润,投资企业在计算应享有被投资单位实现的净利润时,应按扣除支付的承包利润后的净利润计算。

【例6-13】　甲公司于2×19年1月1日取得对乙外商投资企业30%的股权,并准备长期持有。投资时,乙外商投资企业各项可辨认资产等的公允价值与其账面价值相等。乙外商投资企业2×19年实现净利润500 000元,按乙外商投资企业章程规定,按净利润的5%计提职工奖励及福利基金。乙外商投资企业采用与甲公司相同的会计政策及会计期间。甲公司在计算2×19年应享有的投资收益时,应按扣除提取的职工奖励及福利基金后的金额计算,作账务处理如下:

$$计算应享有的投资收益=500\,000\times(1-5\%)\times30\%=142\,500(元)$$

借:长期股权投资——乙企业(损益调整)　　　　　　　　　　142 500
　　贷:投资收益　　　　　　　　　　　　　　　　　　　　　　142 500

此外,如果被投资单位发行了分类为权益的可累积优先股等类似的权益工具,无论被投资单位是否宣告分配优先股股利,投资方计算应享有被投资单位的净利润时,均应将归属于其他投资方的累积优先股股利予以扣除。

(6) 被投资单位采用的会计政策及会计期间与投资企业不一致的,应当按照投资企业的会计政策及会计期间对被投资单位的财务报表进行调整,并据以确认投资损益。

3. 投资企业与其联营(合营)企业之间交易损益的处理

投资企业在确认投资收益时,除考虑上述公允价值的调整外,对于投资企业与其联营(合营)企业之间发生投出或出售资产的交易,首先应判断该资产是否构成业务(业务是指企业内部某些生产经营活动或资产负债的组合,该组合具有投入、加工处理过程和产出能力,能够独立计算其成本费用或所产生的收入,但一般不构成一个企业、不具有独立的法人资格,如企业的分公司、独立的生产车间、不具有独立法人资格的分部等),然后根据该资产构成业务或不构成业务分别处理。

1) 投出或出售的资产构成业务

投资企业与联营(合营)企业之间发生投出或出售资产的交易,该资产构成业务的,应当按照企业合并的有关规定进行会计处理。有关会计处理如下:

(1) 联营(合营)企业向投资方出售业务。投资企业应按企业合并的规定进行会计处理。投资企业应全额确认与交易相关的利得或损失。

(2) 投资企业向联营(合营)企业投出业务或出售业务。投资企业向联营(合营)企业投出业务,投资企业取得长期股权投资但未取得控制权的,应以投出业务的公允价值作为新增长期股权投资的初始投资成本,初始投资成本与投出业务的账面价值之差,全额计入当期损益。投资企业向联营(合营)企业出售业务取得的对价与业务的账面价值之间的差额,全额计入当期损益。

【例6-14】 2×19年1月,A公司以其所属的从事房地产装修的一个分公司,向其持股40%的联营企业B公司增资。同时,持有B公司60%股权的其他投资方也以现金3 600万元向B公司增资。增资后,A公司对B公司的持股比例不变,并仍能施加重大影响。上述分公司的净资产账面价值为1 500万元。该分公司的公允价值为2 400万元。不考虑相关税费等其他因素影响。

在[例6-14]中,A公司是将一个分公司投给联营企业作为增资,该项投出资产的交易构成业务。A公司应当按照所投出分公司的公允价值2 400万元作为新取得长期股权投资的初始投资成本,初始投资成本与所投出业务的净资产账面价值1 500万元之间的差额900万元应全额计入当期损益。

2) 投出或出售的资产不构成业务

投资企业与联营(合营)企业之间发生投出或出售的资产不构成业务的,应当分别顺流交易和逆流交易进行会计处理。

对于投资企业与其联营(合营)企业之间发生的顺流交易或者逆流交易中未实现的内部交易损益,应当按照持股比例计算归属于投资企业的部分予以抵销,在此基础上确认投资损益。

其中,顺流交易是指投资企业向其联营(合营)企业投出或出售资产;逆流交易是指联营(合营)企业向投资企业出售资产。

【例6-15】 2×19年1月1日,甲公司取得丙公司30%有表决权股份,能够对丙公司施加重大影响。甲公司取得该项投资时,丙公司各项可辨认资产、负债的公允价值与其账面价值相同。2×19年10月15日,丙公司将其成本为300 000元的某商品以450 000元的价格出售给甲公司,甲公司将取得的商品作为存货。至2×19年12月31日,甲公司仍未对外出售该存货。丙公司2×19年实现净利润1 000 000元。假定不考虑所得税因素。

甲公司在按照权益法确认应享有丙公司2×19年净损益时,作账务处理如下:

计算应享有的投资收益＝[1 000 000－(450 000－300 000)]×30%＝255 000(元)

借:长期股权投资——丙公司(损益调整)　　　　　　　　　　　　　　255 000

　　贷:投资收益　　　　　　　　　　　　　　　　　　　　　　　　　　　255 000

假定在2×20年,甲公司将该商品以550 000元的价格向外部独立第三方出售,因该部分内部交易损益已经实现,甲公司在确认应享有丙公司2×20年净损益时,应考虑将原未确认的该部分内部交易损益计入投资损益。

需要说明的是,若甲公司将其某商品出售给丙公司时,也应作此项调整。

4. 被投资单位宣告分派股利的处理

股利是股东对企业净利润的分享。在我国,股利的支付通常有两种基本形式,即现金股利和股票股利。

(1) 被投资单位宣告分派现金股利或利润的处理。现金股利或利润是指企业以现金形式向股东派发的股利或利润。被投资单位宣告分派现金股利或利润时,由于投资企业的长期股权投资已包含应享有被投资单位净资产的份额,而被投资单位分派现金股利或利润必然使净资产减少,因此被投资单位以后宣告发放现金股利或利润时,按照投资企业计算应分得的部分,相应冲减长期股权投资的账面价值,借记"应收股利"账户,贷记"长期股权投资——损益调整"账户。

(2) 被投资单位宣告分派股票股利的处理。股票股利是指企业用增发的股票代替现金派发给股东的股利。当作股利发放的股票又称红股、送股。当企业实现净利润,但现金流量不足时,为了满足股东的要求,维持股票价位,企业通常派发股票股利,而不以现金方式分派股利。分派股票股利,一是不会使所有者权益总额发生变动,而仅仅是所有者权益各项目结构发生内部的调整;二是不需要企业拿出现金。因此,投资企业收到被投资单位发放的股票股利,不进行账务处理,但应当在备查簿中登记。

(三) 对被投资单位其他综合收益变动的处理

采用权益法核算时,投资企业在持股比例不变的情况下,应按持股比例计算被投资单位其他综合收益变动而应享有的份额,调整长期股权投资的账面价值,借记或贷记"长期股权投资——其他综合收益"账户,贷记或借记"其他综合收益"账户。

待处置该项长期股权投资时,应按处置长期股权投资的比例结转原记入"其他综合收益"账户的金额,借记或贷记"其他综合收益"账户,贷记或借记"投资收益"账户。

例如,因被投资单位持有分类为以公允价值计量且其变动计入其他综合收益的债权投资期末公允价值上升而引起所有者权益的变动,投资企业应按持股比例计算应享有的份额,增加长期股权投资(其他综合收益),并增加其他综合收益。

【例 6-16】　爱迪公司对丙公司的投资占丙公司注册资本的 30%,并具有重大影响。2×19 年年末,丙公司的持有分类为以公允价值计量且其变动计入其他综合收益的债权投资公允价值变动使其他综合收益增加 800 000 元。爱迪公司和丙公司应分别作账务处理如下:

(1) 丙公司的账务处理。

2×19 年年末:

借:其他债权投资——公允价值变动　　　　　　　　　　　　　　　　800 000
　　贷:其他综合收益　　　　　　　　　　　　　　　　　　　　　　　　800 000

(2) 爱迪公司的账务处理。

2×19 年 12 月 31 日,因丙公司持有分类为以公允价值计量且其变动计入其他综合收益的债权投资公允价值变动形成增加的其他综合收益。

借:长期股权投资——丙公司(其他综合收益)　　　　　　　　　　　240 000
　　贷:其他综合收益　　　　　　　　　　　　　　　　　　　　　　　　240 000

又如,因被投资单位以摊余成本计量的金融资产重分类为持有分类为以公允价值计量且其变动计入其他综合收益的债权投资形成的利得或损失、公允价值模式计量下,自用(存货)房地产转为投资性房地产,转换日公允价值大于账面价值部分而导致其他综合收益的变动,投资企业应按持股比例计算应享有的份额,调整长期股权投资(其他综合收益),同时调整其他综合收益。

(四) 对被投资单位其他权益变动的处理

被投资单位其他权益是指除净损益、其他综合收益以及利润分配以外的所有者权益的其他变动。

被投资单位所有者权益的变动除了实现的净损益、其他综合收益以及利润分配会影响所有者权益,还会发生被投资单位接受其他股东的资本性投入、其他股东对被投资单位增资导致投资方持股比例变动等直接计入所有者权益的利得和损失,导致资本公积的增减变动。

采用权益法核算时,投资企业在持股比例不变的情况下,应按持股比例计算被投资单位除净损益、其他综合收益以及利润分配以外所有者权益的其他变动而应享有的份额,调整长期股权投资的账面价值,借记或贷记"长期股权投资——其他权益变动"账户,贷记或借记"资本公积——其他资本公积"账户。

待处置该项长期股权投资时,应按处置长期股权投资的比例结转原记入"资本公积——其他资本公积"账户的金额,借记或贷记"资本公积——其他资本公积"账户,贷记或借记"投资收益"账户。

例如,因被投资单位增资扩股等原因而增加的资本(或股本)溢价,投资企业应按持股比例计算应享有的份额,增加长期股权投资(其他权益变动),同时增加资本公积(其他资本公积)。

【例 6-17】 甲、乙、丙公司分别以货币资金 300 万元、350 万元和 350 万元出资设立 A 公司,分别持有 A 公司 30%、35%、35% 的股权。甲公司对 A 公司具有重大影响,采用权益法对有关长期股权投资进行核算。

A 公司自设立起至 2×19 年 1 月 1 日实现净利润 1 300 万元,除此以外,无其他影响净资产的事项。2×19 年 1 月 1 日,经甲、乙、丙公司协商,乙公司对 A 公司增资 1 200 万元,增资后 A 公司净资产为 3 500 万元,甲、乙、丙公司分别持有 A 公司 20%、50%、30% 的股权。相关手续于当日完成。

假定甲公司与 A 公司适用的会计政策、会计期间相同,双方在当期及以前期间未发生其他内部交易。不考虑相关税费等其他因素影响。

本例中,2×19 年 1 月 1 日:

乙公司增资前:

$$A 公司净资产账面价值 = 2\,300(万元)$$

$$甲公司享有份额 = 2\,300 \times 30\% = 690(万元)$$

乙公司单方增资后:

$$A 公司净资产账面价值 = 3\,500(万元)$$

$$甲公司享有份额 = 3\,500 \times 20\% = 700(万元)$$

$$甲公司享有 A 公司的权益变动 = 700 - 690 = 10(万元)$$

借:长期股权投资——A 公司(其他权益变动)	100 000
贷:资本公积——其他资本公积	100 000

（五）投资企业不需要调整长期股权投资账面价值的事项

被投资单位发生下列事项,仅影响所有者权益内部结构的变化,不会影响所有者权益总额的变化,投资企业不需要调整长期股权投资的账面价值。

如果被投资单位提取法定盈余公积和任意盈余公积时,投资企业不需要作账务处理。

如果被投资单位经股东大会或类似机构决议,以资本公积、盈余公积等转增资本(或股本),投资企业只需记录增加的股份,不需要作账务处理。

如果被投资单位经股东大会或类似机构决议,以盈余公积弥补亏损,投资企业也不需要作账务处理。

第五节　长期股权投资核算方法的转换

投资企业由于某些原因使其对被投资单位的持股比例增加或减少,从而在符合一定条件时,会导致投资企业由此改变股权投资的核算方法。

一、投资企业因追加投资等原因转换股权投资核算方法的,应当分别以下情况处理

(一)公允价值计量转权益法核算

原持有的对被投资单位不具有控制、共同控制或重大影响的股权投资,按照金融资产确认和计量进行会计处理的,因追加投资等原因导致持股比例上升,能够对被投资单位施加共同控制或重大影响的,投资企业应对该股权投资改按权益法核算。

在转按权益法核算时,投资方应当按照金融资产的原股权投资的公允价值加上为取得新增投资而应支付对价的公允价值,作为改按权益法核算的初始投资成本。原投资为以公允价值计量且其变动计入当期损益的金融资产将持有股权投资的公允价值与账面价值之间的差额应当转入改按权益法核算的当期损益。原投资为以公允价值计量且其变动计入其他综合收益的非交易性权益工具投资,将原投资公允价值与账面价值的差额计入留存收益,且原投资因公允价值变动形成的其他综合收益应直接转入留存收益。

同时,按权益法核算的规定计算确定初始投资成本,与按照追加投资后全新的持股比例计算确定的应享有被投资单位在追加投资日可辨认净资产公允价值份额之间的差额,对于前者大于后者的,不调整长期股权投资的账面价值;前者小于后者的,差额应调整长期股权投资的账面价值,并计入当期营业外收入。

【例6-18】 2×19年3月10日,甲公司以900万元货币资金自非关联方处取得乙公司10%的股权,甲公司将其分类为以公允价值计量且其变动计入其他综合收益的金融资产的非交易性权益工具投资。2×20年1月5日,甲公司对乙公司的该非交易性权益工具投资的公允价值1 600万元,原计入其他综合收益的累计公允价值变动为60万元,同日,甲公司又以2 250万元的货币资金自另一非关联方处取得乙公司15%的股权,相关手续于当日完成。当日,乙公司可辨认净资产公允价值总额为15 000万元。取得该部分股权后,按照乙公司章程规定,甲公司能够对乙公司施加重大影响,对该项股权投资转为采用权益法核算。假定,甲公司按净利润的10%提取法定盈余公积,不考虑相关税费等其他因素影响。

本例中,2×20年1月5日,甲公司原持有10%股权的公允价值为1 600万元,为取得新

增投资而支付对价的公允价值为 2 250 万元,因此甲公司对乙公司 25% 股权的初始投资成本为 3 850 万元。

2×20 年 1 月 5 日,甲公司确认对乙公司的长期股权投资,进行会计处理如下:

借:长期股权投资——乙公司(投资成本)   38 500 000
    贷:其他权益工具投资   9 600 000
        银行存款   22 500 000
        盈余公积   640 000
        利润分配——未分配利润   5 760 000

借:其他综合收益   600 000
    贷:盈余公积   60 000
        利润分配——未分配利润   540 000

甲公司对乙公司新持股比例为 25%,应享有的乙公司可辨认净资产公允价值的份额为 3 750 万元。由于初始投资成本大于应享有乙公司可辨认净资产公允价值的份额,因此,甲公司不需要调整长期股权投资的投资成本。

(二)公允价值计量转成本法核算

原持有的对被投资单位不具有控制、共同控制或重大影响的股权投资,按照金融资产确认和计量进行会计处理的,因追加投资等原因导致持股比例上升,能够对被投资单位控制的,投资企业应对该股权投资改按成本法核算。

在转按成本法核算时,投资方应当按照企业合并形成的长期股权投资进行会计处理。

(三)权益法核算转成本法核算

原持有的对被投资单位具有共同控制或重大影响的股权投资,按照权益法确认和计量进行会计处理的,因追加投资等原因导致持股比例上升,能够对被投资单位控制的,投资企业应对该股权投资改按成本法核算。

在转按成本法核算时,投资方应当按照企业合并形成的长期股权投资进行会计处理。

二、投资企业因减少投资等原因转换股权投资核算方法的,应当分别以下情况处理

(一)权益法核算转公允价值计量

原持有的对被投资单位具有共同控制或重大影响的股权投资,按照权益法确认和计量进行会计处理的,因减少投资等原因导致持股比例下降,不能再对被投资单位实施共同控制或重大影响的,应改按金融资产确认和计量规定对剩余股权投资进行会计处理。

对剩余股权投资进行会计处理时,其在丧失共同控制或重大影响之日的公允价值与账面价值之间的差额计入当期损益。

原采用权益法核算的相关其他综合收益,以及因被投资方除净损益、其他综合收益和利润分配以外的其他所有者权益变动而确认的所有者权益,应当在终止采用权益法核算时全部转入当期损益。

【例 6 - 19】 A 公司持有 B 公司 40% 的有表决权股份,能够对 B 公司施加重大影响,对该股权投资采用权益法核算。2×19 年 8 月 3 日,A 公司向非关联方出售该项投资中的 60％,取得价款 3 240 万元,相关股权转让手续于当日完成。A 公司无法再对 B 公司施加重大影响,将剩余股权投资重分类为以公允价值计量且其变动计入其他综合收益的非交易性权益工具投资。

出售该股权投资时,该项长期股权投资的账面价值为 4 800 万元,其中投资成本 3 900 万元,损益调整为 450 万元,因 B 公司持有的以公允价值计量且其变动计入其他综合收益的债权投资的累计公允价值变动而确认的其他综合收益为 300 万元,除净损益、其他综合收益和利润分配外的其他所有者权益变动而确认的资本公积为 150 万元,剩余股权的公允价值为 2 160 万元。不考虑相关税费等其他因素影响。

A 公司有关会计处理如下:

(1) 出售部分股权投资时:

借:银行存款	32 400 000
贷:长期股权投资——B 公司(投资成本)	23 400 000
长期股权投资——B 公司(损益调整)	2 700 000
长期股权投资——B 公司(其他综合收益)	1 800 000
长期股权投资——B 公司(其他权益变动)	900 000
投资收益	3 600 000

(2) 结转原采用权益法该股权投资确认的其他综合收益时:

借:其他综合收益	3 000 000
贷:投资收益	3 000 000

(3) 结转原采用权益法该股权投资确认的资本公积时:

借:资本公积——其他资本公积	1 500 000
贷:投资收益	1 500 000

(4) 将剩余股权投资转为以公允价值计量且其变动计入其他综合收益的非交易性权益工具投资时:

借:其他权益工具投资	21 600 000
贷:长期股权投资——B 公司(投资成本)	15 600 000
长期股权投资——B 公司(损益调整)	1 800 000
长期股权投资——B 公司(其他综合收益)	1 200 000
长期股权投资——B 公司(其他权益变动)	600 000
投资收益	2 400 000

(二)成本法核算转公允价值计量

原持有的对被投资单位具有控制的股权投资,按照成本法确认和计量进行会计处理的,因减少投资等原因导致持股比例下降,不能再对被投资单位实施控制、共同控制或重大影响的,对剩余股权投资应改按金融资产确认和计量规定进行会计处理,在丧失控制之日的公允价值与账面价值之间的差额计入当期投资收益。

【例 6-20】 A 公司持有 C 公司 80％的有表决权股份,能够对 C 公司实施控制,对该股权投资采用成本法核算。2×19年11月20日,A公司以6 000万元价格向非关联方出售该项投资中的60%,并收到出售价款,相关转让手续于当日办理完毕。出售该项股权后A公司无法再对C公司实施控制,也不能施加共同控制或重大影响,将剩余股权投资转为以公允价值计量且其变动计入当期损益的金融资产。出售时,该项长期股权投资的账面价值为7 000万元,剩余股权投资的公允价值为4 000万元。不考虑相关税费等其他因素影响。

A公司有关会计处理如下:

(1)出售部分股权投资时:

借:银行存款　　　　　　　　　　　　　　　　　　　　　　　　　60 000 000
　　贷:长期股权投资　　　　　　　　　　　　　　　　　　　　　　42 000 000
　　　　投资收益　　　　　　　　　　　　　　　　　　　　　　　　18 000 000

(2)将剩余股权投资转为以公允价值计量且其变动计入当期损益的金融资产时:

借:交易性金融资产　　　　　　　　　　　　　　　　　　　　　　　40 000 000
　　贷:长期股权投资　　　　　　　　　　　　　　　　　　　　　　28 000 000
　　　　投资收益　　　　　　　　　　　　　　　　　　　　　　　　12 000 000

(三)成本法转权益法

因处置投资等原因导致对被投资单位的影响能力由控制转为具有重大影响或实施共同控制的,应当中止采用成本法而改按权益法核算。

(1)应按处置或收回投资的比例结转应终止确认的长期股权投资成本。

(2)比较剩余的长期股权投资成本与按照剩余持股比例计算原投资时应享有被投资单位可辨认净资产公允价值的份额,属于投资作价中体现商誉部分,不调整长期股权投资的账面价值;属于投资成本小于应享有被投资单位可辨认净资产公允价值份额的,在调整长期股权投资账面价值的同时,应调整留存收益。

对于原持有期间被投资单位实现净损益中按照持股比例计算应享有份额,调整长期股权投资的账面价值,同时对于原取得投资时至处置投资当期期初的调整留存收益,对于处置投资当期期初至处置投资之日的调整当期损益;对于被投资单位在此期间的其他综合收益变动中应享有的份额,在调整长期股权投资账面价值的同时,应当计入其他综合收益;对于被投资单位在此期间所有者权益的其他变动应享有的份额,应在调整长期股权投资的账面价值的同时,记入"资本公积——其他资本公积"账户。

长期股权投资自成本法转为权益法后,未来期间应当按照权益法核算计算确认应享有被投资单位实现的净损益、其他综合收益和所有者权益其他变动的份额。

第六节　长期股权投资减值

长期股权投资的价值减值是指长期股权投资可收回金额低于其账面价值所发生的损失。投资企业应对长期股权投资的账面价值定期或者至少于每年年度终了时,逐项进行检查。通常在资产负债表日判断长期股权投资是否存在可能发生减值的迹象。如果存在减值迹象的,应进行减值测试,估计长期股权投资的可收回金额。在估计可收回金额时,应当遵循重要性原则。

一、长期股权投资减值迹象的判断标准

资产负债表日,企业应当判断所持有的长期股权投资是否存在可能发生减值的迹象。存在下列迹象之一的,表明长期股权投资可能发生了减值:

(1) 长期股权投资的市价当期大幅度下跌,其跌幅明显高于因时间的推移或者正常持有而预计的下跌。

(2) 被投资单位经营所处的经济、技术或法律等环境以及所处的市场在当期或将在近期发生重大变化,从而对投资企业产生不利影响。

(3) 市场利率或者其他市场投资回报率在当期已经提高,从而影响投资企业计算资产预计未来现金流量现值的折现率,导致长期股权投资可收回金额大幅度降低。

(4) 被投资单位已经或者将终止营业。

(5) 被投资单位内部报告的证据表明其经济绩效已经低于或者将低于预期,如被投资单位所创造的净现金流量或者实现的营业利润(或者损失)远远低于预计金额等。

(6) 其他表明被投资单位可能已经发生减值的迹象。

二、期末长期股权投资"可收回金额"的计量

长期股权投资存在减值迹象的,应当估计其可收回金额。长期股权投资的"可收回金额"应当区别情况确定。

1. 在活跃市场中没有报价、公允价值不能可靠计量的长期股权投资

在资产负债表日,对于企业采用成本法核算的在活跃市场中没有报价、公允价值不能可靠计量的长期股权投资,应当按照类似股权投资当时市场收益率对未来现金流量折现确定的现值,作为该项长期股权投资的"可收回金额"。

2. 除在活跃市场中没有报价、公允价值不能可靠计量外的长期股权投资

在资产负债表日,对于企业除在活跃市场中没有报价、公允价值不能可靠计量外的长期股权投资,应当根据该项长期股权投资的公允价值减去处置费用后的净额与其预计未来现金流量的现值两者之间较高者确定可收回金额。

长期股权投资的公允价值是指根据公平交易中有法律约束力的该项股权投资的市场价格。

处置费用包括与处置该项长期股权投资所发生的有关的法律费用、相关税金等直接费用等。

预计未来现金流量的现值是指按照该项长期股权投资在持有期间和最终处置时所产生的预计未来现金流量,选择恰当的折现率对其进行折现后的金额。

折现率的确定应当反映当前市场货币时间价值和资产特定风险的税前利率,一般以企业投资时所要求的必要报酬率作为折现率。

企业在确定预计资产未来现金流量的现值时,应当综合考虑该项长期股权投资的预计未来现金流量、使用寿命和折现率等因素。

三、长期股权投资减值的账务处理

企业应设置"长期股权投资减值准备"账户,核算企业长期股权投资发生减值时计提的减

值准备。该账户贷方登记企业按规定计提的长期股权投资减值准备金额;借方登记企业处置长期股权投资时,结转已计提的长期股权投资减值准备金额;期末余额在贷方,反映企业已计提但尚未转销的长期股权投资减值准备。该账户按照被投资单位进行明细核算。

（一）在活跃市场中没有报价、公允价值不能可靠计量的长期股权投资减值的处理

资产负债表日,企业应当将在活跃市场中没有报价且其公允价值不能可靠计量的长期股权投资的账面价值大于类似股权投资当时市场收益率对未来现金流量折现确定的现值之间的差额,确认为减值损失,借记"资产减值损失"账户,贷记"长期股权投资减值准备"账户。企业计提的长期股权投资减值损失,在以后会计期间不得转回。

【例 6 - 21】 2×19 年 1 月 1 日,国昌公司对兴达公司(为非上市公司)长期股权投资的账面价值为 450 000 元,持有兴达企业 60%的股份,并按成本法核算。同年 10 月,类似兴达公司生产用专利技术在市场上已经出现,很可能对兴达公司产生不利影响。2×19 年 12 月 31 日,国昌公司根据以往现金流量状况,经测算未来 4 年该项长期股权投资可为其产生的现金流量分别为 28 000 元、26 000 元、24 000 元、22 000 元,第五年现金流量及预计处置带来现金流量为 350 000 元。类似股权投资的市场收益率为 4%。经查 4%的复利现值系数分别如下:0.961 5,0.924 6,0.889 0,0.854 8,0.821 9。根据上述资料,国昌公司应作会计处理如下:

第一步,计算预计未来现金流量现值,如表 6 - 1 所示。

表 6 - 1

预计未来现金流量现值计算表

年　份	预计未来现金流量(元)	折现率	折现系数	现值(元)
2×20	28 000	4%	0.961 5	26 922
2×21	26 000	4%	0.924 6	24 040
2×22	24 000	4%	0.889 0	21 336
2×23	22 000	4%	0.854 8	18 806
2×24	350 000	4%	0.821 9	287 665
合　计	450 000			378 769

第二步,计算该项投资应提取的减值准备金额。

该项投资应提取的减值准备金额＝450 000－378 769＝71 231(元)

第三步,提取该项投资的减值准备时:

借:资产减值损失 71 231

　　贷:长期股权投资减值准备——兴达公司 71 231

（二）除在活跃市场中没有报价、公允价值不能可靠计量外的长期股权投资减值的处理

可收回金额的计量结果表明,长期股权投资的可收回金额低于其账面价值的,应当将该项长期股权投资的账面价值减记至可收回金额,减记的金额确认为减值损失,借记"资产减值损失"账户,贷记"长期股权投资减值准备"账户。资产减值损失一经确认,在以后会计期间不得

转回。

【例 6 - 22】 2×19 年 1 月 1 日,东英公司从证券市场以 45 000 000 元购入甲公司股票,持有甲公司 20％的股份,准备长期持有,并按权益法核算。同年 11 月 15 日,由于甲公司经营管理不善,造成产品大量积压,经营状况恶化致使其股票市价大幅下跌。2×19 年 12 月 31 日,经测算东英公司所持甲公司股票的市价为 38 000 000 元,假定不考虑处置费用。根据当时证券市场的走势,经预测近期内甲公司股票市价难有恢复的可能。东英公司董事会对甲公司的整个经济状况进行分析,经测算未来 4 年该项长期股权投资可为其产生的现金流量分别为 5 000 000 元、4 800 000 元、4 600 000 元和 4 400 000 元,第五年现金流量及预计处置带来现金流量为25 200 000 元。该股权投资时确定的报酬率为 5％。经查 5％的复利现值系数分别如下:0.952 4,0.907 0,0.863 8,0.822 7,0.783 5。根据上述资料,东英公司应作会计处理如下:

第一步,计算预计未来现金流量现值,如表 6 - 2 所示。

表 6 - 2

预计未来现金流量现值计算表

年　份	预计未来现金流量(元)	折现率	折现系数	现值(元)
2×20	5 000 000	5％	0.952 4	4 762 000
2×21	4 800 000	5％	0.907 0	4 353 600
2×22	4 600 000	5％	0.863 8	3 973 480
2×23	4 400 000	5％	0.822 7	3 619 880
2×24	25 200 000	5％	0.783 5	19 744 200
合　计	44 000 000			36 453 160

第二步,确定该项长期股权投资的可收回金额。

该项长期股权投资的公允价值减去处置费用后的净额为 38 000 000 元,其预计未来现金流量的现值为 36 453 160 元,两者之间较高者即该项长期股权投资的公允价值 38 000 000 元应确定为可收回金额。

第三步,计算该项投资应提取的减值准备金额。

该项投资应提取的减值准备金额＝45 000 000－38 000 000＝7 000 000(元)

第四步,提取该项投资的减值准备时:

借:资产减值损失　　　　　　　　　　　　　　　　　　　　　　　7 000 000

　贷:长期股权投资减值准备——甲公司　　　　　　　　　　　　　　　7 000 000

假如上述对甲公司长期股权投资以后市价又回升,已经确认的资产减值损失不得转回。

第七节　长期股权投资的处置

长期股权投资的处置主要指投资的出售、转让等情形。企业处置长期股权投资,应当符合股权转让损益的确认条件,在股权转让完成日确认股权转让损益。

一、股权转让损益的确认条件

企业确认股权转让收益应当采用与转让其他资产相一致的原则,即以被转让的股权的所有权上的风险和报酬实质上已经转移给购买方,并且相关的经济利益很可能流入企业为标志。

具体条件包括:出售协议已获股东大会(或股东会)批准通过;与购买方已办理必要的财产交接手续;已取得购买价款的大部分(一般应超过50%);不再从所持股权中获得利益和承担风险等。如果有关股权转让需经国家有关部门批准,则股权转让收益只有在满足上述条件,并且取得国家有关部门批准文件时才能确认。

二、股权转让的账务处理

企业应当在符合股权转让条件时确认长期股权投资的处置损益,即在股权转让完成日确认长期股权投资的处置损益。

股权转让损益是指股权转让价减除股权成本价以及相关税费后的差额。股权转让价是指股权转让人就转让的股权所收取的包括现金、非货币资产或者权益等形式的资产。

企业处置长期股权投资时,应当将处置长期股权投资的账面价值与实际取得价款的差额,计入当期损益,按实际收到的金额,借记"银行存款"等账户,已计提减值准备的,借记"长期股权投资减值准备"账户,按其账面余额,贷记"长期股权投资"账户,按尚未领取的现金股利或利润,贷记"应收股利"账户,按其差额,贷记或借记"投资收益"账户。采用权益法核算的长期股权投资,应同时结转因被投资单位除净损益以外所有者权益的其他综合收益(除不能结转损益的外),以及其他权益变动而计入的资本公积。处置该项投资时,将原计入所有者权益的其他综合收益(除不能结转损益的外)和资本公积部分,借记或贷记"其他综合收益""资本公积——其他资本公积"账户,贷记或借记"投资收益"账户。

如果部分处置某项长期股权投资时,则上述各相关项目均应按相应的比例结转处理。

【例6-23】 2×19年1月1日,百科公司以银行存款1 300 000元投资兴业公司,持有兴业公司20%的股权,并具有重大影响,未发生直接相关费用和税金。投资时,兴业公司的各项可辨认净资产等的公允价值为6 000 000元,与其账面价值相等。

2×19年12月31日,兴业公司2×19年实现的净利润为600 000元,本年度由于持有以公允价值计量且其变动计入其他综合收益的债权投资期末公允价值变动使其他综合收益增加150 000元,除净损益、其他综合收益以外的其他所有者权益未发生变动。

2×20年3月12日,兴业公司宣告分派现金股利200 000元,百科公司于4月15日收到分派的现金股利。2×20年,兴业公司发生亏损2 000 000元。2×20年年末,经测算百科公司对兴业公司的投资可收回金额为950 000元,没有对兴业公司的长期应收项目。

2×21年1月20日,百科公司经股东大会通过,将持有的兴业公司的全部股权转让给甲企业,收到股权转让款1 000 000元,相关的股权转让的法律手续均已办理完毕。假定兴业公司采用的会计政策及会计期间与百科公司一致。根据上述资料,百科公司应作账务处理如下:

(1) 2×19年1月1日,投资时:

借：长期股权投资——兴业公司（投资成本）　　　　　　　　　　　　　　　1 300 000

　　贷：银行存款　　　　　　　　　　　　　　　　　　　　　　　　　　　　1 300 000

（2）2×19年12月31日，确认投资收益时：

借：长期股权投资——兴业公司（损益调整）　　　　　　　　　　　　　　　120 000

　　贷：投资收益　　　　　　　　　　　　　　　　　　　　　　　　　　　　120 000

（3）2×19年12月31日，确认其他综合收益时：

借：长期股权投资——兴业公司（其他综合收益）　　　　　　　　　　　　　30 000

　　贷：其他综合收益　　　　　　　　　　　　　　　　　　　　　　　　　　30 000

（4）2×20年3月12日，兴业公司宣告分派现金股利时：

借：应收股利——兴业公司　　　　　　　　　　　　　　　　　　　　　　　40 000

　　贷：长期股权投资——兴业公司（损益调整）　　　　　　　　　　　　　　40 000

（5）2×20年4月15日，收到现金股利时：

借：银行存款　　　　　　　　　　　　　　　　　　　　　　　　　　　　　40 000

　　贷：应收股利——兴业公司　　　　　　　　　　　　　　　　　　　　　　40 000

（6）2×20年12月31日，确认亏损时：

借：投资收益　　　　　　　　　　　　　　　　　　　　　　　　　　　　　400 000

　　贷：长期股权投资——兴业公司（损益调整）　　　　　　　　　　　　　　400 000

（7）2×20年12月31日，计提减值准备时：

$$计提减值准备前长期股权投资的账面余额 = 130 + 12 + 3 - 4 - 40 = 101（万元）$$

可收回金额为95万元，应计提长期股权投资减值准备为6万元。

借：资产减值损失　　　　　　　　　　　　　　　　　　　　　　　　　　　60 000

　　贷：长期股权投资减值准备——兴业公司　　　　　　　　　　　　　　　　60 000

（8）2×21年1月20日，转让股权时：

借：银行存款　　　　　　　　　　　　　　　　　　　　　　　　　　　　　1 000 000

　　长期股权投资减值准备　　　　　　　　　　　　　　　　　　　　　　　60 000

　　其他综合收益　　　　　　　　　　　　　　　　　　　　　　　　　　　30 000

　　长期股权投资——兴业公司（损益调整）　　　　　　　　　　　　　　　320 000

　　贷：长期股权投资——兴业公司（投资成本）　　　　　　　　　　　　　　1 300 000

　　　　长期股权投资——兴业公司（其他综合收益）　　　　　　　　　　　　30 000

　　　　投资收益　　　　　　　　　　　　　　　　　　　　　　　　　　　　80 000

本章要点概览

1. 长期股权投资是指企业持有时间超过1年的各种股权性质的投资，包括购入的股票及其他性质的投资等。企业的对外投资,当符合长期股权投资定义,并同时满足该投资包含的经济利益很可能流入企业、该投资的成本能够可靠地计量条件时,应当确认为长期股权投资。

2. 长期股权投资的特征:一是投资期限较长;二是投资企业作为被投资单位的股东,按所持股份比例享有权益并承担责任;三是不能随时出售;四是投资风险较大。投资的目的通常是为了控制另一企业,或对其施加重大影响,或出于其他长期性质的目的而进行的投资。其实质是企业为通过分配来增加财富,或谋求其他利益,而将其他资产让渡给其他单位所获得的另一项资产的行为。

3. 长期股权投资初始投资成本的确定,取决于长期股权投资的取得方式,应当分别企业合并和非企业合并两种情况确定。

4. 长期股权投资的后续计量,应当分别不同情况采用成本法或权益法确定期末账面价值。在成本法下,除初始投资或追加投资时增加长期股权投资的账面价值外,其长期股权投资的账面价值一般保持不变;在权益法下,投资持有期间根据投资企业享有被投资单位所有者权益份额的变动应对投资的账面价值进行调整。

5. 被投资单位宣告分派的现金股利或利润,应当分别成本法或权益法处理。在成本法下,被投资单位宣告分派的现金股利或利润,投资企业确认投资收益。在权益法下,投资企业自被投资单位取得的现金股利或利润,应抵减长期股权投资的账面价值。

6. 投资企业至少于每年年度终了时,应对长期股权投资的账面价值逐项进行检查。通常在资产负债表日判断长期股权投资是否存在可能发生减值的迹象。如果存在减值迹象的,应进行减值测试,估计长期股权投资的可收回金额。

7. 处置长期股权投资时,应将实际取得价款与其账面价值的差额,确认计入当期损益。采用权益法核算的长期股权投资,因被投资单位其他综合收益,以及除净损益、其他综合收益以外所有者权益的其他变动而计入所有者权益的,在处置该项投资时应当将原计入其他综合收益(除不能结转损益的外)、资本公积(其他资本公积)的部分按相应处置的比例转入当期损益。

主 要 术 语

长期股权投资	企业合并
同一控制下的企业合并	非同一控制下的企业合并
控制	子公司
共同控制	合营企业
重大影响	联营企业
初始投资成本	初始投资成本的调整
成本法	权益法
公允价值	可辨认净资产
现金股利	股票股利
构成业务	未实现内部交易损益
顺流交易	逆流交易
长期股权投资账面价值	长期股权投资减值

复习思考题

1. 简述长期股权投资的特征。
2. 简述长期股权投资的取得方式。
3. 长期股权投资在不同的取得方式下,如何确定长期股权投资的初始投资成本?
4. 简述同一控制下企业合并与非同一控制下企业合并形成长期股权投资账务处理的区别。
5. 试述成本法核算的适用范围、基本特点以及核算的方法。
6. 试述权益法核算的适用范围、基本特点。
7. 采用权益法核算,投资企业确认长期股权投资的投资收益有哪些应注意的问题?
8. 采用权益法核算,被投资单位发生净亏损时,投资企业有哪些应注意的问题?
9. 如何判断长期股权投资是否发生减值?
10. 如何确定期末长期股权投资的可收回金额?
11. 长期股权投资的减值应如何进行账务处理?
12. 长期股权投资的处置应如何进行账务处理?

业 务 题

【业务题一】

(一) **目的**　练习长期股权投资初始投资成本的核算。

(二) **资料**　甲、乙公司均为 A 公司控制下的子公司,甲公司于 2×19 年 5 月 1 日以发行 5 000 000 股普通股为对价自 A 公司处取得乙公司 100% 的股权,每股面值为 1 元,并于发行日起对乙公司实施控制。合并后,乙公司仍维持其独立法人地位继续经营。合并日,甲公司可辨认净资产的账面价值为 43 000 000 元,经审计认定的可辨认净资产公允价值为 48 000 000 元;乙公司可辨认净资产的账面价值为 18 000 000 元,经审计认定的可辨认净资产公允价值为 23 000 000 元;甲公司合并财务报表中列示的乙公司净资产的账面价值为 18 000 000 元。

(三) **要求**　根据上述资料,作甲公司合并日的会计处理,涉及长期股权投资的需列出"长期股权投资"账户相关的明细账户。

【业务题二】

(一) **目的**　练习长期股权投资初始投资成本的核算。

(二) **资料**　A 股份有限公司于 2×19 年 5 月 1 日取得 D 公司 80% 的股权。合并中,A 公司以银行存款 5 000 000 元、实际成本为 7 000 000 元的库存商品作为合并对价。合并日,D 公司可辨认净资产的账面价值为 15 000 000 元,经审计认定的可辨认净资产公允价值为 18 000 000 元。A 股份有限公司作为对价的库存商品的公允价值为 8 000 000 元。合并前,A 股份有限公司与 D 公司分属两企业集团下的子公司。合并后,D 公司仍维持其独立法人地位继续经营。假定 A 股份有限公司为增值税一般纳税人,增值税税率为 13%,不考虑除增值税以外的其他税费。

（三）**要求** 根据上述资料,编制 A 股份有限公司对 D 公司长期股权投资的会计分录,并列出"长期股权投资"账户相关的明细账户。

【业务题三】

（一）**目的** 练习长期股权投资成本法的核算。

（二）**资料**

1. 2×19 年 1 月 1 日,甲公司以银行存款 80 000 000 元受让乙公司持有的丙公司 55% 的股权,甲公司能够对丙公司实施控制,并准备长期持有。受让时,发生相关直接交易税费 1 000 000 元。甲公司在取得该项股权投资时,丙公司经审计认定的可辨认净资产公允价值为 540 000 000 元。甲公司与丙公司不属于同一控制下的企业。

2. 2×19 年 3 月 25 日,丙公司经股东大会批准宣告分配 2×18 年现金股利 10 000 000 元,甲公司于 4 月 8 日收到现金股利 5 500 000 元。2×19 年,丙公司实现净利润 30 000 000 元,按照实现净利润的 10% 提取法定盈余公积 3 000 000 元。

3. 2×20 年 3 月 28 日,丙公司经股东大会批准宣告分派 2×19 年现金股利为 8 000 000 元。2×20 年,丙公司的经营状况恶化,导致发生巨额亏损 10 000 000 元。2×20 年年末,甲公司经测算所持丙公司的投资未来现金流量现值为 77 000 000 元。

4. 2×21 年 1 月 20 日,甲公司经协商,将持有的丙公司的全部股权转让给 H 公司,收到股权转让款 79 000 000 元,相关股权转让的法律手续均已办理完毕。

（三）**要求** 根据上述资料,编制甲公司对丙公司长期股权投资的会计分录。

【业务题四】

（一）**目的** 练习长期股权投资权益法的核算。

（二）**资料** 上海股份有限公司(以下简称上海公司)2×19 年至 2×22 年长期股权投资业务的有关资料如下:

1. 2×19 年 12 月 1 日,上海公司与广中股份有限公司(以下简称广中公司)签订股权转让协议。该股权转让协议规定:上海公司收购广中公司股份总额的 30%,收购价格为 250 万元,收购价款于协议生效后以银行存款支付。该股权协议生效日为 2×19 年 12 月 31 日。该股权转让协议于 2×19 年 12 月 20 日分别经上海公司和广中公司临时股东大会审议通过,并依法报经有关部门批准。

2. 2×20 年 1 月 1 日,广中公司股东权益总额的账面价值为 800 万元,其中股本为 400 万元,资本公积为 60 万元,其他综合收益为 40 万元,未分配利润为 300 万元(均为 2×19 年度实现的净利润);广中公司经评估认定的可辨认净资产公允价值 900 万元。股东权益总额的账面价值与其可辨认净资产公允价值的差额,经评估认定为生产用设备账面价值与其公允价值的差额,该生产用设备的预计尚可使用寿命为 10 年,净残值为零,采用直线法计提折旧。

3. 2×20 年 1 月 1 日,上海公司以银行存款支付收购股权价款 250 万元,并办理了相关的股权划转手续。

4. 2×20 年 2 月 1 日,广中公司董事会提出 2×19 年利润分配方案。该方案如下:按照实现净利润的 10% 提取法定盈余公积,按照实现净利润的 5% 提取任意盈余公积,不分派现金股利。对该方案进行账务处理后,广中公司股东权益总额仍为 800 万元,其中股本为 400 万元,资本公积为 60 万元,其他综合收益为 40 万元,盈余公积为 45 万元,未分配利润为 255 万元。

5. 2×20 年 4 月 1 日,广中公司股东大会通过 2×19 年度利润分配方案。该分配方案如下:按照实现净利润的 10% 提取法定盈余公积,按照实现净利润的 5% 提取任意盈余公积,分派现金股利 200 万元。

6. 2×20 年 4 月 25 日,上海公司收到广中公司分派的现金股利。

7. 2×20 年 12 月 31 日,广中公司上年取得的以公允价值计量且其变动计入其他综合收益的债权投资公允价值变动致使其他综合收益增加了 30 万元,除净损益、其他综合收益以及利润分配以外的因素导致的其他所有者权益变动增加了资本公积 50 万元,并进行了相应的账务处理。

8. 广中公司 2×20 年度实现净利润 400 万元。

9. 2×21 年 4 月 10 日,广中公司股东大会通过 2×20 年度利润分配方案。该方案如下:按照实现净利润的 10% 提取法定盈余公积,按照实现净利润的 5% 提取任意盈余公积,不分派现金股利。

10. 广中公司 2×21 年度发生净亏损 350 万元。

11. 2×21 年 12 月 31 日,上海公司对广中公司投资的预计可收回金额为 185 万元。

12. 2×22 年 1 月 3 日,上海公司将其持有的广中公司股份全部对外转让,转让价款为 205 万元,相关的股权划转手续已办妥,转让价款已存入银行。假定上海公司在转让股份过程中没有发生相关税费。

13. 假定不考虑计提折旧对所得税的影响。

(三) 要求

1. 确定上海公司收购广中公司股权交易中的"股权转让日"。

2. 根据上述资料,编制上海公司的会计分录,并列出"长期股权投资"账户相关的明细账户。

【业务题五】

(一) **目的** 练习长期股权投资核算方法的转换。

(二) **资料** 2×19 年 1 月 1 日,甲公司以每股 8 元的价格购入某上市公司乙公司的股票 200 万股,并由此持有乙公司 5% 的股权。甲公司与乙公司不存在关联方关系。甲公司将对乙公司的投资分类为以公允价值计量且其变动计入当期损益的金融资产进行会计处理。

2×21 年 1 月 1 日,甲公司以现金 20 000 万元为对价,向乙公司大股东收购乙公司 50% 的股权,相关手续于当日完成。乙公司当日股价为每股 10 元,乙公司可辨认净资产的公允价值为 38 000 万元。

假设甲公司购买乙公司的股权不构成"一揽子交易",不考虑相关税费等其他因素影响。

(三) **要求** 根据上述资料,编制甲公司对乙公司投资的会计分录。

第七章 固定资产

学习目的与要求

通过本章学习,你应当:

1. 了解固定资产的概念、特征。
2. 熟悉固定资产的确认条件和分类。
3. 掌握固定资产的初始计量。
4. 掌握固定资产折旧和后续支出处理。
5. 掌握固定资产的清查和期末计量。
6. 掌握固定资产处置的处理。

课前预习题

1. 某企业为增值税一般纳税人,购买一台生产设备,取得的增值税专用发票上列明价款为 200 000 元,增值税额为 26 000 元;发生运输费,取得的增值税专用发票上列明价款为 1 800 元,增值税额为 162 元;到达企业后发生安装费用,取得的增值税专用发票上列明价款为 2 300 元,增值税额为 207 元。该设备已安装完毕达到可使用状态。

请问:该企业购买的该生产设备成本为多少?该设备成本通过什么方式得到价值补偿?

2. 某企业某月月初"固定资产"账户余额为 3 000 万元,其中使用中的为 2 600 万元,未使用的为 300 万元,不需用的为 100 万元。使用中的固定资产 2 600万元中 80 万元已超过预计使用年限。当月增加固定资产 60 万元,当月减少固定资产 20 万元。

请问:该企业当月应计提折旧的固定资产原始价值为多少?计算当月应计

提折旧额时,是否考虑当月固定资产增减变化情况?

3. 某企业某项固定资产原始价值为 720 000 元,预计净残值率为 5%,预计使用年限为 6 年,预计工作量为 54 000 工时。

请问:该企业计算该项固定资产月折旧额取决于哪些因素? 如何计算该项固定资产月折旧额?

4. 某企业为增值税一般纳税人,第一生产车间使用的某项生产设备在使用过程中发生修理费用,取得的增值税专用发票上列明价款为 3 280 元,增值税额为 426.40 元。为提高第二生产车间流水线的效能,对该流水线进行技术改造,发生技术改造支出,取得的增值税专用发票上列明价款为 392 000 元,增值税额为 35 280 元。

请问:该企业对第一生产车间该项固定资产发生的修理费用如何处理? 对第二生产车间该流水线发生的技术改造支出如何处理?

5. 某企业年末盘点时发现一台账外设备,同类设备市场价格为 20 000 元,估计价值损耗为 3 000 元。

请问:该企业盘盈的该项固定资产入账价值为多少? 净值是否确认为当期损益?

6. 某企业为增值税一般纳税人,出售一台不需用生产设备,增值税专用发票列明价款为 30 000 元,增值税额为 3 900 元。该设备原始价值为 260 000 元,已提折旧为 220 000 元。

请问:该企业出售该设备是否确认营业收入 30 000 元? 是否确认营业成本 40 000 元? 为什么?

第一节 固定资产概述

固定资产是企业生产经营过程中所必需的重要劳动资料,其确认应符合固定资产定义,并同时满足其确认的条件。企业应根据管理需要,对固定资产按不同标准进行分类,以合理组织其核算。

一、固定资产的确认

(一)固定资产的概念

企业生产经营过程中所必需的劳动资料分为两类:一类是单位价值比较低,使用年限比较短,作为存货管理的低值易耗品,还有一类是使用寿命比较长,在 1 年以上,单位价值比较高的固定资产。

我国《企业会计准则第 4 号——固定资产》对固定资产的定义为:固定资产是指为生产商品、提供劳务、出租或经营管理而持有的,使用寿命超过一个会计年度的有形资产。

(二)固定资产的特征

固定资产与其他资产相比,主要具有下列特征。

1. 企业持有固定资产的目的在于使用

企业持有固定资产是用于生产商品、提供劳务、出租或经营管理的目的,而并非为了出售。企业使用固定资产生产商品、提供劳务,通过取得商品销售收入、提供劳务收入,或通过赚取租金收入以及完善经营管理等方式使经济利益流入企业。而企业用于消耗的材料、以备出售的商品等资产属于存货。

2. 固定资产使用寿命超过 1 年

固定资产使用寿命是指企业使用固定资产的预计期间,其能生产产品或者提供劳务的数量。固定资产使用寿命较长,能为企业带来长期的经济利益,属于非流动资产。而且在整个使用寿命期内,其原来实物形态基本保持不变,但随着使用和磨损其价值逐渐减少。而企业原材料等作为生产加工对象的存货使用期限较短,并在使用过程中原有实物形态会发生改变。

3. 固定资产是有形资产

固定资产具有具体的实物形态,包括房屋、建筑物、机器设备、运输工具以及其他专用设备、工具等。而无形资产也是为了用于生产商品、提供劳务、出租或经营管理目的持有,使用寿命也超过一个会计年度,但其没有实物形态。

(三)固定资产的确认条件

某项资产如果要确认为固定资产,首先应符合固定资产定义,还应当同时满足下列两个条件,才能予以确认。

1. 与该项固定资产有关的经济利益很可能流入企业

资产的本质特征是预期会给企业带来经济利益,与资产有关的经济利益很可能流入企业是企业确认资产的一项基本条件。而作为固定资产,如果某一项目,不能为企业带来经济利益或经济利益不是很可能流入企业,那么该项目就不能确认为固定资产。而判断与固定资产有关的经济利益是否能流入企业的主要依据是与其所有权有关的风险和报酬是否发生了转移。

与固定资产所有权有关的风险是指由于经营情况变化造成的相关收益的变动，以及由于资产闲置、技术陈旧等原因发生的损失；与固定资产所有权有关的报酬是指在固定资产使用寿命内直接使用该资产而获得的收入，以及处置该固定资产所实现的利得等。

2．该固定资产的成本能够可靠地计量

成本只有能够可靠计量，才能确定资产的入账价值，所以成本能够可靠计量也是企业确认资产的一项基本条件。如果某一项目符合固定资产的定义，其产生的经济利益也很可能流入企业，但企业为取得该项目而发生的支出不能够可靠地计量，也不能将其确认为固定资产。企业取得固定资产时应根据确凿证据确定其成本，但有时需要根据所获得的最新资料，对固定资产成本进行合理估计。例如，企业对已达到预定可使用状态但尚未办理竣工决算的固定资产，可按估计价值确定其成本。

企业确认固定资产时应当注意以下两个方面：

（1）企业购入的安全或环保设备，虽然不能直接为企业带来未来经济利益，但有助于从其他资产的使用中获得未来经济利益或者获得更多的未来经济利益，应当确认为固定资产。

（2）固定资产的各组成部分如果各自具有不同的使用寿命或者以不同的方式为企业提供经济利益，各该组成部分能以与该资产相对独立的方式提供效能，企业应当将各组成部分分别确认为单项固定资产。

二、固定资产的分类

为加强对种类繁多的固定资产管理，以便合理组织固定资产核算，企业应对固定资产按照不同的标准作必要的分类，主要有以下几种分类。

（一）按固定资产的经济用途分类

按固定资产的经济用途分类，可以分为生产经营用固定资产和非生产经营用固定资产两类。

（1）生产经营用固定资产是指直接服务于企业生产、经营过程的固定资产。如生产经营用的房屋及建筑物、机器设备、运输设备、工具器具和管理用具等。

（2）非生产经营用固定资产是指不直接服务于生产、经营过程的固定资产。如员工用餐、住宿和健身等使用的房屋、设备和其他固定资产。

企业按固定资产的经济用途分类，可以归类反映生产经营用固定资产和非生产经营用固定资产的构成情况，便于分析其构成是否合理，以合理配置企业固定资产。

（二）按固定资产的使用情况分类

按固定资产的使用情况分类，可以分为使用中固定资产、未使用固定资产和不需用固定资产。

（1）使用中固定资产是指正在使用中的经营性和非经营性固定资产。使用中固定资产包括由于季节性经营、大修理或者内部替换使用等原因，暂时停止使用的固定资产以及企业经营性出租给其他单位使用的固定资产。

（2）未使用固定资产是指已完工或已购建的尚未投入使用的新增固定资产以及因进行改建、扩建等原因暂停使用的固定资产。

（3）不需用固定资产是指企业多余或不适合企业需要的固定资产。

按固定资产使用情况分类，可以归类反映固定资产使用情况，便于分析其有效使用程度，以提高使用效能。

（三）按固定资产的所有权分类

按固定资产的所有权分类,可以分为自有固定资产和租入固定资产。

（1）自有固定资产是指企业拥有的可供其自由支配使用的固定资产。

（2）租入固定资产是指企业采用租赁方式从其他单位租入的固定资产。

（四）固定资产的综合分类

会计实务中,企业对于应确认的固定资产进行分类,考虑其所有权、经济用途和使用情况等,企业固定资产可以分为以下六大类:

（1）生产经营用固定资产。

（2）非生产经营用固定资产。

（3）租出固定资产。租出固定资产是指以租赁方式出租给其他单位使用的固定资产。

（4）不需用固定资产。

（5）未使用固定资产。

（6）土地。土地是指过去已经估价单独入账的土地。企业以支付土地出让金方式取得的土地使用权,应当确认为无形资产。

第二节　固定资产的初始计量

固定资产取得时应当按照成本计量。

固定资产取得的方式不同,其成本的构成也有所不同,企业应按其不同的取得方式分别进行会计处理。

一、固定资产的初始计量概述

固定资产的初始计量是指取得固定资产时其入账价值的确定,取得固定资产时其入账价值一般应按成本计量,即按固定资产的原始价值计量。这里的原始价值是指企业为购建固定资产达到预定可使用状态前所发生的一切合理、必要的支出。固定资产的取得方式不同,其原始价值的构成内容也有所不同。

（一）外购固定资产

企业外购固定资产的原始价值包括购买价款、进口关税等相关税费以及使固定资产达到预定可使用状态前所发生的可归属于该项资产的运输费、装卸费、安装费和专业人员服务费等。相关税费以及使固定资产达到预定可使用状态前所发生的可归属于该项资产的相关费用中不包括增值税一般纳税人购进固定资产允许抵扣的增值税进项税额。

企业以一笔款项购入多项没有单独标价的固定资产,应当按照各项固定资产公允价值比例对总成本进行分配,分别确定各项固定资产原始价值。企业以一笔款项购入多项没有单独标价的固定资产和其他资产,也应当按照各项资产公允价值比例对总成本进行分配,分别确定各项资产入账价值。

企业购买固定资产如果发生超过正常信用条件延期支付价款,如分期付款方式购买固定资产,而且合同规定的付款时间比较长,这种情况,实质上是通过融资方式购买固定资产,其原始价值不能按照各期付款额之和确定,而应以各期付款额的现值为基础确定。

（二）自行建造固定资产

企业自行建造的固定资产原始价值包括建造该项资产达到预定可使用状态前所发生的必要支出。

企业自行建造固定资产分为自营建造和出包建造两种方式。

（1）自营方式建造固定资产，其原始价值按照建造该项固定资产达到预定可使用状态前所发生的建造成本确定。

（2）出包方式建造固定资产，其原始价值按照应当支付给承包单位的工程价款确定。

（三）投资者投入的固定资产

投资者投入的固定资产，其原始价值应当按照投资合同或协议约定的价值确定。如投资合同或协议约定的价值不公允，则应当按照其公允价值确定其原始价值。

（四）接受捐赠的固定资产

企业接受捐赠的固定资产，其原始价值视捐赠方是否提供有关凭据分别确定：

（1）捐赠方提供有关凭据的，按照凭据上标明的金额和应支付的税费确定其原始价值。

（2）捐赠方未提供有关凭据的，其原始价值确定程序如下：① 同类或类似固定资产存在活跃市场的，按照同类或类似固定资产的市场价格估计的金额和应支付的税费确定。② 同类或类似固定资产不存在活跃市场的，按照该资产的预计未来现金流量现值和应支付的税费确定。

如果接受捐赠的固定资产系旧的，确定原始价值时应将估计的价值损耗扣除。

（五）盘盈的固定资产

企业盘盈的固定资产，其原始价值按照同类或类似固定资产的市场价格，减去按该项固定资产的新旧程度估计的价值损耗后的余额确定。如果同类或类似固定资产不存在活跃市场的，按照该项固定资产的预计未来现金流量现值确定。

企业的固定资产还有通过非货币性资产交换、债务重组等其他方式取得的，以这些方式所取得的固定资产的原始价值也有其特定内容构成。对于企业租入的固定资产，应在租赁期开始日确认为使用权资产。

二、固定资产取得的账务处理

固定资产取得的方式主要包括购置的固定资产、自行建造的固定资产、投资者投入的固定资产和接受捐赠的固定资产等，其取得方式不同，原始价值的构成也不尽相同，应分别进行会计处理。

（一）购置固定资产的核算

1. 购置不需要安装的固定资产

企业购入不需要安装的固定资产，购入后即可投入使用，不会发生安装费用，应按购入时实际支付的购买价款、装卸费、包装费、运输费、进口关税等相关税费（不含可抵扣的增值税进项税额）等确定固定资产的原始价值，借记"固定资产"账户，按取得的增值税专用发票上注明的并已经税务机关认证允许抵扣的增值税额，借记"应交税费——应交增值税（进项税额）"账户，按实际支付额，贷记"银行存款"等账户。

【例7-1】 某企业为增值税一般纳税人，于2×19年12月1日购入1台不需要安装的设备，取得的增值税专用发票上注明的价款为100 000元，增值税额为13 000元；购入时发生运输费,取得的增值税专用发票上注明的价款为 6 000 元,增值税额为 540 元。款项均以银行存款支付。该设备抵达后,验收并交付生产车间使用。假定增值税额当月已经税务机关认证可予抵扣。该企业应作账务处理如下:

借:固定资产	106 000
应交税费——应交增值税(进项税额)	13 540
贷:银行存款	119 540

2. 购置需要安装的固定资产

企业购入需要安装的固定资产,在安装完成后才能投入使用。为归集该类固定资产所发生的成本应当设置"在建工程"账户核算,待其安装完毕达到预定可使用状态时,再将其成本从"在建工程"账户转入"固定资产"账户。企业购入固定资产时,应按实际支付的购买价款、装卸费、包装费、运输费、进口关税等相关税费(不含可抵扣的增值税进项税额)等,借记"在建工程"账户,按取得的增值税专用发票上注明的并已经税务机关认证允许抵扣的增值税额,借记"应交税费——应交增值税(进项税额)"账户,按实际支付额,贷记"银行存款"等账户;发生安装费用时,应按实际发生的安装费用,借记"在建工程"账户,如取得增值税专用发票已经税务机关认证,按允许抵扣的增值税额,借记"应交税费——应交增值税(进项税额)"账户,贷记"银行存款""原材料""应付职工薪酬"等账户;该固定资产安装完毕达到预定可使用状态时,按其实际成本,借记"固定资产"账户,贷记"在建工程"账户。

【例 7 - 2】 某企业为增值税一般纳税人,于 2×19 年 12 月 8 日购入 1 台需安装设备,取得的增值税专用发票上注明的价款为 300 000 元,增值税额为 39 000 元;购入时发生运输费,取得的增值税专用发票上注明的价款为 9 000 元,增值税额为 810 元。款项均以银行存款支付。该设备购入后当即交付安装,安装过程中领用生产用材料一批,成本为 16 000 元,发生安装人员薪酬 2 000 元。该设备安装完毕后,验收并交付生产车间使用。假定增值税额当月已经税务机关认证可予抵扣。该企业应作账务处理如下:

(1) 购入设备,支付价税及运输费时:

借:在建工程	309 000
应交税费——应交增值税(进项税额)	39 810
贷:银行存款	348 810

(2) 设备安装领用材料、发生安装人员薪酬时:

借:在建工程	18 000
贷:原材料	16 000
应付职工薪酬	2 000

(3) 设备安装完毕,交付使用时:

借:固定资产	327 000
贷:在建工程	327 000

3. 以一笔款项同时购入多项没有单独标价的固定资产

会计实务中,企业可能发生以一笔款项同时购入多项没有单独标价的固定资产,应先按照实际支付的购买价款、装卸费、包装费、运输费、进口关税等相关税费(不含可抵扣的增值税进项税额)等确定总成本,再将总成本按照各项固定资产公允价值的比例进行分配,以确定各项固定资产的入账价值。

【例 7-3】 某企业为增值税一般纳税人,于 2×19 年 12 月 8 日购入 A、B、C 3 台设备,取得的增值税专用发票上注明的价款为 8 000 000 元,增值税额为 1 040 000 元;发生运输费,取得的增值税专用发票上注明的价款为 66 030 元,增值税额为 5 942.70 元。款项均以银行存款支付。3 台设备抵达后,验收并交付生产车间使用。A、B、C 3 台设备的公允价值分别为 2 574 000 元、4 290 000 元、1 716 000 元。假定增值税额当月已经税务机关认证可予抵扣。

(1) 确定 A、B、C 3 台设备的总成本。其计算如下:

$$8\ 000\ 000 + 66\ 030 = 8\ 066\ 030(元)$$

(2) 分别确定 A、B、C 3 台设备成本分配比例。其计算如下:

A 设备应分配的固定资产成本比例为:

$$\frac{2\ 574\ 000}{2\ 574\ 000 + 4\ 290\ 000 + 1\ 716\ 000} \times 100\% = 30\%$$

B 设备应分配的固定资产成本比例为:

$$\frac{4\ 290\ 000}{2\ 574\ 000 + 4\ 290\ 000 + 1\ 716\ 000} \times 100\% = 50\%$$

C 设备应分配的固定资产成本比例为:

$$\frac{1\ 716\ 000}{2\ 574\ 000 + 4\ 290\ 000 + 1\ 716\ 000} \times 100\% = 20\%$$

(3) 分别确定 A、B、C 3 台设备的成本。其计算如下:

$$A\ 设备的成本 = 8\ 066\ 030 \times 30\% = 2\ 419\ 809(元)$$
$$B\ 设备的成本 = 8\ 066\ 030 \times 50\% = 4\ 033\ 015(元)$$
$$C\ 设备的成本 = 8\ 066\ 030 \times 20\% = 1\ 613\ 206(元)$$

有关账务处理如下:

借:固定资产——A 设备	2 419 809
固定资产——B 设备	4 033 015
固定资产——C 设备	1 613 206
应交税费——应交增值税(进项税额)	1 045 942.70
贷:银行存款	9 111 972.70

4. 超过正常信用条件延期支付款项购买固定资产

企业购买固定资产的价款超过正常信用条件延期支付,应按延期付款额的现值、发生的装卸费、包装费、运输费、进口关税等相关税费(不含可抵扣的增值税进项税额)等,借记"在建工程"或"固定资产"账户,按取得的增值税专用发票上注明的并已经税务机关认证允许抵扣的增值税额,借记"应交税费——应交增值税(进项税额)"账户,按应支付的延期付款额,贷记"长期应付款",按实际支付的进口关税等相关税费、装卸费、包装费、运输费等,贷记"银行存款"等账户。按延期付款额与延期付款额现值之间的差额,借记"未确认融资费用"账户。未确认融资费用在信用期间内按实际利率法分期确认,计入固定资产成本或当期损益。

【例 7 - 4】 某企业为增值税一般纳税人,于 2×19 年 12 月 17 日采用分期付款方式购入 1 台设备,取得的增值税专用发票上注明的价款为 2 000 000 元,增值税额为 260 000 元。以银行存款支付增值税(假定增值税额当月已经税务机关认证可予抵扣)。合同约定价款分 5 年等额于每年年末付款。购买价款现值为 1 760 000 元。经核查采用实际利率法与直线法确认各期融资费用金额的差异较小,为简化核算,该企业采用直线法摊销融资费用。设备抵达后,验收并交付生产车间使用。该企业应作账务处理如下:

(1)购入固定资产时:

借:固定资产	1 760 000
应交税费——应交增值税(进项税额)	260 000
未确认融资费用	240 000
贷:长期应付款	2 000 000
银行存款	260 000

(2)每年支付货款时:

借:长期应付款	400 000
贷:银行存款	400 000

(3)每年确认融资费用时:

借:财务费用	48 000
贷:未确认融资费用	48 000

(二)自行建造固定资产的核算

企业自行建造的固定资产,应设置"工程物资"账户和"在建工程"账户。

"工程物资"账户用于核算企业为建造固定资产工程项目而准备的各种物资的实际成本,包括为工程准备的材料成本、尚未安装设备的成本等。

"在建工程"账户用于核算企业固定资产工程项目发生的实际成本,包括材料物资成本、人工成本、相关税费、予以资本化的借款费用以及应分摊的间接费用等。

1. 自营工程建造的固定资产

企业购入为工程准备的各种物资时,应按实际支付的购买价款、装卸费、包装费、运输费、进口关税等相关税费(不含可抵扣的增值税进项税额)等,借记"工程物资"账户,按取得的增值税专用发票上注明的并已经税务机关认证允许抵扣的增值税额,借记"应交税费——应交增值税(进项税额)"账户,按实际支付或应支付额,贷记"银行存款""应付账款"等账户;工程建造领用工程物资时,借记"在建工程"账户,贷记"工程物资"账户;工程建造发生工程人员薪酬费用、辅助生产部门提供的劳务费用、工程管理费用以及应予以资本化的借款费用等时,借记"在建工程"账户,贷记"应付职工薪酬""生产成本——辅助生产成本""银行存款""长期借款"等账户;工程完工,达到预定可使用状态时,将核算的工程成本从"在建工程"账户转入"固定资产"账户。工程完工后,如有剩余工程物资转作企业存货管理的,按其实际成本结转,借记"原材料"账户,贷记"工程物资"账户。

如果所建造的固定资产已达到预定可使用状态,但尚未办理竣工决算,应当自达到预定可使用状态之日起,按工程预算、造价或工程实际成本等估计其价值转入固定资产,并据以计提固定资产折旧。待办理竣工决算手续后再调整原来的估计价值,但已计提的折旧额不作调整。

在建工程在达到预定可使用状态前,因进行负荷联合试车而形成的、能够对外销售的产品判断其试运行销售是否属于企业的日常活动,如属于日常活动,应当确认相关的销售收入并结转销售成本;如属于非日常活动,应当确认相关的资产处置损益。

【例 7 - 5】 某企业为增值税一般纳税人,于 2×19 年 6 月 1 日至 2×19 年 12 月 31 日采用自营方式建造一条生产流水线。自工程开始建造至完工发生的经济业务如下:以银行存款购入工程物资,取得的增值税专用发票上注明价款为 90 000 000 元,增值税额为 11 700 000 元。所购物资全部投入工程建造;分配应付工程人员薪酬 600 000 元;工程应负担的辅助生产车间劳务费为 200 000 元;以银行存款支付工程管理费用,取得的增值税专用发票上注明价款为 30 000 元,增值税额为 1 800 元。年末工程完工经验收合格并交付使用。假定取得的增值税专用发票已经税务机关认证可予抵扣。该企业应作账务处理如下:

(1)购入工程物资时:

借:工程物资	90 000 000
应交税费——应交增值税(进项税额)	11 700 000
贷:银行存款	101 700 000

(2)工程领用物资时:

借:在建工程	90 000 000
贷:工程物资	90 000 000

(3)分配应付工程人员薪酬时:

借:在建工程	600 000
贷:应付职工薪酬	600 000

(4)分配辅助生产车间为工程提供劳务费用时:

借:在建工程	200 000
贷:生产成本——辅助生产成本	200 000

(5)支付工程管理费用时:

借:在建工程	30 000
应交税费——应交增值税(进项税额)	1 800
贷:银行存款	31 800

(6)工程完工交付使用时:

借:固定资产	90 830 000
贷:在建工程	90 830 000

应当注意的是,高危行业企业按国家规定提取的安全生产费,应当计入相关资产的成本或当期损益,借记"制造费用""管理费用"等账户,同时贷记"专项储备"账户;企业使用提取的安全生产费形成固定资产成本的,通过"在建工程"账户归集所发生的支出,待安全项目完工达到预定可使用状态时再转入"固定资产"账户,同时,按形成固定资产的成本,借记"专项储备"账户,贷记"累计折旧"账户。该固定资产在以后期间不再计提折旧。企业使用提取的安全生产费时,属于费用性支出的,按实际发生额,借记"专项储备"账户,贷记"银行存款"等账户。

【例7-6】 某煤炭开矿企业为增值税一般纳税人,根据开采的煤炭产量按月提取安全生产费,提取标准为每吨8元。2×19年11月30日,该企业"专项储备——安全生产费"账户余额为3 000万元。2019年12月,该企业煤炭产量为60 000吨。2×19年12月1日,该企业购入一批用于改造矿井运输的安全防护设备,取得的增值税专用发票上注明的价款为300万元,增值税额为39万元,款项以银行存款支付。安装该设备发生安装人员薪酬20万元。12月26日,设备安装完毕,投入使用。12月28日,以银行存款支付安全生产检查费用4万元。假定增值税额当月已经税务机关认证可予抵扣。该企业应作账务处理如下:

(1)2×19年12月,企业按月提取安全生产费时:

借:生产成本	480 000
贷:专项储备——安全生产费	480 000

(2)购置设备时:

借:在建工程	3 000 000
应交税费——应交增值税(进项税额)	390 000
贷:银行存款	3 390 000

(3)设备安装时:

借:在建工程	200 000
贷:应付职工薪酬	200 000

(4)设备安装完毕,投入使用时:

借:固定资产	3 200 000
贷:在建工程	3 200 000
借:专项储备——安全生产费	3 200 000
贷:累计折旧	3 200 000

(5)支付安全生产检查费用时:

借:专项储备——安全生产费	40 000
贷:银行存款	40 000

2. 出包工程建造的固定资产

企业采用出包方式自行建造固定资产,由承包单位核算其工程的具体支出,企业只需与承包单位结算工程价款。企业按建造合同规定预付给承包单位工程价款时,借记"预付账款"账户,贷记"银行存款"账户;按工程进度与承包单位结算工程价款时,借记"在建工程"账户,贷记

"预付账款""银行存款"账户;工程完工根据承包单位工程结算单和支付的工程价款记录确定得出应补付工程价款时,借记"在建工程"账户,如取得增值税专用发票已经税务机关认证,按允许抵扣的增值税额,借记"应交税费——应交增值税(进项税额)"账户,按应付或实际支付额,贷记"应付账款""银行存款"等账户;工程完工交付使用时,按工程发生的全部价款,借记"固定资产"账户,贷记"在建工程"账户。

【例7-7】 某企业为增值税一般纳税人,于2×22年7月与A公司签订一项建造合同,将一条生产流水线工程出包给其承建,按合同规定建造工程开工前以银行存款向承包单位预付工程价款,取得的增值税专用发票上注明价款为50 000 000元,增值税额为6 500 000元;工程进度达到50%时,A公司为建造该工程已发生成本56 000 000元,以银行存款支付工程款,取得的增值税专用发票上注明价款为6 000 000元,增值税额为780 000元;工程完工收到承包单位的有关工程结算单据,该工程建造成本为98 600 000元,以银行存款补付工程款,取得的增值税专用发票上注明价款为42 600 000元,增值税额为5 538 000元。当年年末,工程完工经验收合格并交付使用。假定取得的增值税专用发票已经税务机关认证可予抵扣。该企业应作账务处理如下:

(1)预付工程价款时:

借:预付账款	50 000 000	
应交税费——应交增值税(进项税额)	6 500 000	
贷:银行存款		56 500 000

(2)工程进度达到50%结算工程价款时:

借:在建工程	56 000 000	
应交税费——应交增值税(进项税额)	780 000	
贷:预付账款		56 780 000
借:预付账款	6 780 000	
贷:银行存款		6 780 000

(3)补付工程款时:

借:在建工程	42 600 000	
应交税费——应交增值税(进项税额)	5 538 000	
贷:银行存款		48 138 000

(4)工程完工,交付使用时:

借:固定资产	98 600 000	
贷:在建工程		98 600 000

企业自行建造固定资产在达到预定可使用状态前,因进行试运行产出的有关产品或副产品在对外销售前,符合《企业会计准则第1号——存货》相关规定的应当确认为存货,符合其他相关企业会计准则中有关资产确认条件的应当确认为相关资产;因进行试运行而形成的、能够对外销售的产品或副产品应当按照《企业会计准则第14号——收入》和《企业会计准则第1号——存货》等相关规定,对试运行销售相关的收入和成本分别进行会计处理,计入当期损益。

（三）投资者投入固定资产的核算

投资者投入企业的固定资产，在办妥其移交手续之后，按投资合同或协议约定的价值以及应支付的相关税费，借记"在建工程"或"固定资产"账户，如取得增值税专用发票已经税务机关认证，按允许抵扣的增值税额，借记"应交税费——应交增值税（进项税额）"账户，按投资者在企业注册资本中享有的份额，贷记"实收资本"或"股本"账户，合同或协议约定的价值超过投资者在企业注册资本中享有份额的部分，贷记"资本公积——资本或股本溢价"账户，发生的相关税费，贷记"银行存款"等账户。如果合同或协议约定的价值不公允，则按该项固定资产公允价值以及应支付的相关税费确定其入账价值（不包括允许抵扣的增值税额）。

【例 7 - 8】 某企业为增值税一般纳税人，于 2×22 年 12 月 5 日收到 B 公司投入的不需要安装设备 1 台，该设备在 B 公司的账面记录为：原始价值 780 000 元，已提折旧 30 000 元。接受投资时，合同约定的价值为 820 000 元，占注册资本的 20%。企业以银行存款支付运输费，取得的增值税专用发票上注明的价款为 8 000 元，增值税额为 720 元，取得的增值税专用发票已经税务机关认证该增值税允许抵扣。企业接受 B 公司投资后，将其注册资本变更为 4 000 000 元。设备抵达后，验收并交付生产车间使用。该企业应作账务处理如下：

借：固定资产	828 000
应交税费——应交增值税（进项税额）	720
贷：实收资本	800 000
资本公积——资本溢价	20 000
银行存款	8 720

（四）接受捐赠固定资产的核算

企业接受捐赠的固定资产，按捐赠方提供凭据上标明的金额或同类或者类似固定资产的市场价格或该资产的预计未来现金流量现值以及应支付的税费扣除其价值损耗后的金额，借记"在建工程"或"固定资产"账户，接受捐赠的价值，贷记"营业外收入"账户，发生的相关税费，贷记"银行存款"等账户。

【例 7 - 9】 某企业为增值税一般纳税人，于 2×19 年 12 月 18 日接受 C 公司捐赠的不需要安装的生产经营用机器 1 台，该机器市场价格为 260 000 元，估计九成新。企业以银行存款支付包装费，取得的增值税专用发票上注明的价款为 5 000 元，增值税额为 300 元。假定增值税额当月已经税务机关认证可予抵扣。该企业应作账务处理如下：

借：固定资产	239 000
应交税费——应交增值税（进项税额）	300
贷：营业外收入	234 000
银行存款	5 300

需要注意的是，一般企业固定资产报废清理费用，不计入相关固定资产的成本，而应当在发生时作固定资产处置费用处理。特殊企业的特定固定资产在确定固定资产原始价值时，还应该考虑预计弃置费用因素。所谓弃置费用是指根据国家法律和行政法规、国际公约等规定，企业承担的环境保护和生态恢复等义务所确定的支出，如核电站核设施、油气资产等的弃置和恢复环境义务支出。企业应当将弃置费用的现值计入相关固定资产的成本，并确认相应的预

计负债。在固定资产预计使用寿命内,按预计负债的摊余成本和实际利率法确认利息费用并计入当期损益。

第三节　固定资产折旧

固定资产在其长期使用过程中,虽然其实物形态基本保持不变,但其价值在固定资产使用过程中会发生损耗,企业应当按照与固定资产有关的经济利益的预期消耗方式,合理选择折旧方法,根据固定资产的性质和使用情况、消耗方式以及所处环境等因素,合理确定固定资产的使用寿命和预计净残值。企业至少于每年年度终了,对固定资产的使用寿命、预计净残值进行复核。

一、固定资产折旧的概念

固定资产折旧是指固定资产由于损耗而减少的这部分价值。固定资产损耗分为有形损耗和无形损耗。有形损耗是指固定资产在使用过程中由于使用或自然力因素影响使用价值和价值的损失。无形损耗是指由于科学技术进步引起的价值损耗。

固定资产不同于材料,其价值不是一次转移计入产品成本或损益,而是在其长期使用过程中,随着其损耗程度逐渐转移价值,以折旧方式分期计入产品成本或损益,并从营业收入中得到补偿。

为确保固定资产再生产正常运行,正确计算产品成本以及经营成果,企业应当在固定资产使用寿命内,按照确定的方法对固定资产应计折旧额进行系统分摊。

二、影响固定资产折旧的因素

企业按月计提固定资产折旧时,无论采用何种方法,固定资产折旧额均受下列因素影响。

（一）固定资产应计折旧额

固定资产应计折旧额是指应当计提折旧的固定资产的原始价值扣除其预计净残值后的余额。在固定资产整个使用寿命内,其应计折旧额一般不会发生变化。

固定资产原始价值是固定资产的折旧基数,固定资产原始价值越大,计提的折旧额就越多;反之,固定资产原始价值越小,计提的折旧额就越小。

预计净残值是指假定固定资产预计使用寿命已满并处于使用寿命终了时的预期状态,企业目前从该项资产处置中获得的扣除预计处置费用后的金额,而且应以固定资产预计净残值的折现值确定,而不是按终值确定其金额,企业应当合理预计净残值。预计净残值在数量上等于预计残值收入减去预计清理费用后的余额。预计净残值与固定资产原始价值的比率称为预计净残值率。会计实务中,预计净残值一般根据固定资产原始价值乘以预计净残值率计算。

固定资产应计折旧额＝固定资产原始价值－预计净残值
＝固定资产原始价值－固定资产原始价值×预计净残值率
＝固定资产原始价值×（1－预计净残值率）

对已计提减值准备的固定资产,计算应计折旧额时还应当扣除已计提的固定资产减值准备累计金额。

（二）固定资产的使用寿命

固定资产的使用寿命是指固定资产预计可以使用的期间或者该资产能生产的产品或提供服务的数量。企业确定固定资产使用寿命时,主要应当考虑以下因素:

（1）该资产预计生产能力或实物产量。

（2）该资产预计有形损耗和无形损耗。

（3）法律或者类似规定对该资产使用的限制。

企业应当根据上述因素以及固定资产的性质和使用情况、消耗方式、所处环境等因素,对固定资产的使用寿命作出合理预计。

固定资产的使用寿命、预计净残值一经确定,不得随意变更。但是,企业至少应于每年年度终了,对固定资产的使用寿命、预计净残值和折旧方法进行复核。如果使用寿命和预计净残值预计数与原先估计数有差异的,应调整固定资产使用寿命以及预计净残值;如果在固定资产使用过程中,与其有关的经济利益预期消耗方式发生重大变化,应相应改变固定资产折旧方法。固定资产使用寿命、预计净残值和折旧方法的改变均按照会计估计变更的有关规定处理。

三、固定资产折旧的计提范围

固定资产的折旧范围包括空间范围和时间范围两个方面的界定。

1. 固定资产折旧的空间范围

在计提固定资产折旧的空间范围上,企业除了已提足折旧仍继续使用的固定资产、按照规定单独估价作为固定资产入账的土地和高危行业企业按国家规定提取的安全生产费形成固定资产成本的设备以外,应当对所有固定资产计提折旧。

企业以经营租赁方式租出的固定资产,因季节性、大修理和内部替换使用而停用的固定资产应当计提折旧。已达到预定可使用状态但尚未办理竣工决算按照暂估价入账的固定资产,以暂估价为基础计提折旧;待办理竣工决算手续后,再按照实际成本调整已入账的暂估价,原已计提的折旧额不需要作调整。

在建工程达到预定可使用状态之前的固定资产、处于更新改造或改扩建过程而停止使用的固定资产,不应当计提折旧。提前报废的固定资产,未提足的折旧额不需要补提。

对于已计提减值准备的固定资产,应该按照计提减值准备后固定资产的账面价值和按照尚可使用寿命重新计算的折旧率计提折旧,已全额计提减值准备的固定资产,不再计提折旧。

2. 固定资产折旧的时间范围

在计提固定资产折旧的时间范围上,企业应当按月计提固定资产折旧。会计实务中,每月计提的固定资产折旧额以月初应提折旧的固定资产为基础计算,即当月增加的固定资产,当月不计提折旧,从下月开始计提折旧;当月减少的固定资产,当月仍然计提折旧,从下月开始停止计提折旧。

四、固定资产折旧的计算方法

企业应当按照与固定资产有关的经济利益的预期实现方式,合理地选择固定资产折旧方法。固定资产的折旧方法包括平均年限法、工作量法和加速折旧法。按照可比性要求,固定资产折旧方法一经选定不得随意变更。

1. 平均年限法

平均年限法是指将固定资产的折旧额平均地分摊到固定资产预计使用寿命内各期的一种方法,其累计折旧额为固定资产使用时间的线性函数,所以又称直线法。采用这种方法,固定资产预计使用寿命内各期的折旧额相等。其计算公式如下:

$$年折旧率=\frac{1-预计净残值率}{预计使用寿命}\times100\%$$

$$月折旧率=年折旧率\div12$$

$$月折旧额=固定资产原始价值\times月折旧率$$

或:

$$年折旧额=\frac{固定资产原始价值\times(1-预计净残值率)}{预计使用寿命}$$

$$月折旧额=年折旧额\div12$$

【例 7-10】 某企业一幢办公房,原始价值为 600 000 000 元,预计使用寿命为 20 年,预计净残值率为 4%,该办公房折旧率和折旧额计算如下:

$$年折旧率=\frac{1-4\%}{20}\times100\%=4.8\%$$

$$年折旧额=600\,000\,000\times4.8\%=28\,800\,000(元)$$

$$月折旧率=4.8\%\div12=0.4\%$$

$$月折旧额=600\,000\,000\times0.4\%=2\,400\,000(元)$$

或:

$$年折旧额=\frac{600\,000\,000\times(1-4\%)}{20}=28\,800\,000(元)$$

$$月折旧额=28\,800\,000\div12=2\,400\,000(元)$$

上述计算的折旧率是按单个固定资产项目计算的,称为个别折旧率,即某项固定资产在一定期间的折旧额与该项固定资产原始价值的比率。此外,也可以将性质、结构和使用寿命接近的固定资产加以归类,按固定资产类别计算分类折旧率,如计算房屋建筑物类折旧率、机械设备类折旧率、管理用具类折旧率等,还可以按全部固定资产计算综合折旧率。

分类折旧率的计算公式如下:

$$某类固定资产年折旧率=\frac{该类固定资产年折旧额之和}{该类固定资产原始价值之和}\times100\%$$

综合折旧率的计算公式如下:

$$固定资产年综合折旧率=\frac{各项固定资产年折旧额之和}{各项固定资产原始价值之和}\times100\%$$

采用分类折旧率计算固定资产折旧额,准确性不如个别折旧率,但计算方法比较简单。采用综合折旧率计算固定资产折旧额,计算结果的准确性与采用个别折旧率和分类折旧率计算固定资产折旧相比较差。会计实务中,企业一般采用个别折旧率或分类折旧率计算固定资产折旧额。

采用平均年限法计算固定资产折旧每年折旧额相等,计算比较简便、容易理解,但这种方法忽视了固定资产在不同的预计使用寿命内各期产生经济效益以及固定资产维修费用等方面存在着明显区别。一般而言,固定资产随着使用期工作强度和工作效率逐渐衰弱,使用前期工作强度和工作效率比较高,能带来比较多的经济利益,而使用后期,工作强度和工作效率呈下降趋势,所带来的经济利益逐渐减少;固定资产随着使用,其维修费用会逐渐增加,而平均年限法下每年折旧额相等,这样就造成固定资产使用成本在其预计使用寿命内各期呈前期少后期多,固定资产使用成本分摊不均衡的现象。

2. 工作量法

工作量法是指将固定资产应计折旧额按预计总工作量平均分摊的一种折旧方法,其累计折旧额为固定资产实际工作量的线性函数,也是直线法的一种。不同的固定资产其工作量的表现形式有所不同,如运输设备为运输里程,机器设备为机器台班或机器工时。采用这种方法不考虑其预计使用年限,预计单位工作量折旧额相等,每期计提折旧额根据实际工作量和预计单位工作量折旧额计算。其计算公式如下:

$$单位工作量折旧额 = \frac{固定资产原始价值 \times (1 - 预计净残值率)}{预计总工作量}$$

$$某项固定资产月折旧额 = 该项固定资产当月实际工作量 \times 单位工作量折旧额$$

【例7-11】 某企业一辆集装箱卡车,原始价值为 800 000 元,预计总行驶里程为 2 000 000 千米,其报废时的预计净残值率为 5%,本月行驶 40 000 千米。该辆卡车本月折旧额计算如下:

$$单位里程应计折旧额 = \frac{800\,000 \times (1-5\%)}{2\,000\,000} = 0.38(元/千米)$$

$$本月应提折旧额 = 40\,000 \times 0.38 = 15\,200(元)$$

采用工作量法计算固定资产折旧比较简便,而且考虑了固定资产工作强度和工作效率,适合于各期工作强度和工作效率有着明显不同的固定资产。

3. 加速折旧法

加速折旧法又称为快速折旧法或递减折旧法,是指根据固定资产随着使用其工作强度和工作效率逐渐衰弱、维修费用会逐渐增加等特点,在固定资产有效使用寿命的初期多提折旧,后期则少提折旧,相对加快折旧的速度,从而使固定资产成本在有效使用寿命内加快得以补偿的折旧方法。这种方法虽然计算工作量比较大,但能够使每期计提的折旧额比较符合固定资产的损耗程度,均衡固定资产有效使用寿命内各期的使用成本。

加速折旧法有多种,我国企业常用的方法有双倍余额递减法和年数总和法两种。

1) 双倍余额递减法

双倍余额递减法是指根据每年年初固定资产账面价值和不考虑预计净残值计算的直线法

折旧率的双倍所确定的折旧率计算固定资产折旧的一种方法。

采用这种方法计算折旧额时,先不考虑固定资产预计净残值,每年计提折旧的基数是年初固定资产的账面净值。在计算固定资产折旧额时,为避免固定资产的账面净值小于其预计净残值,应在其预计使用年限到期前2年内,按固定资产账面净值扣除预计净残值后的余额平均分摊。其计算公式如下:

$$年折旧率＝\frac{2}{预计使用年限}\times100\%$$

$$月折旧率＝\frac{年折旧率}{12}$$

$$年折旧额＝年初固定资产账面净值\times年折旧率$$

$$月折旧额＝年初固定资产账面净值\times月折旧率$$

或:　　　　　　　　$$月折旧额＝年折旧额\div12$$

【例7－12】　某企业某项固定资产原始价值为600 000元,预计使用年限为5年,预计净残值率为5%。该固定资产采用双倍余额递减法计提折旧。年折旧率以及各年折旧额计算如下:

$$年折旧率＝2\div5\times100\%＝40\%$$

$$第一年应提折旧额＝600\,000\times40\%＝240\,000(元)$$

$$第二年应提折旧额＝(600\,000－240\,000)\times40\%＝144\,000(元)$$

$$第三年应提折旧额＝(360\,000－144\,000)\times40\%＝86\,400(元)$$

$$第四年、第五年各年折旧额＝\frac{(216\,000－86\,400)－600\,000\times5\%}{2}＝49\,800(元)$$

或:　$$第四年、第五年各年折旧额＝\frac{600\,000\times(1－5\%)－240\,000－144\,000－86\,400}{2}＝49\,800(元)$$

固定资产折旧计算表计算如表7－1所示。

表7－1

固定资产折旧计算表

单位:元

年　份	原始价值	年初账面净值	年折旧率	年折旧额	累计折旧额
1	600 000	600 000	40%	240 000	240 000
2	600 000	360 000	40%	144 000	384 000
3	600 000	216 000	40%	86 400	470 400
4	600 000	129 600	—	49 800	520 200
5	600 000	79 800	—	49 800	570 000
合　计		30 000		570 000	570 000

2) 年数总和法

年数总和法又称为合计年限法,是指以固定资产应计折旧额即原始价值减去预计净残值后的净额乘以一个逐年递减的年折旧率计算每年折旧额的一种折旧方法。其计算公式如下：

$$年折旧率 = \frac{尚可使用年数}{预计使用年限逐年数字总和}$$

$$年折旧额 = 固定资产应计折旧额 \times 该年折旧率$$

或：

$$年折旧额 = 固定资产原始价值 \times (1-预计净残值率) \times 该年折旧率$$

$$月折旧额 = 年折旧额 \div 12$$

【例 7-13】 沿用[例 7-12]的资料,假定该项固定资产采用年数总和法计提折旧,各年的折旧额计算如下：

$$第一年折旧额 = 600\ 000 \times (1-5\%) \times 5 \div 15 = 190\ 000(元)$$
$$第二年折旧额 = 600\ 000 \times (1-5\%) \times 4 \div 15 = 152\ 000(元)$$
$$第三年折旧额 = 600\ 000 \times (1-5\%) \times 3 \div 15 = 114\ 000(元)$$
$$第四年折旧额 = 600\ 000 \times (1-5\%) \times 2 \div 15 = 76\ 000(元)$$
$$第五年折旧额 = 600\ 000 \times (1-5\%) \times 1 \div 15 = 38\ 000(元)$$

固定资产折旧计算如表 7-2 所示。

表 7-2

固定资产折旧计算表

金额单位：元

年 份	应提折旧额	尚未使用年数	年折旧率	年折旧额	年末账面净值
1	570 000	5	5/15	190 000	410 000
2	570 000	4	4/15	152 000	258 000
3	570 000	3	3/15	114 000	144 000
4	570 000	2	2/15	76 000	68 000
5	570 000	1	1/15	38 000	30 000
合 计				570 000	30 000

五、固定资产折旧的账务处理

会计实务中,企业一般按月计提固定资产折旧,每月折旧额以月初应计提折旧的固定资产原始价值为基础计算,通常在上月计提折旧额的基础上,对上月应计提折旧的固定资产增减变动情况进行调整后计算得出当月应计提的折旧额。其计算公式如下：

$$\frac{当月固定资产}{应计提折旧额} = \frac{上月固定资产}{计提的折旧额} + \frac{上月增加固定资产}{应计提的折旧额} - \frac{上月减少固定资产}{应计提的折旧额}$$

企业按月计提固定资产折旧时,应根据固定资产的使用部门或用途计入相关成本或费用,借记"制造费用""管理费用""销售费用""其他业务成本""研发支出""在建工程"等账户,贷记"累计折旧"账户。企业未使用、不需用固定资产计提的折旧,借记"管理费用"账户,贷记"累计折旧"账户。

会计实务中,一般各月计提固定资产折旧是通过编制固定资产折旧计算表进行的。

【例7-14】 某企业2×22年9月份固定资产折旧计算如表7-3所示。

表7-3

固定资产折旧计算表

2×22年9月 单位:元

使用部门或用途	固定资产项目	上月折旧额	上月增加固定资产		上月减少固定资产		本月折旧额
			原始价值	折旧额	原始价值	折旧额	
第一车间	厂房	97 800					97 800
	机器设备	19 700	300 000	1 750			21 450
	工具器具	6 700					6 700
	小 计	124 200	300 000	1 750			125 950
第二车间	厂房	86 300					86 300
	机器设备	19 600			100 000	950	18 650
	工具器具	1 600					1 600
	小 计	107 500			100 000	950	106 550
厂部管理部门	办公楼	91 300					91 300
	管理用具	24 900	50 000	780			25 680
	小 计	116 200	50 000	780			116 980
研发部门	机器设备	48 200					48 200
	小 计	48 200					48 200
建造厂房	机器设备	180 000					180 000
	小 计	180 000					180 000
经营性出租	机器设备	37 500					37 500
	小 计	37 500					37 500
未使用	机器设备	630					630
	小 计	630					630
合 计		614 230	350 000	2 530	100 000	950	615 810

根据表7-3,该企业2×22年9月份计提折旧的账务处理如下:

借:制造费用——第一车间   125 950
  制造费用——第二车间   106 550
  管理费用   117 610
  研发支出   48 200
  在建工程   180 000
  其他业务成本   37 500
  贷:累计折旧   615 810

第四节　固定资产后续支出

固定资产的后续支出是指企业的固定资产投入使用以后,为适应科学技术发展的需要,或者为提高或者为维持固定资产的使用效能,对现有固定资产进行改建、扩建或者改良或者维护等而发生的各项必要支出。

一、固定资产后续支出的内容

固定资产后续支出的内容主要包括改建、扩建或者改良等更新改造支出、修理费用等。固定资产的后续支出按照是否符合固定资产确认条件分为资本化后续支出和费用化后续支出。

二、固定资产后续支出的账务处理

固定资产后续支出会计处理的原则为:符合固定资产确认条件的,即同时符合与该项固定资产有关的经济利益很可能流入企业和该资产的成本能够可靠地计量两个条件,应当确认为资本化后续支出,计入固定资产成本,同时为避免固定资产成本虚高应扣除被替换零、部件的账面价值以及扣除其变价收入;不符合固定资产确认条件的,应当确认为费用化支出,在发生时计入当期损益。

（一）资本化后续支出的账务处理

固定资产发生的可资本化的后续支出应通过"在建工程"账户核算。企业固定资产发生资本化后续支出时,转销该固定资产的原始价值、已计提的累计折旧和减值准备,将固定资产账面价值转入"在建工程"账户,所发生的后续支出记入"在建工程"账户,如取得增值税专用发票已经税务机关认证,按允许抵扣的增值税额,借记"应交税费——应交增值税(进项税额)"账户,被替换零部件的账面价值以及其变价收入冲减"在建工程"账户,以避免固定资产成本重复计算。待发生后续支出的固定资产完工达到预定可使用状态时,再将其成本从"在建工程"账户转入"固定资产"账户,并以所确定的固定资产原始价值为基础,重新确定使用寿命、预计净残值和折旧方法计提折旧。

【例7-15】　某企业为增值税一般纳税人,于2×16年12月7日购入1台生产作业用升降机,成本为900 000元,其中发动机成本为50 000元。企业未将发动机确认为一项单独的固定资产。对该升降机采用平均年限法计提折旧,年折旧率为5%。为提高工作效率,企业更换了性能更好的发动机。2×19年12月20日,购买新发动机取得的增值税专用发票上注明价款为86 000元,增值税额为11 180元。企业拆除老发动机,并予以报废,将新发动机安装上升降机,发生安装费用,取得的增值税专用发票上注明价款为9 000元,增值税额为810元,款项以银行存款支付。2×19年12月31日,新发动机安装完毕,升降机达到预定可使用状态。假定增值税额当月已经税务机关认证可予抵扣。该企业应作账务处理如下:

(1) 2×19年12月,升降机已计提的累计折旧额:

$$900\ 000 \times 5\% \times 3 = 135\ 000(元)$$

固定资产账面价值转入在建工程时:

借：在建工程——改良升降机工程   765 000
    累计折旧   135 000
     贷：固定资产   900 000

（2）购入新发动机时：

借：工程物资   86 000
    应交税费——应交增值税（进项税额）   11 180
     贷：银行存款   97 180

（3）报废老发动机时：

借：营业外支出   42 500
     贷：在建工程——改良升降机工程   42 500

（4）安装新发动机时：

借：在建工程——改良升降机工程   95 000
    应交税费——应交增值税（进项税额）   810
     贷：工程物资   86 000
      银行存款   9 810

（5）新发动机安装完毕，升降机达到预定可使用状态时：

借：固定资产   817 500
     贷：在建工程——改良升降机工程   817 500

【例 7 - 16】 某企业为增值税一般纳税人，于 2×19 年 6 月 7 日，采用出包方式对其所有的一条生产流水线进行改良以提高其生产能力，该生产流水线原始价值为 700 000 元，预计使用寿命 6 年，预计净残值率为 3%，已使用了 3 年，已提折旧 339 500 元。合同规定，企业于 6 月 7 日支付工程款，取得的增值税专用发票上注明价款为 290 000 元，增值税额为 26 100 元。在改良过程中，企业取得残料变价收入，开具的增值税专用发票上注明价款为 5 500 元，增值税额为 715 元，款项已存入银行。该项改良工程于 12 月末完工并交付使用。该生产流水线改良竣工后，预计可使用寿命为 5 年，预计净残值率为 4%，采用平均年限法计提折旧。假定增值税额当月已经税务机关认证可予抵扣。该企业应作账务处理如下：

（1）2×19 年 6 月 7 日，将生产流水线账面价值转入改良工程时：

借：在建工程——生产流水线改良工程   360 500
    累计折旧   339 500
     贷：固定资产   700 000

（2）6 月 7 日，支付工程款时：

借：在建工程——生产流水线改良工程   290 000
    应交税费——应交增值税（进项税额）   26 100
     贷：银行存款   316 100

（3）取得变价收入时：

借：银行存款 6 215

  贷：在建工程——生产流水线改良工程 5 500

   应交税费——应交增值税(销项税额) 715

(4) 12月末,工程完工交付使用时：

借：固定资产 645 000

  贷：在建工程——生产流水线改良工程 645 000

(5) 自 2×20 年 1 月份起,改良后的生产流水线每月计提折旧时：

$$年折旧率＝(1－4\%)\div 5＝19.2\%$$

$$月折旧率＝19.2\%\div 12＝1.6\%$$

$$月折旧额＝645\,000\times 1.6\%＝10\,320(元)$$

借：制造费用 10 320

  贷：累计折旧 10 320

(二)费用化后续支出的账务处理

企业在取得固定资产以后,由于自然损耗、使用磨损或者各组成部分耐用程度不同等原因,可能会导致固定资产局部遭到损坏,为保证固定资产正常运行和使用,发挥其应有的效能,企业需要对固定资产进行必要的维修。由于企业日常对固定资产维修的目的只是恢复固定资产的使用价值,使其正常地运转,不会因维修给企业带来更多的经济效益,因而固定资产的日常维修费用发生时直接计入当期损益。对于行政管理等部门固定资产发生的日常维修费用、专设销售机构固定资产发生的日常维修费用,分别借记"管理费用""销售费用"账户,贷记"原材料""应付职工薪酬""银行存款"等账户。

【例 7-17】 某企业为增值税一般纳税人,于 2×19 年 12 月 9 日对行政管理部门一台设备进行日常维修,维修过程中领用修理用备件 3 200 元,发生修理人员薪酬 360 元,以银行存款支付修理费用,取得的增值税专用发票上注明价款为 600 元,增值税额为 78 元。假定增值税额当月已经税务机关认证可予抵扣。该企业应作账务处理如下：

借：管理费用 4 160

 应交税费——应交增值税(进项税额) 78

  贷：原材料 3 200

   应付职工薪酬 360

   银行存款 678

需要注意的是,企业对固定资产进行定期检查发生的大修理费用,符合资本化条件的,可以计入固定资产成本;不符合资本化条件的,应当计入当期损益。固定资产大修理期间仍然应当计提折旧。

第五节 固定资产清查

为保护企业固定资产的安全完整,加强对固定资产的管理,挖掘固定资产的利用效率,企业有必要对固定资产进行盘点清查,核实账面记录。对固定资产清查一般采用实地盘点法,对清查中发现盘盈、盘亏的固定资产,应及时调整账面记录,确保账实相符,并查明原因,按规定进行相应的会计处理。

一、固定资产清查概述

企业通常应对固定资产定期或者至少每年在编制财务报告之前进行一次全面的实地盘点,将盘点的固定资产实有数量与固定资产卡片进行核对,核查账实是否相符。清查中发现盘盈、盘亏的固定资产,应编制固定资产盘盈、盘亏报告表,经会计部门审核汇总后,作为调整固定资产账簿的依据,查明原因后出具书面报告,并根据企业的管理权限,经股东大会或董事会或经理(厂长)会议或类似机构批准后,在期末结账前处理完毕。

对企业在清查中盘盈的固定资产,应作为企业的前期差错处理,通过"以前年度损益调整"账户进行核算;盘亏的固定资产,应通过"待处理财产损溢——待处理固定资产损溢"账户进行核算,查明原因期末结账前处理完毕后"待处理财产损溢"账户无余额。

二、固定资产盘盈、盘亏的账务处理

(一)固定资产盘盈的账务处理

企业盘盈的固定资产应按同类或类似固定资产的市场价格,减去按该项资产的新旧程度估计的价值损耗后的净额,或者按该项固定资产的预计未来现金流量的现值,确定其入账价值,借记"固定资产"账户,贷记"以前年度损益调整"账户。

【例7-18】 某企业在财产清查中,发现1台账外机器,同类机器的市场价格为30 000元,估计八成新。对该盘盈的固定资产资产作前期差错处理。假定该企业适用的所得税税率为25%,按净利润的10%计提法定盈余公积。该企业应作账务处理如下:

(1)盘盈固定资产时:

借:固定资产	24 000
贷:以前年度损益调整	24 000

(2)结算应交所得税时:

借:以前年度损益调整	6 000
贷:应交税费——应交所得税	6 000

(3)结转以前年度损益调整时:

借:以前年度损益调整	18 000
贷:利润分配——未分配利润	18 000

(4)计提法定盈余公积时:

借:利润分配——未分配利润	1 800
贷:盈余公积——法定盈余公积	1 800

（二）固定资产盘亏的账务处理

企业盘亏的固定资产,按其账面价值,借记"待处理财产损溢——待处理固定资产损溢"账户,按已提折旧额,借记"累计折旧"账户,按该项固定资产已计提的减值准备,借记"固定资产减值准备"账户,按盘亏固定资产的原始价值,贷记"固定资产"账户;盘亏固定资产报经批准转销时,按净损失,借记"营业外支出——固定资产盘亏"账户,贷记"待处理财产损溢——待处理固定资产损溢"账户。

【例 7 - 19】 某企业进行财产清查时盘亏 1 台机器,其原始价值为 500 000 元,已提折旧 320 000 元,已计提减值准备 60 000 元,经批准转销该盘亏固定资产的损失。该企业应作账务处理如下:

（1）盘亏固定资产时:

借:待处理财产损溢——待处理固定资产损溢   120 000
　　累计折旧   320 000
　　固定资产减值准备   60 000
　　贷:固定资产   500 000

（2）报经批准转销时:

借:营业外支出——固定资产盘亏   120 000
　　贷:待处理财产损溢——待处理固定资产损溢   120 000

第六节　固定资产期末计量

固定资产属于企业的长期资产,固定资产在使用过程中,会因受到经济环境等变化的影响,使其为企业带来经济利益的能力受到不利影响,导致其可收回金额低于账面价值,即发生价值减损。为避免夸大已发生减损的固定资产价值和虚增利润,客观反映会计信息,企业应当对其计提减值准备。

对存在减值迹象的固定资产进行减值测试,如果发现某项固定资产发生价值减损,应计提固定资产减值准备。如果对于已经发生的资产减值不予以确认,会导致虚增资产价值,不符合客观性原则。

一、固定资产减值的判断

（一）固定资产减值迹象

企业应当定期对固定资产的账面价值进行逐项检查,如果发现存在减值迹象,应当对固定资产的可收回金额进行估计,以判断固定资产是否已经发生了减值。如果某项固定资产出现下列情形之一,表明该固定资产已出现减值迹象:

（1）固定资产的市价大幅度下跌,其跌幅明显高于因时间的推移或者正常使用而预计的下跌。

（2）企业经营所处的经济、技术或者法律等环境以及固定资产所处的市场在当期或者将在近期发生重大变化,从而对企业产生不利影响。

（3）市场利率或者其他市场投资报酬率在当期已经提高，从而影响企业计算固定资产预计未来现金流量现值的折现率，导致资产可收回金额大幅度降低。

（4）有证据表明固定资产已经陈旧过时或者其实体已经损坏。

（5）固定资产已经或者将被闲置，终止使用或者计划提前处置。

（6）企业内部报告的证据表明固定资产的经济绩效已经低于或者将低于预期的净现金流量或者实现的营业利润远远低于预计金额等。

（7）其他表明固定资产可能已经发生减值的迹象。

（二）固定资产可收回金额的计量

固定资产可收回金额应当根据固定资产的公允价值减去处置费用后的净额与固定资产预计未来现金流量的现值两者之间较高者确定。两项指标中只要有一项超过了固定资产的账面价值，就表明固定资产未发生减值，不需要再估计另一项金额。

1. 固定资产的公允价值减去处置费用后的净额

固定资产的公允价值是指市场参与者在计量日发生的有序交易中，出售一项资产所能收到或者转移一项负债所需支付的价格，一般根据公平交易中销售协议价格确定。不存在销售协议但存在该资产活跃市场的，应当按照其市场价格确定，市场价格通常根据资产买方出价确定。

固定资产处置费用是指可归属于固定资产处置的增量费用，包括与固定资产处置有关的法律费用、相关税费、搬运费以及为使固定资产达到可使用状态所发生的各项直接费用等。

企业按照上述规定无法可靠估计固定资产的公允价值减去处置费用后的净额的，应当以该固定资产预计未来现金流量的现值作为其可收回金额。

2. 固定资产的预计未来现金流量的现值

固定资产的预计未来现金流量的现值是预计从其持续使用和最终处置中所产生的未来净现金流入量的折现金额。影响固定资产的预计未来现金流量的现值估计的主要因素有预计其未来现金流量、预计折现率以及预计使用寿命。

固定资产的预计未来现金流量包括在其持续使用过程中预计产生的现金流入，为保证其持续使用过程中预计产生的现金流入所必需的预计现金流出，在其使用寿命结束时处置所流入或者流出的现金流量净额。预计资产未来现金流量通常应当根据资产未来期间最有可能产生的现金流量进行预测。

预计折现率的确定通常应当以该资产的市场利率为依据。该资产的利率无法从市场获得的，可以使用替代利率估计折现率。替代利率可以根据加权平均资金成本、增量借款利率或者其他相关市场借款利率作适当调整后确定。调整时，应当考虑与资产预计未来现金流量有关的特定风险以及其他有关货币风险和价格风险等。

二、资产组的认定

企业应当对固定资产按单个项目估计其可收回金额，如果在会计实务中，企业难以对单个固定资产的可收回金额进行估计，应当以该资产所属的资产组为基础确定资产组的可收回金额，对不能独立产生现金流量的固定资产，按其所归属的资产组进行测试，确定减值损失。

资产组是指企业可以认定的最小资产组合，其产生的现金流入应当基本上独立于其他资产或者资产组，资产组应当由创造现金流入相关的资产组成。

资产组认定的最关键因素是该资产组能否独立产生现金流入。企业的某一生产线、营业网点、业务部门等,如果能够独立于其他部门或者单位等创造收入、产生现金流,或者其创造的收入和现金流入绝大部分独立于其他部门或者单位,且属于可认定的最小的资产组合的,通常应将该生产线、营业网点、业务部门等认定为一个资产组。几项资产的组合生产的产品(或者其他产出)存在活跃市场的,无论这些产品(或者其他产出)是用于对外出售还是仅供企业内部使用,均表明这几项资产的组合能够独立创造现金流入,应当将这些资产的组合认定为资产组。

资产组认定应考虑企业对生产经营活动的管理或者监控方式,以及对资产使用或者处置的决策方式等重要因素。例如,某企业有 A、B、C 3 个工厂,每个工厂在核算、考核和管理等方面都相对独立,在这种情况下,每个工厂通常为一个资产组。又如,某企业有甲车间和乙车间,甲车间专门生产 D 产品的部件,D 产品生产完毕后交由乙车间负责装配成 E 产品后才能对外销售,该企业对甲车间和乙车间资产的使用和处置等决策是统筹的,在这种情况下,甲车间和乙车间通常应当认定为一个资产组。

总部资产通常是指企业集团或事业部的资产,包括办公楼、研发中心和电子数据处理设备等,其一般难以脱离其他资产或者资产组独立产生现金流入,无法将其账面价值归属于某一资产组,所以应首先认定所有与资产组有关的总部资产,合理分摊总部资产账面价值,再比较资产组账面价值和可收回金额,确定相应的减值损失。

资产组一经确定不得随意变更,以使各个会计期间保持一致。如因企业资产重组或者资产用途改变等需要变更资产组构成的,应当在财务报表附注中予以披露。

三、固定资产减值的账务处理

资产负债表日,企业对已发生减值的固定资产,计提当期减值准备,确认减值损失。固定资产减值准备采用单个资产项目或者资产组计算。根据固定资产预计可收回金额低于其账面价值的金额,借记"资产减值损失"账户,贷记"固定资产减值准备"账户。为防止企业利用资产减值任意调节利润,我国《企业会计准则第 4 号——固定资产》规定固定资产减值损失一经确认,以后期间不允许转回。

已计提减值准备的固定资产应当按照该固定资产的账面价值以及尚可使用寿命重新计算折旧率和折旧额,已全额计提减值准备的固定资产不再计提折旧。

已计提减值准备的固定资产处置时,在结转固定资产账面余额、已提折旧额的同时结转相对应的减值准备。

【例 7-20】 某企业于 2×16 年 12 月 1 日购入 1 台不需安装的生产产品用机器,原始价值为 700 000 元,预计使用寿命为 5 年,预计净残值率为 4%,采用平均年限法计提折旧。该项机器的市价大幅度下跌,其跌幅明显高于因时间的推移或者正常使用而预计的下跌。2×18 年 12 月 31 日,该机器公允价值减去处置费用后的净额为 360 000 元,预计未来现金流量的现值为 320 000 元。该机器计提减值准备后,剩余使用年限预计为 2 年,预计净残值率为 3%,仍采用平均年限法计提折旧。2×19 年 12 月 31 日,该机器公允价值减去处置费用后的净额为 260 000 元,预计未来现金流量的现值为 210 000 元。该企业应作账务处理如下:

(1) 2×18 年 12 月 31 日,计提减值准备时:

该机器账面价值＝700 000－700 000×(1－4%)÷5×2＝431 200(元)

该机器可收回金额取公允价值减去处置费用后的净额与预计未来现金流量的现值中较高者,即 360 000 元。

$$应计提的减值准备金额＝431\,200-360\,000=71\,200(元)$$

借:资产减值损失   71 200
    贷:固定资产减值准备   71 200

(2) 2×19 年起每月计提折旧时:
2×18 年 12 月 31 日该机器计提减值准备后,账面价值为 360 000 元。

$$2×19\ 年起每月计提折旧额＝360\,000×(1-3\%)÷(2×12)=14\,550(元)$$

借:制造费用   14 550
    贷:累计折旧   14 550

(3) 2×19 年 12 月 31 日,该机器账面价值为 185 400 元(360 000-14 550×12),该机器可收回金额取公允价值减去处置费用后的净额与预计未来现金流量的现值中较高者,即 260 000 元。该机器可收回金额大于其账面价值,减值恢复,但已计提的减值准备不允许转回。

第七节 固定资产的处置

企业对不适用或不需用的固定资产、不能继续使用而报废的固定资产和因遭受自然灾害等非常损失而毁损的固定资产,应当及时处置。固定资产处置一般是指固定资产出售、报废、毁损,还包括因对外投资、用于抵债、对外捐赠、非货币性交易等原因而减少的固定资产。

一、固定资产终止确认的条件

我国《企业会计准则第 4 号——固定资产》规定,固定资产满足下列条件之一的,应当予以终止确认:

(1) 该固定资产处于处置状态。企业处于处置状态的固定资产,不再以为生产商品、提供劳务、出租或经营管理为持有目的,不符合固定资产的定义,应当终止确认。

(2) 该固定资产预期通过使用或处置不能产生经济效益。"与该固定资产有关的经济利益很可能流入企业"是固定资产的确认条件之一,如果一项固定资产预期通过使用或处置不能产生经济效益,不符合固定资产的确定条件,应当终止确认。

二、固定资产处置的账务处理

企业因出售、报废或毁损而减少的固定资产,应当将处置收入扣除账面价值和相关税费后的金额确认为利得或损失,计入当期损益。企业因处置而减少的固定资产,一般通过"固定资产清理"账户进行核算。企业的固定资产处置方式不同,具体的账务处理就有所不同。企业因出售、报废和毁损而减少的固定资产,账务处理一般分为以下几个步骤。

1. 固定资产转入清理
企业因出售、报废和毁损而减少的固定资产转入清理时,应按该项固定资产的账面价值

（固定资产原始价值扣减累计折旧和已提减值准备后的金额），借记"固定资产清理"账户，按已计提的折旧额，借记"累计折旧"账户，按已计提的减值准备金额，借记"固定资产减值准备"账户，按固定资产原始价值，贷记"固定资产"账户。

2. 发生清理费用

固定资产清理过程中发生的相关税金及其他清理费用时，借记"固定资产清理"账户，贷记"银行存款""应交税费"等账户。

3. 出售收入和残料等的处理

企业收回出售固定资产的价款、报废固定资产的残料价值和变价收入等，应冲减清理支出，按实际收到的出售价款、增值税额及残料变价收入等，借记"银行存款""原材料"等账户，贷记"固定资产清理""应交税费——应交增值税（销项税额）"等账户。

4. 保险赔偿的处理

企业计算或收到的应由保险公司或过失人赔偿的报废、毁损固定资产的损失时，借记"银行存款"或者"其他应收款"等账户，贷记"固定资产清理"账户。

5. 清理净损益的处理

固定资产清理完成后产生的清理净损益，依据固定资产处置方式的不同，分别采用不同的处理方法：

（1）因已丧失使用功能或因自然灾害发生毁损等原因而报废清理产生的如为净收益，属于企业生产经营期间发生的，借记"固定资产清理"账户，贷记"营业外收入"账户；属于企业筹建期间发生的，借记"固定资产清理"账户，贷记"管理费用"账户。若为净损失，属于企业生产经营期间发生的，借记"营业外支出"账户，贷记"固定资产清理"账户；属于企业筹建期间发生的，借记"管理费用"账户，贷记"固定资产清理"账户。

（2）因出售、转让等原因产生的固定资产处置如为净收益，借记"固定资产清理"账户，贷记"资产处置损益"账户。若为净损失，借记"资产处置损益"账户，贷记"固定资产清理"账户。

【例 7－21】 某企业为增值税一般纳税人，将一条不需用生产流水线出售，增值税专用发票上注明的价款为 4 200 000 元，增值税额为 546 000 元。该流水线的原始价值为 6 000 000 元，已提折旧 2 800 000 元，该项固定资产未计提减值准备。以银行存款支付清理费用 10 000 元。出售该流水线的款项已收到并存入银行。该企业应作账务处理如下：

（1）固定资产转入清理时：

借：固定资产清理	3 200 000
累计折旧	2 800 000
贷：固定资产	6 000 000

（2）支付清理费用时：

借：固定资产清理	10 000
贷：银行存款	10 000

（3）收到出售价款时：

借：银行存款	4 746 000

贷：固定资产清理　　　　　　　　　　　　　　　　4 200 000

　　应交税费——应交增值税（销项税额）　　　　　546 000

（4）结转固定资产清理净收益时：

固定资产清理净收益＝4 200 000－3 200 000－10 000＝990 000(元)

借：固定资产清理　　　　　　　　　　　　　　　　990 000

贷：资产处置损益　　　　　　　　　　　　　　990 000

【例 7－22】 某企业为增值税一般纳税人。该企业1台生产设备原始价值为300 000元，预计使用年限为5年，预计净残值率为5％，实际已经使用6年，因不能继续使用报经批准报废。在清理过程中，以现金支付清理费用800元，残料作辅助材料入库，其变价收入为1 200元。该企业应作账务处理如下：

（1）将固定资产转入清理时：

借：固定资产清理　　　　　　　　　　　　　　　　15 000

　　累计折旧　　　　　　　　　　　　　　　　　　285 000

贷：固定资产　　　　　　　　　　　　　　　300 000

（2）支付清理费用时：

借：固定资产清理　　　　　　　　　　　　　　　　800

贷：库存现金　　　　　　　　　　　　　　　800

（3）取得变价收入时：

借：原材料　　　　　　　　　　　　　　　　　　　1 200

贷：固定资产清理　　　　　　　　　　　　　1 200

（4）结转固定资产清理净损失时：

固定资产清理净损失＝15 000＋800－1 200＝14 600(元)

借：营业外支出——处置非流动资产损失　　　　　　14 600

贷：固定资产清理　　　　　　　　　　　　　14 600

本章要点概览

1. 固定资产是企业生产经营过程中所必需的重要劳动资料，固定资产的确认在符合固定资产定义的基础上，还必须同时满足其确认条件。为加强对固定资产管理，合理组织固定资产核算，企业应对固定资产作必要的分类。

2. 企业固定资产取得时应当按照其成本进行初始计量，企业固定资产取得的来源主要有购置、自行建造和接受投资者投入等方式，应分别不同来源确定其初始成本并进行会计处理。

3. 企业的固定资产在其有效使用寿命期内随着使用和磨损其价值逐渐减少，应通过计提折旧方式补偿其价值。影响折旧的主要因素包括固定资产原始价值、预计净残值和预计使用寿命等,折旧计算方法有平均年限法、工作量法和加速折旧法,企业应该根据固定资产的性质、消耗方式以及所处环境,合理确定固定资产的预计净残值、预计使用寿命和折旧方法。

4. 企业的固定资产的使用过程中,为提高或恢复固定资产使用效能,以满足生产经营需要,会发生各种后续支出,如改扩建支出、改良支出和维护修理支出等。对于固定资产后续支出应区分是否符合固定资产确认条件分别进行资本化或费用化处理。

5. 企业应定期或至少每年在编制财务报告之前对固定资产进行盘点清查,以确保固定资产核算资料的真实可靠。资产负债表日,企业应当对固定资产账面价值进行检查,对存在减值迹象的固定资产进行减值测试,对发生减值的固定资产,应计提减值准备。

6. 企业在生产经营过程中,对于因出售转让、报废和毁损等原因处置的固定资产应终止确认,并确认处置损益。

主 要 术 语

固定资产	在建工程
固定资产折旧	折旧基数
预计净残值率	固定资产使用寿命
平均年限法	折旧率
工作量法	加速折旧法
双倍余额递减法	年数总和法
固定资产后续支出	固定资产清查
固定资产减值	资产组
总部资产	固定资产处置

复习思考题

1. 简述固定资产的概念、特征及确认条件。
2. 固定资产有哪些分类标准?如何分类?
3. 如何对固定资产进行初始计量?
4. 各种不同取得方式的固定资产入账价值如何确定?
5. 简述固定资产折旧的空间范围和时间范围。
6. 影响固定资产折旧的有哪些因素?
7. 我国企业固定资产折旧方法有哪几种?
8. 加速折旧法有哪些特点?
9. 固定资产折旧处理的依据是什么?如何处理?
10. 什么是固定资产后续支出?
11. 固定资产后续支出如何处理?
12. 固定资产盘盈、盘亏如何处理?

13. 表明固定资产发生减值的迹象有哪些?

14. 固定资产发生减值损失如何计量?

15. 固定资产处置包括哪些内容?

16. 处置固定资产如何处理?

业 务 题

【业务题一】

(一) 目的 练习固定资产取得的核算。

(二) 资料 某企业为增值税一般纳税人,2×19 年发生与固定资产取得有关的经济业务如下:

1. 购入不需要安装的设备 1 台,取得的增值税专用发票上注明的价款为 200 000 元,增值税额为 26 000 元;发生运输费,取得的增值税专用发票上注明的价款为 10 000 元,增值税额为 900 元,款项均以银行存款支付。该设备验收并交付生产车间使用。

2. 购入需要安装的设备 1 台,取得的增值税专用发票上注明的价款为 300 000 元,增值税额为 39 000 元,款项以银行存款支付。该设备购入后当即交付安装,安装过程中领用生产用材料一批,成本为 20 000 元,发生安装人员薪酬 2 300 元,耗用辅助生产车间提供劳务 1 700 元。该设备已安装完毕验收并交付生产车间使用。

3. 采用自营建造方式购建一条生产流水线,以银行存款购入所需物资一批,取得的增值税专用发票上注明的价款为 100 000 元,增值税额为 13 000 元;发生运输费,取得的增值税专用发票上注明的价款为 2 000 元,增值税额为 180 元,物资已入库。建造流水线领用所购全部物资;领用生产用材料一批,成本为 18 900 元;发生工程人员薪酬 2 300 元;耗用辅助生产车间提供劳务 1 900 元;以银行存款支付工程其他费用 2 100 元。工程建造完工,交付使用。

4. 收到乙公司投入的不需要安装的设备 1 台,该设备在乙公司的账面记录为:原始价值 400 000 元,已提折旧 120 000 元。接受投资时,投资合同约定的价值为 380 000 元,占企业注册资本的 10%。企业以银行存款支付包装费,取得的增值税专用发票上注明的价款为 8 000 元,增值税额为 480 元。企业接受乙公司投资后,注册资本变更为 3 000 000 元。设备已抵达验收并交付生产车间使用。

5. 接受甲公司捐赠不需要安装的机器 1 台,该机器市场价格为 300 000 元,估计九成新。企业以银行存款支付运输费,取得的增值税专用发票上注明的价款为 8 000 元,增值税额为 720 元。

(三) 要求

1. 根据上述资料,计算该年度取得的各项固定资产的入账价值。

2. 根据上述资料,编制取得各项固定资产的会计分录(假定增值税额当月已经税务机关认证可予抵扣)。

【业务题二】

(一) **目的** 练习固定资产折旧的计算。

(二) **资料** 某企业生产车间一台设备于 2×15 年 12 月 31 日达到预定可使用状态,原始价值为 600 000 元,预计净残值率为 6%,预计使用寿命为 5 年,预计总工作量为 200 000 工时,2×17 年、2×19 年实际工作量分别为 38 000 工时和 35 000 工时。

(三) **要求**

1. 分别采用平均年限法、工作量法、双倍余额递减法和年数总和法计算 2×17 年、2×19 年该设备的折旧额。

2. 采用双倍余额递减法编制 2×19 年 8 月计提折旧的会计分录。

【业务题三】

(一) **目的** 练习固定资产后续支出的核算。

(二) **资料** 某企业为增值税一般纳税人,因对已使用 3 年的一条生产流水线进行技术改造而停止使用,该生产流水线原始价值为 3 000 000 元,预计净残值率为 3%,预计使用寿命为 4 年,采用年数总和法计提折旧。技术改造过程中,以银行存款支付改造支出,取得的增值税专用发票上注明的价款为 398 000 元,增值税额为 35 820 元。残料作辅助材料入库,其变价收入为 12 000 元。技术改造工程完成并投入使用。该生产流水线因技术改造,其使用寿命由原来的 4 年延长为 7 年,预计净残值率仍为 3%,采用平均年限法计提折旧。

(三) **要求**

1. 根据以上经济业务,编制有关固定资产技术改造的会计分录(假定增值税额当月已经税务机关认证可予抵扣)。

2. 根据以上经济业务,计算该生产流水线技术改造后的月折旧额。

【业务题四】

(一) **目的** 练习固定资产处置和清查的核算。

(二) **资料** 某企业为增值税一般纳税人,2×19 年发生有关经济业务如下:

1. 报废 1 台性能较差的设备,原始价值为 400 000 元,已提折旧 330 000 元,已计提减值准备 20 000 元。清理过程中,以银行存款支付清理费用 5 000 元,回收残料价值 800 元作为辅助材料入库,该设备已清理完毕。

2. 出售 1 台原生产产品用机器,原始价值为 700 000 元,已提折旧 160 000 元,未计提减值准备。开出的增值税专用发票上注明的价款为 560 000 元,增值税额为 72 800 元,款项已收到并存入银行。出售过程中,以银行存款支付清理费用 2 000 元。

3. 财产清查时,盘亏 1 台管理用设备,原始价值为 30 000 元,已提折旧 2 000 元,未计提减值准备。报经批准,盘亏损失予以转销。

(三) **要求** 根据上述资料,编制有关固定资产处置和清查的会计分录(假定增值税额当月已经税务机关认证可予抵扣)。

【业务题五】

(一) **目的** 练习固定资产综合业务的核算。

(二) **资料** 某企业为增值税一般纳税人,于2×19年7月1日购入1台需要安装的生产设备,取得的增值税专用发票上注明的价款为150 000元,增值税额为19 500元,款项尚未支付。该设备购入后当即交付安装,领用原材料12 000元,发生安装人员薪酬8 600元,负担辅助生产车间提供服务费用5 400元,以银行存款支付安装费用4 000元(取得普通发票)。该设备于当年7月31日安装完毕,交付车间使用。该设备预计使用年限为5年,预计净残值率为5%,采用双倍余额递减法计提折旧。

该企业2×21年8月份将该设备出售,开出的增值税专用发票上注明的价款为120 000元,增值税额为15 600元,款项已收到并存入银行。出售过程中,以现金支付清理费用700元。

(三) **要求**

1. 编制取得该设备的会计分录。

2. 编制2×20年12月计提该设备折旧的会计分录。

3. 编制出售该设备的会计分录(假定增值税额当月已经税务机关认证可予抵扣)。

第八章　无形资产及其他资产

 学习目的与要求

通过本章学习,你应当掌握:

1. 了解无形资产的定义、内容及分类。
2. 掌握无形资产的确认条件。
3. 掌握无形资产的初始计量和后续计量。
4. 掌握无形资产取得、摊销等账务处理。
5. 掌握无形资产的处置与报废等账务处理。
6. 掌握内部研究开发费用的确认和计量及账务处理。
7. 了解长期待摊费用的内容及核算方法。

课前预习题

1. 美国可口可乐公司凭借"可口可乐"商标权和饮料配方这些独特的资产,占领世界饮料市场的每一个角落。

美国微软公司靠其商标和独特的计算机软件,成为世界软件市场的霸主。

世界快餐业之王"麦当劳"靠着服务商标和特许经营权等资产扩散、渗透在世界各地。

无形资产已成为诸多企业收入和利润的主要来源。

这些活生生的事例说明,无形资产在企业中的地位举足轻重,优秀的公司离不开无形资产的支撑。

请问:根据以上所述,无形资产应包括哪些内容呢?

2. 信达公司年初开始开发一套新的软件系统,历时 11 个月,耗资 50 万元总算开发完成并投入运营,可是财务经理犯难了:"这 50 万元若是计入费用,当年利润就要大打折扣,公司股东肯定不高兴;可是,若资本化处理计入软件成本按年分摊……"

请问:财务经理应该怎么做?

第一节　无形资产概述

无形资产是指企业拥有或控制的没有实物形态的可辨认非货币性资产。它们虽然没有物质实体,但可能具有很大的潜在价值,能为企业带来经济利益。

一、无形资产的特征

无形资产一般具有以下特征。

1. 不具有实物形态

无形资产区别于其他资产的重要标志就是无形资产不具有实物形态,看不见、摸不着,通常表现为法律或合同关系所赋予的某种权利、某项技术或是某种获取超额利润的综合能力,他们尽管没有物质实体,但却有经济价值。需要指出的是,并不是所有不具有物质实体的都是无形资产,如应收账款等。此外,某些无形资产的存在有赖于实物载体,比如,计算机软件需要存储在介质中,但这并不改变无形资产本身不具有实物形态的特性。

2. 未来的经济效益具有高度的不确定性

无形资产必须与企业其他资源相互结合才能创造经济利益,在一个企业有用的无形资产不一定在其他企业有用,而且科学技术的突破、产品市场的变化可能会减少某项无形资产的经济效益甚至会使无形资产完全不具有价值。无形资产由于没有发达的交易市场,一般不容易转化成现金,因此,它的收益有高度的不确定性,在核算中应谨慎对待。

3. 有效期较难确定

无形资产使用期限较难确定,除由法律或合同来规定年限的无形资产外,其余无形资产经济年限到底有多久,经济效益到底有多大,均难以确定。

4. 具有独占性

无形资产具有排他专用性,由法律和合同所赋予,因此受法律保护,其他企业不得侵占其权利任意使用。

5. 可辨认性

无形资产的可辨认性使无形资产可以单独取得、转让、出售、租赁、授予许可或者交换,并且能够从企业中分离或者划分出来。无形资产源自合同性权利或其他法定权利,无论这种权利是否可以从企业或其他权利和义务中转移或者分离。比如,一方通过与另一方签订特许权合同而获得的特许使用权。

二、无形资产的确认条件

无形资产在符合定义的前提下,同时满足以下两个确认条件时,才能予以确认:

(1)与该无形资产有关的经济利益很可能流入企业。判断无形资产创造的经济利益是否能流入企业,需要与其他相关因素结合起来考虑,比如,企业的人力资源、管理水平、相关的硬件设备、有效的保密措施等,不过,更重要的是相关的新技术、新产品等这些外界因素对无形资产的冲击影响。因此,企业应对无形资产在预计使用年限内存在的各种经济因素作出最稳健的估计,且需要有确凿的证据支持,以职业的眼光来判断经济利益流入的可能性。

（2）该无形资产的成本能够可靠地计量。成本能够可靠地计量是各项资产确认的一项基本条件，由于无形资产区别其他资产的特征这个条件尤其重要，企业若不能计量为取得该项无形资产所发生的支出，则不能将其作为无形资产确认，如企业自创商誉，内部产生的品牌、客户名单、客户关系、人力资源等，因其成本无法可靠地估计，因此不作为无形资产确认。

三、无形资产的具体内容和分类

无形资产不具有实物形态，属于非货币性长期资产。它主要包括专利权、非专利技术、商标权、著作权、土地使用权和特许权等。

1. 专利权

专利权属于一种常见的知识产权，是指政府的专利主管机关授予创造发明的专利申请人在法定期限内对其发明创造独家制造、销售和处置的权利。它具有公开性和期限性等特征，并受法律保护。

2. 非专利技术

非专利技术又称专有技术，是指一种不为外界所知而企业凭此专有技术可在市场竞争中处于优势地位，从而为企业带来经济利益的技术诀窍或是技术秘密。它包括各种设计图纸、数据、工艺流程、专家和工人的知识、经验等。非专利技术不受法律保护，企业靠自己的保密手段来保护，使用年限不受限制，仅有经济上的有限年限。

3. 商标权

商标是指用来辨认特定商品和劳务的标记。商标权也是一种知识产权。商标所有者依法注册登记对自己的某个商品使用特定的文字、名称、图案、颜色或标记。商标是企业信誉和形象的综合表现，可使企业商品畅销或标价出售，因此它能为企业带来经济效益。商标享有人在商标注册范围内独家使用该商标，并且排除和禁止他人对商标独占使用和侵犯。

4. 著作权

著作权又称版权，也是知识产权的范畴，是指著作权人对其创造的文学，艺术，音乐，电影，科学作品，计算机软件的出版、发行、销售、表演、演唱等依法享有的权利。版权可以出售、转让和赠予，通常在向外购入著作权时，才将其所付的代价予以资本化，并在经济有效期内摊销。

5. 土地使用权

土地使用权是指国家准许企业在一定时期内对国有土地享有开发、利用、经营的权利。在西方国家，土地可自由买卖，一般作为固定资产处理。在我国，土地属于国家、集体所有，国家和集体可以按照法律对土地实行有偿出让，土地使用权人依法取得土地使用权后，可通过买卖、赠予或转让等合法方式将土地使用权转移给他人。

企业取得土地使用权的方式大致有行政划拨取得、外购取得（例如以交纳土地出让金方式取得）及投资者投资而取得几种。通常情况下，作为投资性房地产、固定资产核算的土地，按照投资性房地产、固定资产核算，而以交纳土地出让金等方式外购的土地使用权、投资者投入等方式取得的土地使用权，作为无形资产核算。

6. 特许权

特许权又称专营权，是指政府机关授权准许企业在某一地区经营某项事业的权利，如水、电、煤等公用事业经营权，或者是某一企业授予另一企业依照双方签订的协议永久或有期限地使用该企业的商标、技术秘密或制造方法的权利,如连锁商店的经营权等。

无形资产按照取得方式,可分为外购的无形资产,投资者投入的无形资产,通过非货币性交易、债务重组、企业合并交易取得的无形资产和内部形成的无形资产。外购的无形资产是指企业以一定代价从其他企业或个人购入或合资一方认可另一方的无形资产,如特许权、专利权、商标权等。内部形成的无形资产是指企业自行研制开发并申请成功的无形资产,如自制的商标权、专利权等。

此外,无形资产按其有无固定使用寿命,分为有固定使用寿命的无形资产和无固定使用寿命的无形资产。有固定使用寿命的无形资产有专利权、商标权、著作权、特许权、土地使用权等;无固定使用寿命的无形资产有专有技术等。

第二节　无形资产的初始计量

无形资产的初始计量是指如何确定企业以各种方式取得的无形资产的入账价值。企业取得无形资产的渠道各不相同,因此不同渠道形成的无形资产的入账价值也各有差异,但无形资产的初始计量应遵循历史成本原则,即按取得时发生的实际成本计量。同时,从谨慎性原则出发,在尚未证实某项无形资产的开发能否为企业带来经济效益时,不能将为取得该项无形资产而发生的支出资本化。

一、外购的无形资产

外购无形资产的成本包括购买价款、相关税费(不包括税法规定可抵扣增值税额)以及直接归属于使该项资产达到预定使用状态所发生的其他支出(如专业服务费用、测试费用等),但不包括为引入新产品进行宣传发生的广告费、管理费用及其他间接费用,也不包括在无形资产已经达到预定用途以后发生的费用。

外购的专利权、商标权应以其实际支付的价款,包括买价、注册费、公证费、律师费等计入专利权的成本。若按照合同规定以销售收入的一定比例支付使用费的,则支出时应确认为费用,而不作为专利权、商标权的成本。值得注意的是,许多商标能为企业带来经济效益,通常是经过多年的广告宣传,从而赢得客户和市场,但广告费用给企业带来的经济利益很难计量,因此只能作为期间费用,不能计入商标权的成本。

通常来说,企业外购的非专利技术很少,这主要因为非专利技术的垄断性没有法律手段的保护。

企业向外购入著作权时将所付的代价资本化,计入无形资产的成本,随着我国对知识经济的重视,许多涉及知识产权的会计核算将越来越重要。

企业取得特许权方式多样,比如有一次性支付一笔总费用,有按期支付占有费,有开始时支付一笔较大费用,以后每年支付一笔使用费,特许权资本化仅限于一次性的支付费用或开始时所支付的一大笔特许权费用;按期每年支付的费用,支付时作为当期费用处理。

企业土地使用权的取得一般有两种途径:一是从政府机关出让取得;二是从其他企业转让取得,企业不论以何种方式取得的土地使用权,均以支付的土地出让金或转让金,加上支付的迁移补偿费、法律手续费、场地平整费等,一并计入无形资产的成本。但属于投资性房地产的土地使用权,应当按投资性房地产进行会计处理,参见本书第九章相关内容。

此外,购买无形资产的价款超过正常信用条件延期支付,实质上具有融资性质,无形资产的初始成本以购买价款的现值为基础确定,实际支付的价款与购买价款的现值之间的差额作为未确认融资费用,在付款期间内按照实际利率法确认为利息费用。

一般纳税人外购无形资产,按确定的成本金额,借记"无形资产"账户,按当月已经税务机关认证可予抵扣增值税额,借记"应交税费——应交增值税(进项税额)"账户。小规模纳税人外购无形资产,取得增值税专用发票上注明的增值税应计入相关无形资产,不通过"应交税费——应交增值税"账户核算。

【例8-1】 新昌公司为增值税一般纳税人,于2×19年3月6日向虹集公司(属增值税小规模纳税人)购入一项专利权,买价85 000元,另支付注册费用5 000元、公证费用1 500元。假设,税法规定企业取得专利权为免征增值税项目(下同)。新昌公司应作账务处理如下:

借:无形资产——专利权   91 500

    贷:银行存款   91 500

【例8-2】 新恒公司于2×19年1月1日购入一块土地使用权,以银行存款支付45 000 000元。购入后在该土地上建造厂房,工程承包建筑商总计款项26 000 000元,该工程已完工并达到预定可使用状态。假定土地使用权的使用年限为50年,该厂房使用年限为25年,假定两者均不考虑净残值,采用直线法进行摊销和计提折旧。为简化核算,不考虑相关税费。该公司应作账务处理如下:

(1)支付土地出让金时:

借:无形资产——土地使用权   45 000 000

    贷:银行存款   45 000 000

(2)工程完工交付使用时:

借:固定资产   26 000 000

    贷:在建工程   26 000 000

(3)每年分期摊销土地使用权和对厂房计提折旧时:

借:管理费用   900 000

   制造费用   1 040 000

    贷:累计摊销   900 000

       累计折旧   1 040 000

二、投资者投入的无形资产

其他企业作为资本或者合作条件投入的无形资产,应根据合同、协议等投资各方确认的价值计价入账,但合同、协议约定价值不公允的除外。

企业按所确定的无形资产入账价值,借记"无形资产"账户,按该项投资应享有的份额,贷记"实收资本"账户,无形资产成本高于所享有投资份额的,其差额确认为资本公积。

【例8-3】 新昌公司接受一项专利权投资,该项专利在出资单位的账面价值为120万元,投资各方协议的价值为150万元。接受该项投资后,该出资方占新昌公司注册资本总额

1 400万元的 10%。新昌公司应作账务处理如下：

借：无形资产　　　　　　　　　　　　　　　　　　　　　　1 500 000

　　贷：实收资本　　　　　　　　　　　　　　　　　　　　　　1 400 000

　　　　资本公积　　　　　　　　　　　　　　　　　　　　　　　100 000

三、通过非货币性交易、债务重组、企业合并交易取得的无形资产

通过非货币性交易、债务重组、企业合并交易取得的无形资产，其入账价值的确定应遵循相关的企业会计准则规定处理。

四、内部形成的无形资产

企业内部形成的无形资产，从理论上讲，其入账价值应包括研究、开发和取得过程中所发生的全部费用，但这些费用往往难以辨认或难以按特定项目进行归集。况且研究、开发的项目是否能够成功、是否将来能给企业带来经济效益在研究开发阶段都存在较大的不确定性。

为评价内部产生的无形资产是否满足确认条件，企业应将无形资产的形成过程分为研究阶段和开发阶段。

研究阶段是指为预期获得新的科学技术知识和认识而进行的具有创造性和有计划的调查的阶段。开发阶段是指在开始商业生产或使用前，把研究成果应用于新的或具有实质性改进的计划或设计，以生产出实质性改进的产品、设计、工艺系统或服务的阶段。

无形资产研究阶段，由于无法证明是否一定会在将来带来经济利益，因此，应将该阶段的研究费用进行费用化处理，计入当期损益（管理费用）。但是，对于开发阶段而言，在很大程度上具备了形成新产品或新技术的基本条件，如果企业能够证明开发支出符合无形资产的定义及开发阶段的支出同时满足以下条件的前提下才允许资本化，计入无形资产成本；否则应当计入当期损益（管理费用）。

开发阶段的资本化支出应同时满足的条件如下：

（1）完成该无形资产以使其能够使用或出售在技术上具有可行性。判断无形资产的开发在技术上具有可行性，应当以目前阶段的成果为基础，并提供相关证据和材料，证明企业进行开发所需的技术条件等已经具备，不存在技术上的障碍或其他不确定性，比如，企业已经完成了全部计划、设计和测试活动，这些活动是使资产能够达到设计规划书中的功能、特征和技术所必需的活动或经过专家鉴定等。

（2）具有完成该无形资产并使用或出售的意图。企业能够说明其持有开发无形资产的目的是对外出售还是使用并从使用中获得经济利益，应当由管理部门的意图而定。

（3）无形资产产生经济利益的方式。无形资产能够为企业带来未来经济利益，应当对运用该无形资产生产的产品市场情况进行可靠预计，以证明所生产的产品存在市场并能够带来经济利益的流入，或能够证明市场上存在对该类无形资产的需求。

（4）有足够的技术、财务资源和其他资源支持，以完成该无形资产的开发，并有能力使用或出售该无形资产。企业能够证明无形资产开发所需的技术、财务和其他资源，以及获得这些资源的相关计划。自有资金不足以提供支持的，是否存在外部其他方面的资金支持，如银行等

金融机构愿意为该无形资产的开发提供所需资金的声明等。

（5）归属于该无形资产开发阶段的支出能够可靠地计量。企业对于研究开发的支出应当能够单独核算。比如，直接发生的研发人员工资、材料费，以及相关设备折旧费等能够对象化；同时从事多项研究开发活动的，所发生的支出能够按照合理的标准在各项研究开发活动之间进行分配。研发支出无法明确分配的，应当计入当期损益，不计入开发活动的成本。

如果企业不能区分创造无形资产的内部项目的研究阶段和开发阶段，那么该企业应将项目支出均作为研究阶段的支出处理，即费用化处理，全部计入当期损益。

企业自行开发并依法申请取得的无形资产，其入账价值除了依法取得时发生的注册费、法律费用等，还包括准予资本化的开发费用。但原已计入各期损益的研究或开发费用，不得再予以资本化。

企业自行开发无形资产时，研究和开发过程中的支出应设置"研发支出"账户进行费用归集，并下设"资本化支出"和"费用化支出"明细账户进行核算。

企业自行开发无形资产发生研发支出时，若不满足资本化条件的，借记"研发支出——费用化支出"账户，贷记"原材料""银行存款""应付职工薪酬"等账户，期末，应将不符合资本化条件的研发支出转入当期管理费用，借记"管理费用"账户，贷记"研发支出——费用化支出"账户；若满足资本化条件的，借记"研发支出——资本化支出"账户，贷记"原材料""银行存款""应付职工薪酬"等账户，待研究开发项目达到预定用途形成无形资产时，应按实际发生的资本化研发支出，借记"无形资产"账户，贷记"研发支出——资本化支出"账户。

【例8-4】 新昌公司2×19年年初自行开发一项新技术，研究阶段支出560 000元，以银行存款支付。开发阶段的工作均已完成，开发阶段的支出共2 200 000元，其中，开发人员工资200 000元，其他费用2 000 000元，后者以银行存款支付。该批支出中，1 800 000元支出可予以资本化，400 000元应费用化。该公司依法取得该项技术的专利权时发生注册费用7 600元、律师费用5 200元，均以银行存款支付。新昌公司应作账务处理如下：

（1）发生研究阶段支出时：

借：研发支出——费用化支出　　　　　　　　　　　　　　　　　　560 000
　　贷：银行存款　　　　　　　　　　　　　　　　　　　　　　　　560 000

（2）期末，结转研究阶段支出时：

借：管理费用　　　　　　　　　　　　　　　　　　　　　　　　560 000
　　贷：研发支出——费用化支出　　　　　　　　　　　　　　　　　560 000

（3）发生开发阶段支出时：

借：研发支出——资本化支出　　　　　　　　　　　　　　　　　1 800 000
　　研发支出——费用化支出　　　　　　　　　　　　　　　　　　400 000
　　贷：应付职工薪酬　　　　　　　　　　　　　　　　　　　　　200 000
　　　　银行存款　　　　　　　　　　　　　　　　　　　　　　2 000 000

（4）期末，结转开发阶段费用化支出时：

借：管理费用　　　　　　　　　　　　　　　　　　　　　　　　400 000
　　贷：研发支出——费用化支出　　　　　　　　　　　　　　　　　400 000

(5) 开发完成,专利申请成功时:

借:研发支出——资本化支出   12 800

 贷:银行存款   12 800

借:无形资产   1 812 800

 贷:研发支出——资本化支出   1 812 800

第三节 无形资产的后续计量

无形资产的后续计量主要是指无形资产的摊销。无形资产属于企业的长期资产,通常情况下,其成本应在预计使用寿命内合理地摊销。

一、无形资产使用寿命的确定

企业应当在取得无形资产时判断、分析其是否有使用寿命,使用寿命有限的无形资产应当估计其使用寿命的年限或者构成使用寿命的产量等类似计量单位的数量,在使用寿命或类似计量单位内系统、合理地摊销其成本,其应摊销金额为无形资产成本扣除其预计残值后的金额。已计提减值准备的无形资产,还应扣除已计提的无形资产减值准备累计金额。

此外,企业持有的无形资产,通常来源于合同性权利或是其他法定权利,且合同规定或法律规定有明确的使用年限。

来源于合同性权利或其他法定权利的无形资产,其使用寿命不应超过合同性权利或其他法定权利的期限。但如果企业使用资产的预期期限短于合同性权利或其他法定权利的期限,则应当按照企业预期使用期限来确定其使用寿命。例如,某企业取得一项专利权,法律规定的期限为 10 年,企业预计运用该专利权所生产的产品在未来的 7 年内会为企业带来经济效益,则该专利权预计使用寿命为 7 年。如果合同性权利或其他法定权利能够在到期时因续约等延续,且有证据表明企业续约不需要付出大额成本,续约期应当计入使用寿命。

合同或法律没有规定使用寿命的,企业应当综合各方面情况判断,请专家论证,与同行业比较等,来确定无形资产能为企业带来未来经济利益的期限。若经努力仍无法合理确定无形资产为企业带来经济利益的期限,则将其作为寿命不确定的无形资产。使用寿命不确定的无形资产的成本不应摊销。

企业确定无形资产的使用寿命通常应当考虑以下因素:

(1) 该资产通常的产品寿命周期、可获得的类似资产使用寿命的信息。

(2) 技术、工艺等方面的现阶段情况及对未来发展趋势的估计。

(3) 以该资产生产的产品(或服务)的市场需求情况。

(4) 现在或潜在的竞争者预期采取的行动。

(5) 为维持该资产产生未来经济利益能力的预期维护支出,以及企业预计支付有关支出的能力。

(6) 对该资产的控制期限,使用的法律或类似限制,如特许使用期间、租赁期间等。

(7) 与企业持有的其他资产使用寿命的关联性等。

二、使用寿命有限的无形资产摊销

企业摊销无形资产,应当自无形资产可供使用时起,至不再作为无形资产确认时止。即当月增加的无形资产当月开始摊销,当月减少的无形资产当月不再摊销。

企业选择无形资产的摊销方法应当反映与该项无形资产有关的经济利益的预期消耗方式。理论上无形资产的摊销可采用多种方法,如直线法、加速摊销法、生产总量法等,究竟采用何种方法,应当考虑与该无形资产有关的经济利益的预期消耗方式,并一致地运用于不同的会计期间。若是无法可靠确定预期消耗方式的无形资产,则应当按照直线法摊销其成本。

使用寿命有限的无形资产在使用寿命或类似计量单位内系统、合理地摊销其成本,其应摊销金额为无形资产成本扣除其预计残值后的金额。已计提减值准备的无形资产还应扣除已计提的无形资产减值准备累计金额。

实务中,使用寿命有限的无形资产,其残值视为零,因为无形资产不具有实物形态,所以难以估计其残值,因此,无形资产摊销金额一般不考虑残值因素,但下列情况除外:① 有第三方承诺在无形资产使用寿命结束时购买该无形资产。② 可以根据活跃市场得到预计残值信息,并且该市场在无形资产使用寿命结束时很可能存在。

无形资产的摊销金额一般应当计入当期的损益,企业应根据每期应摊销的金额,借记"管理费用"或"其他业务成本"账户,贷记"累计摊销"账户。若某项无形资产包含的经济利益通过所生产的产品或其他资产实现的,其摊销金额应当计入相关资产的成本,如某项无形资产用于生产过程,其摊销金额应记入"制造费用"账户。

【例8-5】 沿用[例8-4]的资料,若新昌公司对该项专利权按10年进行分期摊销,且该项专利权用于生产,则新昌公司每年应摊销181 280元(1 812 800÷10),应作账务处理如下:

借:制造费用——专利权摊销　　　　　　　　　　　　　　　　　　　　　　　　181 280
　　贷:累计摊销　　　　　　　　　　　　　　　　　　　　　　　　　　　　　　　181 280

企业应当于每年年度终了,对使用寿命有限的无形资产的使用寿命及摊销方法进行复核。无形资产的使用寿命及摊销方法与以前估计不同的,应当改变摊销期限和摊销方法,并按照会计估计变更进行处理。

需要注意的是,土地使用权的摊销有其特殊性,企业取得的土地使用权通常应确认为无形资产,除特殊情况,土地使用权用于自行开发建造厂房等地上建筑物时,土地使用权的账面价值不与地上建筑物合并计算其成本,土地使用权作为无形资产进行核算,后续核算土地使用权与地上建筑物应当各自分别进行摊销和计提折旧,参见[例8-2]。但下列情况除外:

(1) 房地产开发企业取得土地使用权用于建造对外出售的房屋建筑物,相关的土地使用权应当计入所建造的房屋建筑物成本。

(2) 企业外购的房屋建筑物支付的价款应当在地上建筑物与土地使用权之间进行分配;难以分配的,应当全部作为固定资产处理。

(3) 企业改变土地使用权的用途,用于出租赚取租金或资本增值目的时,应当将其账面价值转为投资性房地产。

三、使用寿命不确定的无形资产

对于使用寿命不确定的无形资产,持有期间内不进行摊销,但应当至少在每年年度终了按照《企业会计准则第8号——资产减值》的有关规定进行减值测试。如经减值测试表明其已发生减值,应按确定的减值金额,借记"资产减值损失"账户,贷记"无形资产减值准备"账户。

企业应当在每个会计期间对使用寿命不确定的无形资产的使用寿命进行复核。如果有证据表明无形资产的使用寿命是有限的,应当估计其使用寿命,视为会计估计变更进行处理,并同时按规定摊销其成本。

第四节　无形资产的期末计量

企业应定期对无形资产的账面价值进行检查,会计期末,"无形资产"账户反映的是摊余价值。此外,由于无形资产的特性以及随着科技的发展和竞争的激烈,无形资产价值减值问题不容忽视,企业应定期检查无形资产的账面价值是否低于可收回金额,从而计提无形资产的减值准备。

企业若发现有下列迹象,则表明其无形资产可能发生了减值:

(1) 资产的市价当期大幅度下跌,其跌幅明显高于因时间的推移或者正常使用而预计的下跌。

(2) 企业经营所处的经济、技术或者法律等环境以及资产所处的市场在当期或者在近期发生重大变化,从而对企业产生不利影响。

(3) 市场利率或者其他市场投资报酬率在当期已经提高,从而影响企业计算资产预计未来现金流量现值的折现率,导致资产可收回金额大幅度降低。

(4) 有证据表明资产已经陈旧过时或者其实体已经损坏。

(5) 资产已经或者被闲置、终止使用或者计划提前处置。

(6) 企业内部报告的证据表明资产的经济绩效已经低于或者将低于预期,如资产所创造的净现金流量或者实现的营业利润(或者亏损)远远低于(或者高于)预计金额等。

(7) 其他表明资产可能已经发生减值的迹象。

如果无形资产将来为企业创造的经济利益不足以补偿无形资产的成本(即摊余价值),则说明无形资产发生了减值,具体表现为无形资产的账面价值超过了可收回金额。所谓可收回金额的确定是根据无形资产的公允价值减去处置费用后的净额与资产预计未来现金流量的现值两者之间较高者确定。处置费用包括无形资产处置有关的法律费用、相关税费等。

【例8-6】 某公司一项专利权账面价值380万元,该专利权市场最近交易价格300万元即作为公允价值,处置费用包括律师费用、相关税费等约10万元,则净额为290万元。预计未来现金流量约250万元,该公司认为10%是该资产的最低必要报酬率即作为折现系数,则该资产未来现金流量的现值为227万元[$250\div(1+10\%)$]。该公司可收回金额应确定为290万元,账面价值380万元高于可收回金额290万元,因此,应当确认减值损失90万元(380-290)。

对于发生了减值的无形资产,企业应计提减值准备,计入当期的损益,即应按其可收回金额低于账面价值的差额计提减值准备。该公司应作账务处理如下：

借：资产减值损失——无形资产减值损失　　　　　　　　　900 000
　　贷：无形资产减值准备　　　　　　　　　　　　　　　　　　　　　900 000

【例8-7】　2×19年7月1日，新昌公司以人民币1 500 000元购入一项专利技术。法律规定，该专利的有效使用年限为5年，已使用18个月，新昌公司取得时预计其受益年限为3年。2×20年12月31日，由于与该无形资产有关的市场出现不利因素，导致该项无形资产发生减值，估计其可收回金额为600 000元。

根据以上业务，新昌公司应作账务处理如下：

2×19年7月1日，购入无形资产时：

借：无形资产　　　　　　　　　　　　　　　　　　　　　1 500 000
　　贷：银行存款　　　　　　　　　　　　　　　　　　　　　　　　　1 500 000

2×19年，摊销时：

借：管理费用　　　　　　　　　　　　　　　　　　　　　　250 000
　　贷：累计摊销　　　　　　　　　　　　　　　　　　　　　　　　　　250 000

2×20年，摊销时：

借：管理费用　　　　　　　　　　　　　　　　　　　　　　500 000
　　贷：累计摊销　　　　　　　　　　　　　　　　　　　　　　　　　　500 000

2×20年12月31日，计提减值准备时：

借：资产减值损失——无形资产减值损失　　　　　　　　　150 000
　　贷：无形资产减值准备　　　　　　　　　　　　　　　　　　　　　150 000

2×21年，摊销时（以减值后的账面价值600 000元在剩余受益年限1年半内进行摊销）：

借：管理费用　　　　　　　　　　　　　　　　　　　　　　400 000
　　贷：累计摊销　　　　　　　　　　　　　　　　　　　　　　　　　　400 000

2×22年，摊销时：

借：管理费用　　　　　　　　　　　　　　　　　　　　　　200 000
　　贷：累计摊销　　　　　　　　　　　　　　　　　　　　　　　　　　200 000

发生减值的无形资产，按计提减值准备后的余额确定无形资产的期末价值。无形资产的减值损失一经确认，在以后会计期间不得转回。

第五节　无形资产的处置

无形资产的处置一般是指无形资产的转让。无形资产的转让方式有两种：一是转让其使用权；二是转让其所有权。两者的账务处理是不同的。

1. 转让无形资产的使用权

转让无形资产的使用权,即出租无形资产,企业仍拥有出租无形资产的所有权,属于与企业日常活动相关的其他经营活动收入,因此不能注销无形资产的账面价值,转让无形资产使用权所得价款在满足收入确认条件时确认收入,记入"其他业务收入"账户,按税法规定计算的增值税销项税额,贷记"应交税费——应交增值税(销项税额)"账户(小规模纳税人应贷记"应交税费——应交增值税"账户),转让成本主要是无形资产的摊销价值,同时根据配比原则,应记入"其他业务成本"账户。

【例 8-8】 新昌公司为增值税一般纳税人,2×19 年出租其所拥有的一项商标权,当年取得转让收入 60 000 元并已存入银行。该商标权账面余额为 120 000 元,当年应计摊销额 18 000 元,假定企业转让商标权使用权适用的增值税税率为 6%。

该公司应作账务处理如下:

(1)取得转让收入时:

借:银行存款 63 600
　　贷:其他业务收入 60 000
　　　　应交税费——应交增值税(销项税额) 3 600

(2)摊销商标权时:

借:其他业务成本 18 000
　　贷:累计摊销 18 000

2. 转让无形资产的所有权

转让无形资产的所有权,即出售无形资产,对出让方来说,将不再拥有所有权,企业出售无形资产时,应注销无形资产的账面价值,而在此过程中的转让成本主要是无形资产的账面价值及相关税费。

由于出售无形资产不属于企业的日常经营活动,因此,出售所得在会计上不作为收入确认,而将出售所得价款与转让成本(即该无形资产账面价值及相关税费之和)的差额,记入"资产处置损益"账户。

【例 8-9】 新昌公司为增值税一般纳税人,出售其所拥有的一项商标权,取得收入180 000元,适用的增值税税率为 6%,该商标权的账面原值为240 000元,累计已摊销金额为40 000元,已提减值准备10 000元。该公司应作账务处理如下:

借:银行存款 180 000
　　无形资产减值准备 10 000
　　累计摊销 40 000
　　资产处置损益 20 800
　　贷:无形资产 240 000
　　　　应交税费——应交增值税(销项税额) 10 800

需要注意的是,若某项无形资产预期已不能为企业带来任何经济利益(如由于技术已经落后或超过了有效期限等),则应将该无形资产的账面价值报废并全部予以转销,贷记"无形资产"账户,并按已计提的累计摊销,借记"累计摊销"账户,已计提减值准备的,借记"无形资产减值准备"账户,按其差额,借记"营业外支出"账户。

第六节 长期待摊费用及其他长期资产

长期待摊费用是指企业发生的不能全部计入当期损益,而是在以后年度分期摊销的各项长期预付费用。其他长期资产一般不参加企业正常的经营活动,所以不进行费用的摊销,不一定所有企业都拥有这类资产。

一、长期待摊费用

长期待摊费用是指企业已经发生但应由本期和以后各期负担的分摊期限在1年以上的各项费用,主要包括承租人发生的租赁资产改良支出以及摊销期在1年以上的其他长期待摊费用等。

企业租入的固定资产,如按租约规定,承租企业在租约期间可对租入的固定资产加以改良,则这些改良支出称为"租入固定资产的改良支出",应在一定的期限内将改良支出予以摊销,摊销期限应按改良装置本身的耐用期限和租约期限孰短为原则。值得注意的是,只有那些与租入固定资产连成一体的不可分离的改良装置支出及其相关费用,才可列入改良支出。

对于以上业务,企业应设置"长期待摊费用"账户进行核算,并按费用种类设置明细账。企业发生长期待摊费用时,借记"长期待摊费用"账户,贷记"原材料""银行存款"等账户;摊销长期待摊费用时,借记"管理费用""销售费用"等账户,贷记"长期待摊费用"账户。

二、其他长期资产

企业的其他长期资产是指除流动资产、长期投资、固定资产、无形资产和长期待摊费用以外的各项资产,主要包括国家批准储备的特种储备物资、银行冻结存款及物资(即法院依照法律规定强制冻结的存款和物资)和涉及诉讼中的财产(即涉及诉讼而被查封、扣押、冻结的各项资产)等。

其他长期资产的会计处理比较简单,若企业发生此类业务时,可根据具体情况自行设置相应的账户进行核算。

本章要点概览

1. 无形资产是指企业拥有或控制的没有实物形态的可辨认非货币性资产。无形资产主要包括专利权、非专利技术、商标权、著作权、土地使用权和特许权等。

2. 无形资产在符合定义的前提下应同时满足与该无形资产有关的经济利益很可能流入企业,该无形资产的成本能够可靠地计量这两个条件时,才能加以确认。

3. 无形资产的初始计量应遵循历史成本原则,即按取得时的实际成本即全部支出计量。对于不同途径取得的无形资产,其成本构成也不完全相同。

4. 企业应当于取得无形资产时分析判断其使用寿命。使用寿命有限的无形资产应进行摊销,使用寿命不确定的无形资产不应摊销。

5. 企业处置无形资产使用权形成的租金收入和发生的相关费用,分别确认为其他业务收入和其他业务成本。企业处置无形资产所有权,应当将取得的价款与该无形资产账面价值的金额计入当期损益,其中:出售转让无形资产的净损益计入资产处置损益、报废毁损无形资产的净损益计入营业外收入或营业外支出。

6. 企业应定期对无形资产的账面进行检查,对于发生减值的无形资产应计提减值准备,如果某项无形资产预期不能为企业带来经济利益,应当将该无形资产的账面价值予以转销,其账面价值转作当期损益(营业外支出)。

7. 内部自行开发并依法申请取得的无形资产,其入账价值除了依法取得时发生的注册费、法律费用等,还包括准予资本化的开发费用。但原已计入各期损益的研究或开发费用,不得再予以资本化。

主 要 术 语

无形资产	专利权
商标权	土地使用权
研究开发成本	研发支出
无形资产的使用寿命	无形资产的处置
长期待摊费用	无形资产的减值
非专利技术	无形资产的后续支出

复习思考题

1. 什么是无形资产? 无形资产具有哪些特征?
2. 大额的广告费用是否应计入商标权的成本? 为什么?
3. 简述无形资产转让所有权与使用权的主要区别。
4. 研究开发费用在会计上如何处理?
5. 无形资产在计提减值准备后其摊销应如何处理?
6. 什么是长期待摊费用? 长期待摊费用包括哪些内容?

业 务 题

【业务题一】

(一) **目的** 练习无形资产的核算。

(二) **资料** 民港公司为增值税一般纳税人,发生以下无形资产方面的业务:

1. 购入一项商标权,以银行存款支付买价及有关费用共计 120 000 元。

2. 该商标权的法定有效期限为 10 年,预计净残值为零,采用直线法摊销。

3. 在使用 3 年后,将该项商标权以 60 000 元的价格出售转让给其他企业,适用的增值税税率为 6%。

4. 为扩大公司某注册商标产品的销路,以银行存款 350 000 元一次性支付给电视台一笔广告费。

5. 一项专利权原实际成本为 500 000 元,摊销期限为 10 年,采用直线法摊销,已摊销 1 年,由于与该专利权相关的因素发生不利变化,估计其可收回金额为 340 000 元。

6. 出租商标权每年取得收入 36 000 元,存入银行。该商标权账面价值为 180 000 元,受益年限为 10 年,采用直线法摊销,已使用 3 年,转让过程中以银行存款支付出租无形资产的相关费用 2 000 元,并按 6% 的税率计算增值税额。

7. 从某公司购入一块土地,以银行存款实际支付价款 2 100 万元,购入的土地用于建造公司厂房。

8. 某项专利权由于科技进步的原因,已失去使用价值,预期不能为企业带来经济利益。该专利权账面原价为 100 000 元,已摊销 20 000 元,已计提减值准备 28 000 元。

(三) **要求** 根据以上经济业务,编制相关的会计分录。

【业务题二】

(一) **目的** 练习无形资产的核算。

(二) **资料** 盛海公司为研究某项新技术,发生以下研究开发的费用:

1. 在研究过程中领用原材料 40 000 元,应付研究人员工资 23 000 元,以银行存款支付其他费用 31 000 元。

2. 在开发过程中发生应付开发人员工资 45 000 元,以银行存款支付咨询费用 21 000 元。该技术试验已基本成功,开发支出全部符合资本化条件。

3. 新技术申请专利已通过,以银行存款支付专利登记费用 20 000 元、律师费用 6 000 元,结转上述研究开发费用。

(三) **要求** 根据以上经济业务,编制相关的会计分录。

【业务题三】

(一) **目的** 练习长期待摊费用的核算。

(二) **资料** 宏发公司发生有关业务如下:

向外单位租入一项管理部门使用的固定资产,公司对该项固定资产进行技术改良,改良工程与固定资产连成一体不可分离,已用银行存款支付工程支出 96 000 元,当月完工交付使用,租赁期 3 年,经检验该固定资产尚可使用年限为 6 年。

(三) **要求** 根据以上经济业务,编制相关的会计分录。

第九章 投资性房地产

 学习目的与要求

通过本章学习,你应当:

1. 了解投资性房地产的概念及内容。
2. 掌握投资性房地产的确认条件。
3. 掌握投资性房地产的初始计量。
4. 掌握投资性房地产后续支出及后续计量的处理。
5. 掌握投资性房地产转换和处置的处理。

课前预习题

1. 某增值税一般纳税人企业购买一幢办公楼,以银行存款支付价款800万元,增值税额72万元,其他相关税费4.2万元。

请问:该企业应将该项办公楼确认为固定资产还是投资性房地产? 确认资产的入账价值为多少?

2. 某企业一幢办公楼的成本为1 000万元,年折旧额为32万元。该办公楼年初已出租,年末公允价值为1 070万元。

请问:该企业当年对该办公楼是否应当计提32万元折旧? 该办公楼年末是否按1 070万元计量?

3. 某企业一幢仓库的成本为300万元,已提折旧30万元。该仓库已对外出租,出租日公允价值为320万元。

请问:该企业出租仓库入账价值的确定由什么因素决定? 分别为多少?

4. 某企业将一幢出租的办公楼收回自用,该办公楼的成本为520万元,已提折旧180万元,收回当日其公允价值为370万元。

请问：该企业收回的自用办公楼入账价值的确定由什么因素决定？分别为多少？

5. 某增值税一般纳税人企业将一幢出租的办公楼对外出售，取得的价款为900万元，增值税额为81元，存入银行。该办公楼的成本为1 000万元，已提折旧为300万元。以银行存款支付其他相关税费4.7万元。

请问：该企业出售该办公楼应确认营业收入为多少？确认营业成本、税金及附加为多少？

第一节　投资性房地产概述

随着我国社会主义市场经济的不断发展和完善,房地产市场交易日趋活跃,企业持有房地产的目的有所扩大,除了生产经营管理、对外出售等目的,还有将其用于赚取租金或资本增值活动。企业用于赚取租金或资本增值活动的房地产,其收益和风险大大超过自用房地产,而且能独立产生现金流量,因此应当单独确认为投资性房地产进行核算。

一、投资性房地产概念

投资性房地产是指为赚取租金或资本增值,或两者兼有而持有的房地产。投资性房地产的范围包括已出租的建筑物、土地使用权,持有并准备增值后转让的土地使用权。

1. 已出租的建筑物、土地使用权

已出租的建筑物、土地使用权是指从租赁开始日以经营租赁方式出租的建筑物和土地使用权,包括自行建造或开发完成后用于出租的房地产。其中,用于出租的建筑物是指企业拥有产权的建筑物。用于出租的土地使用权是指企业通过出让和转让方式取得的土地使用权。

已出租的投资性房地产租赁期满,因暂时空置但继续用于出租的,仍作为投资性房地产。

2. 持有并准备增值后转让的土地使用权

持有并准备增值后转让的土地使用权是指企业通过受让方式取得的、准备增值后转让的土地使用权。

闲置土地不属于持有并准备增值的土地使用权。闲置土地是指土地使用者依法取得土地使用权后,未经原批准用地的人民政府同意,超过规定的期限未动工开发建设的建设用地。具有下列情形之一的,也可以认定为闲置土地:

(1) 国有土地有偿使用合同或者建设用地批准书未规定动工开发建设日期,自国有土地有偿使用合同生效或者土地行政主管部门建设用地批准书颁发之日起满1年未动工开发建设的。

(2) 已动工开发建设但开发建设的面积占应动工开发建设总面积不足 1/3 或者已投资额占总投资额不足 25% 且未经批准中止开发建设连续满 1 年的。

(3) 法律、行政法规规定的其他情形。

3. 其他有关规定

(1) 一项房地产,部分用于赚取租金或资本增值,部分用于生产商品、提供劳务或经营管理,用于赚取租金或资本增值的部分能够单独计量和出售的,可以确认为投资性房地产;否则,不能确认为投资性房地产。

(2) 企业将建筑物出租并按出租协议向承租人提供保安和维修等其他服务,所提供的其他服务在整个协议中不重大的,可以将该建筑物确认为投资性房地产;所提供的其他服务在整个协议中重大的,该建筑物应视为企业的经营场所,确认为自用房地产。

(3) 关联企业之间租赁房地产的,租出方应将出租的房地产确认为投资性房地产。如母公司以经营租赁方式向子公司租出房地产,该项房地产应当确认为母公司的投资性房地产,但在编制合并报表时,作为企业集团的自用房地产。

(4) 企业拥有并自行经营的旅馆饭店,其经营目的是通过向客户提供客房服务取得服务收入,该业务不具有租赁性质,不属于投资性房地产。将其拥有的旅馆饭店部分或全部出租,且出租的部分能够单独计量和出售的,出租的部分可以确认为投资性房地产。

下列各项不属于投资性房地产:

(1)自用房地产。自用房地产为生产商品、提供劳务或者经营管理而持有的房地产,如企业的厂房和办公楼、企业生产经营用的土地使用权等。企业出租给本企业职工居住的宿舍,即使按照市场价格收取租金,也不属于投资性房地产。这部分房地产间接为企业自身的生产经营服务,具有自用房地产的性质。

(2)作为存货的房地产。作为存货的房地产是指房地产开发企业在正常经营过程中销售的或为销售而正在开发的商品房和土地。这部分房地产属于房地产开发企业的存货。

二、投资性房地产的确认条件

将某个项目确认为投资性房地产,首先,应当符合投资性房地产的概念,其次,还要同时满足投资性房地产的两个确认条件:

(1)与该项房地产相关的经济利益很可能流入企业。投资性房地产确认的基本条件之一是该项房地产所包含的经济利益很可能流入企业。判断房地产的经济利益是否很可能流入企业,主要依据是与该房地产有关的所有权上的风险和报酬是否转移到了企业。

(2)该房地产的成本能够可靠地计量。成本能够可靠地计量是资产确认的另一项基本条件。要确认一项投资性房地产,为取得该项房地产而发生的支出必须能可靠地计量。如果某一项目符合投资性房地产的定义,其产生的经济利益也很可能流入企业,但企业为取得该项房地产而发生的支出不能够可靠地计量,也不能将其确认为投资性房地产。

第二节　投资性房地产的初始计量和后续支出

投资性房地产应当按照成本进行初始计量。企业投资性房地产取得的来源主要有外购、自行建造、接受投资者投入、自用房地产转换形成等方式,应分别不同来源确定其初始成本并进行会计处理。

一、投资性房地产核算设置的账户

投资性房地产核算应设置的主要账户包括"投资性房地产""投资性房地产累计折旧(摊销)"和"投资性房地产减值准备"账户。

1."投资性房地产"账户

"投资性房地产"账户用来核算企业采用成本计量模式计量的该资产的成本,或采用公允价值计量模式计量的该资产的公允价值。

投资性房地产后续计量采用成本模式计量的,其借方登记外购、自行建造、接受投资者投入或将自用的房地产转为投资性房地产等增加的投资性房地产的成本,贷方登记将投资性房地产转为自用或处置时而减少的投资性房地产成本,余额表示资产负债表日投资性房地产的成本。企业应当按照投资性房地产的类别和项目进行明细核算。

投资性房地产后续计量采用公允价值模式计量的,其借方登记外购、自行建造、接受投资者投入投资性房地产的成本、将自用的房地产转为投资性房地产其转换日的公允价值以及在资产负债表日公允价值大于账面余额而增加的金额,贷方登记将投资性房地产转为自用或处置时而减少的投资性房地产的账面余额以及资产负债表日公允价值小于账面余额的金额,余额反映资产负债表日投资性房地产的公允价值。企业应当按照投资性房地产的类别和项目分别"成本"和"公允价值变动"进行明细核算。

2. "投资性房地产累计折旧(摊销)"账户

投资性房地产后续计量采用成本计量模式的,对已出租的建筑物计提折旧应设置"投资性房地产累计折旧(摊销)"账户核算,其结构与"累计折旧"和"累计摊销"账户相似。

3. "投资性房地产减值准备"账户

投资性房地产后续计量采用成本计量模式的,如资产负债表日投资性房地产发生减值,应设置"投资性房地产减值准备"账户核算,其结构与"固定资产减值准备"和"无形资产减值准备"账户相似。

二、投资性房地产初始计量的账务处理

1. 外购的投资性房地产

企业通过购买方式取得的投资性房地产,其成本包括购买价款、相关税费和可直接归属于该资产的其他支出,但允许抵扣的增值税额不计入其成本。

投资性房地产后续计量采用成本模式计量的,外购的投资性房地产,应当按照购买价款、相关税费和可直接归属于该资产的其他支出,借记"投资性房地产"账户,按允许抵扣的增值税额,借记"应交税费——应交增值税(进项税额)"账户,按支付的全部款项,贷记"银行存款"等账户。

投资性房地产后续计量采用公允价值模式计量的,外购的投资性房地产实际成本的确定与采用成本模式计量的投资性房地产一致。应当按照实际成本,借记"投资性房地产——成本"账户,按允许抵扣的增值税额,借记"应交税费——应交增值税(进项税额)"账户,按支付的全部款项,贷记"银行存款"等账户。

【例 9 - 1】 2×19 年 7 月 8 日,某增值税一般纳税人企业购入一幢建筑物用于出租,取得的增值税专用发票上注明价款为 1 000 万元,增值税额为 90 万元,发生的其他相关税费为5.3 万元,款项以银行存款支付。租赁合同约定,从该建筑物购买日起出租给承租单位。该企业对投资性房地产采用成本模式计量。假定增值税额于当月已经税务机关认证可予抵扣。该企业应作的账务处理如下:

借:投资性房地产——建筑物   10 053 000
 应交税费——应交增值税(进项税额)   900 000
  贷:银行存款   10 953 000

企业购入投资性房地产的价款超过正常信用条件延期支付的,应当按照购入投资性房地产的现值,借记"投资性房地产"账户,按应支付的金额,贷记"长期应付款"账户,按两者的差额,借记"未确认融资费用"账户。

2. 自行建造的投资性房地产

自行建造的投资性房地产成本,由建造该资产达到预定可使用状态前所发生的一切合理

必要的支出构成。这里的"建造该资产达到预定可使用状态前所发生的一切合理必要的支出",主要包括土地开发费、建筑成本、安装成本、应予以资本化的借款费用、交纳的相关税费以及应分摊的其他间接费用。

自行建造的投资性房地产有自营和出包两种方式,其核算与自行建造固定资产相类似。

【例 9-2】　2×19 年 4 月,某增值税一般纳税人企业准备自行建造一幢办公楼用于出租。为建造办公楼购入工程物资一批,取得的增值税专用发票上列明价款为 3 500 万元,增值税额为 315 万元,款项以银行存款支付。所购物资全部用于工程建造;运输车间为工程提供有关劳务支出为 26 万元;发生工程人员工资为 82 万元、福利费为 5 万元。12 月末工程达到预定可使用状态并出租给承租单位。该企业对投资性房地产采用公允价值模式计量。假定增值税额于当月已经税务机关认证可予抵扣。该企业应作的账务处理如下:

(1) 购入为工程准备的物资时:

借:工程物资	35 000 000
应交税费——应交增值税(进项税额)	3 150 000
贷:银行存款	38 150 000

(2) 工程领用物资时:

借:在建工程	35 000 000
贷:工程物资	35 000 000

(3) 运输生产车间为工程提供劳务时:

借:在建工程	260 000
贷:生产成本——辅助生产成本	260 000

(4) 发生工程人员工资、福利费时:

借:在建工程	870 000
贷:应付职工薪酬	870 000

(5) 工程达到预定可使用状态并对外出租时:

借:投资性房地产——办公楼(成本)	36 130 000
贷:在建工程	36 130 000

3. 投资者投入的投资性房地产

企业对投资者投入的投资性房地产,在办理有关资产移交手续之后,按投资合同或协议约定的价值与相关税费之和作为投资性房地产的入账价值,借记"投资性房地产"账户,按投资各方确认的价值在其注册资本中所占的份额,贷记"实收资本"(或"股本")账户,按投资各方确认的价值与确认为实收资本或股本的差额,贷记"资本公积——资本溢价(或股本溢价)"账户,按应支付的相关税费,贷记"银行存款""应交税费"等账户。

【例 9-3】　2×19 年 1 月 1 日,某企业接受 A 公司投资一幢办公房,合同确定的价值为600 万元,该房地产投资占该企业注册资本的 40%。企业接受该企业投资后,注册资本总额变更为 1 000 万元。以银行存款支付相关税费 3.2 万元。接受投资当日,该办公楼出租给承租单位。该企业对投资性房地产采用公允价值模式计量。该企业应作账务处理如下：

借：投资性房地产——办公楼（成本）	6 032 000
贷：实收资本——A 公司	4 000 000
资本公积——资本溢价	2 000 000
银行存款	32 000

4. 以其他方式取得的投资性房地产

企业的投资性房地产还有通过非货币性资产交换、债务重组等其他方式取得的，通过这些方式所取得的投资性房地产的成本也有其特定内容构成。

三、投资性房地产后续支出的账务处理

投资性房地产后续支出会计处理的原则为：符合投资性房地产确认条件的，即同时符合与该项资产有关的经济利益很可能流入企业和该资产的成本能够可靠地计量两个条件，应当确认为资本化后续支出，计入投资性房地产成本；不符合投资性房地产确认条件的，应当确认为费用化支出，在发生时计入当期损益。

企业为使投资性房地产更加坚固耐用而对其进行改扩建或者整修，改扩建或者整修支出满足投资性房地产确认条件的，应当将其资本化，记入"投资性房地产"账户，在资本化后续支出的发生期间，对该资产仍作为投资性房地产，但应停止计提折旧或者摊销；企业对投资性房地产进行日常维修发生的支出，因不满足投资性房地产确认条件，应当将其费用化，记入"其他业务成本"账户。

【例 9 - 4】 2×19 年 6 月 1 日，某增值税一般纳税人企业与 B 公司的一幢办公楼经营租赁合同到期。该企业对该资产采用成本模式计量，原始价值为 4 000 万元，已提折旧 1 700 万元。为加固办公楼和提高租金收入，该企业对办公楼在租赁期满后进行改扩建和整修，并与 B 公司签订经营租赁合同，约定改扩建和整修结束时将该办公楼出租给 B 公司。6 月 1 日，办公楼交付甲建筑公司改扩建和整修。11 月 1 日，办公楼改扩建和整修工程完工，企业以银行存款支付给甲建筑公司工程款 320 万元，增值税额为 28.80 万元，并按照租赁合同出租给 B 公司。假定该企业对投资性房地产仍采用成本模式计量。该办公楼发生的改扩建和整修支出满足投资性房地产资本化的确认条件，应当计入投资性房地产成本。假定增值税额于当月已经税务机关认证可予抵扣，则该企业应作账务处理如下：

（1）6 月 1 日，办公楼交付改扩建和整修时：

借：投资性房地产——办公楼（在建）	23 000 000
投资性房地产累计折旧（摊销）	17 000 000
贷：投资性房地产——办公楼	40 000 000

（2）11 月 1 日，支付工程款时：

借：投资性房地产——办公楼（在建）	3 200 000
应交税费——应交增值税（进项税额）	288 000
贷：银行存款	3 488 000

（3）11 月 1 日，工程完工出租给 B 公司时：

| 借:投资性房地产——办公楼 | 26 200 000 | |
| 贷:投资性房地产——办公楼(在建) | | 26 200 000 |

【例 9 - 5】 某企业为增值税一般纳税人,于 2×19 年 8 月 1 日在经营租赁期间,委托丙物业公司对出租给乙公司的厂房进行日常维修,以银行存款支付维修费用,取得的增值税专用发票上列明价款为 180 000 元,增值税额为 16 200 元。假定增值税额当月已经税务机关认证可予抵扣,则企业应作账务处理如下:

借:其他业务成本	180 000	
应交税费——应交增值税(进项税额)	16 200	
贷:银行存款		196 200

第三节 投资性房地产的后续计量

企业通常应当采用成本模式对投资性房地产进行后续计量,只有在满足特定条件的情况下,才可以采用公允价值模式对投资性房地产进行后续计量。但是,同一企业不得同时采用两种计量模式,只能采用一种模式对所有投资性房地产进行后续计量。

一、采用成本模式进行后续计量的投资性房地产

在成本模式下,应当按照企业会计准则的有关规定,对投资性房地产进行后续计量,按月计提折旧或进行摊销;存在减值迹象,发生减值的,还应当按照资产减值的有关规定进行处理。

按月对投资性房屋建筑物计提折旧或对投资性土地使用权摊销时,借记"其他业务成本"等账户,贷记"投资性房地产累计折旧(摊销)"账户;取得的租金收入时,借记"银行存款"等账户,贷记"其他业务收入"账户;资产负债表日发生减值的,计提减值准备时,借记"资产减值损失"账户,贷记"投资性房地产减值准备"账户。如果已经计提减值准备的投资性房地产的价值又得以恢复,为防止企业利用资产减值任意调节利润,以后期间不允许转回已计提的减值准备。

二、采用公允价值模式进行后续计量的投资性房地产

企业存在确凿证据表明投资性房地产的公允价值能够持续可靠取得的,可以采用公允价值模式对投资性房地产进行后续计量。企业一旦选择采用公允价值计量模式,就应当对其所有投资性房地产均采用公允价值模式进行后续计量,不得对一部分投资性房地产采用成本计量模式,对另一部分投资性房地产采用公允价值计量模式。采用成本模式对投资性房地产进行后续计量的企业,即使有证据表明,某项投资性房地产首次取得时,该投资性房地产公允价值能够持续可靠取得,企业仍应采用成本模式对投资性房地产进行后续计量。

(一)采用公允价值模式的条件

采用公允价值模式进行后续计量的投资性房地产,应当同时满足下列条件:

(1)投资性房地产所在地有活跃的房地产交易市场。

(2)企业能够从活跃的房地产交易市场上取得同类或类似房地产的市场价格及其他相关信息,从而对投资性房地产的公允价值作出合理的估计。

（二）采用公允价值模式进行后续计量的账务处理

企业采用公允价值模式对投资性房地产进行后续计量的，不需要对投资性房地产按月计提折旧或进行摊销，而应当以资产负债表日投资性房地产的公允价值计量。资产负债表日，投资性房地产的公允价值与账面价值差额在调整其账面价值的同时计入当期损益。

资产负债表日，若投资性房地产的公允价值大于账面价值，按两者之间差额，借记"投资性房地产——公允价值变动"账户，贷记"公允价值变动损益"账户；若公允价值小于账面价值，借记"公允价值变动损益"账户，贷记"投资性房地产——公允价值变动"账户。

【例 9-6】 2×18 年 1 月 1 日，某企业将建造完成的一幢办公楼以经营租赁方式出租给丁公司，租赁期为 3 年。该办公楼造价为 8 000 万元。2×18 年 12 月 31 日，该办公楼的公允价值为 8 300 万元。2×19 年 12 月 31 日，该办公楼的公允价值为 8 100 万元。该企业对投资性房地产采用公允价值模式后续计量。该企业应作账务处理如下：

（1）2×18 年 12 月 31 日：

借：投资性房地产——办公楼（公允价值变动）　　　　　　　　　　　　　3 000 000

　　贷：公允价值变动损益　　　　　　　　　　　　　　　　　　　　　　　　3 000 000

（2）2×19 年 12 月 31 日：

借：公允价值变动损益　　　　　　　　　　　　　　　　　　　　　　　　2 000 000

　　贷：投资性房地产——办公楼（公允价值变动）　　　　　　　　　　　　　2 000 000

三、投资性房地产后续计量模式的变更

企业对投资性房地产的计量模式一经确定，不得随意变更，以确保会计信息符合可比性要求。对已采用公允价值模式计量的投资性房地产，不得从公允价值模式转为成本模式。在房地产市场比较成熟、能够满足采用公允价值模式计量条件的情况下，对投资性房地产的计量模式才允许从成本模式转为公允价值模式。

投资性房地产计量模式从成本模式转为公允价值模式的，应当作为会计政策变更处理，并将计量模式变更时公允价值与账面价值的差额，调整期初留存收益。

【例 9-7】 2×18 年 1 月 1 日，某企业以资本增值为目的取得一项 20 年期限的土地使用权，支付价款 9 000 万元。该土地使用权采用成本模式计量。2×19 年 1 月 1 日，由于具备公允价值模式计量条件，该企业决定改变计量模式，采用公允价值计量。2×19 年 1 月 1 日，该土地使用权账面价值为 8 550 万元，已摊销价值为 450 万元，未计提减值准备，公允价值为8 600 万元。该企业转换日应作账务处理如下：

借：投资性房地产累计折旧（摊销）　　　　　　　　　　　　　　　　　4 500 000

　　投资性房地产——土地使用权（成本）　　　　　　　　　　　　　　86 000 000

　　贷：投资性房地产——土地使用权　　　　　　　　　　　　　　　　　90 000 000

　　　　利润分配——未分配利润　　　　　　　　　　　　　　　　　　　　500 000

第四节　投资性房地产的转换和处置

投资性房地产的转换是指房地产用途的变更，如将投资性房地产改为自用，或将自用的房

地产改为投资性房地产。投资性房地产的处置是指投资性房地产的出售、转让、报废和毁损。投资性房地产的转换和处置的核算因其计量模式不同而有所差异。

一、房地产的转换

(一)房地产的转换形式及转换日

房地产的转换是因房地产用途发生改变而对房地产进行的重新分类。企业必须有确凿证据表明房地产的用途发生改变,才能确认投资性房地产转换为非投资性房地产或者非投资性房地产转换为投资性房地产。这里所谓的确凿证据应当包括企业董事会或类似机构转换房地产用途所形成的正式书面决议以及房地产因用途改变而发生了实际状态的改变,如从出租状态改为自用状态。房地产的转换形式主要有以下几种:

(1)自用建筑物或土地使用权停止自用改为出租。企业将原来用于本企业生产商品、提供劳务或者经营管理的建筑物或土地使用权停止自用改为出租,该建筑物或土地使用权从固定资产或无形资产转换为投资性房地产。这种方式下,转换日为租赁期开始日。

(2)自用土地使用权停止自用改用于资本增值。企业将原来用于本企业生产商品、提供劳务或者经营管理的土地使用权改为用于资本增值,该土地使用权从无形资产转换为投资性房地产。这种方式下,转换日为自用土地使用权停止自用后,确定用于资本增值的日期。

(3)投资性房地产开始自用。企业将投资性房地产转为用于本企业生产商品、提供劳务或者经营管理的固定资产、无形资产。这种方式下,转换日为房地产达到自用状态的日期。

(4)作为存货的房地产改为出租。房地产开发企业将其持有的开发产品以经营租赁的方式出租,该开发产品从存货转换为投资性房地产。这种方式下,转换日为房地产的租赁期开始日为承租人有权行使其使用租赁资产权利的日期。

(二)房地产转换的账务处理

1.非投资性房地产转换为投资性资产

1)非投资性房地产转换为按成本模式计量的投资性房地产

第一,作为存货的房地产转换为投资性房地产。

企业作为存货的房地产转换为按成本模式计量的投资性房地产,应当按照转换日该项存货的账面价值,借记"投资性房地产"账户,按已计提的跌价准备,借记"存货跌价准备"账户,按其账面余额,贷记"开发产品"账户。

【例9-8】　某房地产开发企业为增值税一般纳税人,2×19年4月1日,某房地产开发企业将已经开发完成的原准备出售的1幢别墅对外出租,该别墅账面成本为670万元,已计提减值准备30万元。该别墅每月租金2万元,当月租金和增值税收到并存入银行,开具的增值税专用发票上注明价款为20 000元,增值税额为1 800元。该企业对投资性房地产采用成本计量模式计量。该企业2×19年4月1日出租别墅时,应作账务处理如下:

(1)将存货转换为投资性房地产时:

借:投资性房地产——别墅　　　　　　　　　　　　　　　　　　　　6 400 000
　　　存货跌价准备　　　　　　　　　　　　　　　　　　　　　　　　300 000
　　贷:开发产品　　　　　　　　　　　　　　　　　　　　　　　　　　　　6 700 000

（2）收到租金时：

借：银行存款		21 800
贷：其他业务收入	20 000	
应交税费——应交增值税（销项税额）	1 800	

第二，自用房地产转换为投资性房地产。

企业自用房地产转换为按成本模式计量的投资性房地产，应当按照自用房地产转换日的账面余额、已计提的折旧或已摊销额、已计提的减值准备，借记"投资性房地产""累计折旧"或"累计摊销""固定资产减值准备"或"无形资产减值准备"账户，贷记"固定资产"或"无形资产""投资性房地产累计折旧（摊销）""投资性房地产减值准备"账户。

【例 9-9】 某企业为增值税一般纳税人，1 幢厂房于 2×09 年 12 月 31 日建造完成投入使用，成本为 300 万元，预计使用年限为 30 年，预计净残值率为 4%，按平均年限法计提折旧，该厂房未计提减值准备。2×19 年 12 月 1 日，将该厂房对外出租，每月租金 3 万元，12 月份租金和增值税收到并存入银行，开具的增值税专用发票上注明价款为 30 000 元，增值税额为 2 700元。该企业 2×19 年 12 月 1 日出租厂房时，应作账务处理如下：

（1）将自用厂房转换为投资性房地产时：

借：投资性房地产——厂房		3 000 000
累计折旧		960 000
贷：固定资产	3 000 000	
投资性房地产累计折旧（摊销）	960 000	

（2）收到第一季度租金时：

借：银行存款		32 700
贷：其他业务收入	30 000	
应交税费——应交增值税（销项税额）	2 700	

该企业 2×20 年 1 月份计提折旧时，应作账务处理如下：

借：其他业务成本		8 000
贷：投资性房地产累计折旧（摊销）	8 000	

2）非投资性资产转换为按公允价值模式计量的投资性房地产

第一，作为存货的房地产转换为投资性房地产。

企业作为存货的房地产转换为按公允价值模式计量的投资性房地产，应当按照转换日该项房地产的公允价值，借记"投资性房地产——成本"账户，按已计提的跌价准备，借记"存货跌价准备"账户，按其账面余额，贷记"开发产品"账户，按转换日公允价值与账面价值的差额，贷记"其他综合收益"或借记"公允价值变动损益"账户。

【例 9-10】 某房地产开发企业于 2×19 年 1 月 1 日将已经开发完成的原准备出售的办公楼对外出租，该办公楼的成本为 3 600 万元，已计提减值准备 200 万元，该办公楼在 2×19 年 1 月 1 日公允价值为 3 630 万元。该企业对投资性房地产采用公允价值计量模式计量。该企业将办公楼存货转换为投资性房地产时，应作账务处理如下：

借：投资性房地产——办公楼（成本）	36 300 000
存货跌价准备	2 000 000
贷：开发产品	36 000 000
其他综合收益	2 300 000

第二，自用房地产转换为投资性房地产。

企业自用房地产转换为按公允价值模式计量的投资性房地产，应当按照投资性房地产转换日公允价值，借记"投资性房地产——成本"账户，按照自用房地产转换日的账面余额，贷记"固定资产"或"无形资产"账户，按照自用房地产转换日已计提的折旧或已摊销额、已计提的减值准备，借记"累计折旧"或"累计摊销""固定资产减值准备"或"无形资产减值准备"账户，按转换日公允价值与账面价值的差额，贷记"其他综合收益"账户或借记"公允价值变动损益"账户。

【例 9 - 11】　某企业将厂房于 2×19 年 4 月 1 日对外出租，该厂房原始价值为 900 万元，已提折旧 480 万元，已计提减值准备 137 万元。该厂房在 2×19 年 4 月 1 日公允价值为 235 万元。该企业对投资性房地产采用公允价值计量模式计量。该企业将厂房转换为投资性房地产时，应作账务处理如下：

借：投资性房地产——厂房（成本）	2 350 000
累计折旧	4 800 000
固定资产减值准备	1 370 000
公允价值变动损益	480 000
贷：固定资产	9 000 000

【例 9 - 12】　某企业于 2×19 年 1 月 1 日将原确认为无形资产的某一土地使用权对外出租，该土地使用权的成本为 3 000 万元，累计摊销额为 1 650 万元，未计提减值准备。2×19 年 1 月 1 日，该土地使用权的公允价值为 1 740 元。该企业对投资性房地产采用公允价值计量模式计量。该企业将土地使用权转换为投资性房地产时，应作账务处理如下：

借：投资性房地产——土地使用权（成本）	17 400 000
累计摊销	16 500 000
贷：无形资产	30 000 000
其他综合收益	3 900 000

2. 投资性房地产转换为非投资性房地产

1）按成本模式计量的投资性房地产转换为非投资性房地产

第一，投资性房地产转换为存货。

企业按成本模式计量的投资性房地产转换为存货，应当按照转换日该项房地产的账面价值，借记"开发产品"账户，按已计提的折旧或已摊销额，借记"投资性房地产累计折旧（摊销）"账户，按已计提的跌价准备，借记"投资性房地产减值准备"账户，按其账面余额，贷记"投资性房地产"账户。

【例 9 - 13】　沿用[例 9 - 8]的资料，该企业于 2×20 年 4 月 1 日将对外出租的别墅收回准备对外出售，该别墅已计提折旧 12 万元，未计提减值准备。该企业 2×20 年 4 月 1 日将该投资性房地产转为存货时，应作账务处理如下：

借：开发产品	6 280 000
投资性房地产累计折旧(摊销)	120 000
贷：投资性房地产——别墅	6 400 000

第二，投资性房地产转换为自用房地产。

企业按成本模式计量的投资性房地产转换为自用房地产，应当按照投资性房地产转换日的账面余额、已计提的折旧或已摊销额、已计提的减值准备，借记"固定资产"或"无形资产""投资性房地产累计折旧(摊销)""投资性房地产减值准备"账户，贷记"投资性房地产""累计折旧"或"累计摊销""固定资产减值准备"或"无形资产减值准备"账户。

【例9－14】 沿用[例9－9]的资料，该企业于2×21年12月31日收回上述出租的厂房，用于企业自身的生产经营活动。厂房至2×21年12月末未计提减值准备。该企业2×21年12月31日将该投资性厂房转为自用时，应作账务处理如下：

借：固定资产	3 000 000
投资性房地产累计折旧(摊销)	1 152 000
贷：投资性房地产——厂房	3 000 000
累计折旧	1 152 000

2) 按公允价值模式计量的投资性房地产转换为非投资性房地产

第一，投资性房地产转换为存货。

企业按公允价值模式计量的投资性房地产转换为存货，应当按照转换日该项房地产的公允价值，借记"开发产品"账户，按照该项投资性房地产的成本，贷记"投资性房地产——成本"账户，按照该项投资性房地产的累计公允价值变动金额，借记或贷记"投资性房地产——公允价值变动"账户，按转换日公允价值与账面价值的差额，贷记或借记"公允价值变动损益"账户。

【例9－15】 沿用[例9－10]的资料，该企业于2×20年12月31日收回对外出租的办公楼，准备对外出售。该办公楼的账面余额为3 670万元，公允价值为3 650万元。该企业2×20年12月31日将投资性房地产转换为存货时，应作账务处理如下：

借：开发产品	36 500 000
公允价值变动损益	200 000
贷：投资性房地产——办公楼(成本)	36 300 000
投资性房地产——办公楼(公允价值变动)	400 000

第二，投资性房地产转换为自用房地产。

企业采用公允价值模式计量的投资性房地产转换为自用房地产时，应当按照投资性房地产转换日公允价值，借记"固定资产"或"无形资产"账户，按照该项投资性房地产的成本，贷记"投资性房地产——成本"账户，按照该项投资性房地产的累计公允价值变动金额，借记或贷记"投资性房地产——公允价值变动"账户，按照转换日公允价值与账面价值的差额，贷记或借记"公允价值变动损益"账户。

【例9－16】 沿用[例9－12]的资料。该企业于2×20年12月31日将该土地使用权收回不再出租，准备用于建造办公楼。2×20年12月31日，该土地使用权账面余额为1 820万元，公允价值为1 910万元。该企业2×20年12月31日将该投资性厂房转为自用时，应作账务处

理如下:

借:无形资产	19 100 000
贷:投资性房地产——土地使用权(成本)	17 400 000
投资性房地产——土地使用权(公允价值变动)	800 000
公允价值变动损益	900 000

二、投资性房地产的处置

根据我国《企业会计准则第 3 号——投资性房地产》的规定,当投资性房地产被处置或者永久退出使用且预计不能从其处置中取得经济利益时,应当终止确认该项投资性房地产。

企业出售、转让、报废投资性房地产或者发生投资性房地产毁损时,应当将处置收入扣除其账面价值和相关税费后的金额计入当期损益。

(一)采用成本模式计量的投资性房地产处置

采用成本模式计量的投资性房地产处置时,应按实际收到的价款,借记“银行存款”等账户,贷记“其他业务收入”“应交税费——应交增值税(销项税额)”账户,按该项投资性房地产已计提的折旧或摊销额,借记“投资性房地产累计折旧(摊销)”账户,按已计提减值准备,借记“投资性房地产减值准备”账户,按该项投资性房地产的账面余额,贷记“投资性房地产”账户,按其差额,借记“其他业务成本”账户,按处置过程中发生的相关税费,借记“税金及附加”账户,贷记“应交税费”账户。

【例 9 - 17】　某企业为增值税一般纳税人,于 2×19 年 12 月 31 日将采用成本模式计量的出租用厂房对外出售,开具的增值税专用发票上注明价款为 650 万元,增值税额为 58.50 万元,款项收到并存入银行。该厂房账面原始价值为 960 万元,已提折旧 430 万元,已计提减值准备 170 万元,出售该厂房应交的其他相关税费为 3.2 万元。该企业出售该厂房时,应作账务处理如下:

(1) 收到转入款时:

借:银行存款	7 085 000
贷:其他业务收入	6 500 000
应交税费——应交增值税(销项税额)	585 000

(2) 结转账面价值时:

借:其他业务成本	3 600 000
投资性房地产累计折旧(摊销)	4 300 000
投资性房地产减值准备	1 700 000
贷:投资性房地产——厂房	9 600 000

(3) 结算应交税费时:

借:税金及附加	32 000
贷:应交税费	32 000

(二)采用公允价值模式计量的投资性房地产处置

采用公允价值模式计量的投资性房地产处置时,应按实际收到的价款,借记“银行存款”等账户,贷记"其他业务收入""应交税费——应交增值税(销项税额)"账户,按该项投资性房地产的账面余额,借记"其他业务成本"账户,贷记"投资性房地产——成本",贷记或借记"投资性房地产——公允价值变动"账户,同时,按该项投资性房地产的公允价值变动,借记或贷记"公允价值变动损益"账户,贷记或借记"其他业务成本"账户,按该项投资性房地产在转换日计入其他综合收益的金额,借记"其他综合收益"账户,贷记"其他业务成本"账户,按处置过程中发生的税费,借记"税金及附加"账户,贷记"应交税费"账户。

【例 9 - 18】 某企业为增值税一般纳税人,于 2×19 年 6 月 1 日将采用公允价值模式计量的出租办公房出售,开具的增值税专用发票上注明价款为 820 万元,增值税额为 73.80 万元,款项收到并存入银行。该办公房由自用转为出租时记入"其他综合收益"账户的金额为 21 万元。该办公房出售时的账面余额为 740 万元,其中"投资性房地产——成本"账户为 790 万元,"投资性房地产——公允价值变动"账户贷方余额为 50 万元。出售该办公房应交相关税费 4.3 万元。该企业出售该办公房时,应作账务处理如下:

(1) 收到转让款时:

借:银行存款	8 938 000
贷:其他业务收入	8 200 000
应交税费——应交增值税(销项税额)	738 000

(2) 结转账面价值时:

借:其他业务成本	7 400 000
投资性房地产——办公房(公允价值变动)	500 000
贷:投资性房地产——办公房(成本)	7 900 000

(3) 结转原计入其他综合收益的金额时:

借:其他综合收益	210 000
贷:其他业务成本	210 000

(4) 结转公允价值变动损益时:

借:其他业务成本	500 000
贷:公允价值变动损益	500 000

(5) 结算应交税费时:

借:税金及附加	43 000
贷:应交税费	43 000

本章要点概览

1. 投资性房地产是指为赚取租金或资本增值,或两者兼有而持有的房地产。企业的资产在符合投资性房地产定义,并同时符合与该房地产相关的经济利益很可能流入企业和该房地产的成本能够可靠地计量两个条件时,应单独确认为投资性房地产。

2. 外购或自行建造的投资性房地产按成本进行初始计量。投资性房地产后续计量有成本计量模式和公允价值计量模式两种。投资性房地产后续计量采用成本计量模式的,应按期计提折旧或者进行摊销,资产负债表日如发生减值的,应计提减值准备;投资性房地产后续计量采用公允价值计量模式的,资产负债表日,将其账面价值调整到资产负债表日的公允价值,并将两者的差额计入当期损益。已采用公允价值模式计量的投资性房地产,不允许从公允价值计量模式转为成本计量模式;成本模式转换为公允价值模式计量,作会计政策变更处理,将计量模式变更时公允价值与账面价值的差额,调整期初留存收益。

3. 企业房地产改变用途,将投资性房地产改为存货,或将存货改为投资性房地产时,采用成本计量模式的,将房地产转换前的账面价值作为转换后的入账价值。将投资性房地产改为自用,或将自用的房地产改为投资性房地产时,采用成本计量模式的,将房地产转换前的账面原价作为转换后的入账价值;采用公允价值计量模式的,自用房地产或存货转换为投资性房地产时,投资性房地产按照转换日的公允价值计量,转换日的公允价值与该资产原账面价值的差额计入当期损益或者所有者权益。

4. 企业的投资性房地产出售、转让、报废或者发生毁损时,应当将其处置收入确认为其他业务收入,账面价值、相关税费确认为其他业务成本和税金及附加。若投资性房地产后续计量采用公允价值计量模式的,原计入公允价值变动损益、所有者权益的金额转入其他业务成本。

主 要 术 语

房地产　　　　　　　　　　　　　投资性房地产

成本模式计量　　　　　　　　　　公允价值模式计量

房地产转换　　　　　　　　　　　投资性房地产处置

复习思考题

1. 什么是投资性房地产? 其包括哪些内容?

2. 投资性房地产的确认有哪些条件?

3. 投资性房地产的后续计量模式有几种? 这几种计量模式在核算上有哪些特点?

4. 房地产转换有哪几种形式? 各自的转换日如何确定?

5. 采用成本模式计量的投资性房地产处置时如何处理?

6. 采用公允价值模式计量的投资性房地产处置时如何处理?

业 务 题

【业务题一】

(一) **目的**　练习投资性房地产的核算。

(二) **资料**　某企业为增值税一般纳税人,适用的增值税税率为9%。2×17 年 12 月 31 日,一栋办公楼建造完工交付使用,成本为 2 376 万元,预计使用年限为 30 年,预计净残值率为 5%,按平均年限法计提折旧。2×19 年 7 月 1 日,企业将该办公楼对外出租,每月租金 12 万元,当月租金和增值税收到并存入银行,开具的增值税专用发票上注明价款为 12 万元,增值税额为 10 800 元。该企业投资性房地产后续计量采用成本模式。2×21 年 5 月 1 日,收回该栋办公楼用于企业自身的经营活动。

(三) 要求

1. 编制 2×19 年 7 月 1 日房地产转换时的会计分录。

2. 编制 2×19 年 7 月 1 日收到房租时的会计分录。

3. 编制 2×19 年 8 月份计提折旧时的会计分录。

4. 编制 2×21 年 5 月 1 日房地产转换时的会计分录。

【业务题二】

(一) 目的　练习投资性房地产的核算。

(二) 资料　某企业为增值税一般纳税人,适用的增值税税率为 9%。2×19 年 11 月 1 日将一幢厂房对外出租,每月租金为 120 万元。该厂房于 2×19 年 11 月 30 日交付使用。该厂房原始价值为 3 600 万元,预计使用年限为 40 年,预计净残值率为 5%,按平均年限法计提折旧。该企业对投资性房地产的后续计量采用公允价值模式。经确定,该厂房转换日公允价值为 2 880 万元。出租当日,收到当月房租 120 万元和增值税额 10.80 万元存入银行。假定 2×19 年 12 月 31 日公允价值为 3 000 万元,2×20 年 12 月 31 日公允价值为 2 760 万元。2×21 年 1 月 30 日,企业对该厂房终止出租,并于当日将厂房对外出售,开具的增值税专用发票上注明价款为 2 600 万元,增值税额为 234 万元,款项收到并存入银行,应交纳的其他相关税费 12 万元。

(三) 要求

1. 编制 2×19 年 11 月 1 日房地产转换时的会计分录。

2. 编制 2×19 年 11 月 1 日收取房租时的会计分录。

3. 编制 2×19 年 12 月 31 日、2×20 年 12 月 31 日进行后续计量时的会计分录。

4. 编制 2×21 年 1 月 30 日厂房出售时的会计分录。

第十章　流动负债

学习目的与要求

通过本章学习,你应当:

1. 了解流动负债的确认与计量。
2. 了解各种流动负债的核算内容。
3. 掌握各种流动负债的账务处理。
4. 掌握应付职工薪酬的确认、计量并进行相关的账务处理。
5. 掌握应交税费的计算并进行相关的账务处理。

课前预习题

1. 某企业于 2×19 年 3 月 1 日开出面值 20 000 元、6 个月到期的应付票据,票面利率是 4%,该企业每半年计提票据的利息。

请问:该应付票据在 2×19 年 6 月 30 日的账面价值为多少?

2. 预收账款与应付账款同属于负债要素,但它与应付账款不同,是企业需要以提供商品或劳务来偿还的现时义务。

请问:这种说法是否正确?

3. 某企业购买材料应付 A 公司货款 30 000 元,由于 A 公司撤销而无法支付该货款。

请问:由于债权单位撤销而无法支付时,该企业报经批准后 30 000 元应转入什么账户?

4. 某企业为增值税一般纳税人,适用的增值税税率为 13%。2×19 年购入原材料取得的增值税专用发票上注明的价款为 10 000 000 元,取得的增值税额已经税务机关认证可予抵扣,当年该企业销售产品不含税收入为 20 000 000 元,销售产品均已开具增值税专用发票。该企业采用实际成本进行日常材料核算。

请问：该企业当年应交纳的增值税为多少？

5. 某企业为增值税一般纳税人，将自产产品用于本企业厂房的建造工程中，该批产品的实际成本为 16 000 元，公允价值为 19 000 元，适用的增值税税率为 13%。

请问：该企业建造工程因领用自产产品是否会增加"在建工程"的账面价值？如果增加，金额为多少？

第一节　流动负债概述

流动负债包括短期借款、应付账款、应付票据、预收账款、应付职工薪酬、应交税费、应付股利和其他应付款等。

一、流动负债的特点

流动负债除具有负债的一般特点以外，还具有以下特点：

（1）偿还期限短。流动负债必须在 1 年或一个营业周期内以企业资产或劳务等来加以偿还，是企业短期内面临的一种还款负担。在一般情况下，流动负债应以企业的流动资产作为偿还保证。

（2）到期清偿。一般情况下，流动负债到期必须以企业的资产、提供劳务或举借新的债务来清偿。

二、流动负债的分类

流动负债可以从不同角度进行分类，按其应付金额是否确定，可以分为以下三类：

（1）应付金额确定的流动负债。这类流动负债是根据合同、协议或法律的规定具有明确的偿付金额、偿付日期和受款人的负债，即在经济业务发生时直接可以确认应付金额。比如，短期借款、应付账款、应付票据、预收账款等。

（2）应付金额视经营情况而定的流动负债。这类流动负债需待企业在一定的经营期末通过计算才能确定其金额，在该经营期末结束之前，负债金额是不能确定的。比如，应交税费、应付股利等。

（3）应付金额需要估计的流动负债。这类流动负债的偿付金额、偿付日期或受款人在资产负债表日仍然难以完全确定，发生时金额只能进行估计，主要包括没有取得结算凭证的应付账款等。

三、流动负债的计量

从理论上讲，流动负债应按未来应偿付金额的现值计量。但是，流动负债的期限较短，到期值和现值差别不大，会计实务中一般按未来应付金额计量，这主要是出于简化核算和重要性原则的考虑，同时也符合谨慎性原则。

第二节　短　期　借　款

短期借款是指企业因经营周转所需，向银行或其他金融机构借入的、偿还期在 1 年以内（含 1 年）的各种借款。其账务处理主要包括三项内容：取得借款、计息和归还本息。

一、短期借款利息的处理

短期借款利息应作为财务费用，计入当期损益，具体核算应分别视不同情况进行处理。

（1）如果短期借款利息是按月支付，或是在借款到期时连同本金一并支付且金额不大的，可以在实际支付利息时,将其直接计入当期损益。企业实际支付利息时,借记"财务费用"账户,贷记"银行存款"账户。

(2) 如果短期借款利息是按季支付,或是在借款到期时连同本金一并支付且金额较大的,应按月预提短期借款利息费用。预提时,借记"财务费用"账户,贷记"应付利息"账户,季末支付利息时,借记"应付利息"账户,贷记"银行存款"账户。

二、短期借款核算设置的账户

企业设置"短期借款"账户,用以核算企业向银行或其他金融机构借入的期限在 1 年以下(含 1 年)的各种借款。该账户应按债权人设置明细账户,并按借款种类进行明细核算。

第三节 应付及预收款项

应付及预收款项是企业在日常生产经营活动中所发生的各项债务,如应付票据、应付账款、预收账款等。

一、应付票据

应付票据是企业在购买商品、材料等物资的交易过程中,由于采用商业汇票结算方式而形成的一种负债。我国商业汇票的付款期限最长不超过 6 个月,因此将应付票据归于流动负债进行管理和核算。应付票据按照票面是否载明利息,分为带息与不带息两种,我国现行的应付票据一般为不带息票据。

1. 应付票据账户设置

企业设置"应付票据"账户,用以反映和监督企业购买材料、商品和接受劳务等开出、承兑的商业汇票,包括银行承兑汇票和商业承兑汇票。该账户贷方登记开出承兑汇票时的票面金额和按期计算的应付利息,借方登记到期承兑支付的本息款或转出的金额,期末余额在贷方,反映尚未到期兑付的应付票据。该账户应按收款单位设置明细账户进行明细核算。

为了加强对应付票据的管理,应设置"应付票据备查簿",登记每一应付票据的详尽资料。应付票据到期结清时,应在备查簿内逐笔注销。

2. 应付票据利息的账务处理

在票据的存续期内,一般不计提其利息。对于票据期限短、利息金额又不大的,企业可在票据到期支付本息时,按支付的利息金额,记入"财务费用"账户。

【例 10-1】 某企业于 2×19 年 5 月 1 日开出为期 3 个月、面值为 226 000 元的商业承兑汇票(其中,材料成本为 200 000 元,增值税额为 26 000 元),用来购买材料,假设该企业购买材料取得的增值税专用发票中列示的增值税均已经税务机关认证可予抵扣,并采用实际成本核算原材料。该企业应作账务处理如下:

(1) 2×19 年 5 月 1 日,购买材料开出商业承兑汇票时:

借:原材料 200 000
　　应交税费——应交增值税(进项税额) 26 000
　　贷:应付票据 226 000

（2）2×19 年 7 月 30 日，票据到期，企业支付票据面值时：

借：应付票据	226 000
贷：银行存款	226 000

【例 10 - 2】　沿用［10 - 1］的资料，假设该企业开出的银行承兑汇票的票面年利率为 8%，其他条件不变。该企业应作账务处理如下：

（1）2×19 年 5 月 1 日，购买材料开出银行承兑汇票时：

借：原材料	200 000
应交税费——应交增值税（进项税额）	26 000
贷：应付票据	226 000

（2）2×19 年 7 月 30 日，银行承兑汇票到期，企业支付本息款时：

借：应付票据	226 000
财务费用	4 520
贷：银行存款	230 520

3. 逾期应付票据的核算

商业承兑汇票不能如期付款的，银行将票据退回收款人由双方自行协商解决；付款人则将"应付票据"账面余额转入"应付账款"账户。如果企业又签发新的票据用以清偿原债务，即可由"应付账款"账户转回"应付票据"账户。

银行承兑汇票不能如期付款的，承兑银行无条件付款，同时，对付款人尚未支付的票款转作逾期贷款处理，按规定计收罚息；付款人应将"应付票据"账面余额，转入"短期借款"账户，支付的罚息，记入"财务费用"账户。若为带息票据，转账后不再计提利息。

二、应付账款

应付账款指企业因购买材料、商品或接受劳务供应等业务，应支付给供应者的款项。这是买卖双方在购销活动中由于取得物资与支付货款在时间上不一致而产生的负债。对于销售方提供的现金折扣，应付账款采用总价法核算。

1. 应付账款的入账时间

从理论上讲，应付账款的入账时间应以所购买物资的所有权转移或接受劳务已发生为标志。但是，在会计实务中，一般以收到发票账单的时间为应付账款的入账时间。

如果所购货物已到，而其发票账单未到，暂不应作账务处理，待收到发票账单时再据以入账；月终，发票账单仍未到达，企业对所购货物应按暂估价入账，下月初作相反处理予以冲回，待发票账单到达后，按实际金额入账。

2. 应付账款的核算内容

企业设置"应付账款"账户用来核算应付账款的形成及其偿还情况。该账户可按供货单位设置应付账款明细账，进行明细核算。应付账款一般按到期应付金额入账，而不按到期应付金额的现值入账。企业获得的现金折扣，冲减财务费用。

企业有些应付账款，由于债权单位发生变故无法支付，报经有关部门批准后，应将其转入营业外收入处理。

【例 10-3】 2×19 年 5 月 6 日,某企业从 A 公司购进一批原材料,增值税专用发票上注明的价款为 100 000 元,增值税税率为 13%,购买材料取得的增值税专用发票中列示的增值税均已经税务机关认证可予抵扣,货款未付,双方经协议,付款条件为"2/10,1/20,n/30",采用总价法进行账户处理。该批材料验收入库,发票账单已收到(计算现金折扣不考虑增值税款)。该企业应作账务处理如下:

(1) 2×19 年 5 月 6 日,验收材料入库时:

借:原材料	100 000
应交税费——应交增值税(进项税额)	13 000
贷:应付账款——A 公司	113 000

(2) 若企业于 2×19 年 5 月 19 日付款时:

借:应付账款——A 公司	113 000
贷:财务费用	1 000
银行存款	112 000

(3) 若企业于 2×19 年 5 月 27 日付款时:

借:应付账款——A 公司	113 000
贷:银行存款	113 000

三、预收账款

预收账款是指购销双方按合同协议,由销货方预先收取一部分货款而发生的一项负债。这种负债要求企业在短期内以某种物资、提供劳务来偿还,如预收的销货款、预收的房屋租金等。在对预收账款业务进行账务处理时,有两种方法可供选择:一种是企业单独设置"预收账款"账户,以完整地反映预收账款的全部业务。收到预收货款时,记入该账户的贷方,待企业日后以商品或劳务偿还后,再进行结算。该账户应按购货单位或接受劳务单位设置明细账户进行明细核算。另一种是不单独设置"预收账款"账户。在预收账款业务不多的企业,也可以不单独设置"预收账款"账户,当发生预收账款业务时,直接记入"应收账款"账户的贷方。这种处理方法能完整地反映企业与购货单位的结算情况。

第四节   应付职工薪酬

应付职工薪酬是企业为获得职工提供的服务或解除劳动关系而给予各种形式的报酬或补偿以及其他相关支出。职工薪酬主要包括短期薪酬、离职后福利、辞退福利和其他长期职工福利等。

一、职工薪酬的概述

(一)职工的概念

职工是指与企业订立劳动合同的所有人员,含全职、兼职和临时职工,也包括虽未与企业订立劳动合同但由企业正式任命的人员,以及虽未与企业订立劳动合同也未由其正式任命,但向企业所提供服务与职工所提供服务类似的人员。

（二）职工薪酬的概念

职工薪酬是指企业为获得职工提供的服务或解除劳动关系而给予的各种形式的报酬或补偿。企业提供给职工配偶、子女、受赡养人、已故员工遗属及其他受益人等的福利，也属于职工薪酬。

（三）职工薪酬的分类

职工薪酬主要包括短期薪酬、离职后福利、辞退福利和其他长期职工福利。

1. 短期薪酬

短期薪酬是指企业预期在职工提供相关服务的年度报告期间结束后 12 个月内将全部予以支付的职工薪酬，不包括因解除与职工的劳动关系给予的补偿。短期薪酬主要包括以下内容：

（1）职工工资、奖金、津贴和补贴。职工工资、奖金、津贴和补贴是指企业按照构成工资总额的计时工资、计件工资、支付给职工的超额劳动报酬等的劳动报酬，为了补偿职工特殊或额外的劳动消耗和因其他特殊原因支付给职工的津贴，以及为了保证职工工资水平不受物价影响而支付给职工的物价补贴等。企业的长期奖金计划属于其他长期职工福利。

（2）职工福利费。职工福利费是指企业向职工提供的生活困难补助、丧葬补助费、抚恤费、职工异地安家费、防暑降温费等职工福利支出。

（3）医疗保险费、工伤保险费和生育保险费等社会保险费。医疗保险费、工伤保险费和生育保险费等社会保险费是指企业按照国家规定的基准和比例计算，向社会保险经办机构交存的医疗保险费、工伤保险费和生育保险费。

（4）住房公积金。住房公积金是指企业按照国家规定的基准和比例计算，向住房公积金管理机构缴存的住房公积金。

（5）工会经费和职工教育经费。工会经费和职工教育经费是指企业为了改善职工文化生活、为职工学习先进技术和提高文化水平和业务素质，用于开展工会活动和职工教育及职业技能培训等相关支出。

（6）短期带薪缺勤。短期带薪缺勤是指职工虽然缺勤但企业仍向其支付报酬的安排，包括年休假、病假、婚假、产假、丧假、探亲假等。长期带薪缺勤属于其他长期职工福利。

（7）短期利润分享计划。短期利润分享计划是指因职工提供服务而与职工达成的基于利润或其他经营成果提供薪酬的协议。长期利润分享计划属于其他长期职工福利。

（8）非货币性福利。非货币性福利是指企业以非货币性资产支付给职工的薪酬，主要包括企业以自产产品发放给职工作为福利、将企业拥有的资产无偿提供给职工使用等。

（9）其他短期薪酬。其他短期薪酬是指除上述薪酬以外的其他为获得职工提供的服务而给予的短期薪酬。

2. 离职后福利

离职后福利是指企业为获得职工提供的服务而在职工退休或与企业解除劳动关系后，提供的各种形式的报酬和福利。离职后福利主要包括：

（1）设定提存计划。设定提存计划是指企业向独立的基金缴存固定费用后，不再承担进一步支付义务的离职后福利计划。

（2）设定受益计划。设定受益计划是指除设定提存计划以外的离职后福利计划。

3. 辞退福利

辞退福利是指企业在职工劳动合同到期之前解除与职工的劳动关系，或者为鼓励职工自愿接受裁减而给予职工的补偿。

4. 其他长期职工福利

其他长期职工福利是指除短期薪酬、离职后福利、辞退福利之外所有的职工薪酬。其他长期职工福利主要包括长期带薪缺勤、长期残疾福利、长期利润分享计划和长期奖金计划等。

二、职工薪酬的确认原则

企业在职工为其提供服务的会计期间,除因解除与职工的劳动关系给予的补偿外,按照受益对象计入当期损益或相关资产成本,同时将应付职工薪酬确认为负债,其中:

(1) 应由生产产品负担的职工薪酬,计入生产成本、制造费用。

(2) 应由提供劳务负担的职工薪酬,计入劳务成本。

(3) 应由在建工程负担的职工薪酬,计入在建工程。

(4) 应由无形资产负担的职工薪酬,计入研发支出。

除上述两点之外的其他职工薪酬,计入当期损益。

三、短期薪酬的计量和账务处理

(一) 货币性职工薪酬

1. 货币性职工薪酬的计量

(1) 国家规定计提基础和计提比例的,应当按照国家规定的标准计提。比如,企业为职工交纳的医疗保险费、工伤保险费、生育保险费等社会保险费和住房公积金,以及按规定提取的工会经费和职工教育经费等。

(2) 国家没有规定计提基础和计提比例的,应当按照实际发生额计量。比如,企业发生的职工工资、津贴和补贴等短期薪酬,应当根据职工提供服务情况和工资标准等计算应计入职工薪酬的工资总额;企业发生的职工福利费,应当在实际发生时根据实际发生额计入当期损益或相关资产成本。

2. 货币性职工薪酬的账务处理

企业应按照劳动工资制度的规定,根据考勤记录、工时记录、产量记录、工资标准、工资等级等,编制"工资单",计算各种工资薪酬。企业应设置"应付职工薪酬"总账账户,再根据薪酬类别设置"工资""职工福利""社会保险费""住房公积金"等明细账户,用于完整反映职工薪酬的发放、分配等业务。"应付职工薪酬"账户借方登记实际发放的职工薪酬和转出未领的职工薪酬,贷方登记应支付的职工薪酬总额,期末余额在贷方,反映企业应付未付的职工薪酬。企业应付职工薪酬,不论是否当月支付,都应通过"应付职工薪酬"账户核算。不包括在职工薪酬总额内但随同薪酬一起发给职工的款项,不通过该账户进行核算。

企业一般按月发放职工薪酬。每月发放职工薪酬以前,财务会计部门应根据工资结算的有关凭证编制"职工薪酬结算汇总表",并据以与职工进行薪酬结算和薪酬结算的账务处理。企业实际支付职工薪酬时,应按职工薪酬结算汇总表中实发职工薪酬金额,借记"应付职工薪酬"账户,贷记"库存现金"或"银行存款"账户,按从职工薪酬中代扣的各种款项,借记"应付职工薪酬"账户,贷记"应交税费——应交个人所得税"等账户。

月末,编制"职工薪酬费用分配表",将本月应付职工薪酬根据受益对象,分别计入资产成本或当期损益。

【例 10－4】 2×19 年 1 月,光大公司的工资总额为 200 000 元,其中,生产产品工人的工资为 130 000 元,企业管理人员的工资为 30 000 元,在建工程人员的工资为 20 000 元,产品销售人员的工资为 10 000 元,新产品研发人员的工资(非资本化部分)为 6 000 元,医务福利部门人员的工资为 4 000 元。该企业职工住房公积金由企业负担 50%,职工个人负担 50%,企业按照职工工资总额的 10% 为职工交纳住房公积金,职工个人负担由企业代扣代缴。本期该企业交纳本月职工住房公积金 20 000 元。根据上述经济业务,该公司应进行账务处理如下:

(1) 根据"工资结算汇总表"分配工资费用时:

借:生产成本——基本生产成本 　　　　　　　　　　　　　　　　　　　　130 000
　　管理费用 　　　　　　　　　　　　　　　　　　　　　　　　　　　　34 000
　　在建工程 　　　　　　　　　　　　　　　　　　　　　　　　　　　　20 000
　　销售费用 　　　　　　　　　　　　　　　　　　　　　　　　　　　　10 000
　　研发支出 　　　　　　　　　　　　　　　　　　　　　　　　　　　　6 000
　　　贷:应付职工薪酬——工资 　　　　　　　　　　　　　　　　　　　　　200 000

(2) 计提由企业及代扣代缴由职工个人负担的住房公积金时:

$$企业应计提的住房公积金＝200 000×10\%＝20 000(元)$$

借:生产成本——基本生产成本 　　　　　　　　　　　　　　　　　　　　6 500
　　管理费用 　　　　　　　　　　　　　　　　　　　　　　　　　　　　1 700
　　在建工程 　　　　　　　　　　　　　　　　　　　　　　　　　　　　1 000
　　销售费用 　　　　　　　　　　　　　　　　　　　　　　　　　　　　500
　　研发支出 　　　　　　　　　　　　　　　　　　　　　　　　　　　　300
　　　贷:应付职工薪酬——住房公积金 　　　　　　　　　　　　　　　　　　10 000

借:应付职工薪酬——工资 　　　　　　　　　　　　　　　　　　　　　　10 000
　　　贷:其他应付款——住房公积金 　　　　　　　　　　　　　　　　　　　10 000

(3) 本期交纳住房公积金时:

借:应付职工薪酬——住房公积金 　　　　　　　　　　　　　　　　　　　10 000
　　其他应付款 　　　　　　　　　　　　　　　　　　　　　　　　　　　10 000
　　　贷:银行存款 　　　　　　　　　　　　　　　　　　　　　　　　　　20 000

(4) 假定该企业从职工薪酬中扣还代垫的家属医药费 2 000 元及个人所得税 6 000 元时:

借:应付职工薪酬——工资 　　　　　　　　　　　　　　　　　　　　　　8 000
　　　贷:其他应收款——××职工 　　　　　　　　　　　　　　　　　　　　2 000
　　　　　应交税费——应交个人所得税 　　　　　　　　　　　　　　　　　　6 000

(二) 非货币性福利

1. 非货币性福利的计量

非货币性福利是指企业以非货币性资产支付给职工的薪酬。比如,企业以自产的产品作为非货币性福利提供给职工、以外购的商品作为非货币性福利提供给职工、将企业拥有的资产无偿提供给职工使用、将企业租赁的资产无偿提供给职工使用,以及向职工提供企业支付了补贴的商品等。企业向职工提供非货币性福利的,公允价值能可靠取得的,应当按照公允价值计量;公允价值不能可靠取得的,可以采用成本计量。

2. 非货币性福利的账务处理

1) 企业以自产的产品作为非货币性福利提供给职工

企业以自产的产品作为非货币性福利提供给职工的,应与企业正常商品销售的会计处理相同,按照该产品的公允价值和相关税费确定职工薪酬金额,并计入当期损益或相关资产成本。

【例 10 - 5】 达利公司主要生产床上用品,总共有职工 100 名,其中,生产产品的工人 80 人、生产车间技术人员 6 人、车间管理人员 4 人、企业管理人员 10 人。2×19 年 9 月份,该公司用公司生产的床上用品作为福利发放给每位职工。每套单位生产成本为 200 元,售价每套为 350 元,该公司适用的增值税税率为 13%。达利公司应作账务处理如下:

该产品的增值税销项税额=100×350×13%=4 550(元)

借:生产成本 31 640
　　制造费用 3 955
　　管理费用 3 955
　　　贷:应付职工薪酬——非货币性福利 39 550

借:应付职工薪酬——非货币性福利 39 550
　　贷:主营业务收入 35 000
　　　　应交税费——应交增值税(销项税额) 4 550

借:主营业务成本 20 000
　　贷:库存商品 20 000

2) 企业以外购的商品作为非货币性福利提供给职工

企业以外购的商品作为非货币性福利提供给职工的,应当按照该商品的公允价值和相关税费确定职工薪酬的金额,并计入当期损益或相关资产成本。

【例 10 - 6】 甲公司共有职工 100 名,2×19 年 9 月,该公司外购的每台不含税价格为 100 元的保温杯作为福利发放给职工,购买保温杯开具了增值税专用发票,增值税税率为 13%。假定 200 名职工中 180 名为直接参加生产的职工,20 名为公司管理人员。该公司应作账务处理如下:

保温杯的购价金额=100×200=20 000(元)
保温杯的进项税额=20 000×13%=2 600(元)

借:生产成本 20 340
　　管理费用 2 260
　　　贷:应付职工薪酬——非货币性福利 22 600

借:应付职工薪酬——非货币性福利 22 600
　　贷:银行存款 22 600

3）企业将其所拥有资产无偿提供给职工使用

企业将其所拥有的房屋等资产无偿提供给职工使用,应当根据受益对象,将房屋等资产每期应计提的折旧,计入相关资产成本或当期损益,同时,确认应付职工薪酬;难以认定受益对象的直接计入当期损益和应付职工薪酬。

【例10－7】　甲公司为路途较远的一线生产工人免费提供职工集体宿舍,该集体宿舍房屋每月计提的折旧为25 000元。甲公司应作账务处理如下:

借:制造费用　　　　　　　　　　　　　　　　　　　　　　　　　　　　25 000
　　贷:应付职工薪酬——非货币性福利　　　　　　　　　　　　　　　　　　　25 000

借:应付职工薪酬——非货币性福利　　　　　　　　　　　　　　　　　　25 000
　　贷:累计折旧　　　　　　　　　　　　　　　　　　　　　　　　　　　　25 000

4）企业将其所租赁的资产无偿提供给职工使用

企业将其所租赁的房屋等资产无偿提供给职工使用,应当根据受益对象,将该房屋等资产每期应付的租金,计入相关资产成本或当期损益,同时,确认应付职工薪酬;难以认定受益对象的直接计入当期损益和应付职工薪酬。

【例10－8】　乙公司为其高层管理等人员租赁5套公寓住宅免费使用,公司每月需支付租金38 000元。乙公司应作账务处理如下:

借:管理费用　　　　　　　　　　　　　　　　　　　　　　　　　　　　38 000
　　贷:应付职工薪酬——非货币性福利　　　　　　　　　　　　　　　　　　　38 000

5）对于向职工提供企业支付了补贴的商品

企业有时以低于其取得资产成本的价格向职工提供资产或服务,这实际上是企业支付给职工的报酬,应属于职工薪酬的核算范围。

在职工薪酬核算中,向职工提供企业支付了补贴的商品应根据合同条款规定,分以下两种情况处理:

（1）合同中规定职工在取得住房等商品或服务后至少应提供服务的年限。这种情况下,企业应将出售商品或服务的价格与其成本间的差额,作为长期待摊费用处理,在合同规定的服务年限内平均摊销,根据受益对象分别计入相关资产成本或当期损益。

（2）合同中没有规定在取得住房等商品或服务后至少应提供服务的年限。这种情况下,企业应将出售商品或服务的价格与其成本间的差额,作为对职工过去提供服务的一种补偿,直接计入向职工出售商品或服务的当期损益。

【例10－9】　2×19年1月,乙公司购买了10套全新公寓拟以优惠价格向10名公司高级技术人员出售。乙公司拟出售的公寓平均每套购买价为145万元,向高级技术人员出售的价格为每套100万元。假定该10名高级技术人员均在2×19年度中陆续购买了公司出售的公寓,同时售房协议规定,职工在取得住房后必须在公司服务15年。该公司出售公寓时,应作账务处理如下:

借:银行存款　　　　　　　　　　　　　　　　　　　　　　　　　10 000 000
　　长期待摊费用　　　　　　　　　　　　　　　　　　　　　　　　4 500 000
　　贷:固定资产　　　　　　　　　　　　　　　　　　　　　　　　14 500 000

出售住房后的每年,该公司应当按照直线法在 15 年内摊销长期待摊费用并作账务处理如下:

借:管理费用　　　　　　　　　　　　　　　　　　　　　　　　　　　　　　　300 000
　　贷:应付职工薪酬——非货币性福利　　　　　　　　　　　　　　　　　　　　　　　300 000

借:应付职工薪酬——非货币性福利　　　　　　　　　　　　　　　　　　　　　　　300 000
　　贷:长期待摊费用　　　　　　　　　　　　　　　　　　　　　　　　　　　　　　300 000

（三）短期带薪缺勤

带薪缺勤应当根据其性质及其职工享有的权利,分为累积带薪缺勤和非累积带薪缺勤两类。企业应当对累积带薪缺勤和非累积带薪缺勤分别进行账务处理。

1. 累积带薪缺勤及其账务处理

累积带薪缺勤是指带薪权利可以结转下期的带薪缺勤,本期尚未用完的带薪缺勤权利可以在未来期间使用。

企业应当在职工提供了服务从而增加了其未来享有的带薪缺勤权利时,确认与累积带薪缺勤相关的职工薪酬,并以累积未行使权利而增加的预期支付金额计量。

有些累积带薪缺勤在职工离开企业时,对于未行使的权利,职工有权获得现金支付。职工在离开企业时能够获得现金支付的,企业应当确认企业必须支付的、职工全部累积未使用权利的金额。企业应当根据资产负债表日因累积未使用权利而导致的预期支付的追加金额,作为累积带薪缺勤费用进行预计。

【例 10-10】　乙公司共有 100 名职工从 2×19 年 1 月 1 日起,该公司实行累积带薪缺勤制度。2×19 年 12 月 31 日,每个职工当年平均未使用带薪年休假为 2 天。乙公司预计 2×20 年有 95 名职工将享受不超过 5 天的带薪年休假,剩余 5 名职工每人将平均享受 7 天年休假,假定这 5 名职工全部为总部管理人员,该公司平均每名职工每个工作日工资为 300 元。累积带薪缺勤制度规定,每个职工每年可享受 5 个工作日带薪年休假,未使用的年休假只能向后结转一个日历年度,超过 1 年未使用的权利作废;职工休年休假时,首先使用当年可享受的权利,不足部分再从上年结转的带薪年休假中扣除;职工离开公司时,对未使用的累积带薪年休假无权获得现金支付。

根据上述资料,乙公司在 2×19 年 12 月 31 日预计由于职工累积未使用的带薪年休假权利而导致预期将支付的工资负债即为 10 天（5×2）的年休假工资金额 3 000 元（10×300）,乙公司应作账务处理如下:

借:管理费用　　　　　　　　　　　　　　　　　　　　　　　　　　　　　　　3 000
　　贷:应付职工薪酬——累积带薪缺勤　　　　　　　　　　　　　　　　　　　　　　3 000

假定 2×20 年 12 月 31 日,上述 5 名总部管理中有 4 名享受了 7 天年休假,并随同正常工资以银行存款支付。另有 1 名只享受了 5 天年休假,由于该公司的带薪缺勤制度规定,未使用的权利只能结转 1 年,超过 1 年未使用的权利将作废。2×20 年,乙公司应作账务处理如下:

借:应付职工薪酬——累积带薪缺勤（4×2×300）　　　　　　　　　　　　　　　　2 400
　　贷:银行存款　　　　　　　　　　　　　　　　　　　　　　　　　　　　　　　2 400

借：应付职工薪酬——累积带薪缺勤（1×2×300）　　　　　　　　　　　　　　600

　　贷：管理费用　　　　　　　　　　　　　　　　　　　　　　　　　　　　　600

2. 非累积带薪缺勤及其账务处理

非累积带薪缺勤是指带薪权利不能结转下期的带薪缺勤,本期尚未用完的带薪缺勤权利将予以取消,并且职工离开企业时也无权获得现金支付。

我国企业职工休婚假、产假、丧假、探亲假、病假期间的工资通常属于非累积带薪缺勤。由于职工提供服务本身不能增加其能够享受的福利金额,企业在职工未缺勤时不应当计提相关费用和负债。

企业应当在职工实际发生缺勤的会计期间确认与非累积带薪缺勤相关的职工薪酬。企业确认职工享有的与非累积带薪缺勤权利相关的薪酬,视同职工出勤确认的当期损益或相关资产成本。通常情况下,与非累积带薪缺勤相关的职工薪酬已经包括在企业每期向职工发放的工资等薪酬中,因此,不必额外作相应的账务处理。

应说明的是,如果带薪缺勤属于长期带薪缺勤的,企业应当作为其他长期职工福利处理。

（四）短期利润分享计划

企业制订有短期利润分享计划的,如当职工完成规定业绩指标,或者在企业工作了特定期限后,能够享有按照企业净利润的一定比例计算的薪酬,企业应当按照规定进行有关账务处理。

短期利润分享计划同时满足下列条件的,企业应当确认相关的应付职工薪酬,并计入当期损益或相关资产成本:

（1）企业因过去事项导致现在具有支付职工薪酬的法定义务或推定义务。

（2）因利润分享计划所产生的应付职工薪酬义务能够可靠估计。

属于下列三种情形之一的,视为义务金额能够可靠估计:在财务报告批准报出之前企业已确定应支付的薪酬金额;该利润分享计划的正式条款中包括确定薪酬金额的方式;过去的惯例为企业确定推定义务金额提供了明显证据。

企业在计量利润分享计划产生的应付职工薪酬时,应当反映职工因离职而没有得到利润分享计划支付的可能性。

【例10-11】 甲公司于2×19年年初制订和实施了一项短期利润分享计划,以对公司管理层进行激励。该计划规定,公司全年的净利润指标为1 000万元,如果在公司管理层的努力下完成的净利润超过1 000万元,公司管理层将可以分享超过1 000万元净利润部分的10%作为额外报酬。假定至2×19年12月31日,丙公司全年实际完成净利润1 500万元,公司管理人员均没有离职。甲公司2×19年12月31日账务处理如下:

甲公司管理层按照利润分享计划可以分享利润＝（1 500－1 000）×10％＝50（万元）

借：管理费用　　　　　　　　　　　　　　　　　　　　　　　　　　　500 000

　　贷：应付职工薪酬——利润分享计划　　　　　　　　　　　　　　　　　500 000

应说明的是,如果企业预期在职工为其提供相关服务的年度报告期间结束后12个月内,不需要全部支付利润分享计划产生的应付职工薪酬,该利润分享计划应当作为其他长期职工福利处理。

企业根据经营业绩或职工贡献等情况提取的奖金,属于奖金计划,应当比照短期利润分享计划进行处理。

四、离职后福利的计量和账务处理

(一)离职后福利的概念

离职后福利是指企业为获得职工提供的服务而在职工退休或与企业解除劳动关系后,提供的各种形式的报酬和福利,除短期薪酬和辞退福利外。例如,养老金、一次性的退休支付等退休福利,以及如离职后人寿保险和离职后医疗保障等离职后福利。

(二)离职后福利计划的概念和类型

1. 离职后福利计划的概念

离职后福利计划是指企业与职工就离职后福利达成的协议,或者企业为向职工提供离职后福利制定的规章或办法等。

2. 离职后福利计划的类型

企业应当按照企业承担的风险和义务情况,将离职后福利计划分类为设定提存计划和设定受益计划两种类型。

(三)离职后福利的确认和计量

企业向职工提供了离职后福利的,无论是否设立了单独主体接受提存金并支付福利,均应当适用准则的相关要求对离职后福利进行账务处理。

1. 设定提存计划

设定提存计划是指企业向单独主体(如基金等)交存固定费用后,不再承担进一步支付义务的离职后福利计划(如职工交纳的养老金、失业保险金等)。

企业应当根据在资产负债表日为换取职工在会计期间提供的服务而应向单独主体交存的提存金确定职工薪酬金额,并计入当期损益或相关资产成本。

【例 10-12】 2×22 年 3 月,甲公司当月应发工资 2 340 000 元,其中:生产部门生产工人工资 1 500 000 元、生产部门管理人员工资 300 000 元、管理部门管理人员工资 540 000 元。甲公司根据所在地政府规定,按照职工工资总额的 12% 计提基本养老保险费,交存当地社会保险经办机构。2×22 年 3 月,甲公司交存的基本养老保险费,应计入生产成本的金额为 180 000 元,应计入制造费用的金额为 36 000 元,应计入管理费用的金额为 64 800 元。甲公司应作账务处理如下:

借:生产成本   180 000
  制造费用   36 000
  管理费用   64 800
  贷:应付职工薪酬——设定提存计划   280 800

2. 设定受益计划

设定受益计划是指除设定提存计划以外的离职后福利计划。

当企业通过以下方式负有法定义务时,该计划就是一项设定受益计划:

(1)计划福利公式不仅仅与提存金金额相关,且要求企业在资产不足以满足该公式的福利时提供进一步的提存金。

（2）通过计划间接地或直接地对提存金的特定回报作出担保。

企业如果存在一项或多项设定受益计划的,对于每一项计划应当分别进行会计处理。设定受益计划核算涉及以下四个步骤:

第一,确定设定受益计划义务的现值和当期服务成本。

企业应当通过下列两步确定设定受益义务现值和当期服务成本:

（1）企业应当根据预期累计福利单位法,采用无偏且相互一致的精算假设对有关人口统计变量(职工离职率和死亡率)和财务变量(未来薪金和医疗费用的增加)等作出估计,计量设定受益计划所产生的义务,并确定相关义务的归属期间。

（2）企业应当根据资产负债表日与设定受益计划义务期限和币种相匹配的国债或活跃市场上的高质量公司债券的市场收益率确定折现率,将设定受益计划所产生的义务予以折现,以确定设定受益计划义务的现值和当期服务成本。

第二,确定设定受益计划净负债或净资产。

设定受益计划存在资产的,企业应当将设定受益计划义务的现值减去设定受益计划资产公允价值所形成的赤字或盈余确认为一项设定受益计划净负债或净资产。计划资产包括长期职工福利基金持有的资产、符合条件的保险单等,但不包括企业应付但未付给独立主体的提存金、由企业发行并由独立主体持有的任何不可转换的金融工具。

设定受益计划存在盈余的,企业应当以设定受益计划的盈余和资产上限两项的孰低者计量设定受益计划净资产。其中,资产上限是指企业可从设定受益计划退款或减少未来向独立主体缴存提存金而获得的经济利益的现值。

第三,确定应当计入当期损益的金额。

报告期末,企业应当在损益中确认的设定受益计划产生的职工薪酬成本包括服务成本、设定受益净负债或净资产的利息净额。除非其他相关会计准则要求或允许职工福利成本计入资产成本,企业应当将服务成本和设定受益净负债或净资产的利息净额计入当期损益。

服务成本包括当期服务成本、过去服务成本和结算利得或损失:

（1）当期服务成本。当期服务成本,是指因职工当期提供服务所导致的设定受益计划义务现值的增加额。

（2）过去服务成本。过去服务成本,是指设定受益计划修改所导致的与以前期间职工服务相关的设定受益计划义务现值的增加或减少。

（3）结算利得或损失。结算利得或损失,是指企业为了消除设定受益计划所产生的部分或所有未来义务进行的交易。设定受益计划结算利得或损失为下列两项的差额:①在结算日确定的设定受益计划义务的现值。②结算价格包括转移的计划资产的公允价值和企业直接发生的与结算相关的支付。

第四,确定应当计入其他综合收益的金额。

企业应当将重新计量设定受益计划净负债或净资产所产生的变动计入其他综合收益。重新计量设定受益计划净负债或净资产所产生的变动包括下列部分:

（1）精算利得或损失,即由于精算假设和经验调整导致之前所计量的设定受益计划义务现值的增加或减少。企业未能预计的过高或过低的职工离职率、提前退休率、死亡率、过高或过低的薪酬、福利的增长以及折现率变化等因素,将导致设定受益计划产生精算利得和损失。

(2)计划资产回报,扣除包括在设定受益净负债或净资产的利息净额中的金额。计划资产的回报,指计划资产产生的利息、股利和其他收入,以及计划资产已实现和未实现的利得或损失。企业在确定计划资产回报时,应当扣除管理该计划资产的成本以及计划本身的应付税款,但计量设定受益义务时所采用的精算假设所包括的税款除外。管理该计划资产以外的其他管理费用不需从计划资产回报中扣减。

(3)资产上限影响的变动,扣除包括在设定受益计划净负债或净资产的利息净额中的金额。

应说明的是,企业重新计量设定受益计划净负债或净资产所产生的变动计入的其他综合收益,在后续会计期间不允许转回至损益,但企业可以在权益范围内转移这些在其他综合收益中确认的金额。

五、辞退福利的计量及账务处理

(一)辞退福利的概念

辞退福利包括两部分内容:一是职工劳动合同到期前,不论职工本人是否愿意,企业决定解除与职工的劳动关系而给予的补偿;二是职工劳动合同到期前,为了鼓励职工自愿接受裁减而给予的补偿,职工有权选择继续在职或接受补偿离职。辞退福利通常采取在解除劳动关系时一次性支付补偿的方式,也有采取提高退休后养老金或其他离职后福利标准方式的,还有将职工薪酬的工资部分支付到辞退后未来某一期间的方式。

(二)辞退福利的确认与计量

1. 辞退福利的确认条件

企业在同时满足以下两个条件时,应当确认由于辞退福利而产生的预计负债,同时计入当期损益:

(1)企业已经制订正式的解除劳动关系计划或提出自愿裁减的建议,并即将实施。

(2)企业不能够单方面撤回解除劳动关系计划或自愿裁减建议。

需要注意的是,正式的辞退计划或建议应当经过批准,如果企业的辞退计划和裁减建议还在制订和讨论当中,没有最后经过董事会或类似机构批准的情况下,对该项辞退福利不应确认。实质性的辞退工作一般应当在1年内实施完毕,但因付款程序等原因使部分款项推迟至1年后支付的,视为符合应付职工薪酬的确认条件。

2. 辞退福利的计量

对于职工没有选择权的辞退计划,应当根据辞退计划条款规定的拟辞退职工数量和每一职位的辞退补偿等计提应付职工薪酬。

对于自愿接受裁减的建议,由于辞退的人数、职位不确定,企业应当按照或有事项准则预计将接受裁减建议的职工数量,根据预计的职工数量和每一位职位的辞退补偿等计提应付职工薪酬。

实质性辞退工作一般应当在1年内完成,但部分付款推迟到1年后支付的,应当选择与预计支付期相同期限的银行贷款利率作为折现率,对辞退福利进行折现后计量。

企业辞退福利应通过"应付职工薪酬"账户进行核算,并且按其内容进行明细核算。即将被辞退的职工已不能再为企业带来任何经济利益,不存在成本摊销问题,因此将辞退福利全部计入当期损益。如果辞退福利预计负债与实际发生金额相差较大的,应当在附注中披露差额较大的原因。

【例 10 - 13】 林立公司是一家用电器制造企业,由于经营状况不佳,制订了一项职工辞退计划,拟从 2×19 年 1 月 1 日起,企业以职工自愿方式选择是否接受裁减。辞退计划的详细内容均已与职工沟通,并达成一致意见。辞退计划已于 2×18 年 12 月 10 日经董事会正式批准,并将于一个年度内实施完毕。该辞退计划中的补偿标准如表 10 - 1 所示。

表 10 - 1

辞退计划的补偿标准

金额单位:万元

所属部门	职 位	辞退职工数量(人)	工龄(年)	每人补偿标准
彩电车间	中层管理干部	10	1～10	10
			10～20	20
			20～30	30
	车间生产工人	60	1～10	5
			10～20	15
			20～30	25
小 计		70		

假定对于中层管理干部这一级别、工龄在 10～20 年的职工,接受辞职退的各种数量及发生概率如表 10 - 2 所示。

表 10 - 2

接受辞退情况表

接受辞退的职工数量	发生的概率	最佳估计数
2	50%	1.0
3	20%	0.6
5	30%	1.5
合 计		3.1

企业应确认工龄在 10～20 年的中层管理干部中预计的辞退福利金额为 62 万元(3.1×20)。

根据计算的辞退福利金额,该企业应作账务处理如下:

借:管理费用   620 000

 贷:应付职工薪酬——解除职工劳动关系补偿   620 000

其他级别职工辞退福利的计算,比照该方法进行。

六、其他长期职工福利的计量及账务处理

其他长期职工福利是指除短期薪酬、离职后福利和辞退福利以外的其他所有职工福利。

其他长期职工福利包括长期带薪缺勤、其他长期服务福利、长期残疾福利、长期利润分享计划和长期奖金计划等。

企业向职工提供的其他长期职工福利,符合设定提存计划条件的,应当按照设定提存计划的有关规定进行账务处理。企业向职工提供的其他长期职工福利,符合设定受益计划条件的,企业应当按照设定受益计划的有关规定,确认和计量其他长期职工福利净负债或净资产。

在报告期末,企业应当将其他长期职工福利产生的职工薪酬成本确认为下列组成部分:

(1) 服务成本。

(2) 其他长期职工福利净负债或净资产的利息净额。

(3) 重新计量其他长期职工福利净负债或净资产所产生的变动。

为了简化相关会计处理,上述项目的总净额应计入当期损益或相关资产成本。

第五节　应　交　款　项

企业在一定时期内取得的营业收入和实现的利润,必须按照规定向国家交纳税费。在确认应交给国家的税费时,这些应交而未交的税费就形成了企业对国家的一项负债。应交款项主要包括企业依法交纳的税金和应交的各种费用。企业依法交纳的税金具体包括:增值税、消费税、土地增值税、资源税、城市维护建设税、房产税、土地使用税、车船税、个人所得税、印花税、耕地占用税、所得税等。企业应交纳的各种费用包括教育费附加、矿产资源补偿费等。为了反映和监督各种税费的计算和交纳的情况,企业应设置“应交税费”账户并按不同税费种设置明细账户进行明细核算。除印花税、耕地占用税和契税外,企业应交纳的各种税费,均通过“应交税费”账户核算。

一、应交增值税

增值税是以销售货物(含提供应税劳务)等在流转过程中产生的增值额作为计税依据而征收的一种流转税。在我国境内销售货物(服务)、无形资产或者不动产(以下称应税行为)的单位和个人为增值税纳税人,应当依法交纳增值税。

我国现行的增值税制度,将增值税的纳税人分为增值税一般纳税人和小规模纳税人,并分别采用一般计税方法或简易计税方法,其中一般计税方法只适用于增值税一般纳税人,简易计税方法既适用于增值税一般纳税人的特定应税服务,也适用于增值税小规模纳税人提供的应税服务。

(一) 增值税一般纳税人

1. 账户设置

增值税一般纳税人应当在“应交税费”账户下设置“应交增值税”“未交增值税”“预交增值税”“待抵扣进项税额”“待认证进项税额”“待转销项税额”“简易计税”“转让金融商品应交增值税”“代扣代交增值税”等明细账户。

1)"应交增值税"明细账户

企业在"应交增值税"明细账户下设置相应专栏进行核算,以便反映企业应交增值税的发生、抵扣、交纳、退税等情况,如表10-3所示。

表 10 - 3

应交税费——应交增值税

略	借 方							贷 方					借或贷	余额
	合计	进项税额	销项税额抵减	已交税金	转出未交增值税	减免税款	出口抵减内销产品应纳税额	合计	销项税额	出口退税	进项税额转出	转出多交增值税		

其中:

(1)"进项税额"专栏,记录一般纳税人购进货物、加工修理修配劳务、服务、无形资产或不动产而支付或负担的、准予从当期销项税额中抵扣的增值税额。

(2)"销项税额抵减"专栏,记录一般纳税人按照现行增值税制度规定因扣减销售额而减少的销项税额。

(3)"已交税金"专栏,记录一般纳税人当月已交纳的应交增值税额。

(4)"转出未交增值税"专栏,记录一般纳税人月度终了转出当月应交未交的增值税额。

(5)"转出多交增值税"专栏,记录一般纳税人月度终了转出当月多交的增值税额。

(6)"减免税款"专栏,记录一般纳税人按现行增值税制度规定准予减免的增值税额。

(7)"出口抵减内销产品应纳税额"专栏,记录实行"免、抵、退"办法的一般纳税人按规定计算的出口货物的进项税抵减内销产品的应纳税额。

(8)"销项税额"专栏,记录一般纳税人销售货物、加工修理修配劳务、服务、无形资产或不动产应收取的增值税额。

(9)"出口退税"专栏,记录一般纳税人出口货物、加工修理修配劳务、服务、无形资产按规定退回的增值税额。

(10)"进项税额转出"专栏,记录一般纳税人购进货物、加工修理修配劳务、服务、无形资产或不动产等发生非正常损失以及其他原因而不应从销项税额中抵扣、按规定转出的进项税额。

"应交增值税"明细账户如果出现借方余额,有两种可能性:一是表示企业本期多交的增值税,应将其通过"转出多交增值税"专栏的贷方转出;二是表示企业本期尚未抵扣并结转至下期的增值税进项税额,可以在以后期间继续抵扣。如果"应交增值税"明细账户出现贷方余额,表示企业本期应交的增值税,应将其通过"转出未交增值税"专栏的借方转出。因此,"应交增值税"明细账户期末如有余额,应为借方余额,表示企业尚未抵扣的进项税额。

2)"未交增值税"明细账户

"未交增值税"明细账户反映一般纳税人月度终了从"应交增值税"或"预交增值税"明细科目转入当月应交未交、多交或预交的增值税额,以及当月交纳以前期间未交的增值税额。

3)"预交增值税"明细账户

"预交增值税"明细账户反映一般纳税人转让不动产、提供不动产经营租赁服务、提供建筑服务、采用预收款方式销售自行开发的房地产项目等,以及其他按现行增值税制度规定应预交的增值税额。

4)"待认证进项税额"明细账户

"待认证进项税额"明细账户反映一般纳税人由于未经税务机关认证而不得从当期销项税额中抵扣的进项税额。

5)"待转销项税额"明细账户

"待转销项税额"明细账户反映一般纳税人销售货物、加工修理修配劳务、服务、无形资产或不动产,已确认相关收入(或利得)但尚未发生增值税纳税义务而需于以后期间确认为销项税额的增值税额。

6)"简易计税"明细账户

"简易计税"明细账户反映一般纳税人采用简易计税方法发生的增值税计提、扣减、预交、交纳等业务。

7)"转让金融商品应交增值税"明细账户

"转让金融商品应交增值税"明细账户反映一般纳税人转让金融商品发生的增值税额。

8)"代扣代交增值税"明细账户

"代扣代交增值税"明细账户反映一般纳税人购进在境内未设经营机构的境外单位或个人在境内的应税行为代扣代交的增值税。

2. 账务处理

增值税一般纳税人企业采用一般计税方法下应当按照以下原则进行相应的账务处理。

1)增值税一般纳税人企业正常购销业务的核算

企业购进货物、无形资产或不动产、接受应税劳务、服务时,其账务处理实行价税分离。按应计入所购货物等资产或相关成本费用的金额,借记"材料采购"或"在途物资""原材料""库存商品""无形资产""固定资产""生产成本"等账户,按当月已认证的可抵扣增值税额,借记"应交税费——应交增值税(进项税额)"账户,按当月未认证的可抵扣增值税额,借记"应交税费——待认证进项税额"账户,按应付或实际支付的金额,贷记"应付账款""应付票据""银行存款"等账户。

企业销售货物、出售无形资产或不动产、提供加工修理修配劳务、服务时,应当按应收或已收的金额,借记"应收账款""应收票据""银行存款"等账户,按取得的收入金额,贷记"主营业务收入""其他业务收入""固定资产清理""合同结算"等账户,按现行增值税制度规定计算的销项税额,贷记"应交税费——应交增值税(销项税额)"账户。销售价格中不含增值税,如果定价时含税,应当还原为不含税价格作为销售收入,并按不含税销售额计算销项税额。其还原公式如下:

不含税销售额＝含税销售额÷(1＋适用税率)

当期应交纳的增值税＝当期销项税额－当期进项税额

当期销项税额＝当期应税收入×适用税率

当期进项税额＝当期购货或接受服务价格×适用税率(或抵扣率)

【例 10-14】　甲公司为增值税一般纳税人。2×19 年 6 月 2 日,该公司购入一批原材料,增值税专用发票上注明的价款为 1 200 000 元,增值税额为 156 000 元,购买材料取得的增值税专用发票中列示的增值税已经税务机关认证可予抵扣,材料已到并验收入库,货款尚未支付。该公司当期销售产品一批,不含税收入为 1 500 000 元,适用的增值税税率为 13%,货款尚未收到。该公司采用实际成本法进行日常材料的核算。甲公司应作账务处理如下:

(1) 购买材料验收入库时:

借:原材料　　　　　　　　　　　　　　　　　　　　　　　　　　1 200 000
　　应交税费——应交增值税(进项税额)　　　　　　　　　　　　　　156 000
　　贷:应付账款　　　　　　　　　　　　　　　　　　　　　　　　　　1 356 000

(2) 确认当期销售收入时:

借:应收账款　　　　　　　　　　　　　　　　　　　　　　　　　　1 695 000
　　贷:主营业务收入　　　　　　　　　　　　　　　　　　　　　　　　1 500 000
　　　　应交税费——应交增值税(销项税额)　　　　　　　　　　　　　　195 000

【例 10-15】　沿用[例 10-14],2×19 年 6 月 2 日,甲公司购入一批原材料,增值税专用发票上注明的价款为 1 200 000 元,增值税额为 156 000 元,材料已到并验收入库,货款尚未支付。购买材料取得的增值税专用发票当月尚未经税务机关认证。甲公司购买材料验收入库时应作账务处理如下:

借:原材料　　　　　　　　　　　　　　　　　　　　　　　　　　1 200 000
　　应交税费——待认证进项税额　　　　　　　　　　　　　　　　　156 000
　　贷:应付账款　　　　　　　　　　　　　　　　　　　　　　　　　　1 356 000

若以后月份该购买材料取得的增值税专用发票中列示的增值税已经税务机关认证可予抵扣时,甲公司应作账务处理如下:

借:应交税费——应交增值税(进项税额)　　　　　　　　　　　　　156 000
　　贷:应交税费——待认证进项税额　　　　　　　　　　　　　　　　156 000

企业购进不动产或不动产在建工程,按增值税税收制度规定其可抵扣的增值税进项税额,采用一次性抵扣的政策,企业购进不动产或不动产在建工程,可在购进当期一次性予以抵扣。

购进不动产或不动产在建工程时,应当按取得时确定的成本,借记"固定资产""在建工程"等账户,按已经税务机关认证可予抵扣的增值税额,借记"应交税费——应交增值税(进项税额)"账户,按应付或实际支付的金额,贷记"应付账款""应付票据""银行存款"等账户。

【例 10 - 16】 某企业为一般纳税人,2×19 年 7 月购进办公用大楼,取得销售方开具的增值税专用发票记载的金额为 20 000 万元,税额为 1 800 万元,增值税专用发票中列示的增值税已经税务机关认证可予抵扣,款项已支付。该企业对办公用大楼采用直线法计提折旧,假设该办公用大楼预计使用年限为 20 年,不考虑残值。该企业应作账务处理如下:

(1) 2×19 年 7 月购进办公楼时:

2×19 年 7 月所属期抵扣的增值税进项税额为 1 800 万元在购进当期一次性予以抵扣。

借:固定资产 200 000 000
　　应交税费——应交增值税(进项税额) 18 000 000
　　　贷:银行存款 218 000 000

(2) 8 月起计提折旧,每月折旧额为 83.33 万元(20 000÷20÷12)。

借:管理费用 833 300
　　贷:累计折旧 833 300

企业接受投资等转入的货物,按确认的货物价值,借记"原材料""库存商品"等账户,按取得的增值税专用发票并已经税务机关认证可予抵扣的增值税额,借记"应交税费——应交增值税(进项税额)"账户,按价税合计金额,贷记"实收资本""资本公积"等账户。

2) 增值税一般纳税人企业税法上视同销售的核算

为了保证抵扣制度的实施,防止逃避纳税现象,根据《中华人民共和国增值税暂行条例》规定,对于企业将自产、委托加工或购买的货物分配给股东或投资者;将自产、委托加工的货物用于集体福利或个人消费;将自产或委托加工的货物用于非应增值税项目;将自产、委托加工或购买的货物捐赠他人;将自产的、委托加工的物资和购买的物资用于对外投资;将自产、委托加工的物资用于在建工程(非生产经营用动产)等行为,视同销售货物,需要计算交纳增值税。企业发生税法上视同销售的行为,应当按照企业会计准则制度相关规定进行相应的账务处理,并按照现行增值税制度规定计算的销项税额,借记"应付职工薪酬""利润分配"等账户,贷记"应交税费——应交增值税(销项税额)"账户。

【例 10 - 17】 2×19 年 6 月,甲公司以自产的产品分配给投资者,产品的实际成本为 40 000元,计税价格为 60 000 元,适用的增值税税率为 13%。甲公司应作账务处理如下:

借:应付股利 67 800
　　贷:主营业务收入 60 000
　　　　应交税费——应交增值税(销项税额) 7 800
借:利润分配——应付现金股利 67 800
　　贷:应付股利 67 800
借:主营业务成本 40 000
　　贷:库存商品 40 000

对于税法上某些视同销售行为,如果会计上确认不属于销售行为的,比如将自产、委托加工的货物用于在建工程(如建造不动产)等,不作为销售处理,只按成本予以结转;如果会计上确认属于销售行为的,比如将存货作为利润分配给股东或投资者、用于对外投资、用于集体福利或个人消费时,应通过"主营业务收入"与"主营业务成本""其他业务收入"与"其他业务成本"账户核算。

【例 10 - 18】 2×19 年 6 月,甲公司将自产产品用于本公司职工食堂的建造工程中,该批产品的实际成本为 100 000 元,计税价格为 160 000 元,适用的增值税税率为 13%,该公司同时开具增值税专用发票。甲公司应作账务处理如下:

借:在建工程   120 800
 贷:库存商品   100 000
  应交税费——应交增值税(销项税额)   20 800

如果甲公司将自产产品用于本公司生产用厂房的建造时,则不确认增值税销项税额。甲公司应作账务处理如下:

借:在建工程   100 000
 贷:库存商品   100 000

3) 增值税一般纳税人企业采购等业务进项税额不予抵扣的核算

一般纳税人购进货物、加工修理修配劳务、服务、无形资产或不动产,用于简易计税方法计税项目、免征增值税项目、集体福利或个人消费等,其进项税额按照现行增值税制度规定不得从销项税额中抵扣的,取得增值税专用发票时,应按增值税专用发票的所购货物等资产的金额,借记"材料采购"或"在途物资""原材料""库存商品""无形资产""固定资产"等账户,按增值税专用发票的所列增值税额,借记"应交税费——待认证进项税额"账户,按应付或实际支付的金额,贷记"银行存款""应付账款"等账户,待经税务机关认证后,按不予抵扣的增值税额,应借记"材料采购"(或"在途物资")、"原材料""库存商品""无形资产""固定资产"等账户,贷记"应交税费——应交增值税(进项税额转出)"账户。

【例 10 - 19】 甲公司为增值税一般纳税人,2×19 年 6 月 10 日购入一批材料,取得一份增值税专用发票,发票上注明金额 100 000 元,税额 13 000 元,款项已支付。该批材料全部用于免征增值税项目,并于当月月末在增值税发票查询平台对该发票进行了勾选确认该增值税可予抵扣。该公司应作账务处理如下:

取得增值税专用发票尚未认证时:

借:原材料   100 000
 应交税费——待认证进项税额   13 000
  贷:银行存款   113 000

增值税发票查询平台对该发票进行了勾选确认时:

借:应交税费——应交增值税(进项税额)   13 000
 贷:应交税费——待认证进项税额   13 000

按照经税务机关认证后,属于免征增值税项目时:

借:原材料   13 000
 贷:应交税费——应交增值税(进项税额转出)   13 000

4）进项税额抵扣情况发生改变的核算

一般纳税人购进货物、无形资产或不动产等因发生非正常损失或改变用途等,这里所指非正常损失是因管理不善造成被盗、丢失、霉烂变质的损失,其原已计入进项税额、待抵扣进项税额或待认证进项税额,但按现行增值税制度规定不得从销项税额中抵扣的,借记"待处理财产损溢""应付职工薪酬""固定资产""无形资产"等账户,贷记"应交税费——应交增值税(进项税额转出)"或"应交税费——待认证进项税额"账户;原不得抵扣且未抵扣进项税额的固定资产、无形资产等,因改变用途等用于允许抵扣进项税额的应税项目的,应按允许抵扣的进项税额,借记"应交税费——应交增值税(进项税额)"账户,贷记"固定资产""无形资产"等账户。固定资产、无形资产等经上述调整后,应按调整后的账面价值在剩余尚可使用寿命内计提折旧或摊销。

【例 10-20】 甲公司为增值税一般纳税人,适用增值税税率 13%。6 月 30 日,公司对原材料仓库进行财产清查。清查中发现,库存 A 原材料短缺 10 000 元(不含运输费用),经查短缺的原材料于原取得当月已经税务机关认证其增值税可予抵扣,并查明其短缺原因系仓库管理员管理不善造成。该公司应作账务处理如下:

借:待处理财产损溢——待处理流动资产损溢　　　　　　　　　　　　　　　11 300
　　贷:原材料　　　　　　　　　　　　　　　　　　　　　　　　　　　10 000
　　　　应交税费——应交增值税(进项税额转出)　　　　　　　　　　　　1 300

5）增值税一般纳税人企业购入免税农产品等业务的核算

根据《中华人民共和国增值税暂行条例》规定,一般纳税人购进免税农产品时,按收购价和规定的扣除率计算进项税额,准予扣除;企业从事废旧物资收购以税务机关批准使用的收购凭证上注明的收购金额和规定的扣除率计算进项税额,准予扣除;外购货物(除进项税额不得从销项税额中抵扣的购进货物外)所支付的运输费根据运费结算单据所列运费金额和规定的扣除率计算进项税额,准予扣除。

6）增值税一般纳税人企业月末转出多交增值税和未交增值税的核算

为了确保企业及时足额上交增值税,避免出现企业用以前月份欠交增值税抵扣以后月份未抵扣的增值税的情况,在会计期末,企业应根据"当期应纳税额＝当期销售税额－当期进项税额"的公式计算当期实际应交纳的增值税额。如果当期销项税额大于当期进项税额,其差额为本期应交纳的增值税,月份终了,将其中尚未交纳部分从"应交税费——应交增值税"账户转入"应交税费——未交增值税"账户的贷方,表示企业尚未交纳的增值税。如果当期销项税额小于当期进项税额,其差额为本期尚未抵扣并应结转下期待扣的进项税额。

对于当月多交的增值税,月份终了,应将其从"应交税费——应交增值税"账户转入"应交税费——未交增值税"账户的借方。

7）增值税一般纳税人企业交纳增值税的核算

企业交纳当月应交增值税时,按当月应交的增值税额,借记"应交税费——应交增值税(已交税金)"账户,贷记"银行存款"账户。

企业交纳以前期间未交增值税时,按当月交纳以前期间未交的增值税额,借记"应交税费——未交增值税"账户,贷记"银行存款"账户。

企业预交增值税时,按当月实际预交的增值税额,借记"应交税费——预交增值税"账户,贷记"银行存款"账户。月份终了,应将"预交增值税"明细账户余额转入"未交增值税"明细账户。

【例 10-21】 甲公司按照增值税税收相关规定实行按月交纳增值税。2×19 年 6 月份交纳了 5 月份未交的增值税 12 000 元,同时,交纳了 6 月份增值税 30 000 元。根据上述[例 10-14]、[例10-17]至[例10-20]的相关资料,甲公司应作相关计算和账务处理如下:

6 月份应交增值税额=(195 000+7 800+20 800)-(156 000+13 000-13 000-1 300)
=68 900(元)

6 月份已交增值税额=30 000(元)

6 月份尚未交纳的增值税额=68 900-30 000=38 900(元)

借:应交税费——未交增值税　　　　　　　　　　　　　　　　　　12 000
　　应交税费——应交增值税(已交税金)　　　　　　　　　　　　　30 000
　　贷:银行存款　　　　　　　　　　　　　　　　　　　　　　　　42 000

根据[例 10-21]计算的结果,甲公司本月欠交增值税 38 900 元,转出未交增值税时:

借:应交税费——应交增值税(转出未交增值税)　　　　　　　　　　38 900
　　贷:应交税费——未交增值税　　　　　　　　　　　　　　　　　38 900

如果甲公司交纳 6 月份增值税额为 70 000 元时,甲公司应作相关计算和账务处理如下:

6 月份尚未交纳的增值税额=68 900-70 000=-1 100(元)

借:应交税费——未交增值税　　　　　　　　　　　　　　　　　　1 100
　　贷:应交税费——应交增值税(转出多交增值税)　　　　　　　　　1 100

应说明的是,增值税一般纳税人企业采用简易计税方法时应当设置"应交税费——简易计税"明细账户,核算一般纳税人采用简易计税方法发生的增值税计提、扣减、预交、交纳等业务,并根据自身管理实际情况在本明细账户下分别设置"计提""扣减""预交""交纳"四个三级明细账户进行相关核算。

8)减免增值税的账务处理

对于增值税一般纳税人企业当期直接减免的增值税应当计入当期损益,企业发生直接减免增值税时,按当月减免的增值税额,借记"应交税费——应交增值税(减免税款)"账户,贷记"其他收益"账户。当期按规定即征即退的增值税,也应记入"其他收益"账户。

(二)增值税小规模纳税人

1. 账户设置

小规模纳税人只需在"应交税费"账户下设置"应交增值税""转让金融商品应交增值税""代扣代交增值税"等明细账户进行核算,账户格式采用三栏式,"应交增值税"明细账户不需要设置相关专栏。

2. 账务处理

小规模纳税人企业与增值税一般纳税人企业相比,有以下特点:

(1)小规模纳税人企业销售货物或提供应税劳务一般只开具普通发票,需要时经批准可由税务机构代其开出增值税专用发票。不管小规模纳税人企业是否具有增值税专用发票,其支付的增值税额均不计入进项税额,而是计入相关采购成本。

（2）小规模纳税人企业销售货物或提供应税劳务时,采用简易计税方法计算应纳税额,其销售收入按不含税价格计算。如果采用价税合并定价方法的,应还原为不含增值税的销售额计算。其还原公式如下：

$$不含税销售额＝含税销售额÷(1＋征收率)$$

（3）小规模纳税人企业只需设置"应交税费——应交增值税"账户进行核算,账户格式采用三栏式。

【例 10－22】 某企业被核定为小规模纳税人,本期购入原材料一批,增值税专用发票上注明的材料成本为 1 000 000 元,支付的增值税额为 130 000 元,款项均已付清,材料到达已验收入库。该企业本期销售产品的含税价格为 847 999 元,货款尚未收到。本月实际交纳增值税额 60 000 元,假定征收率为 3％。该企业应作账务处理如下：

（1）购进货物时：

借：原材料　　　　　　　　　　　　　　　　　　　　　　　1 130 000
　　贷：银行存款　　　　　　　　　　　　　　　　　　　　　　　　1 130 000

（2）销售货物时：

$$不含税价格＝847\,999÷(1＋3\%)＝823\,300(元)$$
$$应交增值税＝823\,300×3\%＝24\,699(元)$$

借：应收账款　　　　　　　　　　　　　　　　　　　　　　　847 999
　　贷：主营业务收入　　　　　　　　　　　　　　　　　　　　　　823 300
　　　　应交税费——应交增值税　　　　　　　　　　　　　　　　　　24 699

（3）交纳本月应纳增值税时：

借：应交税费——应交增值税　　　　　　　　　　　　　　　　　60 000
　　贷：银行存款　　　　　　　　　　　　　　　　　　　　　　　　60 000

需要说明的是,增值税一般纳税人企业和小规模纳税人企业均应在"应交税费"账户下设置的"转让金融商品应交增值税""代扣代交增值税"明细账户,分别核算增值税一般纳税人转让金融商品发生的增值税额和购进在境内未设经营机构的境外单位(个人)在境内的应税行为代扣代交的增值税。

（三）增值税差额征税的核算

企业对外提供应税服务,根据增值税制度有关规定允许从销售额中扣除其支付给其他单位或个人价款的,其发生成本费用时,按应付或实际支付的金额,借记"主营业务成本"等账户,贷记"应付账款""银行存款"等账户。

待取得合规增值税扣税凭证且纳税义务发生时,增值税一般纳税人按照允许抵扣的税额,借记"应交税费——应交增值税(销项税额抵减)"账户,小规模纳税人按照允许抵扣的税额,借记"应交税费——应交增值税"账户,贷记"主营业务成本"等账户。

应说明的是,企业采用简易计税方法时,待取得合规增值税扣税凭证且纳税义务发生时,按照允许抵扣的税额,借记"应交税费——简易计税"账户,贷记"主营业务成本"账户。

【例 10-23】 甲旅游服务公司(以下简称甲公司)为增值税一般纳税人,采用差额征税方式,适用的增值税税率 6%。2×19 年 7 月,甲公司取得旅游服务费含税价款 132 500 元,当月甲公司应支付给其他接团公司的旅游费及其他相关费用为 106 000 元,根据增值税制度有关规定其中允许扣减销售额而减少的销项税额为 6 000 元。甲公司应作账务处理如下:

(1) 确认服务收入时:

借:银行存款		132 500
贷:主营业务收入		125 000
应交税费——应交增值税(销项税额)		7 500

(2) 确认服务成本时:

借:主营业务成本		106 000
贷:应付账款		106 000

(3) 允许扣减销售额而减少的销项税额时:

借:应交税费——应交增值税(销项税额抵减)		6 000
贷:主营业务成本		6 000

(四) 增值税税控系统专用设备和技术维护费用抵减增值税额的核算

根据增值税制度规定,企业初次购买增值税税控系统专用设备支付的费用以及交纳的技术维护费允许在增值税应纳税额中全额抵减。

企业购入增值税税控系统专用设备时,按实际支付或应付金额,借记"固定资产"账户,贷记"银行存款"等账户。按规定抵减的增值税应纳税额,对于增值税一般纳税人,借记"应交税费——应交增值税(减免税款)"账户,贷记"管理费用"等账户;对于增值税小规模纳税人,按规定抵减的增值税应纳税额,借记"应交税费——应交增值税"账户,贷记"管理费用"等账户。

【例 10-24】 乙公司为增值税一般纳税人,2×19 年 5 月,以银行存款支付初次购买增值税税控系统专用设备款,取得增值税专用发票价税合计为 3 390 元。假设,该专用设备预计使用寿命为 10 年,预计净残值为 0,采用直线法计提折旧。乙公司应作账务处理如下:

(1) 购入专用设备时:

借:固定资产		3 390
贷:银行存款		3 390

(2) 按期计提折旧时:

借:管理费用		339
贷:累计折旧		339

(3) 按规定抵减增值税时:

借:应交税费——应交增值税(减免税款)		339
贷:管理费用		339

企业交纳的技术维护费,按实际支付或应付金额,借记"管理费用"账户,贷记"银行存款"等账户。按规定抵减的增值税应纳税额,借记"应交税费——应交增值税(减免税款)"账户,贷记"管理费用"等账户。对于小规模纳税人,则借记"应交税费——应交增值税"账户,贷记"管理费用"等账户。

二、应交消费税

消费税是企业在我国境内从事生产、委托加工和进口应税消费品时应交纳的税金。这主要是国家为了正确引导消费方向,在普遍征收增值税的基础上,选择部分消费品再征收消费税。

1. 应纳税额的计算

消费税的征收办法有两种:从价定率和从量定额。

按从价定率办法计征消费税时,计算公式如下:

$$应纳税额＝(销售额＋价外收费)×适用税率$$

这里的销售额是不含增值税的,如果应税消费品的销售额含增值税,则在计算消费税时,应将其换算为不含增值税的销售额。

按从量定额办法计征消费税时,计算公式如下:

$$应纳税额＝销售数量×单位税额$$

2. 主要业务的账务处理

企业应在"应交税费"账户下设置"应交消费税"明细账户核算应交纳的消费税。企业销售需要交纳消费税的货物,应分别不同情况处理:

第一,企业将生产的产品直接对外销售的,按规定计算应交的消费税,计入税金及附加。

【例 10-25】 某企业销售应税消费品,不包含增值税的价款为 100 000 元,销售成本为 80 000元,增值税税率为 13%,消费税税率为 10%。假定价税款均未收到,该企业应作账务处理如下:

(1)确认销售收入时:

借:应收账款		113 000
贷:主营业务收入		100 000
应交税费——应交增值税(销项税额)		13 000

(2)结转销售成本时:

借:主营业务成本		80 000
贷:库存商品		80 000

(3)计算应交消费税时:

借:税金及附加		10 000
贷:应交税费——应交消费税		10 000

第二,企业将应税消费品用于分配给股东或投资者、集体福利或个人消费、捐赠他人、对外投资或非生产机构等其他方面的,税法上均视同销售行为处理,计算交纳消费税。其销售额应

按生产同类消费品的销售价格计算,没有同类消费品销售价格的,应按组成计算价格计算。

【例 10-26】 某增值税一般纳税人企业将其生产的应税消费品一批用于建造职工食堂,该批产品的计税价格为 50 000 元,实际成本为 40 000 元,该产品增值税税率为 13%,消费税税率为 10%。该企业应作账务处理如下:

借:在建工程		51 500
贷:库存商品		40 000
应交税费——应交消费税		5 000
应交税费——应交增值税(销项税额)		6 500

【例 10-27】 某增值税一般纳税人企业将其生产的应税消费品一批用于对外投资,该批产品的计税价格为 50 000 元,实际成本为 40 000 元,该产品增值税税率为 13%,消费税税率为 10%。该企业应作账务处理如下:

(1)确认销售收入时:

借:长期股权投资		56 500
贷:主营业务收入		50 000
应交税费——应交增值税(销项税额)		6 500

(2)同时,结转成本:

借:主营业务成本		40 000
贷:库存商品		40 000

(3)计算应交消费税时:

借:税金及附加		5 000
贷:应交税费——应交消费税		5 000

三、其他应交税费

(一)城市维护建设税

为了加强城市的维护建设,扩大和稳定城市维护建设资金的来源,国家开征了城市维护建设税。它是一种附加税,即对从事工商经营并交纳增值税、消费税等流转税的纳税人按其实际应交纳的税额之和及适用税率征收的。其计算公式如下:

$$应纳税额=(应交增值税+应交消费税)×适用税率$$

企业通过"应交税费——应交城市维护建设税"账户对其进行核算。账务处理时,根据按规定计算出的城市维护建设税,借记"税金及附加"账户,贷记"应交税费——应交城市维护建设税"账户。

除此之外,房产税、土地使用税、车船税、印花税等相关税费记入"税金及附加"账户;应交资源税分别不同情况,记入"税金及附加""生产成本""材料采购"等账户;对于转让的国有土地使用权与其他地上建筑物及其附着物一并在"固定资产"或"在建工程"等账户核算的,应交土地增值税于转让时记入"固定资产清理""在建工程"等账户。

（二）应交费用

应交费用包括教育费附加、矿产资源补偿费等。教育费附加是国家为了发展我国的教育事业，提高人民文化素质而征收的一项费用。它也是一种附加税，随同流转税一起交纳。其计算公式如下：

$$应纳税额 = (应交增值税 + 应交消费税) \times 适用税率$$

企业应交的教育费附加在"应交税费——其他应交款"账户中核算，其账务处理类似城市维护建设税。

矿产资源补偿费按矿产品销售收入的一定比例计征，由采矿人交纳。其核算应通过"应交税费——其他应交款"账户进行。企业按月计提矿产资源补偿费时，记入"管理费用"账户；企业收购未税矿产品时，按实际支付的收购价和代扣代交的矿产资源补偿费，记入"材料采购"账户。

第六节　其他流动负债

对于企业不能归类为短期借款、应付票据、应付账款、预收账款、应付职工薪酬、应交税费的流动负债，应归属于其他流动负债，其他流动负债一般包括应付利息、应付股利和其他应付款等。

一、应付利息

应付利息是指企业按照合同约定应付的利息，包括短期借款、分期付息到期还本的长期借款、企业债券等应支付的利息。

企业借入的短期借款，需要按月计提借款利息费用的，应将应付未付的利息，贷记"应付利息"账户；实际支付利息时，借记"应付利息"账户，贷记"银行存款"账户。企业借入的长期借款，在资产负债表日，应按摊余成本和实际利率计算确定的长期借款的利息费用，借记"在建工程""制造费用""财务费用""研发支出"等账户，按合同利率计算确定的应付未付利息，贷记"应付利息"账户，按其差额，贷记"长期借款——利息调整"账户；实际支付利息时，借记"应付利息"账户，贷记"银行存款"等账户。

二、应付股利

应付股利是指企业经股东大会或类似机构审议批准分配的现金股利或利润。企业分配股票股利不通过该账户核算。

企业根据股东大会或类似机构审议批准的利润分配方案，按应支付的现金股利或利润，借记"利润分配"账户，贷记"应付股利"账户；实际支付现金股利或利润时，借记"应付股利"账户，贷记"银行存款"等账户。

企业董事会或类似机构通过的利润分配方案中拟分配的现金股利或利润，不确认为负债，但应在附注中披露。企业股东大会或类似机构审议批准的利润分配方案、宣告分派的现金股利或利润，在实际支付前，形成企业的负债。

【例 10 - 28】 某股份有限公司股本为 1 000 000 元,每股面值为 1 元。2×19 年 5 月 18 日,该公司宣告发放股利,其中,按每股 0.1 元派发现金股利,按每 10 股送 2 股的比例派发股票股利。2×19 年 6 月 10 日,该公司以银行存款支付了全部现金股利,2×19 年 6 月 15 日新增股本已经办理完股权登记和相关增资手续。该企业应作账务处理如下:

(1)宣告发放现金股利时:

$$1\ 000\ 000 \times 0.1 = 100\ 000(元)$$

借:利润分配——应付现金股利	100 000
贷:应付股利	100 000

(2)实际发放现金股利时:

借:应付股利	100 000
贷:银行存款	100 000

(3)发放股票股利时:

$$1\ 000\ 000 \div 10 \times 2 = 200\ 000(元)$$

借:利润分配——转作股本的股利	200 000
贷:股本	200 000

三、其他应付款

其他应付款是指企业在商品交易业务以外发生的应付、暂付款项。其他应付款一般包括应付经营租入固定资产或包装物的租金、存入的保证金、应付统筹退休金、应付及暂收其他单位和个人的款项等。

企业设置"其他应付款"账户核算上述内容,该账户应按应付、暂收等款项的类别和单位或个人进行有关明细核算。发生各种应付、暂收款项时,借记"管理费用""制造费用""银行存款"等账户,贷记"其他应付款"账户;实际偿还时,借记"其他应付款"账户,贷记"银行存款"账户。

本章要点概览

1. 流动负债是指企业在 1 年或者超过 1 年的一个营业周期内,需要以流动资产或增加其他负债来抵偿的债务,主要包括短期借款、应付票据、应付账款、预付账款、应付职工薪酬、应付股利、应付利息、应交税费、其他应付款等。流动负债除了具有负债的一般特征,还具有偿还期限短、需用流动资产或增加其他负债加以清偿的特点。

2. 流动负债可以从不同角度进行分类,一般按其应付金额是否确定来分有以下三类:第一类是应付金额确定的流动负债。第二类是应付金额视经营情况而定的流动负债。第三类是应付金额需要估计的流动负债。从理论上讲,流动负债的计量应按未来应偿付金额的现值。但是,流动负债的期限较短,到期值和现值差别不大,会计实务中一般按未来应付金额计量。

3. 企业因经营周转所需,向金融机构借入的、偿还期在1年以内(含1年)的借款通过"短期借款"账户核算。在购买商品、材料等物资的交易过程中,由于采用商业汇票结算方式形成的负债通过"应付票据"账户核算。我国现行的应付票据一般为不带息票据。当购销双方按合同协议,由销货方预先收取一部分货款时,发生的负债通过"预收账款"账户核算。这种负债要求企业在短期内以某种物资、提供劳务来偿还。

4. 职工薪酬分为短期薪酬、离职后福利、辞退福利和其他长期职工福利。企业应当按照规定,根据职工薪酬的性质,对职工薪酬进行合理分类,作为职工薪酬会计处理的基础。

对于短期薪酬,企业应当在职工为其提供服务的会计期间,将实际发生的短期薪酬确认为负债,并计入当期损益或者相关资产成本。企业存在带薪缺勤的,应当将带薪缺勤分类为累积带薪缺勤和非累积带薪缺勤。对于累积带薪缺勤,企业应当在职工提供服务从而增加了其未来享有的带薪缺勤权利时,确认与累积带薪缺勤相关的职工薪酬,并以累积未行使权利而增加的预期支付金额计量。对于非累积带薪缺勤,企业应当在职工实际发生缺勤的会计期间确认与非累积带薪缺勤相关的职工薪酬。长期带薪缺勤则应当作为其他长期职工福利进行会计处理。

对于离职后福利,企业应当将离职后福利计划分类为设定提存计划和设定受益计划。

对于辞退福利,企业应当按照辞退计划条款的规定,合理预计和确认辞退福利产生的职工薪酬负债,一并计入当期损益。

其他长期职工福利包括除短期薪酬、离职后福利和辞退福利以外的所有职工薪酬,具体包括长期带薪缺勤、长期残疾福利、长期利润分享计划(或长期奖金计划)等。

5. 企业在一定时期内取得营业收入和实现利润时,必须按照规定向国家交税或交费,这些应交纳的税费,均应通过"应交税费"账户核算(除印花税、耕地占用税和契税外),并按不同税费种类设置明细账进行明细核算。

我国现行的增值税制度,把增值税的纳税人分为增值税一般纳税人和小规模纳税人,并采用不同的计税方法。增值税一般纳税人企业采用一般计税方法计算应纳增值税时,在"应交税费"账户下设置相应专栏进行核算,以便反映企业应交增值税的发生、抵扣、交纳、退税等情况。小规模纳税企业采用简易方法计算应纳税额,设置"应交税费——应交增值税"账户进行核算,账户格式采用三栏式,其支付的增值税额计入相关采购成本。

主 要 术 语

流动负债　　　　　　　　　短期借款
应付票据　　　　　　　　　应付账款
预收账款　　　　　　　　　应付职工薪酬
职工薪酬　　　　　　　　　短期薪酬
离职后福利　　　　　　　　辞退福利
其他长期职工福利　　　　　累积带薪缺勤
非累积带薪缺勤　　　　　　设定提存计划
设定受益计划　　　　　　　预期累计福利单位法

应交税费   增值税

未交增值税   预交增值税

进项税额转出   待认证进项税额

待转销项税额   简易计税

消费税城市维护建设税

复习思考题

1. 什么是流动负债？其主要包括哪些内容？流动负债在我国会计实务中一般按什么金额计量？

2. 企业在购买材料、商品等物资的交易过程中由于采用商业汇票结算方式形成的负债，主要通过哪些账户进行相关核算？

3. 应付账款的入账时间和入账价值如何确定？它与应付票据有何区别？

4. 应付票据到期时，如果付款单位无力支付票款，双方单位应如何处理？

5. 应付账款和其他应付款在核算内容上应如何区别？

6. 企业因获得职工服务而给予各种形式的报酬及其他相关支出具体包括哪些内容？

7. 短期薪酬主要包括哪些内容？各项短期薪酬应如何进行相关核算？

8. 企业一定时期内取得的营业收入和实现的利润，必须向国家交税、交费。这些应交未交的税费就形成了企业对国家的一项负债，它主要包括哪些内容？应通过哪些账户进行相关核算？

业 务 题

【业务题一】

（一）目的 练习一般纳税企业的业务核算。

（二）资料 某企业为增值税一般纳税人，适用的增值税税率为13%。2×19年5月发生以下业务：

（1）1日，向银行借入100 000元，年利率为6%，期限为5个月，到期一次还本付息。该企业按季计提利息，9月30日连本带息一次偿还。

（2）出售给小规模纳税人企业产品一批，价款为26 000元，增值税额3 380元，收到对方开具的银行汇票一张。

（3）经计算，5月份应付生产工人薪酬13 500元，车间管理人员薪酬8 000元，厂部管理人员薪酬6 000元，在建工程人员薪酬5 000元。

（4）假设该企业为小规模纳税人企业，适用的增值税税率为3%，采用实际成本核算原材料，本期购入原材料，取得的增值税专用发票上注明的价款为100 000元，增值税额为13 000元。该企业开出商业承兑汇票，材料尚未到达。该企业本期销售产品一批，开出普通发票，其价款为160 062元，货款尚未收到。

（三）要求 根据以上资料，编制相关会计分录。

【业务题二】

（一）**目的**   练习应交增值税的核算。

（二）**资料**   某企业为增值税一般纳税人，适用的增值税税率为13%。2×19年9月1日，"应交税费——应交增值税"账户有借方余额1 800元。2×19年9月份，该企业发生以下业务：

（1）购进原材料一批，取得的增值税专用发票上注明的原材料价款为10 000元，增值税额为1 300元。取得的增值税专用发票已经税务机关认证其增值税可予抵扣，价税款已支付，所购材料已验收入库。

（2）企业销售商品一批，价款为100 000元，增值税额为13 000元。

（3）本月，企业在建生产线工程领用库存商品成本10 000元，计税价格为15 000元。

（4）以库存商品向股东支付股利。该批库存商品成本为8 500元，计税价格为10 000元。

（5）月末，原材料盘亏1 000元，该批材料原已计入增值税进项税额为130元。经查明属因管理不善造成的非正常损失。

（6）交纳本月份增值税18 500元。

（7）计算并结转本月多交（或欠交）的增值税。

（三）**要求**

（1）计算该企业9月份应交纳的增值税。

（2）根据上述资料，编制相关的会计分录。

第十一章　非流动负债

 学习目的与要求

通过本章学习,你应当:

1. 了解非流动负债的概念及内容。
2. 掌握借款费用的内容、借款费用资本化期间的确定。
3. 掌握借款费用的处理原则与方法。
4. 掌握应付债券、长期借款的账务处理。
5. 熟悉长期应付款的账务处理。

课前预习题

1. 某企业为购买成套生产设备于某年年初向银行借入 300 万元,年利率为 4‰,期限为 2 年。该设备预计需要经过 3 个月安装即可交付生产车间使用。

请问:该企业的该项借款是专门借款还是一般借款? 该设备是否系符合资本化条件的资产?

2. 某企业为建造一条生产流水线,于某年年初向银行借入 1 000 万元,年利率为 5‰,期限为 2 年,该流水线于当年年初开始建造,预计当年年末完工。

请问:该企业第一年发生的利息费用是否计入该流水线的成本? 第二年发生的利息费用应该如何处理?

3. 某企业为筹集生产经营所需资金,于某年年初以 2 100 万元的价格发行面值为 2 000 万元的债券,该债券的票面利率为 5.6‰,期限为 3 年,估计发行日的市场利率为 5.2‰。该企业于当年下半年建造厂房占用了该项借款中的 800 万元。

请问:该企业每年发生的利息费用是否为 112 万元? 该企业对利息费用应

该如何处理?

4. 某企业于某年年初以 2 800 万元的价格发行面值为 3 000 万元的债券,该债券的票面利率为 5%,期限为 3 年,估计发行日的市场利率为 6%。发行费用按面值的 1% 计算并直接从发行收入中扣除。所筹资金全部用于生产经营。

请问:该企业确定每年发生的利息费用应考虑哪些因素?该企业对利息费用应该如何处理?

第一节　非流动负债概述

负债是指企业过去的交易或者事项形成的、预期会导致经济利益流出企业的现时义务。符合负债的定义并且同时满足与该义务有关的经济利益很可能流出企业和未来流出的经济利益的金额能够可靠地计量两个条件的,确认为负债。负债按偿还期的长短可分为流动负债和非流动负债。

一、非流动负债的概念

非流动负债是指偿还期在 1 年或者长于 1 年的一个营业周期以上的债务。与流动负债相比,非流动负债一般具有偿还期限比较长、借款金额比较大的特点。企业会计准则规定不能满足下列条件之一的负债,应当归类为非流动负债:

(1)预计在一个正常营业周期中清偿。

(2)主要为交易目的而持有。

(3)自资产负债表日起 1 年内到期应予以清偿。

(4)企业无权自主地将清偿推迟至资产负债表日后 1 年以上。

企业确认非流动负债时,应当注意展期债务、违约长期债务问题。对于企业自资产负债表日起 1 年内到期的负债,如果企业预计能够自主地将清偿义务展期至自资产负债表日起 1 年以上的,应当确认为非流动负债;不能自主地将清偿义务展期的,应当确认为流动负债。对于企业在资产负债表日或之前违反了长期借款协议条款,如果贷款人在资产负债表日或之前同意提供自资产负债表日起 1 年以上的宽限期,并且企业能够在此期限内改正违约行为,且贷款人不能要求随时清偿时,该项负债应当确认为非流动负债;如果导致贷款人可随时要求清偿的负债,失去了债务清偿的主动权,只能被动地无条件归还贷款,而且该事实在资产负债表日已存在的,应当确认为流动负债。

二、非流动负债的内容

非流动负债包括长期借款、应付债券、长期应付款、专项应付款、预计负债、递延所得税负债和其他非流动负债。本章主要介绍长期借款、应付债券、长期应付款,其余非流动负债本章不予展开。

第二节　借款费用

企业使用任何资金都要付出代价,借款费用是企业为借入资金所付出的代价。借款费用的处理有资本化和费用化两种,因此对借款费用的计量和处理将直接影响企业财务状况和经营成果的信息披露。

一、借款费用的概念和内容

借款费用是指企业因借款而发生的利息及其他相关成本。借款费用的实质是企业因借入资金所发生的代价,因此,借款费用应当包括借款利息、利息调整的摊销、因外币借款而发生的汇兑差额等三个方面的内容。

1. 借款利息

借款利息是指因借款而发生的利息,包括企业向银行或其他金融机构等借入资金发生的利息、发行债券发生的利息等。

2. 利息调整的摊销

利息调整的摊销包括折价或溢价以及辅助费用的摊销。发行公司债券发生的折价是企业在债券存续期间少付利息所付出的一种代价,溢价是企业在债券存续期间多付利息所得到的一种补偿。辅助费用是指企业在借款过程中发生的手续费、佣金、印刷费等,也是借款存续期间的一种代价。因此,发行公司债券而发生的折价或溢价以及因借款发生的辅助费用是借款费用的组成部分,在按借款本金或债券票面金额以及合同利率或票面利率计算每期应计利息费用时,对发生的折价或溢价以及辅助费用应当进行摊销,以反映实际的利息费用。

3. 因外币借款而发生的汇兑差额

因外币借款而发生的汇兑差额是指由于汇率变动导致市场汇率与账面汇率出现差异,从而对外币借款本金以及利息的记账本位币金额所产生的影响金额。外币借款本金以及利息的汇兑差额也是借款的代价,应当包括在借款费用中。

二、借款费用资本化的资产范围和借款范围

企业每期所发生的借款费用有资本化和费用化两种处理方法:借款费用资本化处理是将其金额计入相关资产的成本的方法;借款费用费用化处理是将其金额直接计入当期损益的方法。我国《企业会计准则第 17 号——借款费用》规定借款费用的确认原则是,企业发生的借款费用,可直接归属于符合资本化条件的资产的购建或者生产的,应当予以资本化,计入符合资本化条件的资产成本;其他借款费用应当在发生时根据其发生额确认为财务费用,计入当期损益。

(一)借款费用资本化的资产范围

借款费用资本化的资产范围是指符合资本化条件的资产。所谓符合资本化条件的资产,是指需要经过相当长时间(通常为 1 年或 1 年以上)的购建或者生产活动才能达到预定可使用或者可销售状态的固定资产、投资性房地产和存货等资产,如房屋建筑物、船舶、大型成套设备等。

符合资本化条件的固定资产,包括企业自行购建和委托其他单位建造的固定资产,当所购建的固定资产达到预定可使用状态时,借款费用应当停止资本化,之后所发生的借款费用应当在发生时计入当期损益。对于购入时即达到预定可使用或者购入后需要安装但所需时间较短未达到 1 年的固定资产,以及需要建造但所需建造时间较短未达到 1 年的固定资产,不是符合资本化条件的固定资产,其所发生的借款费用予以费用化处理。

符合资本化条件的投资性房地产是指需要经过相当长时间的购建才能达到赚取租金、资本增值或两者兼有的房地产。

符合资本化条件的存货是指需要经过相当长时间的建造或者生产过程,才能达到预定可销售状态的存货,包括房地产开发企业开发的用于对外出售的房地产开发产品、机械制造企业

制造的用于对外出售的大型成套机械设备等。

建造合同、予以资本化的无形资产开发支出,如符合资本化条件,也应认定为符合资本化条件的资产。

（二）借款费用资本化的借款范围

借款费用资本化的借款范围包括专门借款和一般借款。

专门借款是指为购建或者生产符合资本化条件的资产而专门借入的款项。专门借款应当有明确的专门用途,通常签订有标明专门用途的借款合同。专门借款的借款费用在资本化期间应当资本化。

一般借款是指除专门借款以外的其他借款。一般借款相对于专门借款在借入时没有特指用于符合资本化条件的资产的购建或生产。有的企业购建或者生产符合资本化条件的资产,如果没有取得专门借款,只能占用其他借款,如购建固定资产占用流动资金借款,生产周期较长的存货占用一般借款。为客观反映企业的财务状况和经营成果,应将符合资本化条件的资产所占用一般借款的借款费用在资本化期间资本化,其余部分的借款费用计入当期损益。

三、借款费用处理的基本原则

借款费用处理原则主要解决的是将每期发生的借款费用予以资本化计入相关资产的成本,还是予以费用化计入当期损益的问题。我国借款费用准则规定,企业发生在资本化期间的借款费用,可归属于符合资本化条件的资产的购建或者生产的,应当予以资本化处理,计入相关资产的成本;其他借款费用应当在发生时按其发生额予以费用化处理,计入当期损益。

只有发生在资本化期间内的借款费用,才允许资本化。资本化期间的确定是借款费用确认和计量的基础。借款费用资本化期间是指从借款费用开始资本化时点到停止资本化时点的期间,但借款费用暂停资本化的期间不应当包括在内。

四、借款费用开始资本化的条件

借款费用开始资本化,必须同时符合资产支出已经发生、借款费用已经发生以及为使资产达到预定可使用或者可销售状态所必要的购建或者生产活动已经开始三个条件。

（一）资产支出已经发生

这里所指的资产支出只包括为购建或者生产符合资本化条件的资产而以支付现金、转移非现金资产或者承担带息债务形式发生的支出。这些支出会导致企业因资源流出而占用资金,应当承担相关的借款费用。

1. 支付现金

支付现金包括用现金、银行存款或其他货币资金支付符合资本化条件的资产的购建或生产支出。如以现金购买建造固定资产用物资、支付建造固定资产人员薪酬等。

2. 转移非现金资产

转移非现金资产是指将企业自己生产的商品直接用于符合资本化条件的资产的购建或生产支出。比如,将企业自己生产的商品用于固定资产的建造,以企业自己生产的商品向其他企业换取用于固定资产建造所需要的物资等。

3. 承担带息债务

承担带息债务是指为购建或生产符合资本化条件资产所需物资等而承担的带息应付款项,如带息应付票据。企业赊购为购建或生产符合资本化条件资产所需物资,如果承担不带息债务,由于在该债务偿付前不需要承担利息,因此不应当计入资产支出,只有等到实际偿付债务,发生了资源流出时,才能将其作为资产的支出。企业赊购为购建或生产符合资本化条件资产所需物资,如果承担带息债务,企业为该债务承担利息而付出了代价,本质上与向银行借款以支付资产支出一致,应当作为资产支出已经发生。

（二）借款费用已经发生

借款费用已经发生是指企业已经发生了购建或生产符合资本化条件资产而专门借入的款项的借款费用或者所占用的一般借款费用。例如,某企业于 2×19 年 1 月 1 日向银行取得用于购建建设期为 3 年的固定资产的专门借款 9 000 万元,借款当日开始计息,应当认为 2×19 年 1 月 1 日借款费用已经发生。

（三）为使资产达到预定可使用或者可销售状态所必要的购建或者生产活动已经开始

为使资产达到预定可使用或者可销售状态所必要的购建或者生产活动是指符合资本化条件的资产的实体建造或者生产活动已经开始。例如,房屋实际开工建造、主体设备安装、商品开始生产等。这不包括仅仅持有资产、没有发生为改变资产形态而进行实质性的购建或者生产活动,如企业已经用银行存款购置了建造房屋用建筑材料,但尚未开工兴建房屋或者发生有关房屋建造活动,则为使资产达到预定可使用或者可销售状态所必要的购建或者生产活动尚未开始。

五、借款费用停止资本化

我国借款费用准则规定,购建或者生产符合资本化条件的资产达到预定可使用或者可销售状态时,借款费用应当停止资本化。符合资本化条件的资产达到预定可使用或者可销售状态之后所发生的借款费用,应当在发生时根据其发生额确认为费用,计入当期损益。

资产达到预定可使用或者可销售状态是指所购建或者生产的符合资本化条件的资产已经达到建造方、购买方或者企业自身等预先设计、计划或者合同约定的可以使用或者可以销售的状态。企业在确定借款费用停止资本化的时点时需要运用职业判断并遵循实质重于形式的原则。依据经济实质判断所购建或者生产的符合资本化条件的资产达到预定可使用或者可销售状态的时点,具体可以从以下几个方面进行:

（1）符合资本化条件的资产的实体建造（包括安装）或者生产活动已经全部完成或者实质上已经完成。

（2）所购建或者生产的符合资本化条件的资产与设计要求、合同规定或者生产要求相符或者基本相符;即使有极个别与设计、合同或者生产要求不相符的地方,也不影响其正常使用或者销售。

（3）继续发生在所购建或生产的符合资本化条件的资产上的支出金额很少或者几乎不再发生。

购建或者生产符合资本化条件的资产需要试生产或者试运行的,在试生产结果表明资产能够正常生产出合格产品,或者试运行结果表明资产能够正常运转或者营业时,应确认为该资产已经达到预定可使用或者可销售状态。

在符合资本化条件的资产的实际购建或者生产过程中,如果所购建或者生产的资产分别建造、分别完工,企业也应当根据实质重于形式的要求,区别下列情况,界定借款费用停止资本化的时点:

(1) 所购建或者生产的符合资本化条件的资产的各部分分别完工,每部分在其他部分继续建造或者生产过程中可供使用或者可对外销售并且为使该部分资产达到预定可使用或可销售状态所必要的购建或者生产活动实质上已经完成的,应当停止与该部分资产相关的借款费用的资本化,因为该部分资产已经达到了预定可使用或者可销售状态。

(2) 购建或者生产的资产的各个部分分别完工,但必须等到整体完工后才可使用或者可对外销售的,应当在该资产整体完工时停止借款费用的资本化。在这种情况下,即使各部分资产已经分别完工,也不能认为该部分资产已经达到了预定可使用或者可销售状态,企业只能在所购建或者生产的资产整体完工时,才能认为资产已经达到了预定可使用或者可销售状态,借款费用才可停止资本化。

六、借款费用的账务处理

在资本化期间内,每一会计期间的利息(包括借款利息以及利息调整的摊销)资本化金额,应当按照下列规定确定。

(一) 专门借款利息费用的账务处理

企业为购建或者生产符合资本化条件的资产而借入专门借款的,在资本化期间内,资本化金额应当以专门借款当期实际发生的利息费用,减去将尚未动用的借款资金存入银行取得的利息收入或进行暂时性投资取得的投资收益后的金额计量。

借款存在折价或溢价的以及发生辅助费用的,应按照实际利率法确定每一会计期间应摊销的折价或溢价以及辅助费用,调整每期利息费用金额。

【例 11-1】 某企业于 2×19 年 1 月 1 日向银行借入一项用于建造厂房的专门借款,金额为 8 000 万元,期限为 3 年,年利率为 6%,借款利息按年支付,每年 1 月 5 日支付上年度利息。厂房于 2×19 年 6 月 1 日开始建造,并满足开始资本化的条件。该厂房建造时动用专门借款 7 500 万元,其他月份未动用专门借款,未动用的专门借款存入银行,月利率为 0.2%,利息尚未收到。该厂房在 2×19 年年末尚在建造中。

该企业 2×19 年度专门借款利息金额计算如下:

$$8\,000 \times 6\% = 480(万元)$$

该企业 2×19 年度专门借款利息资本化的金额计算如下:

该企业资本化期间专门借款利息＝8 000×6%÷12×7＝280(万元)
该企业资本化期间尚未动用的借款资金存入银行取得的利息收入＝(8 000－7 500)×0.2%×7＝7(万元)
该企业 2×19 年度专门借款利息资本化的金额＝280－7＝273(万元)

该企业 2×19 年度专门借款利息费用化的金额计算如下:

该企业费用化期间专门借款利息＝8 000×6%÷12×5＝200(万元)
该企业费用化期间尚未动用的借款资金存入银行取得的利息收入＝8 000×0.2%×5＝80(万元)

该企业 2×19 年度专门借款利息费用化的金额＝200－80＝120(万元)

该企业 2×19 年年末计提利息时,应作账务处理如下:

借:在建工程 2 730 000
　　财务费用 1 200 000
　　应收利息 870 000
　　贷:应付利息 4 800 000

会计实务中,为简化处理,先将专门借款利息费用扣除资本化金额后的余额全部计入财务费用,待确认尚未动用的借款资金存入银行取得的利息收入或进行暂时性投资取得的投资收益时,冲减相应的财务费用。沿用[例 11－1]的资料,该企业 2×19 年年末计提利息时,账务处理如下:

借:在建工程 2 730 000
　　财务费用 2 070 000
　　贷:应付利息 4 800 000

(二)一般借款利息费用的账务处理

企业为购建或者生产符合资本化条件的资产而占用了一般借款的,应当根据累计资产支出超过专门借款部分的资产支出加权平均数乘以所占用一般借款的资本化率,计算确定一般借款应予资本化的利息金额。资本化率应当根据一般借款加权平均利率计算确定。其计算公式如下:

$$\text{每一会计期间一般借款利息费用资本化金额} = \text{累计资产支出超过专门借款部分的资产支出加权平均数} \times \text{所占用一般借款的资本化率}$$

企业购建或生产符合资本化条件的资产时,支出往往逐步发生,不止一次,每次支出占用的一般借款所应承担的利息费用因利息计算期不同而不同,因而在计算利息资本化金额时,首先应当计算购建或生产的资产其累计支出超过专门借款部分、购建或者生产符合资本化条件的其他资产的累计支出加权平均数,作为购建或生产的资产超出专门借款支出、购建或者生产符合资本化条件的其他资产的平均资金占用额。

1. 累计支出加权平均数的计算

累计支出加权平均数应当按照每笔资产支出金额乘以每笔资产支出占用的天数与会计期间涵盖的天数之比计算确定,其中,累计支出是指购建或生产资产的累计支出超过专门借款部分或购建或者生产符合资本化条件的其他资产的支出。累计支出加权平均数的计算公式如下:

$$\text{累计支出加权平均数} = \sum \left(\text{每笔资产支出金额} \times \frac{\text{每笔资产支出占用的天数}}{\text{会计期间涵盖的天数}} \right)$$

上述"每笔资产支出占用的天数"是指发生在符合资本化条件的资产购建或者生产上的超出专门借款的支出所应承担一般借款费用的时间长度。上述"会计期间涵盖的天数"是指计算应予以资本化的一般借款占用金额的会计期间的长度。上述时间长度一般应当以天数计算,如果资产支出发生笔数频繁,而且发生金额比较均衡,为简化计算,也可以以月数为基础计算。

1）按月计算资本化的利息金额

按月计算则应以该月中每笔资产支出金额乘以每笔支出所需承担利息费用的天数与当月天数之比,计算确定该月的累计支出加权平均数。

如果每月资产支出的笔数较多,支出发生又较均衡,为简化,也可以按照每月初资产支出余额和当月资产支出的算术平均数之和作为当月的累计支出加权平均数。其计算公式如下:

$$\text{累计支出加权平均数} = \text{月初资产支出余额} + \text{当月资产支出算术平均数}$$

【例 11 - 2】 某企业 2×19 年 1 月 1 日为建造固定资产取得专门借款 2 000 万元,至 3 月 31 日该项资产支出累计已达 2 000 万元。假如该企业 2×19 年 4～6 月发生的占用一般借款的资产支出如表 11 - 1 所示。

表 11 - 1

某企业 2×19 年 4～6 月发生的占用一般借款的资产支出表

单位:万元

4 月		5 月		6 月	
日　期	金　额	日　期	金　额	日　期	金　额
1 日	300	1 日	700	6 日	300
11 日	600	6 日	300	11 日	900
16 日	200	21 日	600	26 日	600
21 日	900	26 日	300		

$$\text{4 月份超出专门借款的累计支出加权平均数} = 300 \times \frac{30}{30} + 600 \times \frac{20}{30} + 200 \times \frac{15}{30} + 900 \times \frac{10}{30} = 1\,100\,(\text{万元})$$

$$\text{5 月份超出专门借款的累计支出加权平均数} = 2\,000 \times \frac{30}{30} + 700 \times \frac{30}{30} + 300 \times \frac{25}{30} + 600 \times \frac{10}{30} + 300 \times \frac{5}{30} = 3\,200\,(\text{万元})$$

$$\text{6 月份超出专门借款的累计支出加权平均数} = (2\,000 + 1\,900) \times \frac{30}{30} + 300 \times \frac{25}{30} + 900 \times \frac{20}{30} + 600 \times \frac{5}{30} = 4\,850\,(\text{万元})$$

如果简化按算术平均计算,则相关计算如下:

$$\text{4 月份超出专门借款的累计支出加权平均数} = (300 + 600 + 200 + 900) \div 2 = 1\,000\,(\text{万元})$$

$$\text{5 月份超出专门借款的累计支出加权平均数} = 2\,000 + (700 + 300 + 600 + 300) \div 2 = 2\,950\,(\text{万元})$$

$$\text{6 月份超出专门借款的累计支出加权平均数} = 2\,000 + 1\,900 + (300 + 900 + 600) \div 2 = 4\,800\,(\text{万元})$$

2）按季、半年、年计算资本化的利息金额

如果企业按季、半年或年计算应予资本化的金额,应当以每笔超出专门借款的资产支出金额乘以每笔支出所需要承担的一般借款费用的天数与该季(半年或年)天数之比,计算确定该季(半年或年)累计支出加权平均数。资产支出发生笔数频繁,而且发生金额比较均衡,为简化计算,也可以以月数为基础计算。累计支出加权平均数以每月初资产支出余额和每月资产支出算术平均数之和除以会计期间涵盖的月数加总计算确定。其计算公式如下:

$$超出专门借款的累计支出加权平均数 = \sum \left[\left(月初资产支出余额 + 当月资产支出算术平均数 \right) \times \frac{1}{会计期间涵盖的天数} \right]$$

【例 11-3】 沿用[例 11-2]的资料,第二季度超出专门借款累计支出加权平均数计算如下:

$$[0 + (300 + 600 + 200 + 900) \div 2] \times \frac{1}{3} + [2\,000 + (700 + 300 + 600 + 300) \div 2]$$

$$\times \frac{1}{3} + [3\,900 + (300 + 900 + 600) \div 2] \times \frac{1}{3} = 2\,916.67(万元)$$

2. 资本化率的确定

企业为购建或者生产符合资本化条件的资产所占用的一般借款如果只有一笔,则资本化率即为借款利率。

企业为购建或者生产符合资本化条件的资产所占用的一般借款如果不止一笔,则资本化率为这些借款的加权平均利率。其计算公式如下:

$$所占用一般借款的资本化率 = 所占用一般借款加权平均利率 = \frac{所占用一般借款当期实际发生的利息之和}{所占用一般借款本金加权平均数}$$

$$所占用一般借款本金加权平均数 = \sum \left(所占用每笔一般借款金额 \times \frac{每笔一般借款在当期所占用的天数}{当期天数} \right)$$

【例 11-4】 某企业于 2×19 年 1 月 1 日按客户订单开始制造一批商品,估计工期为 2 年。由于企业生产资金不足,企业当天从银行获得专门借款 800 万元用于该批商品的生产,期限为 2 年,年利率为 6%,按年支付利息,每年 1 月 5 日支付上年度利息,到期还本。另外,7 月 1 日和 11 月 1 日分别向银行取得两项一般借款,金额均为 300 万元,年利率分别为 5% 和 6%,期限均为 2 年。该企业生产的该批商品生产成本至 9 月 30 日已达 800 万元。该企业 2×19 年 10～12 月份该批商品发生的生产耗费如下:

(1) 10 月 1 日,以银行存款购入材料 60 万元并投入生产;10 月 16 日,以银行存款支付生产工人工资 20 万元;10 月 26 日,用银行存款支付其他费用 20 万元。

(2) 11 月 6 日,以银行存款购入材料 40 万元并投入生产;11 月 16 日,以银行存款支付生产工人工资 15 万元;11 月 21 日,用银行存款支付其他费用 18 万元。

(3) 12 月 11 日,以银行存款购入材料 20 万元并投入生产;12 月 16 日,以银行存款支付生产工人工资 16 万元;12 月 26 日,用银行存款支付其他费用 15 万元。

假设上述生产耗费全部占用上述两项一般借款。该企业按季计算资本化金额。则相关计算如下:

$$第四季度专门借款利息资本化金额 = 800 \times 6\% \times \frac{1}{4} = 12(万元)$$

$$超出专门借款的累计支出加权平均数 = 60 \times \frac{90}{90} + 20 \times \frac{75}{90} + 20 \times \frac{65}{90} + 40 \times \frac{55}{90} + 15 \times \frac{45}{90} + 18 \times \frac{40}{90} + 20 \times \frac{20}{90}$$

$$+ 16 \times \frac{15}{90} + 15 \times \frac{5}{90} = 139(万元)$$

$$所占用一般借款的资本化率 = \frac{300 \times 5\% \times \frac{3}{12} + 300 \times 6\% \times \frac{2}{12}}{300 \times \frac{90}{90} + 300 \times \frac{60}{90}} \times 100\% = 1.35\%$$

第四季度一般借款利息金额 $= 300 \times 5\% \times \frac{3}{12} + 300 \times 6\% \times \frac{2}{12} = 6.75(万元)$

第四季度一般借款利息资本化金额 $= 139 \times 1.35\% = 1.8765(万元)$

第四季度一般借款利息费用化金额 $= 6.75 - 1.8765 = 4.8735(万元)$

该企业 2×19 年年末计提利息时,应作账务处理如下:

借:制造费用	138 765
财务费用	48 735
贷:应付利息	187 500

（三）因外币借款而发生的汇兑差额的处理

外币专门借款本金及利息的汇兑差额,在资本化期间内,应当在发生时根据发生额予以资本化,计入符合资本化条件的资产的成本;除上述以外的外币专门借款本金及利息的汇兑差额,以及其他外币借款本金及利息的汇兑差额应当在发生时根据发生额确认为费用,计入当期损益。

【例 11-5】 2×19 年 12 月 1 日,某企业为建造固定资产借入外币专门借款 200 万美元,年利率为 6%,期限为 2 年,按年支付利息,每年 1 月 5 日支付上年度利息。企业当天为购买设备支付款项 200 万美元,设备安装调试估计需要 1 年时间。借款当天的即期汇率为 1 美元 = 6.335 3 元人民币。该企业以人民币为记账本位币,以交易发生日即期汇率为折合汇率。假定 12 月 31 日的即期汇率为 1 美元 = 6.300 9 元人民币。该企业 2×19 年 12 月资本化金额计算如下:

利息资本化金额 $= 2\,000\,000 \times 6\% \div 12 \times 6.3009 = 63\,009(元)$

利息汇兑差额资本化金额 $= 2\,000\,000 \times 6\% \div 12 \times (6.3009 - 6.3009) = 0$

本金汇兑差额资本化金额 $= 2\,000\,000 \times (6.3009 - 6.3353) = -68\,800(元)$

资本化金额合计 $= 63\,009 - 68\,800 = -5\,791(元)$

该企业 2×19 年年末应作账务处理如下:

借:在建工程	63 009
贷:应付利息	63 009
借:长期借款	68 800
贷:在建工程	68 800

七、借款费用暂停资本化的账务处理

符合资本化条件的资产在购建或者生产过程中发生非正常中断且中断时间连续超过 3 个

月的,应当暂停借款费用的资本化。在中断期间所发生的借款费用,应当计入当期损益,直至购建或者生产活动重新开始。但是,如果中断是使所购建或者生产的符合资本化条件的资产达到预定可使用或者可销售状态必要的程序,中断期间所发生的借款费用应当继续资本化。

非正常中断通常是由于企业管理决策上的原因或者其他不可预见方面的原因等所导致的中断。比如,企业因与施工方发生了质量纠纷,工程、生产用料没有及时供应,资金周转发生了困难,施工、生产发生了安全事故,发生了与资产购建、生产有关的劳动纠纷等原因,导致资产购建或者生产活动发生中断,均属于非正常中断。

正常中断通常仅限于因购建或者生产符合资本化条件的资产达到预定可使用或者可销售状态所必要的程序,或者事先可预见的不可抗力因素导致的中断。比如,某些工程建造到一定阶段必须暂停下来进行质量或者安全检查,检查通过后方可继续下一阶段的建造工作,这类中断是在施工前可以预见的,而且是工程建造必须经过的程序,属于正常中断。某些地区的工程在建造过程中,由于本地普遍存在的雨季或冰冻季节等可预见的不可抗力因素,导致施工出现停顿,也属于正常中断,借款费用的资本化可继续进行,不必暂停。

【例 11-6】 某企业为建造一栋厂房于 2×19 年 1 月 1 日向银行专门借款 9 000 万元,期限为 4 年,年利率为 6%,按年支付利息,每年 1 月 1 日支付上年度利息。另外,该企业于 2×19 年 7 月 1 日向银行借入一笔一般借款,金额为 3 000 万元,期限为 2 年,年利率为 8%,按年支付利息,每年 1 月 1 日支付上年度利息。其他有关资料如下:

(1) 该厂房建造采用出包方式,2×19 年 1 月 1 日正式动工兴建,建造期间发生支出情况如下:2×19 年 1 月 1 日,4 000 万元;2×19 年 5 月 1 日,2 000 万元;2×19 年 7 月 1 日,3 000 万元;2×19 年 10 月 1 日,1 200 万元;2×20 年 6 月 1 日,900 万元。

(2) 假定该厂房建造过程中发生的超过专门借款的工程支出全部占用该一般借款。

(3) 专门借款中尚未动用的部分全部存入银行,月利率为 0.3%,利息尚未收到。

(4) 2×19 年 8 月 1 日,因合同纠纷,工程被迫停工。2×19 年 12 月 1 日,经调解和协商,纠纷解决,工程重新开始建造。

(5) 厂房建造于 2×20 年 12 月 31 日完工,达到预定可使用状态。

(6) 假定该企业利息资本化金额按年计算,每年按 360 天计算。

根据上述资料,专门借款利息资本化金额的计算及账务处理如下:

(1) 2×19 年,专门借款利息资本化金额的计算:

专门借款利息金额 = 9 000 × 6% = 540(万元)

尚未动用的借款资金存入银行取得的利息收入 = 5 000 × 0.3% × 4 + 3 000 × 0.3% × 2 = 78(万元)

专门借款利息资本化金额 = 9 000 × 6% ÷ 12 × (12−4) − 78 = 282(万元)

专门借款利息费用化金额 = 9 000 × 6% ÷ 12 × 4 = 180(万元)

(2) 2×19 年,一般借款利息资本化金额的计算:

一般借款利息金额 = 3 000 × 6 × 8% ÷ 12 = 120(万元)

累计支出加权平均数 = 1 200 × (3−2) ÷ 12 = 100(万元)

一般借款利息资本化金额 = 100 × 8% = 8(万元)

一般借款利息费用化金额 = 120 − 8 = 112(万元)

（3）2×19 年年末计提利息时，账务处理如下：

借：在建工程	2 900 000
应收利息	780 000
财务费用	2 920 000
贷：应付利息	6 600 000

（4）2×20 年，专门借款利息资本化金额的计算：

$$专门借款利息金额＝9\,000×6\%＝540（万元）$$
$$专门借款利息资本化金额＝540（万元）$$

（5）2×20 年，一般借款利息资本化金额的计算：

$$一般借款利息金额＝3\,000×8\%＝240（万元）$$
$$累计支出加权平均数＝1\,200＋900×7÷12＝1\,725（万元）$$
$$一般借款利息资本化金额＝1\,725×8\%＝138（万元）$$
$$一般借款利息费用化金额＝240－138＝102（万元）$$

（6）2×20 年年末，计提利息时，账务处理如下：

借：在建工程	6 780 000
财务费用	1 020 000
贷：应付利息	7 800 000

在计算资本化利息金额时，应当注意的是，每期允许资本化的利息金额应当以当期实际发生的利息为限，即不得超过当期专门借款实际发生的利息金额。当资本化利息金额按照简化方法计算累计支出加权平均数，从而确定每期利息的资本化金额时，有时由于资产支出的发生不够均衡，有可能会出现所计算的利息的资本化金额超过当期实际发生的利息金额的非正常情况，因此必须对利息资本化金额设置限额。

第三节　应付债券

企业可以依照法定程序，以发行债券的方式筹集资金。债券是指企业依照法定程序发行的、约定在一定期限还本付息的一种有价证券。企业发行的超过 1 年期以上的债券，构成一项非流动负债。

一、公司债券的概述

企业向社会公众公开发行公司债券必须经董事会及股东会正式核准，符合《公司法》的规定条件，还应该向证券管理部门及中国人民银行递交发行企业债券的申请书、营业执照（即公司登记证明）、经会计师事务所审计的企业近 3 年的财务报告、企业债券发行章程、项目可行性及风险分析报告、担保函、中国人民银行认可的企业债券信用评级报告、律师事务所出具的法律意见书等文件。

（一）公司债券的基本要素

债券票面上一般载明以下要素：

（1）企业名称。即债券发行者名称，系该债券的债务主体。

（2）债券面值。债券面值也称债券到期值。即债券到期时，公司应偿还给债券持有人的本金额。

（3）票面利率。票面利率也称名义利率。即债券利息与债券面值的比率，年利率或半年利率一般用百分数表示。

（4）付息日期。即支付债券利息的时间。

（5）还本期限。即债券从发行之日起至清偿本金止的时间。分期偿还的债券应载明每次偿还本金的日期和金额。

（二）公司债券的分类

企业发行的债券，主要的分类方式有以下几种。

1. 按偿还本金的方式分类

（1）一次还本债券。即本金于到期日一次偿还的债券。

（2）分期还本债券。即在不同的到期日分期偿还本金的债券。

2. 按支付利息的方式分类

（1）到期一次付息债券。即到期日一次支付全部利息的债券。

（2）分期付息债券。即每隔一段时间支付一次利息的债券。如每半年付一次利息、每年付一次利息。

3. 按是否可转换为发行企业股票分类

（1）可转换债券。即可按一定条件转换为发行企业普通股股票的债券。

（2）不可转换债券。即不可转换为发行企业普通股股票的债券。

4. 按有无担保品分类

（1）抵押债券。即以被抵押的特定财产作为履约保证的债券。债券根据抵押财产不同，分为不动产抵押公司债、动产抵押公司债、证券抵押公司债。

（2）信用债券。即不以特定的抵押品作为偿还保证的债券，其发行单凭发行公司的信用。发行这种债券通常要求有较高的利率，因为其投资者所承担的风险一般会高于有担保的公司债券。

5. 按是否记名分类

（1）记名债券。即在券面上登记持有人姓名，支取本息要凭债券和印鉴领取，转让时必须背书并到债券发行公司登记的公司债券。

（2）不记名债券。即券面上不需载明持有人姓名，还本付息及流通转让仅以债券为凭，不需登记。

（三）公司债券的发行价格

债券发行价格受很多因素影响，有所发行债券的面值、期限、票面利率、付息方式等因素，有发行企业信用状况、资本结构等要素，也有资本市场利率水平，供求关系等因素。公司债券的发行有面值发行、溢价发行和折价发行三种。

（1）面值发行。面值发行是按与债券面额相等的价格发行公司债券。债券票面利率与实际市场利率相同时，债券按面值发行。

（2）溢价发行。溢价发行是按高于债券面值的价格发行公司债券。债券的票面利率高于市场利率时,债券溢价发行。溢价部分是企业为以后多付利息事先得到一种补偿,溢价应在债券存续期间对每期利息进行调整。

(3)折价发行。折价发行是按低于债券面值的价格发行公司债券。债券的票面利率低于市场利率时,债券折价发行。折价部分是企业为以后少付利息事先付出一种代价,折价应在债券存续期间对每期利息进行调整。

(四)公司债券的交易费用

交易费用是指企业在发行债券过程中发生的手续费、佣金、印刷费等。这些费用因借款而发生,应在债券存续期间对每期利息进行调整。

二、应付债券的账务处理

(一)应付债券的初始计量

应付债券初始计量是指发行债券时其入账价值的确定。我国借款费用准则规定,应付债券入账价值按发行价格和交易费用确定,也就是应付债券按发行价格扣除相关交易费用后的金额入账。

(二)账户的设置

对于应付债券应设置"应付债券"账户进行核算,并在"应付债券"账户下分别设置"面值""利息调整"和"应计利息"等明细账户进行明细核算。

1."应付债券——面值"账户

该账户用于核算企业发行债券的面值(即本金)的增减变动情况。其贷方记录债券面值的增加数,即发行债券的面值,借方记录债券面值的减少数,即本金的偿还或转销数,余额在贷方,表示尚未归还的债券本金。

2."应付债券——利息调整"账户

该账户用于核算企业发行债券实际收到的金额与债券面值的差额。它是"应付债券——面值"账户的调整账户,按实际收到的金额大于债券面值的差额(即溢价减去相关的发行费用),贷记本账户,实际收到的金额小于债券面值的差额(即折价加上相关的发行费用),借记本账户。在资产负债表日,按实际利率对差额进行摊销,以确定实际利息费用。期末余额在借方或贷方,表示尚未摊销的差额。

3."应付债券——应计利息"账户

该账户用于核算企业到期一次付息方式下,在资产负债表日按面值和票面利率计算确定的利息记入该账户的贷方,到期支付利息时,记入该账户的借方,期末余额表示尚未支付的利息金额。

(三)债券发行的账务处理

企业发行债券,应按实际收到的金额,借记"银行存款"账户,按债券票面金额,贷记"应付债券——面值"账户,按实际收到金额与票面金额之间的差额,借记或贷记"应付债券——利息调整"账户。

【例 11-7】 某企业于 2×15 年 1 月 1 日以 80 000 000 元的价格发行公司债券,债券总面值为 80 000 000 元,票面利率为 5%,期限为 5 年,债券到期一次还本付息。假定未发生发行费用。发行债券所筹资金用于生产经营。企业收到发行债券款时,应作账务处理如下:

借：银行存款   80 000 000

  贷：应付债券——面值   80 000 000

【例 11 - 8】　某企业于 2×15 年 1 月 1 日以 86 400 000 元的价格发行公司债券,债券总面值为 80 000 000 元,票面利率为 6%,期限为 5 年,债券到期一次还本,按年支付利息,每年 1 月 5 日支付上年度利息。发行该债券发生的应支付给债券发行商费用 100 000 元,直接从发行债券所得款项中扣除。发行债券所筹资金用于生产经营。企业收到发行债券款时,应作账务处理如下:

借：银行存款   86 300 000

  贷：应付债券——面值   80 000 000

    应付债券——利息调整   6 300 000

【例 11 - 9】　某企业为建造厂房于 2×15 年 1 月 1 日以 79 000 000 元的价格发行公司债券,债券总面值为 80 000 000 元,票面利率为 6%,期限为 5 年,债券到期一次还本,按年支付利息,每年 1 月 5 日支付上年度利息。发行该债券发生的应支付给债券发行商费用 100 000 元,直接从发行债券所得款项中扣除。厂房于 2×15 年 1 月 1 日开始建造,并于 2×16 年 12 月 31 日建造完毕,交付使用。发行债券所得款项于厂房建造当日全部用于物资的购建。企业收到发行债券款时,应作账务处理如下:

借：银行存款   78 900 000

  应付债券——利息调整   1 100 000

  贷：应付债券——面值   80 000 000

（四）债券计息及利息调整摊销的账务处理

企业发行的债券应于资产负债表日根据债券的面值和票面利率计算当期应计提的利息,摊销发行债券时实际收到的债券价款（即债券的发行价格减去相关交易费用）与债券面值的差额。这种差额的摊销本质是将当期债券的应计利息调整为实际的利息费用。利息调整的摊销方法有直线法和实际利率法两种。

直线法是将利息调整额平均分摊到债券存续期间的一种摊销方法。在这种方法下,每期利息调整摊销额根据利息调整额除以债券计息期次计算,每期实际利息费用根据该期按票面利率计算应计利息加上该期利息调整借差摊销额或者减去该期利息调整贷差摊销额。

实际利率法是以债券的期初摊余成本乘以实际利率计算确定债券的实际利息费用,并将债券的应计利息与实际的利息费用之差确定为该期利息调整摊销额的一种摊销方法。我国借款费用准则规定按实际利率法确定利息费用。

实际利息费用应按借款费用处理的原则进行账务处理,分别不同情况,记入“在建工程”“制造费用”“财务费用”和“研发支出——资本化支出”等账户。

【例 11 - 10】　沿用[例 11 - 8]的资料,按直线法计算每期利息费用,编制的利息费用计算表如表 11 - 2 所示。

表 11 - 2

应付债券利息费用计算表(直线法)

单位:元

计息期次	应付利息	摊销差额	利息费用	尚未摊销的差额	债券的摊余成本
发　行				6 300 000	86 300 000
1	4 800 000	1 260 000	3 540 000	5 040 000	85 040 000
2	4 800 000	1 260 000	3 540 000	3 780 000	83 780 000
3	4 800 000	1 260 000	3 540 000	2 520 000	82 520 000
4	4 800 000	1 260 000	3 540 000	1 260 000	81 260 000
5	4 800 000	1 260 000	3 540 000	0	80 000 000
合　计	24 000 000	6 300 000	17 700 000		

根据表 11 - 2,该企业应作账务处理如下:

(1)每年年末,计息及摊销差额时:

借:财务费用　　　　　　　　　　　　　　　　　　　　　　　　3 540 000
　　应付债券——利息调整　　　　　　　　　　　　　　　　　　1 260 000
　　　贷:应付利息　　　　　　　　　　　　　　　　　　　　　　　4 800 000

(2)每年 1 月 5 日,支付利息时:

借:应付利息　　　　　　　　　　　　　　　　　　　　　　　　4 800 000
　　贷:银行存款　　　　　　　　　　　　　　　　　　　　　　　4 800 000

在直线摊销法下,利息调整无论是借差还是贷差,各期发生的债券利息费用相同的。但随着对利息调整摊销应付债券的摊余成本逐期增加(利息调整借差)或逐期减少(利息调整贷差),其结果必然导致该债券的实际利率逐期下降(利息调整借差)或逐期上升(利息调整贷差),这种方法摊销利息调整的结果显然与发行企业负担的利息取决于债券发行时的市场利率这一假定相违背。

【例 11 - 11】 以[例 11 - 9]为例,按实际利率法计算每期利息费用,根据插入法计算该债券的实际利率为 6.34%。编制的利息费用计算表如表 11 - 3 所示。

表 11 - 3

应付债券利息费用计算表(实际利率法)

单位:元

计息期次	应付利息	利息费用	摊销差额	尚未摊销的差额	债券的摊余成本
发　行				1 100 000	78 900 000
1	4 800 000	5 002 260	202 260	897 740	79 102 260
2	4 800 000	5 015 083	215 083	682 657	79 317 343

（续表）

计息期次	应付利息	利息费用	摊销差额	尚未摊销的差额	债券的摊余成本
3	4 800 000	5 028 720	228 720	453 937	79 546 063
4	4 800 000	5 043 220	243 220	210 717	79 789 283
5	4 800 000	5 010 717①	210 717	0	80 000 000
合　计	24 000 000	25 100 000	1 100 000		

① 尾数调整：4 800 000＋210 717＝5 010 717（元）。

根据表 11-3，该企业应作账务处理如下：

（1）2×15 年年末，计息及摊销差额时：

借：在建工程　　　　　　　　　　　　　　　　　　　　　5 002 260
　　贷：应付债券——利息调整　　　　　　　　　　　　　　　　　202 260
　　　　应付利息　　　　　　　　　　　　　　　　　　　　　4 800 000

（2）每年 1 月 5 日，支付利息时：

借：应付利息　　　　　　　　　　　　　　　　　　　　　4 800 000
　　贷：银行存款　　　　　　　　　　　　　　　　　　　　　4 800 000

（3）2×16 年年末，计息及摊销差额时：

借：在建工程　　　　　　　　　　　　　　　　　　　　　5 015 083
　　贷：应付债券——利息调整　　　　　　　　　　　　　　　　　215 083
　　　　应付利息　　　　　　　　　　　　　　　　　　　　　4 800 000

（4）2×17 年年末，计息及摊销差额时：

借：财务费用　　　　　　　　　　　　　　　　　　　　　5 028 720
　　贷：应付债券——利息调整　　　　　　　　　　　　　　　　　228 720
　　　　应付利息　　　　　　　　　　　　　　　　　　　　　4 800 000

（5）2×18 年年末，计息及摊销差额时：

借：财务费用　　　　　　　　　　　　　　　　　　　　　5 043 220
　　贷：应付债券——利息调整　　　　　　　　　　　　　　　　　243 220
　　　　应付利息　　　　　　　　　　　　　　　　　　　　　4 800 000

（6）2×19 年年末，计息及摊销差额时：

借：财务费用　　　　　　　　　　　　　　　　　　　　　5 010 717
　　贷：应付债券——利息调整　　　　　　　　　　　　　　　　　210 717
　　　　应付利息　　　　　　　　　　　　　　　　　　　　　4 800 000

在实际利率法下，摊销利息调整借差时，应付债券的摊余成本是逐期增加的，摊余成本乘以实际利率，实际利息费用逐期增加，从递增的利息费用中减去每期应付利息，得出的利息调整摊销额也逐期递增;摊销利息调整贷差时,应付债券的摊余成本是逐期减少的,摊余成本乘以实际利率,实际利息费用逐期减少,从递减的利息费用中减去每期应付利息,得出的利息调整摊销额也逐期递减。

实际利率法下,期末计息及摊销差额的账务处理与直线法相同,只是各期摊销差额金额不同。

(五)债券到期的账务处理

企业债券到期时,应按所偿还债券的票面金额(本金)借记"应付债券——面值"账户,按所支付的利息借记"应付利息"或"应付债券——应计利息"账户,贷记"银行存款"账户。

【例 11 - 12】 沿用[例 11 - 7]的资料,2×19 年 12 月 31 日,该债券到期偿还本金和支付利息时:

借:应付债券——面值		80 000 000
应付债券——应计利息		20 000 000
贷:银行存款		100 000 000

【例 11 - 13】 以[例 11 - 8]为例,2×19 年 12 月 31 日,该债券到期偿还本金和支付最后一期利息时:

借:应付债券——面值		80 000 000
应付利息		4 800 000
贷:银行存款		84 800 000

第四节 长 期 借 款

长期借款是指企业向银行或其他金融机构借入的、偿还期在 1 年(不含 1 年)或一个营业周期以上的借款。

一、长期借款核算的账户设置

为了反映长期借款的取得、计息和归还增减变动等情况,企业应设置"长期借款"账户,并按借款单位和借款种类,分别"本金""应计利息"和"利息调整"等明细账户进行明细核算。

企业借入长期借款,应按借款本金扣除相关手续费等费用后的实际收到金额,借记"银行存款"账户,贷记"长期借款——本金"账户,按两者之间的差额,借记"长期借款——利息调整"账户。

资产负债表日,应按长期借款的摊余成本和实际利率计算确定长期借款的利息费用,借记"在建工程""制造费用""财务费用"和"研发支出"等账户,按借款合同利率计算确定的应付未付利息,贷记"应付利息"或者"长期借款——应计利息"账户,按两者之间的差额,贷记"长期借款——利息调整"账户。

归还长期借款本金时,借记"长期借款——本金"账户,贷记"银行存款"账户。如果存在利息调整余额的,还应借记或贷记"在建工程""制造费用""财务费用"和"研发支出"等账户,贷记或借记"长期借款——利息调整"账户。

长期借款的利息应按借款费用准则的处理原则进行处理。专门借款的长期借款利息费用以及一般借款的长期借款根据确定的资本化金额,在资本化期间计入符合资本化条件资产的成本,分别记入"在建工程""制造费用"和"研发支出——资本化支出"等账户,其余的利息费用,记入"财务费用"账户。外币专门借款所发生的外币折合差额,也按上述原则分别予以资本化或计入当期损益。外币一般借款所发生的外币折合差额,在发生时根据发生额确认为费用,计入当期损益。

二、长期借款的账务处理

企业取得长期借款,应按还本付息的方式不同分别进行核算。长期借款的还本付息方式一般有分期付息到期还本和一次还本付息等。

【11-14】 某企业于2×18年1月1日向甲银行取得一笔5 000 000元的借款,用于某项订单商品的生产,借款期限为4年,年利率为4%,到期一次还本付息,扣除手续费等相关费用后实际得款4 900 000元。2×18年1月1日,符合开始资本化条件。该商品于2×19年12月末制造完成,达到预定可销售状态。尚未动用的借款资金存入银行取得的利息收入2×18年为50 000元,2×19年为20 000元,利息尚未收到。该企业应作账务处理如下:

实际利率计算:

$$490 \times (1+R)^4 = 5\ 800\ 000$$
$$R = 4.305\ 7\%$$

2×18年1月1日取得借款时:

借:银行存款　　　　　　　　　　　　　　　　　　　　　　　4 900 000
　　长期借款——利息调整　　　　　　　　　　　　　　　　　　100 000
　　贷:长期借款——本金　　　　　　　　　　　　　　　　　　　　5 000 000

利息费用的计算如表11-4所示。

表11-4

利息费用计算表

单位:元

日　　期	当年应计利息	未动用借款的利息收入	当年实际利息	资本化金额	当年利息调整摊销	账面价值
2×18年1月1日						4 900 000
2×18年12月31日	200 000	50 000	210 979	160 979	10 979	5 110 979
2×19年12月31日	200 000	20 000	220 063	200 063	20 063	5 331 042
2×20年12月31日	200 000		229 539		29 539	5 560 581
2×21年12月31日	200 000		239 419①		39 419	5 800 000
合　　计	800 000	70 000	900 000	361 040	100 000	

① 尾数调整:200 000+39 419=239 419(元)。

2×18 年 12 月 31 日,计提利息时:

借:制造费用 160 979
　　应收利息 50 000
　　贷:长期借款——应计利息 200 000
　　　　长期借款——利息调整 10 979

2×19 年 12 月 31 日,计提利息时:

借:制造费用 200 063
　　应收利息 20 000
　　贷:长期借款——应计利息 200 000
　　　　长期借款——利息调整 20 063

2×20 年 12 月 31 日,计提利息时:

借:财务费用 229 539
　　贷:长期借款——应计利息 200 000
　　　　长期借款——利息调整 29 539

2×21 年 12 月 31 日,计提利息时:

借:财务费用 239 419
　　贷:长期借款——应计利息 200 000
　　　　长期借款——利息调整 39 419

2×22 年 1 月 1 日,还本付息时:

借:长期借款——本金 5 000 000
　　长期借款——应计利息 800 000
　　贷:银行存款 5 800 000

第五节　长期应付款

　　长期应付款是指除长期借款和应付债券以外的其他各种长期应付款项,主要包括以分期付款方式购入固定资产等发生的应付款项。

　　企业分期付款购入固定资产,实际上是通过融资方式购入固定资产,应以购买价款的现值为基础确定其入账价值,按购买价款的现值以及可归属初始直接费用,借记"在建工程"或"固定资产"账户,按应付金额,贷记"长期应付款——分期付款购入固定资产应付款"账户,按其差额,借记"未确认融资费用"账户。

　　【例 11－15】　某企业于 2×20 年 1 月 1 日采用分期付款方式购入不需安装设备 1 台,金额总计 400 万元,第一年年末支付 200 万元,第二年年末支付 200 万元。以银行存款支付发生的运费,取得的增值税专用发票上注明的价款为 10 000 元,增值税额为 900 元。假设市场利率为 8%,假定增值税额当月已认定可抵扣。该企业应作如下账务处理:

400 万元的现值＝200×0.925 9＋200×0.857 3＝356.64(万元)

固定资产入账价值＝356.64＋1＝357.64(万元)

未确认融资费用分摊额的计算如表 11－5 所示。

表 11－5

未确认融资费用分摊表

单位：元

日　　期	应付款项	确认的融资费用	应付本金减少额	应付本金余额
2×20 年 1 月 1 日				3 566 400
2×20 年 12 月 31 日	2 000 000	285 312	1 714 688	1 851 712
2×21 年 12 月 31 日	2 000 000	148 288①	1 851 712	0
合　　计	4 000 000	433 600	3 566 400	0

① 2 000 000－1 851 712＝148 288(元)。

(1) 2×20 年 1 月 1 日,购入设备时：

借：固定资产	3 576 400
未确认融资费用	433 600
应交税费——应交增值税(进项税额)	900
贷：长期应付款——分期付款购入固定资产应付款	4 000 000
银行存款	10 900

(2) 2×20 年 12 月 31 日,支付款项时：

借：长期应付款——分期付款购入固定资产应付款	2 000 000
贷：银行存款	2 000 000

(3) 2×20 年 12 月 31 日,分摊未确认融资租赁费时：

借：财务费用	285 312
贷：未确认融资租赁费	285 312

(4) 2×21 年 12 月 31 日,支付款项时：

借：长期应付款——分期付款购入固定资产应付款	2 000 000
贷：银行存款	2 000 000

(5) 2×21 年 12 月 31 日,分摊未确认融资租赁费时：

借：财务费用	148 288
贷：未确认融资租赁费	148 288

本章要点概览

1. 负债按偿还期的长短,可分为流动负债和非流动负债。非流动负债是指偿还期在 1 年或者长于 1 年的一个营业周期以上的债务。非流动负债主要包括长期借款、应付债券、长期应付款、专项应付款、预计负债、递延所得税负债和其他非流动负债等。

2. 借款费用是指企业因借款而发生的利息及其他相关成本。企业发生的借款费用,可直接归属于符合资本化条件的资产的购建或者生产的,应当予以资本化,计入相关资产的成本;其他的借款费用应当计入当期损益。

3. 借款费用资本化处理有特定的资产范围。借款范围包括专门借款和一般借款。资本化期间发生的借款费用才允许资本化处理,暂停资本化的期间借款费用不允许予以资本化。

4. 专门借款的借款费用资本化金额,应当根据在资本化期间内专门借款当期实际发生的利息费用,减去将尚未动用的借款资金存入银行取得的利息收入或进行暂时性投资取得的投资收益后的金额确定;一般借款的借款费用资本化金额,应当根据在资本化期间内累计资产支出超过专门借款部分的资产支出加权平均数乘以所占用一般借款的资本化率确定。

5. 企业发行债券可以按面值,也可以按溢价或者折价发行。溢价或者折价以及相关的发行费用,本质上是对利息费用的调整,应在计算每期应付利息时,按照实际利率和应付债券的摊余成本对债券的溢价或者折价和相关的发行费用进行摊销,确定每期的实际利息费用。

主 要 术 语

非流动负债	借款费用
债券溢价	债券折价
辅助费用	汇兑差额
资本化期间	暂停资本化
专门借款	一般借款
资本化金额	费用化金额
资产支出加权平均数	资本化率
应付债券	长期借款
长期应付款	未确认融资费用

复习思考题

1. 什么是非流动负债? 非流动负债包括哪些内容?
2. 借款费用由哪些内容组成?
3. 什么是符合资本化条件的资产? 它包括哪些内容?
4. 借款费用资本化的借款范围包括哪些?
5. 什么是借款费用资本化期间?

6. 借款费用开始资本化应符合哪些条件？

7. 如何确定借款费用停止资本化的时点？

8. 什么情况下借款费用应暂停资本化？

9. 专门借款费用资本化金额如何确定？

10. 如何计算资产支出加权平均数？

11. 一般借款费用资本化金额如何确定？

12. 公司债券有哪几种发行价格？为什么？

13. 应付债券发行时、资产负债表日计息时以及到期还本付息时如何处理？

14. 资产负债表日对长期借款的利息费用如何处理？

15. 长期应付款包括哪些内容？如何处理？

业 务 题

【业务题一】

（一）**目的**　练习长期借款和借款费用的核算。

（二）**资料**　某企业为建造一栋办公楼于 2×18 年 1 月 1 日向银行取得专门借款 3 000 万元，期限为 3 年，年利率为 6%，每年 1 月 1 日支付利息。办公楼建造采用出包方式，于 2×18 年 4 月 1 日开工建造。2×18 年 4 月 1 日，支付第一笔工程款，金额为 2 000 万元。以后支付的工程款如下：5 月 1 日，支付 1 000 万元；7 月 1 日，支付 600 万元。专门借款中尚未动用的价款存入银行，每月存款利率为 0.3%。

另外，该公司于 2×18 年 7 月 1 日取得一项一般借款，金额为 2 000 万元，期限为 2 年，年利率为 8%，每年 1 月 1 日支付利息。假定该办公楼建造过程中发生的超过专门借款的工程支出全部占用该一般借款。

由于合同纠纷，工程于 2×18 年 8 月 1 日开始停建，于 2×18 年 12 月 1 日解决纠纷，办公楼重新开始建造并于 2×19 年 12 月 31 日达到预定可使用状态。

（三）**要求**

1. 根据上述资料计算 2×18 年利息资本化的金额，并编制相应的会计分录。

2. 根据上述资料计算 2×19 年利息资本化的金额，并编制相应的会计分录。

【业务题二】

（一）**目的**　练习借款费用的核算。

（二）**资料**　某企业采用出包方式于 2×19 年 7 月 1 日开始建造一栋厂房，每月 1 日支付进度款，2×19 年下半年支付的进度款如下：7 月 1 日为 400 万元；8 月 1 日为 300 万元；9 月 1 日为 900 万元；10 月 1 日为 600 万元；11 月 1 日为 300 万元；12 月 1 日为 300 万元。企业为厂房于 2×19 年 1 月 1 日向银行取得专门借款 1 000 万元，期限为 3 年，年利率为 7.2%，每年 1 月 1 日付息。资本化期间尚未动用的专门借款存入银行的利息收入为 2 万元。另外，企业于 2×19 年 3 月 1 日和 4 月 1 日向银行取得两项一般借款，金额分别为 800 万元和 1 200 万元，期限分别为 3 年和 2 年,年利率分别为 8％和 6％,假定该厂房建造过程中超过专门借款的支出全部占用上述一般借款。该企业按季计算利息资本化金额。

(三) 要求

1. 根据上述资料,计算 2×19 年第三季度利息资本化的金额并编制相应的会计分录。

2. 根据上述资料,计算 2×19 年第四季度利息资本化的金额并编制相应的会计分录。

【业务题三】

(一) 目的　练习应付债券的核算。

(二) 资料　某企业于 2×15 年 1 月 1 日发行公司债券,所筹资金用于生产经营,总面值为 800 000 元,期限为 5 年,利率为 5％,每年 1 月 5 日支付上年度利息。发行时,按面值的 1％支付给债券发行代理商佣金和手续费,佣金和手续费直接从发行收入中扣除。假定债券的发行价格分别为 808 000 元、774 336 元和 843 592 元。三种发行价格下,该债券实际利率分别为 5％、6％和 4％。债券到期归还本金及最后 1 年利息。

(三) 要求　根据上述资料,分别按三种不同的发行价格作账务处理:

1. 编制发行债券收到价款的会计分录。

2. 采用实际利率法编制应付债券利息费用计算表。

3. 编制每年年末计提利息以及摊销利息调整的会计分录。

4. 编制每年 1 月 5 日支付利息的会计分录。

5. 编制到期归还本金及利息的会计分录。

【业务题四】

(一) 目的　练习应付债券的核算。

(二) 资料　某企业于 2×16 年 12 月 16 日按客户订单,开始制造一批商品,估计工期为 2 年。由于生产资金不足,企业决定发行债券筹措专门资金并于 2×17 年 1 月 1 日以 2 010 万元价格发行面值为 2 000 万元的公司债券,年利率为 4％,期限为 3 年,按年支付利息,每年 1 月 1 日支付上年度利息。该批商品于 2×17 年 1 月 1 日开始生产并于 2×18 年 12 月 31 日生产完工,交付客户。假定企业按面值的 1.5％支付发行中介机构手续费。经计算,该债券的实际利率为 4.37％。资本化期间尚未动用的专门借款存入银行的利息收入 2×17 年和 2×18 年分别为 3 万元和 1 万元。

(三) 要求

1. 根据上述资料,编制发行债券收到价款的会计分录。

2. 根据上述资料,编制应付债券利息费用计算表。

3. 根据上述资料,编制每年年末计提利息以及摊销利息调整的会计分录。

4. 根据上述资料,编制每年 1 月 1 日支付利息的会计分录。

5. 根据上述资料,编制到期归还本金及利息的会计分录。

第十二章 所有者权益

 学习目的与要求

通过本章学习,你应当:

1. 了解所有者权益的概念、构成及其作用。
2. 了解所有者权益与负债的联系与区别。
3. 掌握投资者投入资本及其变动的账务处理。
4. 掌握资本公积和其他综合收益的账务处理。
5. 掌握盈余公积提取和使用的账务处理。
6. 掌握利润弥补亏损的核算特点。

课前预习题

1. 星光公司是一家上市公司,为了一项新的投资项目,2×19年经批准后向社会公开增发新股500万股,每股面值为1元,发行价为12元。

请问:记入星光公司资本金(股本)账户的金额应该是多少?发行价格与面值之间的差额又该如何处理?

2. 永安公司是一家有限责任公司,原有注册资本400万元,是由A、B、C、D4位投资者各出资100万元设立的。2×19年,有一位新投资人E愿意出资150万元获得永安公司新注册资本500万元的20%份额。

请问:新投资人E的出资应如何处理?新投资人E是不是很吃亏?

3. 星光公司投资于锦华公司,拥有其40%的股权,采用权益法核算。2×19年,锦华公司因非盈利因素增加所有者权益100万元。

请问:星光公司应该如何处理?

4. 为扩大资本规模,锦华公司2×19年经批准将资本公积和盈余公积各

100 万元转增资本,并用公司未分配利润分配股票股利。

　　请问：该事项会不会引起锦华公司所有者权益的减少？锦华公司应该如何进行账务处理？

　　5. 星光公司董事会在讨论 2×19 年度对股东回报时出现了两种备选方案可供选择：方案一,向全体股东以每股 0.2 元派发现金股利；方案二,以企业"资本公积——股本溢价"方式向全体股东每 10 股转增 2 股。

　　请问：两种方案对星光公司有何不同影响？

第一节　所有者权益概述

所有者权益是指企业资产扣除负债后由所有者享有的剩余权益。在股份制企业里,所有者权益又称为股东权益。

所有者权益是企业取得生产经营所需资产的主要来源之一。它是由投资人对企业投入资本以及企业非日常活动所形成的利得或损失和企业生产经营过程中形成的留存收益构成的。就其金额来说,取决于企业资产和负债的计量。

一、所有者权益的特征

这里所说的"权益"指的是对企业资产的一种要求权。在企业的资产负债表上表现为与资产相对应的那一部分价值,表现为企业资产的来源。

任何一个企业,其资产来源无非两个渠道:一是由投资者投入的资本及其增值,这就是通常所说的所有者权益;二是由企业借入的资金,这就是负债,而负债也就是债权人权益。

所有者权益与负债相比较,主要有以下特点。

（一）性质不同

所有者权益是一种剩余权,是投资者对企业净资产的要求权,包括对企业投入资本及其所产生的盈余(或亏损)的要求权。而负债则是企业对债权人所承担的偿还责任,是债权人要求企业清偿的权利。

（二）法律地位不同

所有者凭借着对企业净资产的所有权,决定了其具有对企业净资产的占有权、处置权和收益分配权,享有对企业的最高经营管理权。所有者可以通过股东大会或董事会,对企业的生产经营活动和盈利分配政策施加影响。而负债中的债权人通常只享有按约定的期限收回债务本金和利息的权利,一般无权参与企业的经营管理。但是根据法律规定,债权人享有对企业资产的优先求偿权。

（三）偿还期限不同

所有者权益是企业所有者对企业的投资,是企业存续的基础,一般无须偿还。所有者权益只有当企业解散清算、破产清算或按法律程序减资时,才会发生偿还问题。而企业的负债则必须按规定的期限和确定的金额进行偿还。

（四）计量特性不同

所有者权益除了投资者投资时,一般不进行直接计量,其金额的确认有赖于资产和负债的计量,即由企业的总资产减总负债来确定所有者权益的金额。而负债往往是可以单独直接计量的。

（五）风险和收益的大小不同

所有者权益一方面享有经营的盈利和资产的增值,另一方面也要承担企业经营亏损和资产减值的风险。无论何种企业组织形式,企业发生亏损最终总是减少所有者权益。而负债尽管不能享受企业利润的分配,但是总是能够按约定收回本金和利息。即使在企业破产清算时,也享有优先求偿权。

二、所有者权益的构成

所有者权益从其形成来源的角度分析,通常由投资者投入的资本、企业非日常活动所形成的利得(或损失)和企业生产经营过程中形成的留存收益三大部分构成的。

投资者投入的资本是指企业所有者初始和日后追加投入企业的资本部分,这既包括构成企业注册资本或者股本部分的金额,也包括投入资本超过注册资本或者股本部分的金额。

企业非日常活动所形成的利得(和损失)是指企业不应计入当期损益,但是却会导致所有者权益发生增减变化的、与所有者投入资本或向所有者分配利润无关的经济利益的流入(或流出)。例如,以公允价值计量且其变动计入其他综合收益的金融资产公允价值变动形成的利得;自用房地产或存货转换为采用公允价值模式计量的投资性房地产时,在转换当日的公允价值大于原账面价值的差额。

企业生产经营过程中形成的留存收益是指企业生产经营活动所产生的利润在交纳所得税后的留置部分,包括盈余公积和未分配利润。

在会计实务中,通常又将其分为实收资本(股本)、资本公积、其他综合收益、盈余公积和未分配利润五个方面。这种分类有助于人们将投资者投入资本和累积盈利加以区分,并进行比较,从而判断企业的盈利能力和经营者的经营效益。

第二节 实 收 资 本

实收资本是指投资者(或股东)作为资本投入企业形成法定资本的价值。投资者向企业投入的资本,在一般情况下,是无须偿还的,可供企业长期使用。实收资本即企业的资本金,是企业经营的"本钱",也是企业存在的基础。我国有关法律规定,企业设立必须有法定的注册资本,即企业设立时填报并经工商行政管理机关核定的资本总额。在我国实行的注册资本制度下,除国家另有规定之外,企业的实收资本就等于注册资本。

投资者(或股东)在企业的出资比例(或股份比例)通常是反映所有者在企业所有者权益中所占有的份额,也是参与企业决策的基础和利润分配的依据。

一、实收资本核算的基本要求

由于企业的组织形式不同,所有者投入资本的核算方法也有所不同。股份有限公司对投资者(股东)投入的资金应设置"股本"账户核算;其他企业对投资者投入资本应设置"实收资本"账户核算。同时,可按投资者不同进行明细核算。

企业的投资者可以根据投资合同或协议规定用现金投资,也可以用其他有形资产和无形资产投资。当企业收到初始投资时,一般作以下会计处理:收到货币资金投资,应在实际收到并存入企业开户银行时,按收到的金额在注册资本(或股本)中所占份额,借记"银行存款"账户,贷记"实收资本"(或"股本")账户;收到其他实物资产投资,在办理实物产权移交手续后,按投资各方确认的价值在注册资本(或股本)中所占份额,借记有关资产账户,贷记"实收资本"(或"股本")账户;收到无形资产投资的,应按照合同、协议或公司章程规定,在移交有关凭证时,按其在注册资本(或股本)中所占份额,借记"无形资产"账户,贷记"实收资本"(或"股本")

账户。如果投资者出资额大于其在企业注册资本(股本)中所占份额的,按其差额,贷记"资本公积——资本(股本)溢价"。

二、不同组织形式的企业实收资本的核算

会计实务中,由于企业的组织形式不尽相同,从而反映在实收资本的核算和处理上也有所区别。

(一)国有独资企业实收资本的核算

国有独资企业是由国家授权投资的机构或国家授权的部门单独投资设立的,虽然投资主体单一,但根据我国《公司法》规定,其同样归属于有限责任公司。但是其与一般的有限责任公司不同,因为投资主体单一,所以投资者投入的资本全部作为"实收资本"入账。当国家授权投资的机构或部门出资成立公司时,应借记"银行存款"等账户,贷记"实收资本"账户。

国有独资企业不发行股票,无论是在初始投资还是在追加投资时,都不会产生资本溢价。

西方国家的独资企业一般是由个人投资,往往表现为规模小、资金少、企业的财产与个人财产不容易分清的特点,因此被排除在有限责任公司之外,要求企业的投资者对债权人承担无限责任,目的是有效地保护债权人的权益。

(二)有限责任公司实收资本的核算

一般的有限责任公司是指由 50 个以下股东出资设立,每个股东以其所认交的出资额对公司承担有限责任,公司以其全部资产对债务承担责任的企业法人。与国有独资企业不同,一般的有限责任公司所有者投入资本应当区别不同的情况进行处理。

公司初建时,各投资者按照合同、协议或公司章程规定投入企业的资本,应全部记入"实收资本"账户。此时,企业的实收资本就等于企业的注册资本。

【例 12 - 1】 2×19 年 3 月,B 有限责任公司成立,其注册资本为 900 万元,分别由甲、乙、丙三位投资者各出资 400 万元、300 万元、200 万元。2×19 年 3 月 10 日,该公司收到三位投资者全额出资时,应作账务处理如下:

借:银行存款   9 000 000
　　贷:实收资本——甲   4 000 000
　　　　实收资本——乙   3 000 000
　　　　实收资本——丙   2 000 000

但是,当有限责任公司成立之后增资扩股时,如有新投资者加入,其交纳的出资额大于其按约定比例计算的在公司注册资本中所占的份额,大于部分就作为资本溢价,记入"资本公积"账户核算。

有限责任公司的投资者转让出资时,应当事先征得企业其他超过半数投资者的同意。如其他投资者不同意,那么,其他投资者应当购买该项转让的出资;如果不购买,就视同同意转让出资。如果其他投资者同意转让,在同等条件下,原投资者具有优先购买权。

(三)股份有限公司股本的核算

1. 股份有限公司的概述

股份有限公司是指企业全部资本由等额股份构成,并通过发行股票筹集资本,股东以其所持股份对公司承担有限责任,公司以其全部资产对公司债务承担责任的企业法人。

股份有限公司的实收资本又称为股本。企业的股本总额应根据股票面值与股份总数的乘积计算求出并通过设置"股本"账户进行核算。

股份有限公司的设立主要有两种方式：一种是发起式，其特点是公司的股份全部由发起人认购，不向发起人以外的任何人募集资本；另一种是募集式，其特点是除发起人认购股份之外，还采用向社会公开发行股票的方式募集资本。

股份有限公司的股份根据在公司中享有的权利不同，分为普通股和优先股两类。普通股是股份公司资本构成中最普遍、最基本、不享有特别权利的股份；而优先股是指优先于普通股分配公司收益和剩余资产的股份。

2. 股份有限公司发行股票的核算

股票是指股份有限公司发行的、证明股东按其股份享有权利和承担义务的凭证。目前，我国通过公开募集方式设立的股份公司发行的股票都采用登记在册的无纸化股票。

发行股票也就是股份有限公司筹集实收资本，即股本。根据规定，股份有限公司应在核定的股本总额和核定的股份总额范围内发行股票。由于投资者对公司未来盈利能力的估计和股票发行时的资本市场情况等原因，公司发行的股票面值与发行价格往往不一致。以面值作为发行价的称作面值发行；以高于面值价格发行的称作溢价发行；以低于面值价格发行的称作折价发行。我国《公司法》规定，股票发行价格不得低于面值。

股份有限公司发行股票时，应按实际收到的发行款项，借记"银行存款"账户，无论是按面值发行还是按溢价发行都应按面值和发行股份总数的乘积，贷记"股本"账户，溢价发行时超出"股本"的金额，贷记"资本公积——股本溢价"账户。

【例 12-2】 C 股份有限公司经批准，委托某证券公司代理发行普通股股票 5 000 万股，每股面值 1 元，发行价格 10 元，发行过程中共发生有关的发行费用 1 500 万元，C 股份有限公司实际得款 48 500 万元已全部收到并存入银行。C 股份有限公司应作账务处理如下：

借：银行存款 485 000 000

　贷：股本 50 000 000

　　资本公积——股本溢价 435 000 000

在股票发行过程中，证券公司的发行承销费用往往在向股份公司转付股票发行收入时直接扣除。

3. 股份有限公司经营期间股本变动的核算

1) 公司股本增加的核算

股份有限公司在经营期间为了进一步筹集资金，可以经董事会提议和股东大会审议同意并经有关方面批准后增发新股。如果发行新股的对象仅仅是股份公司原有股东，通常叫做配股。发行新股时，会使公司资产和所有者（股东）权益同时增加。会计核算方法上交所述发行股票基本相同。

股份有限公司还可以通过发放股票股利或以资本公积、盈余公积转增资本的方式增加股本。发放股票股利也就是用企业实现的利润转增股本，通常叫做"送红股"。与发行新股相比，它既不会增加公司的资产，也不会增加公司所有者权益总额；与发放现金股利相比，它既不会减少公司的资产，也不会减少公司的所有者权益总额。

当股份有限公司经股东大会批准实施的利润分配方案中有股票股利的分配内容时,应在办理完增资手续后,借记"利润分配"账户,贷记"股本"账户。如果经股东大会决议,用公司的资本公积或盈余公积转增资本时,应借记"资本公积"或"盈余公积"账户,贷记"股本"账户。

【例 12-3】 D 股份有限公司 2×19 年度股东大会决议,用当年实现的净利润向全体普通股股东分配股票股利,每 10 股分配 6 股;同时,用公司的资本公积向全体普通股股东转增股票,每 10 股转增 4 股。D 公司现有普通股股份 1 000 万股。当该公司办理好增资手续后,应作账务处理如下:

借:利润分配——转作股本的股利 6 000 000
　　资本公积——股本溢价 4 000 000
　　贷:股本 10 000 000

2)公司股本减少的核算

股份有限公司有时为了提高本公司股票的每股收益或支持本公司股票的市场价格,可以通过收购本公司股票并加以注销的方式来减少注册资本(股本)。

当公司在公开市场上收购本公司股票时,应按实际支付的金额,借记"库存股"账户,贷记"银行存款"账户。当公司根据法定程序报经批准注销股本时,应按股票面值和注销股数计算的金额,借记"股本"账户,按所注销库存股的账面余额,贷记"库存股"账户,同时,按两者差额,借记或者贷记"资本公积——股本溢价"账户。如果属于借方差额而"资本公积——股本溢价"账户不足冲减的,可以依次冲减(借记)"盈余公积""利润分配——未分配利润"账户。

【例 12-4】 D 股份有限公司为了稳定本公司股票的市场价格,经董事会决议并经股东大会批准,从市场上回购本公司股票 100 万股,并加以注销。购买股票共支付资金 250 万元,该股票面值为 1 元。该公司现有资本公积(股本溢价)300 万元。该公司应作账务处理如下:

(1)回购股票时:

借:库存股 2 500 000
　　贷:银行存款 2 500 000

(2)注销股票时:

借:股本 1 000 000
　　资本公积——股本溢价 1 500 000
　　贷:库存股 2 500 000

根据我国《公司法》规定,股份有限公司注册资本的最低限额为人民币 500 万元。因此,公司减少股本后,股本(注册资本)不得低于法定的最低限额。企业减少股本时,应依法办理有关登记手续。

第三节 资本公积和其他综合收益

资本公积是指企业收到的投资者出资金额超出其在注册资本或股本中所占份额的投资以及直接计入所有者权益的利得和损失等。资本公积是所有者权益的组成部分。它虽然不构成实收资本(股本),但就其实质来看,可以视为一种准资本,是资本的一种储备形式。其主要用途就是根据企业经营、发展的需要,通过履行一定的法定程序后转增资本。资本公积由全体投资者共同享有,在转增资本时,按投资者在公司实收资本(股本)中所占比例,分别转入各投资者名下。

其他综合收益是指企业根据企业会计准则规定未在损益中确认的各项利得和损失扣除所得税影响后的净额。

一、资本公积的构成

资本公积与实收资本不同,两者可能都是投资者投入的(资本公积中的资本溢价),但是企业向投资者分配利润时,应按投资者在实收资本中所占有的份额分配,而无须对资本公积分配利润。另外,资本公积中还有一部分是来自"直接计入所有者权益的利得和损失"。

资本公积和盈余公积不同,两者虽然同属于所有者权益,但是,盈余公积是从净利润中提取的,而资本公积具有特定的来源,与企业的经营活动往往没有直接的因果关系,与企业的净利润也无关。

资本公积根据其形成的来源不同,可以分为两类:一是企业投资者出资时,投入资产的金额超出其在企业注册资本(股本)中所占份额部分,即"资本(股本)溢价";二是企业非日常经营活动所形成的直接计入所有者权益的"利得和损失"。因此,企业在"资本公积"账户下,应设置"资本(股本)溢价"和"其他资本公积"两个明细账户进行核算。

二、资本(股本)溢价的核算

(一) 有限责任公司资本溢价的核算

如前所述,有限责任公司在公司初创时,投资者认交的出资额,应全部记入"实收资本"账户。但是,在公司重组、扩大规模并有新的投资者加入时,为了维护原有投资者的合法权益,新加入的投资者的出资额往往可能大于其在注册资本中所占有的份额。这是因为,企业初创阶段,投资者的资本风险较大,利润率也较低;而当企业步入正常经营的成长、成熟阶段时,其资本利润率往往高于企业初创期;同时,公司经过一段时间的经营之后,也会形成一定的留存收益,公司的净资产往往大于注册资本。我国《公司法》规定,有限责任公司的股东按其所占公司注册资本的份额享有公司的收益权和经营决策的表决权。因此,新加入的投资者的出资额,理应大于其在注册资本中所占份额。

投资者投入的资金超出其在注册资本中所占份额的部分就是资本溢价,应记入"资本公积——资本溢价"账户;出资额与所占公司注册资本比例相等部分,记入"实收资本"账户。

【例 12-5】 A 有限责任公司由甲、乙、丙三位投资者于 2×19 年 1 月各出资 200 万元创立,注册资本为 600 万元。至 2×20 年 1 月,A 有限责任公司净资产为 900 万元,其中,实收资本 600 万元,盈余公积 120 万元,未分配利润 180 万元。此时,投资者丁愿意加入该公司。经各方协商,丁出资 350 万元获得该公司变更后注册资本 800 万元的 25%份额。当 A 有限责任公司收到出资金额并办理增资手续后,应作账务处理如下:

借:银行存款 3 500 000
　　贷:实收资本——丁 2 000 000
　　　　资本公积——资本溢价 1 500 000

（二）股份有限公司股本溢价的核算

股份有限公司由于对公司未来盈利能力的估计和对股票发行时的资本市场情况的判断等原因,往往会以高于股票面值的价格发行公司的股票;而公司股本总额是按照股票面值与股份总额的乘积来计算的;因此,投资者以高于股票面值支付的股票价款就会形成股份有限公司的股本溢价。

股份有限公司发行股票时,应按股票面值和发行股份总数的乘积,贷记"股本"账户,溢价发行时,超出"股本"的金额即公司的"资本公积",应贷记"资本公积——股本溢价"账户(例题参见[例 12-2])。

（三）企业合并时资本（或股本）溢价的核算

企业在同一控制下的合并过程中也会形成"资本公积——资本（或股本）溢价"。我国企业会计准则规定,在同一控制下的企业合并,应采用权益结合法,即在合并日合并方按照取得被合并企业所有者权益账面价值的份额作为初始投资成本入账,借记"长期股权投资"账户,按支付的合并对价的账面价值,贷记有关资产账户或借记负债账户,如有贷方差额,则贷记"资本公积——资本（或股本）溢价"账户。

【例 12-6】 D 股份有限公司和 E 公司同为 M 集团公司的控股公司。D 公司董事会决议出资 200 万元现金购入 E 公司 51%股权。E 公司所有者权益账面价值合计为 400 万元,并已宣告发放现金股利 10 万元。合并日,D 股份有限公司应作账务处理如下:

借:长期股权投资——E 公司　　　　　　　　　　　　　　　　　　　2 040 000
　　应收股利　　　　　　　　　　　　　　　　　　　　　　　　　　　　51 000
　　贷:银行存款　　　　　　　　　　　　　　　　　　　　　　　　　2 000 000
　　　　资本公积——股本溢价　　　　　　　　　　　　　　　　　　　　91 000

如果合并时发生借方差额,则应借记"资本公积——股本溢价"账户,"资本公积"账户不足冲减的,依次冲减"盈余公积""利润分配——未分配利润"账户。

三、其他资本公积的核算

其他资本公积是指企业资本（或股本）溢价之外所形成的资本公积。

（一）股份支付所形成的所有者权益变动

企业根据以权益结算的股份支付授予职工或其他方的权益工具,应按确定的金额借记"管理费用"等账户,同时贷记"资本公积——其他资本公积"账户。行权日,按实际行权的权益工具数量计算确定的金额,将其从"资本公积——其他资本公积"账户转入"股本""资本公积——股本溢价"等账户。

（二）采用权益法核算的长期股权投资

长期股权投资采用权益法核算的,被投资单位除净损益、其他综合收益和利润分配以外的所有者权益的其他变动,企业按持股比例计算应享有的份额,借记或贷记"长期股权投资——其他权益变动"账户,贷记或借记"资本公积——其他资本公积"账户。如日后处置采用权益法核算的长期股权投资时,应同时结转原记入"资本公积——其他资本公积"账户的相关金额。

四、其他综合收益的核算

其他综合收益是指企业根据企业会计准则规定未在损益中确认的各项利得和损失扣除所得税影响后的净额。这些利得或损失,是不计入当期损益,但又会导致所有者权益发生增减变动的,与所有者投入资本或向所有者分配利润无关的经济利益的流入和流出。其他综合收益包括以后会计期间在满足规定条件时将重分类进损益的其他综合收益和以后期间不能重分类进损益的其他综合收益两类。

(一)以后会计期间满足规定条件时将重分类进损益的其他综合收益项目

以后会计期间满足规定条件时将重分类进损益的其他综合收益的项目主要如下:

1. 长期股权投资形成的其他综合收益

采用权益法核算的长期股权投资,被投资单位其他综合收益变动时,会引起投资企业经济利益的流入或是流出。此时,投资企业应按其在被投资单位的持股比例计算出应享有的份额,借记或贷记"长期股权投资——其他综合收益"账户,贷记或借记"其他综合收益"账户。如日后处置采用权益法核算的长期股权投资时,应同时结转该股权投资持有期间原记入"其他综合收益"账户中除不能结转损益外的相关金额。

【例12－7】 C股份有限公司持有N公司30%的股份,采用权益法进行长期股权投资核算。2×19年,由于N公司持有以公允价值计量且其变动计入其他综合收益的债权投资公允价值的变动,N公司的其他综合收益增加了100万元。2×20年,C股份有限公司将持有的N公司股份全部出售,收到价款5 000万元。当时,该股权投资账面价值合计4 800万元,其中,投资成本3 500万元,损益调整1 270万元,其他综合收益30万元。根据以上资料,C股份有限公司应作账务处理如下:

(1) 2×19年,确认其他综合收益时:

$$确认的其他综合收益金额＝1\,000\,000×30\%＝300\,000(元)$$

借:长期股权投资——其他综合收益	300 000
贷:其他综合收益	300 000

(2) 2×20年,出售N公司股权时:

借:银行存款	50 000 000
贷:长期股权投资——投资成本	35 000 000
长期股权投资——损益调整	12 700 000
长期股权投资——其他综合收益	300 000
投资收益	2 000 000

同时:

借:其他综合收益	300 000
贷:投资收益	300 000

2. 投资性房地产采用公允价值计量模式形成的其他综合收益

根据企业会计准则的规定,企业对房地产计量,无论是自用的、作为存货的房地产,还是投资性房地产,其初始入账金额都应按成本计量。但是,当企业根据经营活动的需要将自用的房地产或作为存货的房地产转换为投资性房地产时,如采用公允价值模式计量,就可能形成其他综合收益。

企业将自用的房地产转换为投资性房地产时,如采用公允价值计量模式,应按该资产在转换日的公允价值,借记"投资性房地产——成本"账户,按已计提的累计折旧等,借记"累计折旧"等账户,按其账面余额,贷记"固定资产"等账户,按其转换日公允价值大于账面价值的差额,贷记"其他综合收益"账户。已计提减值准备的,还应同时结转减值准备。

【例 12 - 8】 C 公司有一栋办公大楼,账面价值 300 万元,已提折旧 80 万元。现决定用于出租。C 公司对投资性房地资产采用公允价值计量模式。转换日,该房产公允价值为 320 万元。在该项资产的转换日,C 公司应作账务处理如下:

借: 投资性房地产——成本	3 200 000
累计折旧	800 000
贷: 固定资产	3 000 000
其他综合收益	1 000 000

需要说明的是,如果转换时发生的是借方差额,则应借记"公允价值变动损益"账户,不记入"其他综合收益"账户。

如果企业将作为存货的房地产转换为投资性房地产的,应按其在转换日的公允价值,借记"投资性房地产——成本"账户,按其账面余额,贷记"开发产品"等账户,按其差额,贷记"其他综合收益"账户或借记"公允价值变动损益"账户。

3. 以公允价值计量且其变动计入其他综合收益的债务工具投资产生的其他综合收益

企业持有的以公允价值计量且其变动计入其他综合收益的债权投资,应当以公允价值进行后续计量。持有期间,由于以公允价值计量且其变动计入其他综合收益的金融资产公允价值变动形成的利得或损失,除减值损失和外币货币性债权投资等金融资产形成的汇兑损益外,应当直接计入其他综合收益。

资产负债表日,企业应将以公允价值计量且其变动计入其他综合收益的债权投资的公允价值与其账面余额进行比较,如该债权投资的公允价值高于其账面余额的差额,借记"其他债权投资——公允价值变动"账户,贷记"其他综合收益——其他债权投资公允价值变动"账户;如公允价值低于其账面余额的差额,则作相反的账务处理。

需要说明的是,以公允价值计量且其变动计入其他综合收益的债权投资,持有期间形成的其他综合收益,在该金融资产终止确认或重分类时转出,计入终止确认当期的损益。

4. 以摊余成本计量的金融资产重分类为以公允价值计量且其变动计入其他综合收益的金融资产

企业将一项以摊余成本计量的金融资产重分类为以公允价值计量且其变动计入其他综合收益的金融资产时,应当按照该金融资产在重分类日的公允价值进行计量,该金融资产的原账面价值与其公允价值之间的差额计入其他综合收益。

重分类日,按该金融资产的公允价值,借记"其他债权投资"账户,按该金融资产的账面余额,贷记"债权投资——成本、利息调整、应计利息"账户,按其差额,贷记或借记"其他综合收益——其他债权投资公允价值变动"账户。

（二）以后会计期间不能重分类进损益的其他综合收益项目

以后会计期间不能重分类损益的其他综合收益的项目主要如下：

（1）重新计量设定受益计划净负债或净资产导致的变动。

（2）按照权益法核算因被投资单位重新计量设定受益计划净负债或净资产变动导致的权益变动，投资企业按持股比例计算确认的该部分其他综合收益项目。

（3）以公允价值计量且其变动计入其他综合收益的非交易性权益工具投资公允价值变动及外汇利得和损失。

以公允价值计量且其变动计入其他综合收益的非交易性权益工具投资应当以公允价值进行后续计量。持有期间，由于该非交易性权益工具投资公允价值变动形成的利得或损失，除获得的现金股利（明确代表投资成本部分收回的股利除外）计入当期损益外，应当直接计入所有者权益。

资产负债表日，企业应将以公允价值计量且其变动计入其他综合收益的非交易性权益工具投资的公允价值与其账面余额进行比较，如该非交易性权益工具投资的公允价值高于其账面余额的差额，借记"其他权益工具投资——公允价值变动"账户，贷记"其他综合收益——其他权益工具投资公允价值变动"账户；如该非交易性权益工具投资的公允价值低于其账面余额的差额，则作相反的账务处理。

需要说明的是，以公允价值计量且其变动计入其他综合收益的非交易性权益工具投资，持有期间形成的其他综合收益，在该非交易性权益工具投资终止确认时转出，计入留存收益。

第四节　留　存　收　益

留存收益是指企业由历年实现的净利润中提取或形成的留存于企业的内部积累。它是企业在生产经营活动中实现的、尚未分配给投资者的那部分净利润。

一、留存收益的意义及其构成

将利润留存于企业的目的主要有以下几点：一是满足企业维持经营活动或扩大再生产的需要，保持或提高企业的盈利能力；二是保证企业有足够的资金弥补以后年度可能出现的经营亏损；三是可以使企业有足够的资金偿还债务，更好地保护债权人的权益。因此，留存收益中有一部分属于法定留存。

留存收益与实收资本和资本公积的根本区别在于，实收资本和资本公积来源于投资者投入或企业非日常经营活动所形成的利得和损失，而留存收益来源于企业的资本增值，是企业生产经营的结果。

留存收益由盈余公积和未分配利润两部分构成。

二、盈余公积的核算

（一）盈余公积的概述

盈余公积是企业根据规定从净利润中提取的积累资金，包括法定盈余公积和任意盈余公积两部分。盈余公积的主要用途就是用于弥补亏损或转增资本(或股本)。

法定盈余公积是指企业按照我国《公司法》的规定从净利润中提取的盈余公积,计提比例为企业当年实现的净利润的 10%。如果企业以前年度的亏损尚未弥补,当年的净利润应先用于弥补亏损,然后再提取法定盈余公积。当企业计提的法定盈余公积累计额已达到企业注册资本的 50% 以上时,可以不再计提。

任意盈余公积主要是公司制企业根据股东大会或类似机构的决议从净利润中提取的盈余公积。任意盈余公积的计提比例由企业自行决定。其用途和法定盈余公积相同。企业在用盈余公积弥补亏损或转增资本(或股本)时,一般先使用任意盈余公积,在任意盈余公积不足时再使用法定盈余公积。

当企业经股东大会或类似机构决议,用法定盈余公积转增资本时,转增后留存的法定盈余公积不得少于注册资本的 25%。

(二)盈余公积的具体核算

企业在进行盈余公积核算时,应设置"盈余公积"账户,并在"盈余公积"总账账户下,分别设置"法定盈余公积"和"任意盈余公积"明细账户进行明细核算。

企业按规定提取盈余公积时,应借记"利润分配——提取法定盈余公积(或提取任意盈余公积)"账户,贷记"盈余公积——法定盈余公积(或任意盈余公积)"账户。

【例 12-9】 X 企业当年实现净利润 310 万元,上年尚有 10 万元亏损未能弥补。期末,该企业按规定计提法定盈余公积 10%。同时,经股东大会批准,提取 5% 的任意盈余公积。计提时,该企业应作账务处理如下:

应予以提取盈余公积的净利润=310(万元)

借:利润分配——提取法定盈余公积	310 000	
利润分配——提取任意盈余公积	155 000	
贷:盈余公积——法定盈余公积		310 000
盈余公积——任意盈余公积		155 000

当企业经股东大会或类似机构决议,用以前年度提取的盈余公积弥补亏损时,应借记"盈余公积"账户,贷记"利润分配——盈余公积补亏"账户。

【例 12-10】 Y 企业经股东大会决议,用以前年度提取的盈余公积弥补当期亏损 20 万元。当时,企业盈余公积账面余额分别是法定盈余公积 30 万元,任意盈余公积 15 万元。该企业用盈余公积弥补亏损时,应作账务处理如下:

借:盈余公积——法定盈余公积	50 000	
盈余公积——任意盈余公积	150 000	
贷:利润分配——盈余公积补亏		200 000

当企业经股东大会或类似机构决议,用盈余公积转增资本时,应借记"盈余公积"账户,贷记"实收资本"账户。股份有限公司经股东大会决议,用盈余公积派送新股时,应按派送新股计算的金额,借记"盈余公积"账户,按股票面值和派送新股总数计算的股票面值总额,贷记"股本"账户。

【例 12-11】 D 股份有限公司经股东大会决议,用以前年度提取的盈余公积派送新股。每 10 股普通股派送 3 股。公司原有普通股 1 000 万股,股票面值 1 元。当时,该公司盈余公积

账面余额分别是法定盈余公积 300 万元,任意盈余公积 200 万元。该公司办理了转股手续后,应作账务处理如下:

　　借:盈余公积——法定盈余公积 1 000 000
　　　　盈余公积——任意盈余公积 2 000 000
　　　　贷:股本 3 000 000

三、未分配利润的核算

（一）未分配利润概述

未分配利润是指企业实现的净利润经过弥补亏损、提取盈余公积和向投资者分配利润后留存在企业的,当年以及历年结存的利润,是企业所有者权益的组成部分。就数量上来说,未分配利润是指期初未分配利润加上本期实现的净利润减去提取的盈余公积和分配出的利润之后的余额。

企业实现的净利润有时不能或不准备全部分配完毕,其原因有的是为了平衡各个会计年度的投资回报水平,以丰补歉,留有余地;有的是为了增强企业经营后劲,满足扩大生产对资金的需要。因此,未分配利润主要有两层含义:一是留待以后年度分配的利润;二是尚未指定特定用途的利润。

未分配利润相对于所有者权益其他部分来说,企业在使用上具有较大的自主权,受国家法律、法规的限制较少。

（二）未分配利润形成的核算

企业为了核算历年累积的未分配利润,应在"利润分配"总账账户下设置"未分配利润"明细账户进行核算。每年年度终了,企业应将本年度实现的净利润,自"本年利润"账户转入"利润分配——未分配利润"账户,借记"本年利润"账户,贷记"利润分配——未分配利润"账户(如果本年发生亏损的话,就作相反的会计分录)。同时,应将"利润分配"账户所属其他各明细账户的余额,转入"利润分配——未分配利润"账户。结转之后,除"利润分配——未分配利润"账户外,"利润分配"其他各个明细账户都应无余额。"利润分配——未分配利润"账户贷方余额反映的是企业当年以及历年的未分配利润,而借方余额反映的就是当年或历年尚未弥补的亏损。

【例 12－12】 K 股份有限公司 2×19 年年初未分配利润为 80 万元,本年实现净利润 400 万元,按规定提取法定盈余公积 40 万元,经董事会提议并经股东大会同意提取任意盈余公积 20 万元,发放普通股现金股利 200 万元。根据上述业务,该公司应作账务处理如下:

（1）结转本年实现的净利润时:

　　借:本年利润 4 000 000
　　　　贷:利润分配——未分配利润 4 000 000

（2）按规定计提盈余公积时:

　　借:利润分配——提取法定盈余公积 400 000
　　　　利润分配——提取任意盈余公积 200 000
　　　　贷:盈余公积——法定盈余公积 400 000
　　　　　　盈余公积——任意盈余公积 200 000

（3）分配现金股利时：

借：利润分配——应付现金股利 2 000 000

　　贷：应付股利——应付普通股股利 2 000 000

（4）结转全年利润分配额时：

借：利润分配——未分配利润 2 600 000

　　贷：利润分配——提取法定盈余公积 400 000

　　　　利润分配——提取任意盈余公积 200 000

　　　　利润分配——应付现金股利 2 000 000

根据上述账务处理的结果，该公司 2×19 年年末尚有未分配利润 220 万元（80＋400－40－20－200）。

（三）以前年度损益调整影响未分配利润的核算

以前年度损益调整是指企业在本年度发生的调整以前年度损益的事项或本年度发现的重要前期差错更正涉及调整以前年度损益的事项以及企业在本年度资产负债表日至财务报告批准报出日之间发生的需要调整报告年度损益的事项。

企业发生以前年度损益调整时，应设置"以前年度损益调整"账户进行核算。

当企业发生以前年度损益调整，增加以前年度利润或减少以前年度亏损时，借记有关账户，贷记"以前年度损益调整"账户（调整减少以前年度利润或增加以前年度亏损时，则作相反的会计分录）。由于以前年度损益调整往往会涉及所得税费用调整。当增加所得税费用时，借记"以前年度损益调整"账户，贷记"应交税费——应交所得税"等账户。由于以前年度损益调整减少的所得税费用，应作相反的会计处理。

当企业经过上述调整后，应将"以前年度损益调整"账户的余额，转入"利润分配——未分配利润"账户。

"以前年度损益调整"作为损益类账户，结转后应无余额。

本章要点概览

1. 所有者权益是指企业资产扣除负债后由所有者享有的剩余权益。在股份制企业里所有者权益又称为股东权益。其计算公式如下：

所有者权益（股东权益）＝资产－负债

2. 所有者权益和负债（债权人权益）都是企业资金的提供者，两者都是对企业资产的要求权，但是所有者权益和负债相比有以下特点：一是性质不同；二是权利（法律地位）不同；三是偿还期限不同；四是计量特性不同；五是风险和收益大小不同。

3. 所有者权益的来源包括所有者投入的资本、直接计入所有者权益的利得和损失、留存收益三部分。投资者投入的资本是指所有者投入企业的资本部分。直接计入所有者权益的利得和损失是指不应计入当期损益、会导致所有者权益发生增减变动的、与所有者投入资本或者向所有者分配利润无关的利得或者损失。留存收益是指企业生产经营活动所产生的利润在交纳所得税后的留置部分，包括盈余公积和未分配利润。

4. 所有者权益按经济内容划分,可分为实收资本、资本公积、其他综合收益、盈余公积和未分配利润五大类。实收资本是指投资者按照企业章程或合同、协议的约定,实际投入企业的资本。资本公积是指企业收到的投资者出资金额超出其在注册资本或股本中所占份额的部分以及企业非日常经营活动所形成的直接计入所有者权益的利得和损失等。其他综合收益是指企业根据企业会计准则规定未在损益中确认的各项利得和损失扣除所得税影响后的净额,盈余公积是企业根据规定从净利润中提取的资本积累,包括法定盈余公积、任意盈余公积两部分。未分配利润是指企业实现的净利润经过弥补亏损、提取盈余公积和向投资者分配利润后留存在企业的,当年以及历年结存的利润。

主 要 术 语

所有者权益	股份有限公司
有限责任公司	国有独资企业
净资产	直接计入所有者权益的利得和损失
实收资本	注册资本
股本	普通股
优先股	资本公积
其他综合收益	留存收益
盈余公积	法定盈余公积
任意盈余公积	现金股利
股票股利	未分配利润

复习思考题

1. 所有者权益与负债有什么联系和区别?

2. 所有者权益由哪些内容构成?

3. 分析投资者投入资本和留存收益有什么意义?

4. 简述股份有限公司普通股和优先股的区别。

5. 企业按面值和按溢价发行股票在处理上有何不同?

6. 不同类型的企业实收资本的核算有什么区别?

7. 其他综合收益的含义及其主要核算内容是什么?

8. 资本公积的构成内容及其区别是什么?

9. 简述盈余公积的形成及其用途。

10. 分派现金股利和派发股票股利对企业有什么不同的影响?

11. 简述未分配利润的特点及其作用。

业 务 题

【业务题一】

（一）**目的**　练习有限责任公司实收资本的核算。

（二）**资料**　2×19年3月，由甲、乙、丙三人分别出资现金100万元、50万元、50万元组建了A有限责任公司。根据公司章程，甲、乙、丙三人分别占公司注册资本200万元的50%、25%和25%。出资款已经全部存入公司开户银行。

（三）**要求**　根据上述资料，编制会计分录。

【业务题二】

（一）**目的**　练习股份有限公司发行股票的核算。

（二）**资料**　B股份有限公司于2×19年1月委托某证券公司承销发行普通股股票2000万股，每股面值1元，发行价格5元。协议规定，证券公司按发行收入的3%收取承销费用，直接从发行收入中扣除。1月30日，B股份有限公司收到证券公司转交的股票发行收入，存入开户银行。

（三）**要求**　根据上述资料，编制会计分录。

【业务题三】

（一）**目的**　练习有限责任公司资本公积的核算。

（二）**资料**　2×19年5月，丙和丁两人愿意各出资65万元加入H有限责任公司。H有限责任公司是由甲、乙两人于2×14年注册成立的。原注册资本为100万元，甲、乙各占50%。丙、丁加入后，四人各占公司新的注册资本200万元的25%。增资手续办理完成，增资款全部存入银行。

（三）**要求**

1. 根据上述资料，编制会计分录。

2. 分析丙、丁两人为什么愿意各自多出15万元投资额？

【业务题四】

（一）**目的**　练习盈余公积的核算。

（二）**资料**　2×19年年末，M股份有限公司发生了下列业务：

1. 结转本年度实现的净利润80万元。

2. 公司按规定计提10%的法定盈余公积。

（三）**要求**　根据上述资料，编制会计分录。

【业务题五】

（一）**目的**　练习盈余公积的核算。

（二）**资料**　2×19年6月，M股份有限公司经股东大会批准用盈余公积派送新股，每

10 股普通股派送 4 股。公司原有普通股 800 万股,面值为 1 元。当时,企业盈余公积账面余额分别为法定盈余公积 300 万元、任意盈余公积 250 万元。

（三）**要求**　根据上述资料,编制会计分录。

【业务题六】

（一）**目的**　练习未分配利润的核算。

（二）**资料**　E 公司 2×19 年年初"未分配利润"明细账户有贷方余额 200 万元,2×19 年度发生下列业务:

1. 10 月 25 日,由董事会决议并经股东大会同意,用公司未分配利润发放普通股现金股利 40 万元、发放股票股利 50 万元。股票面值为 1 元(假定现金股利已经发放并已办理增资手续)。

2. 年末,结转本期实现的净利润 180 万元。

3. 年末,提取法定盈余公积 18 万元,提取任意盈余公积 9 万元。

4. 年末,结转本期全部利润分配额。

（三）**要求**

1. 根据上述资料,编制会计分录。

2. 计算本期分配后的"未分配利润"明细账户余额。

第十三章 收 入

 学习目的与要求

通过本章学习,你应当:

1. 熟悉收入的概念及其特点。

2. 熟悉收入的分类。

3. 掌握客户取得相关商品控制权的判断。

4. 掌握收入确认和计量的五步法。

5. 掌握某一时段内履行的履约义务的收入确认条件、确认方法及其账务处理。

6. 掌握某一时点履行的履约义务的收入确认条件、确认方法及其账务处理。

7. 如何确定交易价格,以及确定交易价格时应考虑的因素。

8. 掌握各种销售商品收入的确认、计量和账务处理。

9. 熟悉商业折扣、现金折扣和销售折让的判断及其账务处理。

10. 掌握各类特定交易的收入确认原则及其账务处理。

课前预习题

1. 甲公司于 2×19 年 5 月 15 日发给乙公司商品 500 件,增值税专用发票上注明的价款为 50 000 元,增值税额为 6 500 元,该批商品的成本为 42 500 元。甲公司发出商品时,乙公司取得相关商品控制权,但在向银行办妥手续后得知乙公司资金周转发生困难,甲公司认定本月不能确认该笔收入,因此,决定不作任何账务处理。

请问:甲公司上述决定是否正确? 并说明理由。

2. 甲船舶制造公司,与客户签订了一份船舶建造合同,按照 A 公司的具体要求设计和建造船舶。甲公司在自己的厂区内完成该船舶的建造,A 公司无法控制在建过程中的船舶。甲公司如果想把该船舶出售给其他客户,需要发生重大的改造成本。双方约定,如果 A 公司单方面解约,A 公司需向甲公司支付相当于合同总价 40% 的违约金,且建造中的船舶归甲公司所有。假定该合同仅包含设计和建造船舶一项履约义务。

请问:甲公司为乙公司设计和建造船舶属于在某一时段内履行的履约义务,还是在某一时点履行的履约义务? 并说明理由。

3. 甲公司于 2×19 年 6 月 18 日销售商品 240 件,增值税专用发票上注明的价款为 20 000 元,增值税额为 2 600 元,经判断,该销售商品客户已取得相关商品控制权,符合收入确认条件。甲公司为了及早收回货款与买方在合同中约定的现金折扣条件为"1/10,n/20"。假定计算现金折扣时不考虑增值税。

请问:如买方在 2×19 年 6 月 24 日付清货款,甲公司该商品销售应确认的商品销售收入金额应为多少?

4. 2×19 年 6 月 8 日,甲公司销售一批商品给 A 公司,开出的增值税专用发票上注明的价款为 30 000 元,增值税额为 3 900 元,该批商品的成本为 20 000 元。A 公司收到商品后发现商品质量不合格,要求在价格上给予 10% 的折让。A 公司提出的销售折让要求符合原合同的约定,2×19 年 6 月 15 日,甲公司同意并办妥了相关手续,假定甲公司销售商品时,客户取得相关商品控制权。

请问:甲公司编制 2×19 年 6 月份利润表时,该批商品销售在利润表"营业收入"项目中反映的金额为多少?

5. 甲公司委托 B 公司代销一批商品 5 000 件,代销价款为 10 元/件。该商品成本为 6 元/件,甲公司适用的增值税税率为 13%。协议约定,甲公司按售价的 5% 支付给 B 公司手续费。甲公司在发出商品时认定由于该批商品为市场热销商品,B 公司在近期内一定会将其销售完毕,为此,甲公司在发出商品时确认了商品销售收入 50 000 元,并结转商品销售成本 30 000 元。

请问:甲公司上述账务处理是否正确? 如不正确,请说明正确的账务处理方法。

6. 乙公司于 2×19 年 6 月接受一项设备安装任务,安装期为 1 年,合同总收入为 150 万元,预计总成本为 120 万元。至 2×19 年年末,已经发生成本 90 万元,该项设备安装服务属于在某一时段内履行的履约义务,采用按履约进度确认收入。假定不考虑其他因素。

请问:乙公司该项设备安装服务影响 2×19 年度利润总额的金额为多少? 并说明计算过程。

7. 乙公司与 C 公司签订一项劳务服务合同,为 C 公司培训员工,合同总收入为 60 000 元,预计总成本为 45 000 元。因 C 公司发生财务困难,造成合同无法履行。至 2×19 年年末,该劳务服务履约进度为 30%,已经发生合同履约成本 20 000 元,甲公司预计已经发生的合同履约成本全部不能得到补偿。

请问:对于上述事项,乙公司应如何作账务处理? 并说明理由。

8. 甲公司向乙公司销售其生产的一台设备,销售价格为 2 000 万元,双方约定,乙公司在 5 年后有权要求甲公司以 1 500 万元的价格回购该设备。甲公司预计该设备在回购时的市场价值为 300 万元。

请问:对于上述事项,判断甲公司该交易的类型,并说明理由。

第一节　收入概述

收入是企业为完成其经营目标,在所从事的经常性活动以及与之相关的活动中形成的经济利益的总流入。根据销售商品、提供劳务服务、他人使用本企业资产和建造合同等交易特点,主要包括销售商品、提供服务、让渡资产使用权以及建造合同等日常活动中形成的各项收入。

一、收入的概念

收入是指企业在日常活动中形成的、会导致所有者权益增加的、与所有者投入资本无关的经济利益的总流入,主要包括商品销售收入、提供服务收入、让渡资产使用权收入和建造合同收入。其中,日常活动是指企业为完成其经营目标所从事的经常性活动以及与之相关的活动;经济利益是指现金或最终能转化为现金的非现金资产。

本章所指收入适用于除长期股权投资、金融资产确认和计量、租赁等外的所有与客户之间的合同。

二、收入的特点

(1) 收入从企业的日常活动中产生,而不是从偶发的交易或者事项中产生。例如,工业企业制造并销售产品、商业企业销售商品、安装公司提供安装服务等。又如,企业转让无形资产使用权、出售原材料、对外投资(收取的利息、现金股利)等,属于企业在为完成其经营目标所从事的经常性活动或者与经常性活动相关的活动中产生的,而不是从处置固定资产等非经常活动中产生的。

企业处置固定资产、无形资产等活动,不是企业为完成其经营目标所从事的经常性活动,也不是与经常性活动相关的活动,由此产生的经济利益的总流入属于利得。因此,源于日常活动以外的活动所形成的收益,通常称作利得,不构成收入。利得属于不经过经营过程就能取得或不曾期望获得的收益,如企业接受政府的补贴、因其他企业违约收取的违约金等。利得在利润表中通常以净额反映。

(2) 收入可能表现为企业资产的增加,也可能表现为企业负债的减少,或者两者兼而有之,如企业销售商品的货款已收取现金,未收取现金或部分收取现金、部分抵偿债务。

(3) 收入能导致企业所有者权益的增加。根据“资产－负债＝所有者权益”的平衡公式,企业取得收入能增加所有者权益。但收入扣除相关成本费用的净额,则可能增加所有者权益,也可能减少所有者权益。因此,收入能使企业资产增加、负债减少或者两者兼而有之。

(4) 收入只包括本企业经济利益的流入,而不包括为第三方或客户代收的款项,如旅行社代客户购买门票、飞机票等而收取票款、商业银行代委托贷款企业收取利息等。各项代收的款项,一方面导致企业资产的增加,另一方面导致企业负债的增加,最终并不增加企业的所有者权益,因此,各项代收的款项不属于本企业的经济利益的流入,不能作为本企业的收入。

三、收入的分类

(一) 按照收入的性质分类

收入按其性质不同,分为销售商品收入、提供劳务收入、让渡资产使用权收入和建造合同收入。

(1) 销售商品收入。销售商品收入是指取得货币性资产方式的商品销售,以及以存货抵偿债务所产生的交易收入。企业销售的其他存货,如原材料、包装物等,也视同商品销售。

(2) 提供服务收入。提供服务收入是指企业提供产品安装、运输、广告、咨询、代理、培训等服务取得的收入。

(3) 让渡资产使用权收入。让渡资产使用权收入是指企业将其资产使用权让渡给他人使用取得的收入,如企业让渡现金使用权取得的利息收入、转让无形资产使用权取得的收入。

(4) 建造合同收入。建造合同收入是指为建造一项资产或者在设计、技术、功能、最终用途等方面密切相关的数项资产而订立的合同。其中,资产主要包括房屋、道路、桥梁、水坝等建筑物,以及船舶、飞机、大型机械设备等。

(二) 按照企业经营业务的主次分类

收入按企业经营业务的主次不同,分为主营业务收入和其他业务收入。

(1) 主营业务收入。主营业务收入是指企业为完成其经营目标所从事的经常性活动中的主要经营活动取得的收入。主营业务收入一般占企业收入的比重较大,对企业的经营成果产生较大的影响。不同行业的主营业务收入所包括的内容不同,如工业制造企业的主营业务收入主要包括销售产品、自制半成品、代制品、代修品、提供工业性劳务等取得的收入;商品流通企业的主营业务收入主要包括销售商品取得的收入。

(2) 其他业务收入。其他业务收入是指企业除主营业务以外所从事的与经常性活动相关的其他活动取得的收入。其他业务收入一般占企业收入的比重较小。企业的其他业务收入主要包括转让无形资产使用权、出售原材料、包装物出租等取得的收入。

第二节　收入的确认和计量

收入确认和计量分为五步:一是识别与客户订立的合同;二是识别合同中的单项履约义务;三是确定交易价格;四是将交易价格分摊至各单项履约义务;五是履行每一单项履约义务时确认收入。其中,第一条、第二条、第五条属于收入的确认,第三条、第四条属于收入的计量。

一、收入的确认

企业确认收入的方式应当反映其向客户转让商品(或提供服务,以下简称转让商品)的模式,企业应当在履行了合同中的履约义务,即在客户取得相关商品控制权时确认收入。收入的金额应当反映企业因转让这些商品而预期有权收取的对价金额。因此,企业应当在履行了合同中的履约义务,即在客户取得相关商品控制权时确认收入。

客户取得相关商品控制权,是指客户能够主导该商品的使用并从中获得几乎全部的经济利益,其一般同时包括三要素:一是能力。企业只有在客户拥有现时权利,能够主导该商品的使用并从中获得几乎全部经济利益时,才能确认收入。如果客户只能在未来的某一期间主导该商品的使用并从中获益,则表明其尚未取得该商品的控制权。二是主导该商品的使用。客户有能力主导该商品的使用,是指客户在其活动中有权使用该商品,或者能够允许或阻止其他方使用该商品。三是能够获得几乎全部的经济利益。商品的经济利益是指该商品的潜在现金流量,既包括现金流入的增加,也包括现金流出的减少。客户必须拥有获得商品几乎全部经济利益的能力,才能被视为获得了对该商品的控制。客户可以通过使用、消耗、出售、处置、交换、抵押或持有等多种方式直接或间接地获得商品的经济利益。

例如,企业与客户签订合同为其生产产品,虽然合同约定该客户最终将能够主导该产品的使用,并获得几乎全部的经济利益,但是,根据合同约定,可能是在生产过程中或更晚的时点,则只有在客户真正获得这些权利时,企业才能确认收入,在此之前,企业不应当确认收入。

因此,收入确认的前提条件是当企业与客户之间的合同同时满足相应条件时,企业应当在客户取得相关商品控制权时确认收入。

（一）识别与客户订立的合同

1. 合同识别

1）合同的定义

合同,是指双方或多方之间订立有法律约束力的权利义务的协议,包括书面形式、口头形式以及隐含于商业惯例或企业以往的习惯做法中可验证的形式等。合同约定的权利和义务是否具有法律约束力,需要根据企业所处的法律环境等进行判断,如果合同各方均有权单方面终止完全未执行的合同,且无需对合同其他方作出补偿的,该合同应当被视为不存在。

2）确认收入的前提

当企业与客户之间的合同同时满足以下五项条件时,企业应当在履行了合同中的履约义务（即在客户取得相关商品控制权时）时确认收入:一是合同各方已批准该合同并承诺将履行各自义务;二是该合同明确了合同各方与所转让商品相关的权利和义务,但不包括框架协议、战略合作协议;三是该合同有明确的与所转让商品相关的支付条款;四是该合同具有商业实质,即履行该合同将改变企业未来现金流量的风险、时间分布或金额;五是企业因向客户转让商品而有权取得的对价很可能收回,企业在评估其因向客户转让商品而有权取得的对价是否很可能收回时,仅应考虑客户的信用风险。

对于不符合规定的合同,企业只有在不再负有向客户转让商品的剩余义务,且已向客户收取的对价无需退回时,才能将已收取的对价确认为收入;否则,应当将已收取的对价作为负债进行账务处理。

3）合同的持续评估

对于合同开始日企业与客户之间的合同同时满足上述五项条件的,企业在后续期间无须对该合同进行重新评估,如有迹象表明相关事实和情况发生重大变化的,则需对该合同进行重新评估。如后续期间,客户的信用风险显著升高,企业需要评估其在未来向客户转让剩余商品而有权取得的对价是否很可能收回,如果不能满足很可能收回的条件,应当停止确认收入,并且只有当后续合同条件再度满足时或者当企业不再负有向客户转让商品的剩余义务,且已向客户收取的对价无需退回时,才能将已收取的对价确认为收入,但是,不应当调整在此之前已经确认的收入。

对于合同开始日企业与客户之间的合同不同时满足上述五项条件的合同,企业应当对该合同进行持续评估,并在其满足规定条件时确认收入。合同开始日,是指合同开始赋予合同各方具有法律约束力的权利和义务的日期,一般指合同生效日。

2. 合同合并

合同合并是指当存在两份或多份合同且满足相关条件的情况下,应当将该两份或多份合同合并为一份合同处理。

当企业与同一客户(或该客户的关联方)同时订立或在相近时间内先后订立的两份或多份合同,且该两份或多份合同基于同一商业目的而订立并构成一揽子交易,或者该两份或多份合同中的一份合同的对价金额取决于其他合同的定价或履行情况,或者该两份或多份合同中所承诺的商品(或每份合同中所承诺的部分商品)构成单项履约义务时,应当将该两份或多份合同合并为一份合同进行处理。

3. 合同变更

合同变更是指经合同各方同意对原合同范围或价格(或两者)作出的变更。合同变更主要包括以下三种情形,企业应当区分不同情形对合同变更分别进行处理:

(1) 合同变更部分作为单独合同的情形。

合同变更增加了可明确区分的商品及合同价款,且新增合同价款反映了新增商品单独售价的,此情形下,应当将该合同变更部分作为一份单独的合同(即一项新的合同)处理。

【例 13 - 1】 甲公司与客户签订销售合同,合同约定出售 A 产品 100 件,每件合同价格 100 元,共计 10 000 元,并约定自合同签订日起 4 个月内交付 A 产品。在甲公司交付 60 件产品后,双方修订了合同,客户要求甲公司额外向客户再支付 20 件产品,额外 20 件产品按照每件 85 元价格,共计 1 700 元,该价格反映了该 A 产品当时的市场价格并且能够与原产品明确区分。

本例中,合同修订客户额外购买该 A 产品 20 件,事实上构成了一项关于未来 A 产品的单独的合同,且该合同并不影响对现有合同的账务处理。甲公司应当将该合同变更部分作为一份单独的新合同处理。

(2) 合同变更作为原合同终止及新合同订立的情形。

合同变更不属于上述第(1)种情形,且在合同变更日已转让商品与未转让商品之间可明确区分,此情形下,应当终止原合同,并将原合同未履约部分与合同变更部分合并为一项新合同处理,即视为原合同终止及新合同订立。

【例 13 - 2】 乙公司与客户签订合同,每周为客户的办公楼提供保安服务,合同期为 3 年,客户每年向乙公司支付服务费 5 万元,该价格反映了合同开始日该项服务的单独售价。在第二年年末,合同双方对合同进行了变更,将第三年的服务费调整为 4 万元,该价格反映了合同变更日该项服务的单独售价,同时以 10 万元的价格将合同期限延长 3 年,该价格不反映合同变更日该 3 年服务的单独售价,于每年年初支付。上述价格均不包含增值税。

本例中,在合同开始日,乙公司认为其每周为客户提供的保安服务是可明确区分的,但由于乙公司向客户转让的是一系列实质相同且转让模式相同的、可明确区分的服务,因此将其作为单项履约义务。在合同变更日,由于新增的3年保安服务的价格不能反映该项服务在合同变更时的单独售价,因此,该合同变更不能作为单独的合同进行处理,由于在剩余合同期间需提供的服务与已提供的服务是可明确区分的,乙公司应当将该合同变更作为原合同终止,同时,将原合同中未履约的部分与合同变更合并为一份新合同处理。

(3)合同变更部分作为原合同的组成部分的情形。

合同变更不属于上述第(1)种情形,且在合同变更日已转让商品与未转让商品之间不可明确区分,此情形下,应当将该合同变更部分作为原合同的组成部分处理。

【例13-3】 2×19年3月1日,甲公司与乙公司签订了一项总额为1 000万元的固定造价合同,在乙公司自有土地上为乙公司建造一幢车间用房,预计合同总成本为900万元。截至2×19年12月31日止,甲公司累计已发生成本540万元,2×20年1月3日,经协商合同双方同意变更合同范围,附加车间用房设备及线路安装的服务内容,合同价格和预计总成本分别增加200万元和160万元,该新增合同价款不能反映该设备及线路安装服务的单独售价,假定不考虑其他因素。

本例中,关于上述合同变更,甲公司在合同变更日已转让商品与未转让商品之间不可明确区分,应当将该合同变更部分作为原合同的组成部分处理。

如果在合同变更日未转让商品为上述第(2)和第(3)种情形的组合,企业应当按照上述第(2)或第(3)种情形中更为恰当的一种方式对合同变更后尚未转让(或部分未转让)商品进行处理。

(二)识别合同中的单项履约义务

履约义务,是指合同中企业向客户转让可明确区分商品的承诺。该承诺可以是书面形式、口头形式以及隐含于商业惯例或企业以往的习惯做法中可验证的形式等。

企业在合同开始日,首先对合同进行评估,识别该合同所包含的各单项履约义务,其次确定各单项履约义务是在某一时段内履行,还是在某一时点履行,最后在企业履行了各单项履约义务时分别确认收入。

企业向客户转让商品的承诺作为单项履约义务的情形有:一是企业向客户转让可明确区分商品的承诺,其中,企业向客户承诺的商品应当同时满足该商品本身能够明确区分以及转让该商品的承诺在合同中可明确区分。二是企业向客户转让一系列实质相同且转让模式相同的、可明确区分商品的承诺,其中,转让模式相同是指每一项可明确区分的商品均满足在某一时段内履行履约义务的条件,且采用相同方法确定其履约进度,如每天提供类似劳务的长期劳务合同等。

需要说明的是,下列情形通常表明企业向客户转让商品的承诺与合同中的其他承诺不可单独区分:一是企业需提供重大的服务以将该商品与合同中承诺的其他商品进行整合,形成合同约定的某个或某些组合产出转让给客户;二是该商品将对合同中承诺的其他商品予以重大修改或定制;三是该商品与合同中承诺的其他商品具有高度关联性。

(三)履行每一单项履约义务时确认收入

企业应当在履行了合同中的履约义务,即客户取得相关商品控制权时确认收入。企业应当根据实际情况,判断履约义务是否满足在某一时段内履行的条件,如不满足,则该履约义务属于在某一时点履行的履约义务。因此,企业应当根据实际情况,判断履约义务的实现方式,分别以下情况确认收入。

1. 在某一时段内履行的履约义务

1) 在某一时段内履行履约义务的收入确认条件

满足下列条件之一的,属于在某一时段内履行履约义务,相关收入应当在该履约义务履行的期间内确认:

(1) 客户在企业履约的同时即取得并消耗企业履约所带来的经济利益。企业在履约过程中是持续地向客户转移该服务的控制权的,该履约义务属于在某一时段内履行的履约义务,企业应当在提供该服务的期间内确认收入。例如,保洁服务类的合同,企业在提供保洁服务的同时,客户即取得并消耗了企业履约所带来的经济利益。

(2) 客户能够控制企业履约过程中在建的商品。企业在履约过程中创建的商品包括在产品、在建工程、尚未完成的研发项目、正在进行的服务等,如果客户在企业创建该商品的过程中就能够控制这些商品,应当认为企业提供该商品的履约义务属于在某一时段内履行的履约义务。

(3) 企业履约过程中所产出的商品具有不可替代用途,且该企业在整个合同期间内有权就累计至今已完成的履约部分收取款项。

2) 在某一时段内履行履约义务的收入确认方法

对于在某一时段内履行的履约义务,且履约进度能够合理确定的,企业应当在该时段内按照履约进度确认收入。在确定履约进度时,企业应当考虑商品的性质,采用恰当的方法确定履约进度,以使其如实反映企业向客户转让商品的履约情况。企业可以采用产出法或投入法确定履约进度,在确定履约进度时,应当扣除那些控制权尚未转移给客户的商品和服务。

(1) 产出法。产出法是指根据已转移给客户的商品对于客户的价值确定履约进度的方法,通常采用按照实际测量的完工进度、评估已实现的结果、已达到的里程碑、时间进度等确定履约进度的方法。

【例 13-4】 甲公司与客户签订合同,为该客户建设一条 10 千米的公路,合同价格为不含税价格 80 000 万元。截至 2×19 年 12 月 31 日,甲公司已建设完成 7 千米,剩余部分预计在 2×20 年 4 月 30 日之前完成。该合同仅包含一项履约义务,且该履约义务满足在某一时段内履行的条件。假定不考虑其他因素。

本例中,甲公司提供的公路建设的服务属于在某一时段内履行的履约义务,甲公司按照已完成的工作量确定履约进度。因此,截至 2×19 年 12 月 31 日,该合同的履约进度为 70%,甲公司应确认的收入为 56 000 万元。

(2) 投入法。投入法是指根据企业履行履约义务的投入确定履约进度的方法,通常采用成本法,即按照累计实际发生的成本占预计总成本的比例确定履约进度,累计实际发生的成本包括企业向客户转移商品过程中所发生的直接成本和间接成本,如直接人工、直接材料、分包成本以及其他与合同相关的成本。

【例 13-5】 2×19 年 10 月,甲公司与客户签订合同,为客户装修一栋办公楼,合同总金额为 70 万元。甲公司预计的合同总成本为 50 万元。截至 2×19 年 12 月,甲公司累计发生成本 10 万元。假定该装修服务构成单项履约义务,并属于在某一时段内履行的履约义务,甲公司采用成本法确定履约进度。上述金额均不含增值税。

本例中,截至 2×19 年 12 月,甲公司该合同的履约进度为 20%,应确认 14 万元的收入。

对于在某一时段内履行的履约义务,且履约进度不能够合理确定的,对于企业已经发生的成本预计能够得到补偿的,应当按照已经发生的成本金额确认收入,直到履约进度能够合理确定为止。

企业应当在每一资产负债表日,对履约进度进行重新估计。当客观环境发生变化时,企业也需要重新评估履约进度是否发生变化,以确保履约进度能够反映履约情况的变化,该变化应当作为会计估计变更进行账务处理。

2. 在某一时点履行的履约义务

当一项履约义务不属于在某一时段内履行的履约义务时,应当属于在某一时点履行的履约义务。

对于在某一时点履行的履约义务,企业应当在客户取得相关商品控制权时点确认收入。判断客户是否已取得商品控制权时,企业应当考虑下列迹象:

(1)企业就该商品享有现时收款权利,即客户就该商品负有现时付款义务。

(2)企业已将该商品的法定所有权转移给客户,即客户已拥有该商品的法定所有权。

(3)企业已将该商品实物转移给客户,即客户已实物占有该商品。

(4)企业已将该商品所有权上的主要风险和报酬转移给客户,即客户已取得该商品所有权上的主要风险和报酬。

(5)客户已接受该商品。

(6)其他表明客户已取得商品控制权的迹象。

需要说明的是,企业应当根据合同条款和交易实质进行分析,同时从客户的角度进行评估,综合判断其是否以及何时将商品的控制权转移给客户,从而确定收入确认的时点。

二、收入的计量

企业应当首先确定合同的交易价格,再按照分摊至各单项履约义务的交易价格计量收入,收入的金额应当反映企业因转让这些商品(或服务,以下简称商品)而预期有权收取的对价金额。

(一)确定交易价格

交易价格是指企业因向客户转让商品而预期有权收取的对价金额。企业应当首先确定合同的交易价格,再按照分摊至各单项履约义务的交易价格计量收入。

企业代第三方收取的款项(例如增值税)以及企业预期将退还给客户的款项,不计入交易价格,应当作为负债进行账务处理。

合同标价并不一定代表交易价格,在确定交易价格时,企业应当考虑可变对价、合同中存在的重大融资成分、非现金对价以及应付客户对价等因素的影响,并应当假定将按照现有合同的约定向客户转移商品,且该合同不会被取消、续约或变更。

1. 合同变更对交易价格的影响

经合同各方同意对原合同范围或价格(或两者)作出的变更,企业应当重新确定合同的交易价格。根据合同变更的不同情形分别进行处理。

1) 对于合同变更部分作为单独合同的

此情形下,应当将该合同变更部分作为一份单独的合同(即一项新的合同)进行账务处理。新合同的交易价格应当为新增的合同价款。

【例13-6】 沿用[例13-1]甲公司与客户签订销售合同,合同约定出售 A 产品 100 件,每件合同价格 100 元,共计 10 000 元,并约定自合同签订日起 4 个月内交付 A 产品。在甲公司交付 60 件产品后,双方修订了合同,客户要求甲公司额外向客户再支付 20 件产品,额外20 件产品按照每件 85 元价格,共计 1 700 元,该价格反映了该 A 产品当时的市场价格并且能够与原产品明确区分。

本例中,合同修订客户额外购买该 A 产品 20 件,事实上构成了一项关于未来 A 产品的单独的合同,且该合同并不影响对现有合同的账务处理。甲公司应当将该合同变更部分作为一份单独的新合同处理。在确认收入时,对原合同中的 100 件 A 产品,按每件 100 元的交易价格确认销售收入;对新合同中的 20 件 A 产品,按每件 85 元的交易价格确认销售收入。

2) 合同变更作为原合同终止及新合同订立的

此情形下,应当终止原合同,并将原合同未履约部分与合同变更部分合并为一项新合同进行账务处理,新合同的交易价格应当为原合同交易价格中尚未确认为收入的部分(包括已从客户收取的金额)与合同变更中客户已承诺的对价金额之和。

【例13-7】 沿用[例13-2]乙公司与客户签订合同,每周为客户的办公楼提供保安服务,合同期为 3 年,客户每年向乙公司支付服务费 5 万元,该价格反映了合同开始日该项服务的单独售价。在第二年年末,合同双方对合同进行了变更,将第三年的服务费调整为 4 万元,该价格反映了合同变更日该项服务的单独售价,同时以 10 万元的价格将合同期限延长 3 年,该价格不反映合同变更日该 3 年服务的单独售价,于每年年初支付。上述价格均不包含增值税。

本例中,在合同变更日,由于新增的 3 年保安服务的价格为 10 万元,不能反映该项服务在合同变更时的单独售价,因此,该合同变更不作为单独的合同处理,由于在剩余合同期间需提供的服务与已提供的服务是可明确区分的,乙公司应当将原合同中未履约的部分与合同变更合并为一份新合同进行账务处理。该新合同的交易价格为原合同中未履约部分的对价与合同变更新增的对价之和。合同变更后,该新合同的交易价格为 14 万元,新合同中乙公司每年确认的收入为 3.5 万元。

3) 合同变更部分作为原合同的组成部分的

此情形下,应当将该合同变更部分作为原合同的组成部分处理,在合同变更日重新计算履约进度,并调整当期收入和相应成本等。

【例13-8】 沿用[例13-3]2×19 年 3 月 1 日,甲公司与乙公司签订了一项总额为 1 000 万元的固定造价合同,在乙公司自有土地上为乙公司建造一幢车间用房,预计合同总成本为 900 万元。截至 2×19 年 12 月 31 日,甲公司累计已发生成本 540 万元,2×20 年 1 月 3 日,经协商合同双方同意变更合同范围,附加车间用房设备及线路安装的服务内容,合同价格和预计总成本分别增加 200 万元和 160 万元,该新增合同价款不能反映该设备及线路安装服务的单独售价,不考虑其他因素。假定,该建造服务属于在某一时段内履行的履约义务,并根据累计发生的合同成本占合同预计成本的比例确定履约进度。

本例中,关于上述合同变更,甲公司在合同变更日已转让商品与未转让商品之间不可明确区分,应当将该合同变更部分作为原合同的组成部分处理。甲公司对该合同变更应作如下账务处理:

合同变更后的交易价格为 1 200 万元(1 000＋200),甲公司重新估计的履约进度为 50.9％(540÷1 060),甲公司在合同变更日应额外确认收入 10.8 万元(1 200×50.9％－600)。

2. 确定交易价格时应考虑的因素

在确定交易价格时,企业应当考虑可变对价、合同中存在的重大融资成分、非现金对价以及应付客户对价等因素对交易价格的影响,并应当假定将按照现有合同的约定向客户转移商品,且该合同不会被取消、续约或变更。

1) 可变对价

企业与客户的合同中约定的对价金额可能是固定的,也可能是可变的,如因发生销售折扣、价格折让、返利、退款、奖励积分、激励措施、业绩奖金、索赔等因素而使合同的交易价格是可变的。企业在判断交易价格是否为可变对价时,应当考虑企业已公开宣布的政策、特定声明、以往的习惯做法、销售战略以及客户所处的环境等各种相关因素,以确定其是否会接受一个低于合同标价的金额,即企业向客户提供一定的价格折让。当合同中存在可变对价的,企业应对计入交易价格的可变对价进行估计,可变对价的最佳估计数可采用下列方法计算确定。

(1) 采用期望值法。期望值是指按照各种可能发生的对价金额及相关概率计算确定的金额。如果企业拥有大量具有类似特征的合同,并估计可能产生多个结果时,通常按照期望值估计可变对价金额。

【例 13 - 9】　2×19 年 1 月 1 日,甲公司与客户签订 A 产品生产合同,生产数量为 2 000 件,交货日为 2×19 年 6 月 30 日,合同价格为 100 000 元。同时,合同约定如果在交货日前提前交货,每提前一天,承诺的对价将增加 5 000 元;如果在完工日前未提前交货,每延迟一天,承诺的对价将减少 5 000 元。甲公司根据以往执行类似合同的经验,预计会按期或提前交货,估计按时交货的概率为 50％,提前 1 天交货的概率为 30％,提前 2 天交货的概率为 20％。上述价格均不包含增值税。

本例中,由于该合同涉及多种可能结果,甲公司认为采用期望值法能够更好地预测其有权获取的对价金额。因此,甲公司可变对价的最佳估计数为 3 500(0×50％＋5 000×30％＋10 000×20％)元。甲公司确定的交易价格为 103 500(100 000＋3 500)元。

(2) 采用最可能发生金额法。最可能发生金额是指一系列可能发生的对价金额中最可能发生的单一金额,即合同最可能产生的单一结果。当合同仅有两个可能结果时,按照最可能发生金额估计可变对价金额可能是恰当的。

【例 13 - 10】　沿用[例 13 - 9]资料,假定,合同约定如果在交货日未交货,则甲公司须支付合同价格 10％的罚款,该罚款从合同价款中扣除。甲公司根据以往执行类似合同的经验,预计按期交货的概率为 90％,延期交货的概率为 10％。上述价格均不包含增值税。

本例中,由于该合同涉及两种可能结果,甲公司认为采用最可能发生金额法能够更好地预测其有权获取的对价金额。因此,甲公司按照最可能发生的单一金额确定的交易价格为 100 000 元。

对于某一事项的不确定性对可变对价金额的影响,企业应当在整个合同期间采用同一种方法进行估计。但是,当存在多个不确定性事项均会影响可变对价金额时,企业可以采用不同的方法对其进行估计。

需要说明的是,企业采用上述两种方法确定可变对价金额后,计入交易价格的可变对价金额应该满足限制条件,即包含可变对价的交易价格,应当不超过在相关不确定性消除时,累计已确认的收入极可能不会发生重大转回的金额。其中,"极可能"发生的概率应远高于"很可能",但不要求达到"基本确定"。企业应当将满足上述限制条件的可变对价的金额,计入交易价格。

每一资产负债表日,企业应当重新估计应计入交易价格的可变对价金额,包括重新评估将估计的可变对价计入交易价格是否受到限制,以如实反映报告期末存在的情况以及报告期内发生的情况变化。

【例 13-11】 2×19 年 1 月 1 日,甲公司与客户签订合同销售 B 产品,合同确定 B 产品的销售价格每件 10 元;如果客户在 2×19 年全年的采购量超过 10 000 件,该 B 产品的销售价格将追溯下调至每件 8 元。该产品的控制权在交付 B 产品时转移给客户。在合同开始日,甲公司估计该客户全年的采购量能够超过 10 000 件。2×19 年 1 月 31 日,甲公司交付了第一批 B 产品共 1 000 件。上述价格均不包含增值税,假定不考虑相关税费影响。

本例中,甲公司将 B 产品交付给客户时取得了无条件的收款权,甲公司有权按照每件产品 10 元的价格向客户收取款项,直到客户的采购量达到 10 000 件为止。由于甲公司估计客户的 B 产品的采购量能够达到 10 000 件,因此,根据将可变对价计入交易价格的限制要求,甲公司确定每件 B 产品的交易价格为 8 元。2×19 年 1 月 31 日,甲公司交付产品时的账务处理为:

借:应收账款   10 000
  贷:主营业务收入   8 000
    预计负债——应付退货款   2 000

2) 合同中存在的重大融资成分

当企业将商品的控制权转移给客户的时间与客户实际付款的时间不一致时,如果各方以在合同中明确(或者以隐含的方式)约定的付款时间为客户或企业就转让商品的交易提供了重大融资利益,则合同中即包含了重大融资成分,企业在确定交易价格时,应当对已承诺的对价金额作出调整,以剔除货币时间价值的影响。

合同中存在重大融资成分的,企业应当按照假定客户在取得商品控制权时即以现金支付的应付金额(即,现销价格)确定交易价格。

企业确定的交易价格与合同承诺的对价金额之间的差额,应当在合同期间内采用实际利率法摊销,其中,实际利率为使用将合同对价的名义金额折现为商品的现销价格的折现率。该折现率一经确定,不得因后续市场利率或客户信用风险等情况的变化而变更。

实务中,如果在合同开始日,企业预计客户取得商品控制权与客户支付价款间隔不超过一年的,可以不考虑合同中存在的重大融资成分。

【例 13-12】 2×19 年 1 月 1 日,甲公司采用分期收款方式向乙公司销售一套大型设备,合同约定的销售价格为 2 000 万元,分 5 次于每年 12 月 31 日等额收取。该大型设备成本为

1 560万元。在现销方式下,该大型设备的销售价格为1 600万元。假定甲公司发出商品时,其有关的增值税纳税义务尚未发生,在合同约定的收款日期,发生相关的增值税纳税义务。

本例中,考虑到乙公司付款时间和产品交付时间之间的间隔以及现行市场利率水平,甲公司认为该合同包含重大融资成分,在确定交易价格时,应当对合同承诺的对价金额进行调整,以反映该重大融资成分的影响。因此,甲公司应当按照现销方式下,该大型设备的销售价格1 600万元确定交易价格。

企业在评估合同中是否存在融资成分以及该融资成分对于该合同而言是否重大时,应当考虑所有相关的事实和情况,包括:

(1) 已承诺的对价金额与已承诺商品的现销价格之间的差额。

(2) 企业将承诺的商品转让给客户与客户支付相关款项之间的预计时间间隔和相应的市场现行利率的共同影响。

需要说明的是,但下列情形表明企业向客户转让商品与客户支付相关款项之间虽然存在时间间隔,但两者之间的合同没有包含重大融资成分:一是客户就商品支付了预付款,且可以自行决定这些商品的转让时间。比如,企业向客户出售其发行的充值卡、企业向客户授予奖励积分等。二是客户承诺支付的对价中有相当大的部分是可变的,该对价金额或付款时间取决于某一未来事项是否发生,且该事项实质上不受客户或企业控制。比如,按照实际销售量收取的特许权使用费。三是合同承诺的对价金额与现销价格之间的差额是由于向客户或企业提供融资利益以外的其他原因所导致的,且这一差额与产生该差额的原因是相称的。比如,合同约定的支付条款是为了向企业或客户提供保护,以防止另一方未能依照合同充分履行其部分或全部义务。

3) 非现金对价

客户以实物资产、无形资产、股权、客户提供的广告服务等作为非现金对价的,其交易价格应当按照非现金对价在合同开始日的公允价值确定。非现金对价公允价值不能合理估计的,企业应当参照其承诺向客户转让商品的单独售价间接确定交易价格。

合同开始日后,非现金对价的公允价值因对价形式以外的原因而发生变动的,应当作为可变对价,按照与计入交易价格的可变对价金额的限制条件相关的规定进行处理;合同开始日后,非现金对价的公允价值因对价形式而发生变动的,该变动金额不应计入交易价格。

4) 应付客户对价

企业存在应付客户对价的,除应付客户对价是为了自客户取得其他可明确区分商品外,应当将该应付客户对价冲减交易价格。

企业应付客户对价是为了向客户取得其他可明确区分商品的,应当采用与企业其他采购相一致的方式确认所购买的商品。向客户取得可明确区分商品公允价值能够合理估计,企业应付客户对价超过向客户取得可明确区分商品公允价值的,超过金额应当冲减交易价格。向客户取得的可明确区分商品公允价值不能合理估计,企业应当将应付客户对价全额冲减交易价格。

在将应付客户对价冲减交易价格处理时,企业应当在确认相关收入与支付(或承诺支付)客户对价两者孰晚的时点冲减当期收入。

【例13-13】 丙公司与A超市签订1年期合同,约定A超市在年内至少购买价值100万元的商品。合同规定,丙公司需要在合同开始日向 A 超市支付 10 万元以补偿 A 超市为摆放商品更改货架发生的支出,该补偿款为不可返还款项。

本例中,丙公司支付给 A 超市的 10 万元并未取得可明确区分的商品或服务,因此,该补偿款应作为交易价格的抵减。日后,丙公司应在确认商品销售收入的同时,按比例抵减销售收入。

（二）将交易价格分摊至各单项履约义务

当合同中包含两项或多项履约义务的,其分摊交易价格时,应当判断合同中的各项履约义务的单独售价是否可直接观察。单独售价,是指企业向客户单独销售商品的价格。根据单独售价是否可直接观察,在合同开始日,分别以下情况处理：

对于单独售价可直接观察的,企业应当按照各单项履约义务所承诺商品的单独售价的相对比例,将交易价格分摊至各单项履约义务。

【例 13 - 14】 甲公司与客户签订合同,向其销售 A、B 两件产品,A、B 产品均构成单项履约义务,合同价款为 13 500 元。A、B 产品的单独售价分别为 9 000 元和 6 000 元。上述价格均不包含增值税。根据单独售价可直接观察的分摊原则,A、B 产品应当分摊的交易价格分别为：

$$A 产品分摊的交易价格 = 13\ 500 \times 9\ 000 \div 15\ 000 = 8\ 100(元)$$
$$B 产品分摊的交易价格 = 13\ 500 \times 6\ 000 \div 15\ 000 = 5\ 400(元)$$

对于单独售价无法直接观察的,企业应当综合考虑其能够合理取得的全部相关信息,采用市场调整法、成本加成法、余值法等方法合理估计单独售价。

市场调整法是指企业根据某商品或类似商品的市场售价,考虑本企业的成本和毛利等进行适当调整后的金额,确定其单独售价的方法。

成本加成法是指企业根据某商品的预计成本加上其合理毛利后的金额,确定其单独售价的方法。

余值法是指企业根据合同交易价格减去合同中其他商品可观察单独售价后的余额,确定某商品单独售价的方法。

企业在估计单独售价时,应当尽可能采用可观察的输入值,并对类似情况采用一致的估计方法。

需要说明的是,当合同中包含两项或多项履约义务时,如果企业履行了其中的一项履约义务、向客户转让商品而获得了一项有权收取对价的权利,且该权利取决于时间流逝之外的其他因素,则企业应将其确认为合同资产而不应确认为应收款项。

第三节 收入的账务处理

企业应当正确核算和反映与客户之间的合同产生的收入及相关成本费用。

一、收入核算设置的账户

收入的账务处理,主要设置以下账户进行账务处理。

（一）"主营业务收入"账户

该账户用来核算企业确认的主要经营业务所取得的收入。其借方登记发生销售退回或销售折让而应冲减的主营业务收入和期末转入本年利润的本期主营业务收入,贷方登记企业实现的主营业务收入,期末结转后应无余额。该账户应当按照主营业务的种类进行明细核算。

（二）"其他业务收入"账户

该账户用来核算企业确认的除主营业务活动以外的其他经营活动实现的收入,包括出租固定资产、出租无形资产、出租包装物和商品、销售材料、用材料进行非货币性资产交换（非货币性资产交换具有商业实质且公允价值能够可靠计量）或债务重组等实现的收入。其借方登记企业期末转入本年利润的本期其他业务收入等,贷方登记企业实现的其他业务收入,期末结转后应无余额。该账户应按照其他业务的种类进行明细核算。

（三）"主营业务成本"账户

该账户用来核算企业确认主营业务收入时应结转的成本。其借方登记企业根据本期实现主营业务计算应结转的实际成本,贷方登记企业本期发生销售退回而单独计算的本月销售退回的商品成本和期末转入本年利润的本期主营业务成本,期末结转后应无余额。采用计划成本核算库存商品的,平时的营业成本按计划成本结转,月末,应结转本月销售商品应分摊的产品成本差异。该账户应当按照主营业务的种类进行明细核算。

（四）"其他业务成本"账户

该账户用来核算企业确认的除主营业务活动以外的其他经营活动所发生的支出,包括销售材料的成本、出租固定资产的折旧额、出租无形资产的摊销额、出租包装物的成本或摊销额等。采用成本模式计量投资性房地产的,其投资性房地产计提的折旧额或摊销额,也通过本账户核算。其借方登记企业发生的其他业务成本,贷方登记企业期末转入本年利润的本期其他业务成本等,期末结转后应无余额。该账户应按照其他业务成本的种类进行明细核算。

（五）"合同履约成本"账户

该账户用来核算企业为履行当前或预期取得的合同所发生的、不属于其他企业会计准则规范范围且按照收入准则应当确认为一项资产的成本。其借方登记企业发生合同履约成本,贷方登记企业本期摊销的合同履约成本,期末借方余额,反映企业尚未结转的合同履约成本。该账户可按照合同,分别"服务成本""工程施工"等进行明细核算。

（六）"合同履约成本减值准备"账户

该账户用来核算与合同履约成本有关的资产减值准备。其借方登记企业转回已计提的与合同履约成本有关资产的减值准备,贷方登记与合同履约成本有关的资产发生减值应减记的金额,期末贷方余额,反映企业已计提但尚未转销的合同履约成本减值准备。该账户应按照合同进行明细核算。

（七）"合同取得成本"账户

该账户用来核算企业取得合同发生的、预计能够收回的增量成本。其借方登记企业发生合同取得成本,贷方登记企业本期摊销的合同取得成本,期末借方余额,反映企业尚未结转的合同取得成本。该账户应按照合同进行明细核算。

（八）"合同取得成本减值准备"账户

该账户用来核算与合同取得成本有关的资产的减值准备。其借方登记企业转回已计提的与合同取得成本有关资产的减值准备，贷方登记与合同取得成本有关的资产发生减值应减记的金额，期末贷方余额，反映企业已计提但尚未转销的合同取得成本减值准备。该账户应按照合同进行明细核算。

（九）"应收退货成本"账户

该账户用来核算销售商品时预期将退回商品的账面价值，扣除收回该商品预计发生的成本（包括退回商品的价值减损）后的余额。其借方登记企业发生附有销售退回条款销售时预期将退回商品的账面价值，贷方登记收回该商品预计发生的成本（包括退回商品的价值减损），期末借方余额，反映企业预期将退回商品转让时的账面价值，扣除收回该商品预计发生的成本（包括退回商品的价值减损）后的余额。该账户应按照合同进行明细核算。

（十）"合同资产"账户

该账户用来核算企业已向客户转让商品而有权收取对价的权利，不包括仅取决于时间流逝因素的权利。其借方登记企业在客户实际支付合同对价或在该对价到期应付之前，已经向客户转让了商品而有权收取的对价金额，贷方登记企业取得无条件收款权时有权收取的对价金额，期末借方余额，反映企业已向客户转让商品而有权收取对价除仅取决于时间流逝因素以外的权利。该账户可按照合同进行明细核算。

（十一）"合同资产减值准备"账户

该账户用来核算与合同资产有关的减值准备。其借方登记企业转回已计提的合同资产减值准备，贷方登记企业合同资产发生减值时应减记的金额，期末贷方余额，反映企业已计提但尚未转销的合同资产减值准备。该账户应按照合同进行明细核算。

（十二）"合同负债"账户

该账户用来核算企业已收或应收客户对价而应向客户转让商品的义务。其借方登记企业向客户转让相关商品实现的收入，贷方登记企业在向客户转让商品之前，客户已经支付了合同对价或企业已经取得了无条件收取合同对价权利的已收或应收的金额，期末贷方余额，反映企业在向客户转让商品之前，已经收到的合同对价或已经取得的无条件收取合同对价权利的金额。该账户应按照合同进行明细核算。

企业因转让商品收到的预收款适用收入准则进行账务处理时，不通过"预收账款"账户核算。

二、收入的账务处理

商品收入是指取得货币性资产方式的商品销售，以及以存货抵偿债务等所产生的交易收入。其中，所指的"商品"主要包括工业企业制造并销售产品、商品流通企业销售商品、咨询公司提供咨询服务、软件公司为客户开发软件、安装公司提供安装服务、建筑企业提供建造服务等。

（一）一般销售商品

企业销售商品实现的商品销售收入，应按照实际收到或应收的价款，借记"银行存款""应收账款""应收票据"等账户，按交易价格确定的销售收入金额，贷记"主营业务收入"账户，按增值税专用发票上注明的增值税额,贷记"应交税费——应交增值税(销项税额)"账户。同时,企业应根据销售商品的实际成本,计算应结转的主营业务成本,借记"主营业务成本"账户,贷记"库存商品"账户,按规定计算确定的经营活动发生的消费税、城市维护建设税、资源税和教育费附加等相关税费,借记"税金及附加"账户,贷记"应交税费"等账户。企业销售商品已计提存货跌价准备的,应当同时结转已计提的存货跌价准备,按照销售商品比例结转计提的存货跌价准备,借记"存货跌价准备"账户,贷记"主营业务成本"账户。

【例 13 - 15】 顺达公司为增值税一般纳税人,本月销售一批化妆品,开具的增值税专用发票上注明的价款为 300 000 元,增值税额为 39 000 元,货款已经收到并存入银行。该批化妆品适用的消费税税率为 30%,该批化妆品的生产成本为 160 000 元。该化妆品控制权在交付化妆品时转移给客户,符合销售商品收入确认条件。假设增值税采用一般计税方法核算。顺达公司应作账务处理如下:

(1)该项销售符合销售商品收入确认条件时:

借:银行存款	339 000
贷:主营业务收入	300 000
应交税费——应交增值税(销项税额)	39 000

(2)结转已销商品成本时:

借:主营业务成本	160 000
贷:库存商品	160 000

(3)计算已销商品负担的消费税时:

借:税金及附加	90 000
贷:应交税费——应交消费税	90 000

(二)采用递延方式分期收款销售商品

分期收款销售是指商品已经交付但货款分期收回的一种销售方式。分期收款销售的特点是所销售的商品价值较大,如房产、汽车、大型设备等;收款期较长,有的是几年,甚至长达几十年;相应地,收取货款的风险也较大。采用递延方式分期收款销售商品,其实质是合同中存在的重大融资成分,企业应当按照假定客户在取得商品控制权时即以现金支付的应付金额(即,现销价格)确定交易价格。

为了正确核算采用递延方式分期收款销售商品业务,应当设置"未实现融资收益"和"长期应收款"账户,核算企业应当分期计入利息收入的未实现融资收益,以及核算企业采用递延方式分期收款、实质上具有融资性质的销售商品等经营活动产生的应收款项。

合同中存在重大融资成分的,按应收合同或协议价款,借记"长期应收款"账户,按确定的交易价格即应收合同或协议价款的公允价值,贷记"主营业务收入"账户,按增值税专用发票上注明的增值税额,贷记"应交税费——应交增值税(销项税额)"账户,按其差额,贷记"未实现融资收益"账户;同时,根据销售商品的实际成本,计算应结转的主营业务成本,借记"主营业务成本"账户,贷记"库存商品"账户。

如果按照会计准则确认收入的时点早于按照增值税制度确认增值税纳税义务发生时点的,应将相关销项税额记入"应交税费——待转销项税额"账户,待实际发生纳税义务时再转入"应交税费——应交增值税(销项税额)"或"应交税费——简易计税"账户。

应收的合同或协议价款与其公允价值之间的差额,应当在合同或协议期内,采用实际利率法按照应收款项的摊余成本和实际利率计算确定的金额进行摊销,借记"未实现融资收益"账户,贷记"财务费用"账户。

需要说明的是,应收的合同或协议价款的公允价值,通常应当按照其未来现金流量现值或商品现销价格确定。应收的合同或协议价款与其公允价值之间的差额,按照实际利率法摊销与直线法摊销结果相差不大的,也可以采用直线法进行摊销。

【例 13-16】 甲公司为增值税一般纳税人,适用的增值税税率为 13%,增值税采用一般计税方法核算。2×19 年 1 月 1 日,甲公司采用分期收款方式向乙公司销售一台大型设备,合同约定的设备不含税价格为 600 万元,分 3 年于每年年末等额收取,该设备成本为 400 万元。甲公司发出该设备时,其相关的增值税纳税义务尚未发生,于合同约定的收款日期按合同约定的收款金额开具增值税专用发票。

假定甲公司根据 1 元现值系数表计算得出期数 3 年、选定的折现率为 8% 时,现值系数分别为 0.925 9、0.857 3、0.793 8。该大型设备在交付时客户取得相关商品的控制权,满足销售商品收入确认的条件。则甲公司的账务处理如下:

(1) 2×19 年 1 月 1 日,甲公司销售设备确认收入并结转成本时:

计算该设备销售价款的公允价值如表 13-1 所示。

表 13-1

设备销售价款的公允价值计算表

单位:万元

年 度	收款金额	折现率	现值系数	现 值
2×19	200	8%	0.925 9	185.18
2×20	200	8%	0.857 3	171.46
2×21	200	8%	0.793 8	158.76
合 计	600			515.40

借:长期应收款   6 780 000

  贷:主营业务收入   5 154 000

    应交税费——待转销项税额   780 000

    未实现融资收益   846 000

借:主营业务成本   4 000 000

  贷:库存商品   4 000 000

(2) 按期采用实际利率法计算确定利息收入时:

计算甲公司各年未实现融资收益如表 13-2 所示。

表 13-2

各年应确认的融资收益表

单位：万元

日　期 ①	收款金额 ②	确认的融资收益 ③＝初⑤×8%	应收设备款减少额 ④＝②－③	应收设备款余额 末⑤＝初⑤－④
2×19 年 1 月 1 日				515.400
2×19 年 12 月 31 日	200	41.232	158.768	356.632
2×20 年 12 月 31 日	200	28.531	171.469	185.163
2×21 年 12 月 31 日	200	14.837*	185.163	0
合　计	600	84.600	515.400	

* 尾数调整：200－185.163＝14.837(万元)。

2×19 年 12 月 31 日：

借：银行存款	2 260 000	
贷：长期应收款		2 260 000
借：应交税费——待转销项税额	260 000	
贷：应交税费——应交增值税（销项税额）		260 000
借：未实现融资收益	412 320	
贷：财务费用		412 320

2×20 年 12 月 31 日：

借：银行存款	2 260 000	
贷：长期应收款		2 260 000
借：应交税费——待转销项税额	260 000	
贷：应交税费——应交增值税（销项税额）		260 000
借：未实现融资收益	285 310	
贷：财务费用		285 310

2×21 年 12 月 31 日：

借：银行存款	2 260 000	
贷：长期应收款		2 260 000
借：应交税费——待转销项税额	260 000	
贷：应交税费——应交增值税（销项税额）		260 000
借：未实现融资收益	148 370	
贷：财务费用		148 370

（三）商业折扣、现金折扣

销售商品收入计量时，应当考虑商业折扣、现金折扣等因素。

1. 商业折扣。商业折扣是指企业为促进商品销售而在商品标价上给予的价格扣除。其实质是企业给购货方提供的一种折扣优惠,不构成最终交易价格。例如,某企业按照确定的销售政策,凡购买批量甲商品的客户,该企业给予客户 10% 的价格优惠,假定甲商品的市场价格为每件 1 000 元。则该企业销售甲商品时客户取得相关商品控制权,符合销售收入确认条件并符合商业折扣条件时,只能按照每件 900 元的交易价格确认销售商品收入。

2. 现金折扣。现金折扣是指债权人为鼓励债务人在规定的期限内付款而向债务人提供的债务扣除。其实质是企业为了尽快收回资金而发生的理财费用。因此,企业在确定销售商品的交易价格时,不考虑各种预计可能发生的现金折扣,现金折扣应当在实际发生时计入当期财务费用。

企业销售商品涉及商业折扣的,应当按照扣除商业折扣后的交易价格金额确认销售商品收入金额。给予客户的商业折扣不影响销售商品交易价格的计量。销售商品涉及现金折扣的,应当按照扣除现金折扣前的金额确定交易价格。现金折扣在实际发生时计入当期损益。现金折扣一般表示为“2/10,1/20,n/30”。

【例 13 - 17】 某企业为增值税一般纳税人,于 2×19 年 6 月 1 日销售商品一批,增值税专用发票上注明的价款为 20 000 元,增值税额为 2 600 元,货款尚未收到。该商品实际成本为 17 000 元,经判断,该销售商品时客户取得相关商品控制权,符合收入确认条件。该企业为了及时收回货款,合同规定现金折扣条件如下:“2/10,1/20,n/30”。假定增值税采用一般计税方法核算,计算现金折扣时不考虑增值税。则该企业应作账务处理如下:

(1) 6 月 1 日,确认收入并结转销售成本时:

借:应收账款	22 600
贷:主营业务收入	20 000
应交税费——应交增值税(销项税额)	2 600
借:主营业务成本	17 000
贷:库存商品	17 000

(2) 假定 6 月 8 日购买方付清货款时:

借:银行存款	22 200
财务费用	400
贷:应收账款	22 600

(3) 假定 6 月 18 日购买方付清货款时:

借:银行存款	22 400
财务费用	200
贷:应收账款	22 600

(4) 假定 6 月 30 日购买方付清货款时:

借:银行存款	22 600
贷:应收账款	22 600

（四）销售折让

销售折让是指企业因售出商品的质量不合格等原因而在售价上给予的减让。其实质是企业为阻止已售出质量不合格的商品发生退货而给予购买方的价格减让。销售折让可能发生在企业确认收入之前，也可能发生在企业确认收入之后。发生在企业确认收入之前的销售折让，应当视为商业折扣处理；发生在企业确认收入之后的销售折让，应当在销售折让实际发生时冲减当期的销售收入。

企业已经确认销售商品收入的售出商品发生销售折让的，应当在发生时冲减当期销售商品收入。发生销售折让时，如按规定允许扣减当期销项税额的，还应同时冲减"应交税费——应交增值税（销项税额）"账户。按本期发生销售折让应冲减的销售商品收入，借记"主营业务收入"账户，按增值税专用发票上注明的应冲减的增值税销项税额，借记"应交税费——应交增值税（销项税额）"账户，按实际支付或应退还的价款，贷记"银行存款""应收账款"等账户。

【例 13 - 18】 大众公司为增值税一般纳税人，适用的增值税税率为 13%，增值税采用一般计税方法核算。大众公司销售一批商品给甲公司，合同售价（不含增值税）为 56 000 元，货款尚未收到。该商品实际成本为 38 000 元，经判断，该销售商品时客户取得相关商品控制权，符合收入确认条件。甲公司收到商品时发现商品质量不符合合同规定条款，要求大众公司在价格上给予 5% 的折让。经查明，甲公司提出的销售折让要求符合合同的约定，大众公司同意并办妥了有关手续。大众公司应作账务处理如下：

（1）销售实现时：

借：应收账款——甲公司   63 280
    贷：主营业务收入   56 000
        应交税费——应交增值税（销项税额）   7 280

（2）结转销售成本时：

借：主营业务成本   38 000
    贷：库存商品   38 000

（3）发生销售折让时：

借：主营业务收入   2 800
    应交税费——应交增值税（销项税额）   364
    贷：应收账款——甲公司   3 164

（4）实际收到款项时：

借：银行存款   60 116
    贷：应收账款——甲公司   60 116

（五）商品销售退回

销售退回是指企业售出的商品由于质量、品种不符合要求等原因而发生的退货。销售退回可能发生在企业确认收入之前，也可能发生在企业确认收入之后，因此应分别不同情况处理：

（1）销售退回发生在企业确认收入之前。这类销售退回的账务处理比较简单，只需将已记入"发出商品"账户的商品成本，转回"库存商品"账户。如果采用计划成本核算库存商品的，则应按计划成本，记入"库存商品"账户并计算产品成本差异。

（2）销售退回发生在企业确认收入之后。企业已经确认销售商品收入的售出商品发生销售退回的，应当在发生时，冲减当期的销售商品收入。企业本期发生的销售退回，按应冲减的销售商品收入，借记"主营业务收入"账户，按增值税专用发票上注明的应冲减的增值税销项税额，借记"应交税费——应交增值税（销项税额）"账户，按实际支付或应退还的价款，贷记"银行存款""应收账款"等账户。同时，应按退回商品的实际成本或计划成本，借记"库存商品"账户，贷记"主营业务成本"账户。为简化处理，企业本期发生的销售退回，也可以直接从本月的销售商品数量中减去。

如该项销售已经发生现金折扣或销售折让的，应当在退回当月一并调整。

需要说明的是，如果销售退回属于资产负债表日后事项的，应当按资产负债表日后事项的处理原则进行处理。

【例 13 - 19】 A 公司为增值税一般纳税人，适用的增值税税率为 13%，增值税采用一般计税方法核算。2×19 年 5 月，A 公司共销售甲产品 200 件，单位不含增值税售价为 250 元，单位销售成本为 180 元，货款均已收到。因部分甲产品存在质量问题，于 2×19 年 7 月 25 日退回 30 件，货款已经退还客户，销售退回应退回的增值税已取得相关证明。A 公司于 2×19 年 7 月销售甲产品 100 件，单位销售成本为 190 元。则 A 公司有关销售退回应作账务处理如下：

（1）2×19 年 7 月 25 日，收到退回甲产品时：

借：主营业务收入   7 500

  应交税费——应交增值税（销项税额）   975

   贷：银行存款   8 475

（2）分别采用两种方法计算退回甲产品的销售成本：

第一种方法，从退回当月销售数量中扣除已退回甲产品的数量。

$$2×19 年 7 月实际甲产品的数量 = 100 - 30 = 70（件）$$
$$2×19 年 7 月实际甲产品的销售成本 = 70 × 190 = 13 300（元）$$

结转 2×19 年 7 月已销甲产品的销售成本时：

借：主营业务成本   13 300

   贷：库存商品   13 300

第二种方法，单独计算本月退回甲产品的销售成本。

$$2×19 年 7 月实际甲产品的销售成本 = 100 × 190 = 19 000（元）$$

结转 2×19 年 7 月已销甲产品的销售成本时：

借：主营业务成本   19 000

   贷：库存商品   19 000

退回产品的销售成本按照退回月份的销售成本计算时：

$$2\times19\text{ 年 }7\text{ 月退回甲产品的销售成本}=30\times190=5\ 700(\text{元})$$

借：库存商品　　　　　　　　　　　　　　　　　　　　　　　　　　　　5 700

　　贷：主营业务成本　　　　　　　　　　　　　　　　　　　　　　　　　　　　5 700

退回产品的销售成本按照销售月份的销售成本计算时：

$$2\times19\text{ 年 }7\text{ 月退回甲产品的销售成本}=30\times180=5\ 400(\text{元})$$

借：库存商品　　　　　　　　　　　　　　　　　　　　　　　　　　　　5 400

　　贷：主营业务成本　　　　　　　　　　　　　　　　　　　　　　　　　　　　5 400

（六）委托代销

企业已将该商品实物转移给客户，即客户已占有该商品实物。客户如果已经占有该商品实物，则可能表明其有能力主导该商品的使用并从中获得其几乎全部的经济利益，或者使其他企业无法获得这些利益。但是，客户占有了某项商品的实物并不意味着其就一定取得了该商品的控制权。例如，支付手续费方式的委托代销安排。

支付手续费方式委托代销安排，是指委托方和受托方签订合同或协议，委托方根据代销商品金额或数量向受托方支付手续费的销售方式。采用支付手续费方式时，受托方收取的手续费实质是企业的一种服务收入。这种销售方式是商品销售的重要方式之一，既可以减少委托方的商品积压以加速资金周转，又可以减少受托方的商品资金占用以降低商品经营风险。

委托代销安排下，委托方可设置"委托代销商品"账户，核算企业委托其他单位代销的商品实际成本（或售价）；受托方可设置"受托代销商品"账户，核算企业接受其他单位委托代销的商品，以及"受托代销商品款"账户，核算企业受托代销商品资金。

采用支付手续费方式的委托代销安排下，虽然企业作为委托方已将商品发送给受托方，但是受托方并未取得该商品的控制权，因此，企业不应在向受托方发货时确认销售商品的收入，而应当根据控制权是否转移来判断何时确认收入，通常委托方应当在收到受托方交付的商品代销清单时，确认销售收入，委托方按合同或协议约定的方法计算支付的手续费计入销售费用。

受托方一般应当按照委托方规定的价格对外销售，不得自行改变受托商品的售价，受托方应当根据双方签订代销协议的约定，按代销的商品数量或金额向委托方收取手续费并按应收取的手续费确认收入。

【例 13－20】　乙公司与丙公司均为增值税一般纳税人，适用的增值税税率为 13％，增值税采用一般计税方法核算。2×19 年 8 月 5 日，乙公司与丙公司签订 A 商品代销协议，委托丙公司销售 A 商品 100 件，协议规定，丙公司应按每件商品 100 元的价格对外销售，乙公司按售价的 10％支付丙公司手续费。A 商品的成本为每件 60 元。9 月 1 日，丙公司对外销售 A 商品 100 件时，向客户开具的增值税专用发票上注明 A 商品售价为 10 000 元，增值税额为 1 300 元，当日，已按代销协议向乙公司开具代销清单。9 月 1 日，乙公司收到丙公司交来的代销清单，并向丙公司开具了一张相同金额的增值税专用发票，丙公司取得该增值税专用发票已经税务机关认证其增值税可予抵扣。9 月 5 日，乙公司收到丙公司支付的已扣手续费的商品代销款。

（1）乙公司应作账务处理如下：

8月5日，将A商品交付丙公司时：

借：委托代销商品　　　　　　　　　　　　　　　　　　　　　　　　6 000

　　贷：库存商品　　　　　　　　　　　　　　　　　　　　　　　　　　6 000

9月1日，收到代销清单时：

借：应收账款——丙公司　　　　　　　　　　　　　　　　　　　　　11 300

　　贷：主营业务收入　　　　　　　　　　　　　　　　　　　　　　　10 000

　　　　应交税费——应交增值税（销项税额）　　　　　　　　　　　　 1 300

借：主营业务成本　　　　　　　　　　　　　　　　　　　　　　　　 6 000

　　贷：委托代销商品　　　　　　　　　　　　　　　　　　　　　　　　6 000

借：销售费用——代销手续费　　　　　　　　　　　　　　　　　　　 1 000

　　贷：应收账款——丙公司　　　　　　　　　　　　　　　　　　　　 1 000

9月5日，收到丙公司汇来的货款净额时：

借：银行存款　　　　　　　　　　　　　　　　　　　　　　　　　　10 300

　　贷：应收账款——丙公司　　　　　　　　　　　　　　　　　　　　10 300

（2）丙公司应作账务处理如下：

8月5日，收到A商品时：

借：受托代销商品　　　　　　　　　　　　　　　　　　　　　　　　10 000

　　贷：受托代销商品款　　　　　　　　　　　　　　　　　　　　　　10 000

9月1日，实际销售A商品时：

借：银行存款　　　　　　　　　　　　　　　　　　　　　　　　　　11 300

　　贷：受托代销商品——乙公司　　　　　　　　　　　　　　　　　　10 000

　　　　应交税费——应交增值税（销项税额）　　　　　　　　　　　　 1 300

借：受托代销商品款　　　　　　　　　　　　　　　　　　　　　　　10 000

　　应交税费——应交增值税（进项税额）　　　　　　　　　　　　　　 1 300

　　贷：应付账款——乙公司　　　　　　　　　　　　　　　　　　　　11 300

9月5日，支付给乙公司代销A商品款并计算代销手续费时：

借：应付账款——乙公司　　　　　　　　　　　　　　　　　　　　　11 300

　　贷：银行存款　　　　　　　　　　　　　　　　　　　　　　　　　10 300

　　　　主营业务收入（或其他业务收入）　　　　　　　　　　　　　　 1 000

（七）售后代管商品

售后代管商品是指根据企业与客户签订的合同，已经就销售的商品向客户收款或取得了收款权利，但是直到在未来某一时点将该商品交付给客户之前，仍然继续持有该商品实物的安排。例如，企业根据合同已经就销售的商品向客户收款或取得了收款权利，但是，由于客户因为缺乏足够的仓储空间等原因,尚未将该商品交付给客户,在企业将该商品交付给客户之前,企业仍然继续持有该商品实物。

企业涉及售后代管商品的,在判断商品的控制权是否发生转移时,应当同时满足下列四项条件,则表明客户取得了该商品的控制权:一是该安排必须具有商业实质,如该安排是应客户的要求而订立的;二是属于客户的商品必须能够单独识别;三是该商品可以随时交付给客户;四是企业不能自行使用该商品或将该商品提供给其他客户。

当客户已经取得了对该商品的控制权时,即使客户决定暂不行使实物占有的权利,其仍有能力主导该商品的使用并从中获得几乎全部的经济利益。因此,企业应在客户取得相关商品控制权时确认收入,由于企业不再控制该商品,企业应当考虑是否承担了保管服务等其他的履约义务,如果向客户提供了保管服务等履约义务的,应将部分交易价格分摊至该履约义务。

【例 13-21】 2×19 年 9 月 1 日,甲公司与乙公司签订合同,向其销售一批商品。不含增值税的合同价格为 100 000 元,该批商品的实际成本为 80 000 元。乙公司合同签订日支付了该批商品的合同价款,并对其进行了验收。乙公司考虑到其自身的仓储能力有限,且其工厂紧邻甲公司的仓库,因此要求将该批商品存放于甲公司的仓库中,并且要求甲公司按照其指令随时安排发货。乙公司已拥有该批商品的法定所有权,且该批商品可明确识别为属于乙公司的物品。甲公司在其仓库内的单独区域内存放这批商品,并且应乙公司的要求可随时发货,甲公司不能使用该批商品,也不能将其提供给其他客户使用。

甲公司为增值税一般纳税人,适用的增值税税率为 13%,增值税采用一般计税方法核算。

本例中,2×19 年 9 月 1 日,对于该批商品,甲公司已经收取合同价款,但是应乙公司的要求尚未发货,乙公司已拥有该批商品的法定所有权并且对其进行了验收,虽然该批商品实物尚由甲公司持有,但是其满足在"售后代管商品"的安排下客户取得商品控制权的条件,该批商品的控制权也已经转移给了乙公司。因此,甲公司应当确认该批商品的相关收入。甲公司应作账务处理如下:

(1) 销售实现时:

借:银行存款 113 000
　　贷:主营业务收入 100 000
　　　　应交税费——应交增值税(销项税额) 13 000

(2) 结转销售成本时:

借:主营业务成本 80 000
　　贷:库存商品 80 000

除销售商品之外,甲公司另为乙公司提供了仓储保管服务,该服务与该批商品可明确区分,构成单项履约义务,甲公司需要将部分交易价格分摊至该项服务,并在提供该项服务的期间确认收入。

(八)预收款销售

预收款销售是指购买方在商品尚未收到前先按合同或协议约定分期付款,销售方在收到最后一笔款项时才交货的销售方式。在这种方式下,销售方直到收到最后一笔款项才将商品交付购货方,表明商品控制权只有在收到最后一笔款项时才转移给购货方,企业在商品交付给客户时,客户取得相关商品控制权。因此,企业通常应在发出商品时确认收入,在此之前预收的货款应确认为负债。

【例 13-22】 申达公司与丙公司签订合同,采用分期预收款方式向丙公司销售一批商品。该批商品实际成本为 800 000 元。合同约定,该批商品合同价格为 1 000 000 元;丙公司应在合同签订日预付货款的 40%,剩余货款于 1 个月后支付。假定申达公司收到剩余款时,销售该批商品的增值税纳税义务发生,适用的增值税税率为 13%,增值税采用一般计税方法核算。根据上述资料,申达公司应作账务处理如下:

(1)合同签订日,收到 40%合同款项时:

借:银行存款   400 000
 贷:合同负债——丙公司   400 000

(2)收到剩余款时:

借:合同负债——丙公司   400 000
  银行存款   730 000
 贷:主营业务收入   1 000 000
   应交税费——应交增值税(销项税额)   130 000

借:主营业务成本   800 000
 贷:库存商品   800 000

(九)订货销售业务

订货销售是指销售方已收到全部或部分货款,而所售商品库存没有现货,需要通过生产制造完成后才能将商品交付购货方的销售方式。这种销售方式下,购货方应当按合同约定付款,销售方一般应在发出商品并在客户取得相关商品控制权时,符合收入确认条件确认收入,在商品未发出之前商品控制权并未转移给客户,在此之前预收的货款应确认为负债。

【例 13-23】 申兴公司为增值税一般纳税人,适用的增值税税率为 13%,增值税采用一般计税方法核算。2×19 年 8 月 12 日,甲公司向申兴公司订购设备 1 台,合同售价(不含增值税)为 80 000 元,合同约定甲公司在签订合同日先预付设备价款的 50%,余款于设备生产完工时一次付清,当日,甲公司支付了 40 000 元预付设备款。申兴公司于 9 月 20 日完成该设备生产过程并验收入库,该设备实际生产成本为 65 000 元。申兴公司已按合同约定于 9 月 20 日收到设备余款及增值税额,立即开具增值税专用发票并将该设备发给甲公司,由此甲公司取得相关商品控制权。根据上述资料,申兴公司应作账务处理如下:

(1)8 月 12 日,收到甲公司预付设备款时:

借:银行存款   40 000
 贷:合同负债——甲公司   40 000

(2)9 月 20 日,收到甲公司支付设备余款及增值税额时:

借:银行存款   50 400
 贷:合同负债——甲公司   50 400

（3）9月20日，申兴公司发出商品时：

借：合同负债——甲公司　　　　　　　　　　　　　　　　　　　　　　　90 400
　　贷：主营业务收入　　　　　　　　　　　　　　　　　　　　　　　　　　80 000
　　　　应交税费——应交增值税（销项税额）　　　　　　　　　　　　　　　10 400

（4）同时，结转设备生产成本时：

借：主营业务成本　　　　　　　　　　　　　　　　　　　　　　　　　　　65 000
　　贷：库存商品　　　　　　　　　　　　　　　　　　　　　　　　　　　　65 000

（十）提供服务

企业提供服务有多种划分标准，一般可以根据企业提供服务的实际情况，判断提供服务的履约义务是在某一时点内履行还是在某一时段履行。对于在某一时点履行提供服务的履约义务的，应当按照完成合同法确认服务收入；对于在某一时段内履行提供服务的履约义务，企业应当在提供该服务的期间内按确定履约进度确认收入，企业应当选取恰当的方法来确定履约进度。

按确定的履约进度和以下公式计算确认服务（劳务）收入和服务（劳务）成本：

本期确认的服务收入＝服务总收入×本期期末止服务的履约进度－以前期间已确认的收入
本期确认的服务成本＝服务总成本×本期期末止服务的履约进度－以前期间已确认的成本

企业提供服务（劳务）实现的收入，应当按照企业已收或应收客户对价的金额，借记"银行存款""应收账款"等账户，贷记"主营业务收入""其他业务收入"账户。

企业发生各项服务（劳务）成本时，借记"合同履约成本"账户，贷记"银行存款""应付职工薪酬""原材料"等账户；期末，结转服务（劳务）的成本时，借记"主营业务成本""其他业务成本"等账户，贷记"合同履约成本"账户。

【例13－24】　甲设备安装公司（简称甲公司）为增值税一般纳税人，适用的增值税税率为9％，增值税采用一般计税方法核算。2×19年10月1日，甲公司与乙公司签订设备安装合同，由甲公司为乙公司提供设备安装，工期大约5个月，合同约定含增值税额的合同价款为2 507 000元，乙公司应于签订合同当日支付80％的合同价款，合同完成支付剩余合同价款。甲公司如期收到乙公司第一笔合同价款，至2×19年12月31日，甲公司发生安装人员工资900 000元、领用安装用材料300 000元。预计完成该设备安装任务还将发生成本800 000元。假定甲公司按年确认安装服务收入，采用已经发生的成本占估计总成本的比例确定服务的履约进度，根据税法规定提供安装服务采取预收款方式的，其纳税义务发生时间为收到预收款的当天。根据上述资料，2×19年12月31日，甲公司应作账务处理如下：

$$2×19年12月31日安装服务的履约进度＝已经发生的成本÷估计总成本×100\%$$
$$＝1\ 200\ 000÷（1\ 200\ 000＋800\ 000）×100\%$$
$$＝60\%$$

$$本年确认的服务收入＝服务总收入×服务的履约进度－以前期间已确认的收入$$
$$＝2\ 300\ 000×60\%－0＝1\ 380\ 000（元）$$

$$本年确认的服务成本＝服务总成本×服务的履约进度－以前期间已确认的成本$$
$$＝（1\ 200\ 000＋800\ 000）×60\%－0＝1\ 200\ 000（元）$$

(1) 预收合同价款时:

借:银行存款 2 005 600
   贷:合同负债 1 840 000
     应交税费——应交增值税(销项税额) 165 600

(2) 发生安装成本时:

借:合同履约成本 1 200 000
   贷:应付职工薪酬 900 000
     原材料 300 000

(3) 确认安装服务收入时:

借:合同负债 1 380 000
   贷:主营业务收入 1 380 000

(4) 结转安装成本时:

借:主营业务成本 1 200 000
   贷:合同履约成本 1 200 000

需要说明的是,当履约进度不能合理确定时,企业已经发生的成本预计能够得到补偿的,应当按照已经发生的成本金额确认收入,直到履约进度能够合理确定为止。每一资产负债表日,企业应当对履约进度进行重新估计,以确保履约进度能够反映履约情况。

(十一)建造合同

建造合同,是指为建造一项资产或者在设计、技术、功能、最终用途等方面密切相关的数项资产而订立的合同。其中,资产主要包括房屋、道路、桥梁、水坝等建筑物,以及船舶、飞机、大型机械设备等。

建造合同的特征主要表现在四个方面:一是先有买主(客户),后有标底(资产),建造资产的造价在签订合同时已经确定;二是资产的建设期长,一般都要跨越一个会计年度,有的长达数年;三是所建造的资产体积大,造价高;四是建造合同一般为不可撤销的合同。

根据国家规定的工程价款结算办法所确定的结算方式,在办理工程价款结算时,根据结算的工程价款金额确认为合同收入。企业会计准则规定,建造合同属于在某一时段内履行的履约义务,企业应当根据履约进度在资产负债表日确认合同收入和合同成本。在采用履约进度确认合同收入和合同成本情况下,合同收入是按履约进度确认的,与实际结算的工程价款会有一定的差别。

1. 建造合同的类型

建造合同一般分为固定造价合同和成本加成合同两类。

(1) 固定造价合同是指按照固定的合同价或固定单价确定工程价款的建造合同。例如,甲船舶工业公司与长江运输公司签订一项建造合同,为长江运输公司建造一艘运输船舶,合同规定建造运输船舶的总造价为 8 000 万元。此时双方签订的建造合同即为固定造价合同。又如,乙建造承包公司与立达制造公司签订一项建造合同,为立达制造公司建造一幢厂房,合同规定建造厂房每平方米单价为 5 000 元。此时双方签订的建造合同也属于固定造价合同。

（2）成本加成合同是指以合同约定或其他方式议定的成本为基础，加上该成本的一定比例或定额费用确定工程价款的建造合同。例如，丙机械制造公司与兴新开发公司签订一项建造合同，为兴新开发公司建造 1 台大型机械设备，合同规定以建造该机械设备的实际成本为基础，该机械设备的合同价款以实际成本加成 3% 计算确定。此时双方签订的建造合同属于成本加成合同。

2. 建造合同的分立与合并

建造合同中有关合同的分立与合并，实际上是确定建造合同的会计核算对象。一组建造合同是合并为一项合同构成单项履约义务，还是分立为多项合同构成各单项履约义务，对建造承包商的报告损益将产生重大影响。由于在一组建造合同中有的项目可能盈利，有的可能发生亏损；另外，各项目可能在不同的会计期间履行，单独报告合同损益与合并报告合同损益对企业当期损益会产生重大影响。企业为能反映一项建造合同或一组建造合同的实质，凡符合合同分立条件的，必须将一组建造合同分立作为各单项履约义务进行账务处理；凡符合合同合并条件的，必须将一组合同合并为单一合同作为单项履约义务进行账务处理。因此，正确确定各项建造合同的会计核算对象，是正确核算和反映建造合同损益的关键。

1）建造合同的分立

如果一项合同包括建造多项资产，在同时具备下列条件的情况下，每项资产应当分立为单项合同，将每项合同作为单项履约义务处理：

（1）每项资产均有独立的建造计划。

（2）与客户就每项资产单独进行谈判，双方能够接受或拒绝与每项资产有关的合同条款。

（3）每项资产的收入和成本可以单独辨认。

追加资产的建造，在满足下列条件之一时，应当作为单项合同进行会计处理：

（1）该追加资产在设计、技术或功能上与原合同包括的一项或数项资产存在重大差异。

（2）议定该追加资产的造价时，不需要考虑原合同价款。

2）建造合同的合并

如果为建造一项或数项资产而签订一组建造合同，而一组建造合同无论对应单个客户还是几个客户，在同时具备下列条件的情况下，应当合并为单项合同，将该合同作为单项履约义务处理：

（1）该组合同按一揽子交易签订。

（2）该组合同密切相关，每项合同实际上已构成一项综合利润率工程的组成部分。

（3）该组合同同时或依次履行。

3. 合同收入

合同收入包括初始收入和追加收入。

1）初始收入

初始收入，即建造承包商与客户在双方签订的合同中最初商定的合同总金额。合同规定的初始收入构成合同收入的基本内容。

2）追加收入

追加收入，即因合同变更、索赔、奖励等形成的收入。追加收入不构成合同双方在签订合同时已在合同中商定的合同总金额,它是在执行合同过程中由于合同变更、索赔、奖励等原因而形成的收入。建造承包商不能随意确认追加收入,只有在符合规定条件时才能计入合同总收入。

4. 合同成本

合同成本包括合同履约成本和合同取得成本。

1) 合同履约成本

合同履约成本是指从合同开始日至合同完成止所发生的、与执行合同有关的直接费用和间接费用。

合同履约成本的组成内容:

(1) 直接费用。直接费用是指为完成合同所发生的、可以直接计入合同成本核算对象的各项费用支出。直接费用包括直接人工、直接材料、明确由客户承担的成本以及仅因该合同而发生的支付给分包商的成本、机械使用费、设计和技术援助费用、施工现场二次搬运费、生产工具和用具使用费、检验试验费、工程定位复测费、工程点交费用、场地清理费等其他成本。

(2) 间接费用。间接费用是指企业下属的施工单位或生产单位为组织和管理施工生产活动所发生的费用。间接费用包括管理人员的职工薪酬、劳动保护费、固定资产折旧费及修理费、物料消耗、取暖费、水电费、办公费、差旅费、财产保险费、工程保修费、排污费、临时设施摊销费等。

合同履约成本确认为资产应满足相应条件:一是该成本与一份当前或预期取得的合同直接相关;二是该成本增加了企业未来用于履行(或持续履行)履约义务的资源;三是该成本预期能够收回。

需要说明的是,企业应当在下列支出发生时,将其计入当期损益:一是管理费用,除非这些费用明确由客户承担;二是非正常消耗的直接材料、直接人工和制造费用(或类似费用);三是与履约义务中已履行(包括已全部履行或部分履行)部分相关的支出,即该支出与企业过去的履约活动相关;四是无法在尚未履行的与已履行(或已部分履行)的履约义务之间区分的相关支出。

2) 合同取得成本

合同取得成本是指企业为取得合同发生的增量成本预期能够收回的,应当作为合同取得成本确认为一项资产。增量成本是指企业不取得合同就不会发生的成本,如销售佣金。

为简化实务操作,该资产摊销期限不超过一年的,可以在发生时计入当期损益(销售费用)。

企业为取得合同发生的、除预期能够收回的增量成本之外的其他支出(如无论是否取得合同均会发生的差旅费、投标费等),应当在发生时计入当期损益。

5. 合同收入与合同成本的确认

在资产负债表日,企业应当按照履约义务的履约进度确认合同收入和合同成本。在具体处理时,首先应确定建造合同的履约进度,再根据履约进度确认和计量当期的合同收入和合同成本。

(1) 合同履约进度的确定可采用以下方法:① 累计实际发生的合同成本占合同预计总成本的比例。② 已经完成的合同工作量占合同预计总工作量的比例。③ 实际测定的完工进度。在采用方法①的情况下，累计实际发生的合同成本不包括施工中尚未安装或使用的材料成本等与合同未来活动相关的合同成本，以及在分包工程的工作量完成之前预付给分包单位的款项。

（2）按照履约义务的履约进度确认建造合同收入、成本公式。其计算公式分别如下：

当期确认的合同收入＝合同总收入×履约进度－以前会计期间累计已确认收入

当期确认的合同成本＝合同预计总成本×履约进度－以前会计期间累计已确认成本

其中，以上履约进度是指累计履约进度。

（3）合同收入与合同成本确认和计量的账务处理。为了正确核算和反映建造合同的损益，应设置下列账户进行账务处理：

第一，"合同履约成本"账户。该账户用来核算企业为履行当前或预期取得的合同所发生的、不属于其他企业会计准则规范范围且按照收入准则应当确认为一项资产的成本。该账户可按照合同，分别"服务成本""工程施工"等进行明细核算。

企业进行合同建造时发生的人工费、材料费、机械使用费以及施工现场材料的二次搬运费、生产工具和用具使用费、检验试验费、临时设施折旧费等其他直接费用，借记"合同履约成本——工程施工"账户，贷记"应付职工薪酬""原材料"等账户；发生的施工、生产单位管理人员职工薪酬、固定资产折旧费、财产保险费、工程保修费、排污费等间接费用，借记"合同履约成本——间接费用"账户，贷记"累计折旧""银行存款"等账户。月末，将间接费用分配计入有关合同成本时，借记"合同履约成本——工程施工"账户，贷记"合同履约成本——间接费用"账户。期末，按照履约进度确认合同成本时，借记"主营业务成本"账户，贷记"合同履约成本——工程施工"账户。期末借方余额，反映企业尚未结转的合同履约成本。"合同履约成本"账户期末借方余额，计入资产负债表"存货"项目。

第二，"合同结算"账户，用来核算建造承包企业或船舶等制造企业根据合同约定向业主办理结算的累计金额。企业应当按照建造合同进行明细核算。

企业向业主办理工程价款结算时，按应结算的金额，借记"应收账款"等账户，贷记"合同结算"账户，按规定计算的销项税额，贷记"应交税费——应交增值税（销项税额）"等账户。按期末履约进度确认的合同收入金额，借记"合同结算"账户，贷记"主营业务收入"账户。期末如为贷方余额，反映企业已经与客户结算但尚未履行履约义务的金额，计入资产负债表"合同负债"项目，如为借方余额，反映企业已经履行履约义务但尚未与客户结算的金额，计入资产负债表"合同资产"项目。

【例 13－25】　甲建造承包公司与乙制造企业签订了一项不含税总金额为 500 万元的固定造价合同，承建一幢商务楼。工程已于 2×19 年 6 月开工，预计 2×20 年 8 月完工。最初，预计工程总成本为 400 万元。甲建造承包公司 2×19 年发生工程施工成本 120 万元，其中，工资 20 万元，用银行存款支付其他费用 100 万元；2×19 年年末，按照工程履约进度在向业主办理工程价款结算，开具的增值税专用发票注明工程款 130 万元，增值税额 11.7 万元，实际收到 120 万元。甲建造承包公司 2×20 年发生工程施工成本 270 万元，其中，工资 70 万元，用银行存款支付其他费用 200 万元；该商务楼于 2×20 年 6 月提前 2 个月完成了合同，工程质量优良，乙制造企业同意支付奖励款 10 万元。2×20 年 6 月末，按照工程履约进度向业主办理工程价款结算,开具的增值税专用发票注明工程款 380 万元,增值税额 34.2 万元,实际收到 435.9 万元。该建造工程整体构成单项履约义务,并属于在某一时段履行的履约义务,甲建造 承包公司采用成本法确定履约进度,假定,甲建造承包公司为增值税一般纳税人,适用的增值 税税率为 9%,采用一般计税方法核算,税法规定企业提供建筑服务在向业主办理工程价款结 算时发生纳税义务。根据上述资料,甲建造承包公司应作账务处理如下:

(1) 2×19 年,发生工程施工成本时:

借:合同履约成本——商务楼(工程施工)	1 200 000
贷:应付职工薪酬	200 000
银行存款	1 000 000

(2) 2×19 年年末,按照工程履约进度登记合同价款时:

借:应收账款	1 417 000
贷:合同结算——商务楼	1 300 000
应交税费——应交增值税(销项税额)	117 000

(3) 2×19 年年末,实际收到合同价款时:

借:银行存款	1 200 000
贷:应收账款	1 200 000

(4) 2×19 年年末,确认当年合同收入和成本时:

2×19 年的履约进度=累计实际发生的合同成本÷合同预计总成本×100%
=120÷400×100%=30%

2×19 年应确认的合同收入=合同总收入×履约进度-以前会计期间累计已确认收入
=500×30%=150(万元)

2×19 年应确认的合同成本=合同预计总成本×履约进度-以前会计期间累计已确认成本
=400×30%=120(万元)

借:合同结算——商务楼	1 500 000
贷:主营业务收入	1 500 000
借:主营业务成本	1 200 000
贷:合同履约成本——商务楼(工程施工)	1 200 000

2×19 年年末,"合同结算"账户的余额为借方 20 万元(150-130),反映甲公司已经履行 履约义务但尚未与客户结算的金额为 20 万元,该部分金额将在 2×20 年内结算,因此,应在资 产负债表中作为合同资产列示。

(5) 2×20 年,发生工程施工成本时:

借:合同履约成本——商务楼(工程施工)	2 700 000
贷:应付职工薪酬	700 000
银行存款	2 000 000

(6) 2×20 年,按照工程履约进度登记合同价款时:

借：应收账款 4 142 000
　　贷：合同结算——商务楼 3 800 000
　　　　应交税费——应交增值税（销项税额） 342 000

（7）2×20年,实际收到合同价款时：

借：银行存款 4 359 000
　　贷：应收账款 4 359 000

（8）2×20年,确认当年合同收入和成本时：

　　2×20年的履约进度＝100%
　　2×20年应确认的合同收入＝合同总收入×履约进度－以前会计期间累计已确认收入
　　　　　　　　　　　＝510×100%－150＝360（万元）
　　2×20年应确认的合同成本＝合同预计总成本×履约进度－以前会计期间累计已确认成本
　　　　　　　　　　　＝390×100%－120＝270（万元）

借：合同结算——商务楼 3 600 000
　　贷：主营业务收入 3 600 000

借：主营业务成本 2 700 000
　　贷：合同履约成本——商务楼（工程施工） 2 700 000

2×20年年末,"合同结算"账户的余额为0万元（20＋360－380）。

需要说明的是,企业应定期检查合同的执行情况,当合同预计总成本超过合同预计总收入时,应将预计发生损失金额根据或有事项的相关规定,待执行合同变成亏损合同的,该亏损合同产生的义务满足相关条件的,则应当对亏损合同确认预计负债。

6.与合同成本有关的资产减值

为了正确核算和反映与合同成本有关的资产减值,应设置下列账户进行账务处理：

第一,"合同履约成本减值准备"账户。

该账户用来核算与合同履约成本有关的资产减值准备。其借方登记企业转回已计提的与合同履约成本有关资产的减值准备,贷方登记与合同履约成本有关的资产发生减值应减记的金额,期末贷方余额,反映企业已计提但尚未转销的合同履约成本减值准备。该账户应按照合同进行明细核算。

第二,"合同取得成本减值准备"账户。

该账户用来核算与合同取得成本有关的资产的减值准备。其借方登记企业转回已计提的与合同取得成本有关资产的减值准备,贷方登记与合同取得成本有关的资产发生减值应减记的金额,期末贷方余额,反映企业已计提但尚未转销的合同取得成本减值准备。该账户应按照合同进行明细核算。

（1）资产负债表日,当合同履约成本和合同取得成本的账面价值高于企业因转让该资产相关的商品预期能够取得的剩余对价与为转让该相关商品估计将要发生的成本的差额时,超出部分应当计提减值准备,并确认为资产减值损失。

企业计提资产减值准备时,按合同履约或取得成本有关的资产确定的减值金额,借记"资产减值损失"账户,贷记"合同履约成本减值准备"或"合同取得成本减值准备"账户。

（2）以前期间减值的因素之后发生变化，使得企业因转让该资产相关的商品预期能够取得的剩余对价与为转让该相关商品估计将要发生的成本的差额高于合同履约成本和合同取得成本的账面价值的，应当转回原已计提的资产减值准备，并计入当期损益，但转回后的资产账面价值不应超过假定不计提减值准备情况下该资产在转回日的账面价值。

企业转回已计提的资产减值准备时，借记"合同履约成本减值准备"或"合同取得成本减值准备"账户，贷记"资产减值损失"账户。

需要说明的是，在确定合同履约（取得）成本的减值损失时，企业应当首先确定其他资产减值损失；然后，确定合同履约（取得）成本的减值损失。

第四节　特定交易的账务处理

企业除一般商品销售外，还可能涉及附有销售退回条款的销售、附有质量保证条款的销售、附有客户额外购买选择权的销售、售后回购、客户未行使的权利、主要责任人和代理人、授予知识产权许可，以及无需退回的初始费等特定交易。

由于销售商品交易的复杂性，在判断销售商品交易是否已经实现时，应当考虑销售商品交易是否真正地完成，是否存在较大不确定性。而判断销售商品交易是否已完成的标志是在客户取得相关商品控制权，能够主导该商品的使用并从中获得几乎全部的经济利益，也包括有能力阻止其他方主导该商品的使用并从中获得经济利益。企业在判断商品的控制权是否发生转移时，应当从客户的角度进行分析，即客户是否取得了相关商品的控制权以及何时取得该控制权。

一、附有销售退回条件的商品销售

附有销售退回条件的商品销售，是指企业将商品控制权转让给客户之后，允许客户依照有关合同、法律要求、声明或承诺、以往的习惯做法等选择退货的销售方式。

附有销售退回条件的商品销售方式下，企业可根据以往经验对退货的可能性进行合理估计，对于能够合理估计退货可能性且确认与退货相关负债的，企业应当在客户取得相关商品控制权时，按照因向客户转让商品而预期有权收取的对价扣除预期因销售退回将退还后金额确认收入，按照预期因销售退回将退还的金额确认负债；同时，按照预期将退回商品转让时的账面价值，扣除收回该商品预计发生的成本后的余额，确认一项资产，按照所转让商品转让时的账面价值，扣除上述资产成本的净额结转成本。

企业在客户取得相关商品控制权时，按因向客户转让商品而预期有权收取的对价金额，借记"银行存款""应收账款"等账户，按预期有权收取不会退回商品的对价金额，贷记"主营业务收入"账户，按预期因销售退回将退还金额，贷记"预计负债——应付退货款"账户，按增值税专用发票上注明的增值税额，贷记"应交税费——应交增值税（销项税额）"账户；同时，按预期不会退回商品转让时的账面价值，借记"主营业务成本"账户，按预期退回商品转让时的账面价值，借记"应收退货成本"账户，并按商品的实际成本，贷记"库存商品"账户。

对于不能合理估计退货可能性的，应在购买方正式接受商品或售出商品退货期满时确认收入。

每一资产负债表日,企业应当重新估计未来销售退回情况,并对上述资产和负债进行重新计量。如有变化,应当作为会计估计变更进行账务处理。

【例 13-26】 A 公司对家电产品实行 3 个月内"包退"的销售政策。8 月 25 日,该公司共销售家电商品 113 000 元(含增值税额),并已开具增值税专用发票,销售商品货款均已收到,该家电商品的实际销售成本为 90 000 元。该商品的退货期为 1 个月。根据以往经验,A 公司估计发生退货的商品比例占销售额的 2%。假定该家电商品发出时控制权转移给客户,增值税采用一般计税方法核算。A 公司应作账务处理如下:

情况一,A 公司根据以往经验能合理估计该商品退货可能性,虽然 A 公司仍保留有所销售家电商品一定的风险,但这种风险是次要的风险,该家电商品发出时控制权转移给客户,符合销售商品收入确认条件,A 公司的账务处理如下:

(1) 8 月 25 日,销售家电商品时:

借:银行存款	113 000
贷:主营业务收入	98 000
预计负债——应付退货款	2 000
应交税费——应交增值税(销项税额)	13 000
借:主营业务成本	88 200
应收退货成本	1 800
贷:库存商品	90 000

(2) 假定,销售家电商品退货期满未发生退货时:

借:预计负债——应付退货款	2 000
贷:主营业务收入	2 000
借:主营业务成本	1 800
贷:应收退货成本	1 800

情况二,假定 A 公司无法合理估计该商品退货可能性,应在售出商品退货期满时确认收入,对已发出的商品,记入"发出商品"账户。对发出时纳税义务已经发生的,应计算应交的增值税款。

(1) 8 月 25 日,销售家电商品时:

借:银行存款	113 000
贷:合同负债	100 000
应交税费——应交增值税(销项税额)	13 000
借:发出商品	90 000
贷:库存商品	90 000

(2) 销售家电商品退货期满未发生退货时:

借:合同负债	100 000
贷:主营业务收入	100 000

借：主营业务成本   90 000
 贷：发出商品   90 000

二、附有质量保证条款的销售

附有质量保证条款的销售,是指企业在向客户销售商品时,根据合同约定、法律规定或本企业以往的习惯做法等,为所销售的商品提供质量保证的销售方式。

附有质量保证条款的销售方式下,其质量保证包括为了向客户保证所销售的商品符合既定标准的保证性质量保证和在向客户保证所销售的商品符合既定标准之外提供了一项单独服务的服务性质量保证。

企业应当评估该项质量保证是否在向客户保证所销售的商品符合既定标准之外提供了一项单独的服务,评估时应当考虑该质量保证是否为法定要求、质量保证期限以及企业承诺履行任务的性质等因素。

企业经评估该项质量保证符合既定标准的,则不能作为单项履约义务的质量保证,企业应当按照或有事项的规定进行账务处理。企业经评估该项质量保证不符合既定标准的,则企业应当判断客户是否能够选择单独购买质量保证,并分别以下情况处理:对于客户能够选择单独购买质量保证的,表明该质量保证构成单项履约义务;对于客户不能选择单独购买质量保证,但该质量保证在向客户保证所销售的商品符合既定标准之外提供了一项单独服务的,也应当作为单项履约义务。

企业应当将构成单项履约义务的质量保证按照交易价格分摊的规定将部分交易价格分摊至该项履约义务进行账务处理。

对于构成单项履约义务的质量保证,企业按因向客户提供单独服务而预期有权收取的对价金额,借记"银行存款""应收账款"等账户,按分摊确认的收入金额和提供单独服务的收入金额,分别贷记"主营业务收入""合同负债"账户,按增值税专用发票上注明的增值税额,贷记"应交税费——应交增值税(销项税额)"账户;同时,按商品转让时的账面价值,借记"主营业务成本"账户,贷记"库存商品"账户。企业向客户提供的单独服务在服务期间,根据服务履约进度确认收入时,借记"合同负债"账户,贷记"主营业务收入"账户。

对于不构成单项履约义务的质量保证,在满足预计负债确认条件时,企业按估计确认的金额,借记"销售费用"账户,贷记"预计负债"账户。

【例 13-27】 甲公司为一家电视机生产和销售企业。甲公司与 A 公司签订一项电视机的销售合同,合同约定甲公司向该客户公司销售一批电视机,售价为 105 000 元。甲公司承诺该批电视机售出后 1 年内如出现非意外事件造成的故障或质量问题,甲公司免费负责保修(含零部件的更换),同时甲公司另向 A 公司提供一项在法定保修期 1 年之外的延保服务,延保期 2 年。该批电视机和延保服务的单独售价分别为 100 000 元和 5 000 元。甲公司根据以往经验估计在法定保修期 1 年内将发生的保修费用为 12 000 元。该批电视机的成本为80 000 元。合同签订当日,甲公司将该批电视机交付给 A 公司,同时 A 公司向甲公司支付了105 000 元价款。假定不考虑增值税等相关税费及货币时间价值因素。甲公司应作账务处理如下:

（1）收到款项时：

借：银行存款 105 000

贷：主营业务收入 100 000

合同负债 5 000

借：主营业务成本 80 000

贷：库存商品 80 000

（2）确认保修费用时：

借：销售费用 12 000

贷：预计负债 12 000

（3）确认延保服务收费

甲公司确认的延保服务收费5 000元应当在延保期间根据延保服务履约进度确认为收入。

三、附有客户额外购买选择权的销售

附有客户额外购买选择权的销售，是指企业在销售商品的同时，向客户授予选择权，允许客户据此免费或者以折扣价格购买额外商品的销售方式。企业向客户授予的额外购买选择权的形式包括销售激励、客户奖励积分、未来购买商品的折扣券以及合同续约选择权等。

附有客户额外购买选择权的销售方式下，企业应当评估该选择权是否向客户提供了一项重大权利，如续约合同有优惠。如果客户只有在订立了一项合同的前提下才取得了额外购买选择权，并且客户行使该选择权购买额外商品时，能够享受到超过该地区或该市场中其他同类客户所能够享有的折扣，则通常认为该选择权向客户提供了一项重大权利。如果企业向客户提供了额外购买选择权，但客户在行使该选择权购买商品的价格反映了该商品的单独售价时，即使客户只能通过与企业订立特定合同才能获得该选择权，该选择权也不应被视为企业向该客户提供了一项重大权利。

对于企业提供重大权利的，应当作为单项履约义务，按照有关交易价格分摊的规定将交易价格分摊至该履约义务，在客户未来行使购买选择权取得相关商品控制权时，或者该选择权失效时，确认相应的收入。

企业提供重大权利的附有客户额外购买选择权的销售时，企业按因向客户销售商品而预期有权收取的对价金额，借记"银行存款""应收账款"等账户，按照商品和积分单独售价的相对比例分摊的交易价格，分别贷记"主营业务收入""合同负债"账户，按增值税专用发票上注明的增值税额，贷记"应交税费——应交增值税（销项税额）"账户；同时，按商品转让时的账面价值，借记"主营业务成本"账户，贷记"库存商品"账户。客户兑换积分时，按积分应当确认的收入金额，借记"合同负债"账户，贷记"主营业务收入"账户。

对于企业未提供重大权利的，企业不需要分摊交易价格，在客户行使该选择权购买额外商品时进行相应的账务处理。

【例13-28】 2×19年1月1日，中联商厦为保持市场份额向客户推行一项奖励积分活动。该活动承诺客户在本商厦每消费10元可获得1个积分，每个积分从次月开始在购物时可以抵减1元。截至2×19年1月31日，客户共消费50 000元，可获得5 000个积分，中联商厦

根据历史经验估计该积分的兑换率为 90%,截至 2×19 年 12 月 31 日,客户共兑换了 4 000 个积分,该商厦根据客户兑换积分的情况重新估计,预计该积分的兑换率将达到 95%。

假定上述金额均不包含增值税,且不考虑增值税等相关税费的影响。中联商厦应作账务处理如下:

$$估计积分的单独售价 = 4\ 500\ 元(1\ 元 × 5\ 000\ 个积分 × 90\%)$$
分摊交易价格(按照商品和积分单独售价的相对比例分摊):
$$分摊至商品的交易价格 = 50\ 000 × 50\ 000/(50\ 000 + 4\ 500) = 45\ 872(元)$$
$$分摊至积分的交易价格 = 50\ 000 × 4\ 500/(50\ 000 + 4\ 500) = 4\ 128(元)$$

(1) 2×19 年 1 月,客户购物并获得奖励积分时:

借:银行存款　　　　　　　　　　　　　　　　　　　　　　　　　　50 000
　　贷:主营业务收入　　　　　　　　　　　　　　　　　　　　　　45 872
　　　　合同负债　　　　　　　　　　　　　　　　　　　　　　　　4 128

(2) 2×19 年 12 月 31 日,客户兑换积分时:

$$积分应当确认的收入 = 4\ 128 × 4\ 000 ÷ 4\ 750 = 3\ 476(元)$$

借:合同负债　　　　　　　　　　　　　　　　　　　　　　　　　　3 476
　　贷:主营业务收入　　　　　　　　　　　　　　　　　　　　　　3 476

$$剩余未兑换的积分的金额 = 4\ 128 - 3\ 476 = 652(元)$$

剩余未兑换的积分仍然作为合同负债。

需要说明的是,合同负债是指企业已收或应收客户对价而应向客户转让商品的义务。企业在向客户转让商品之前,如果客户已经支付了合同对价或企业已经取得了无条件收取合同对价的权利,则企业应当在客户实际支付款项与到期应支付款项孰早时点,将该已收或应收的款项列示为合同负债。合同资产和合同负债应当在资产负债表中单独列示,并按流动性分别列示为"合同资产"或"其他非流动资产"以及"合同负债"或"其他非流动负债"。

四、售后回购

售后回购是指企业销售商品的同时承诺或有权选择日后再将该商品购回的销售方式。对于售后回购交易企业应当区分不同情形进行账务处理。

售后回购交易通常有三种形式:一是企业和客户约定企业有义务回购该商品,即存在远期安排。二是企业有权利回购该商品,即企业拥有回购选择权。三是当客户要求时,企业有义务回购该商品,即客户拥有回售选择权。对于不同类型的售后回购交易,企业应当区分下列两种情形分别进行账务处理。

1. 企业因存在与客户的远期安排而负有回购义务或企业享有回购权利

此情形下,企业在销售时,客户并没有取得该商品的控制权,企业应根据分别以下情况进行相应的账务处理:一是回购价格低于原售价的,应当视为租赁交易,按照租赁的相关规定进行账务处理。二是回购价格高于原售价的,其实质是未满足收入确认条件,应当视为融资交易,在交易实现时不终止确认该资产,应将收到客户的款项确认金融负债,并将回购价格大于原商品售价的差额在回购期间按期计提利息,作为融资费用计入财务费用并确认一项负债。

企业按因向客户销售商品而预期有权收取的对价金额,借记"银行存款""应收账款"等账户,按商品的销售价格,贷记"其他应付款"账户,按增值税专用发票上注明的增值税额,贷记"应交税费——应交增值税(销项税额)"账户;同时,按商品的实际成本,借记"发出商品"账户,贷记"库存商品"账户。在回购期间内,按回购价格与原销售价格之间的差额按期计提利息费用,借记"财务费用"账户,贷记"其他应付款"账户。

购回该项商品时,按回购价格,借记"其他应付款"账户,按增值税专用发票上注明的增值税额,借记"应交税费——应交增值税(进项税额)"账户,按实际支付的金额,贷记"银行存款"账户;同时,按回购商品的原实际成本作为回购商品成本,借记"库存商品"账户,贷记"发出商品"账户。

【例 13-29】 大林公司与三明公司均为增值税一般纳税人,适用的增值税税率为 13%,增值税采用一般计税方法核算。2×19 年 6 月 1 日,大林公司因融资需要与三明公司签订 A 商品销售协议,A 商品不含增值税的销售价格为 100 万元,并已开具增值税专用发票,该商品的销售成本为 80 万元。双方协议规定,大林公司自销售 A 商品之日起的 6 个月后以 130 万元的价格购回。根据协议,三明公司于 2×19 年 6 月 1 日支付了全部购货款,并发出 A 商品。大林公司于 2×19 年 12 月 1 日以 130 万元的价格(不含增值税额)购回了 A 商品,取得的增值税专用发票已经税务机关认证其增值税可予抵扣,并支付了全部价款。假定大林公司对回购价格与原销售价格之间的差额在售后回购期间内采用直线法按月计提利息费用。大林公司应作账务处理如下:

(1) 2×19 年 6 月 1 日,销售 A 商品时:

借:银行存款 1 130 000
　　贷:其他应付款 1 000 000
　　　　应交税费——应交增值税(销项税额) 130 000

同时,发出商品:

借:发出商品 800 000
　　贷:库存商品 800 000

(2) 2×19 年 6~11 月,按月计提利息费用时:

借:财务费用 50 000
　　贷:其他应付款 50 000

(3) 2×19 年 12 月 1 日,购回 A 商品时:

借:其他应付款 1 300 000
　　应交税费——应交增值税(进项税额) 169 000
　　贷:银行存款 1 469 000

同时,购回商品:

借:库存商品 800 000
　　贷:发出商品 800 000

2. 企业应客户要求回购商品

在此情形下,企业应当在合同开始日评估客户是否具有行使该要求权的重大经济动因。在判断客户是否具有行权的重大经济动因时,企业应当综合考虑各种相关因素,包括回购价格与预计回购时市场价格之间的比较以及权利的到期日等。当回购价格明显高于该资产回购时的市场价值时,通常表明客户有行权的重大经济动因。

如果经判断客户具有行使该要求权的重大经济动因的,企业应当将回购价格与原售价进行比较,并按照上述"企业因存在与客户的远期安排而负有回购义务或企业享有回购权利"情形(即第1种情形)下的原则将该售后回购分别作为租赁交易或融资交易处理;如果经判断客户不具有行使该要求权的重大经济动因的,企业应当将该售后回购作为附有销售退回条款的销售交易,按照附有销售退回条款的销售进行相应的账务处理。

五、客户未行使的权利

客户未行使的权利是指企业因销售商品向客户收取的预收款,赋予客户一项在未来从企业取得该商品的权利,并使企业承担向客户转让该商品的义务的销售方式。

企业因销售商品向客户收取的预收款,赋予了客户一项在未来从企业取得该商品的权利,并使企业承担了向客户转让该商品的义务,因此,企业应当将预收的款项确认为负债,待未来履行了相关履约义务,即向客户转让相关商品时,再将该负债转为收入。

企业按实际收到的金额,借记"银行存款"等账户,贷记"合同负债"账户,如增值税纳税义务尚未发生,贷记"应交税费——待转销项税额"账户;在客户行使权利并取得商品控制权时,借记"合同负债"等账户,贷记"主营业务收入"账户,同时,将对应的待转销项税额确认为销项税额,借记"应交税费——待转销项税额"账户,贷记"应交税费——应交增值税(销项税额)"账户。

【例 13 - 30】 甲公司为连锁超市。2×19 年 9 月 1 日,甲公司向客户销售了 500 张充值卡,每张卡的面值为 100 元,总额为 50 000 元。客户可在甲公司经营的任何一家超市门店使用该充值卡进行消费。根据历史经验,甲公司预期客户购买的充值卡中将有大约相当于充值卡面值金额 2% 的部分不会被消费。截至 2×19 年 9 月 30 日,客户使用该充值卡消费的金额为 40 000 元。甲公司为增值税一般纳税人,适用的增值税税率为 13%,增值税采用一般计税方法核算,在客户使用该充值卡消费时发生增值税纳税义务。甲公司应作账务处理如下:

(1) 2×19 年 9 月 1 日,销售充值卡时:

借:库存现金   50 000

      贷:合同负债   44 248

           应交税费——待转销项税额   5 752

(2) 2×19 年 9 月 30 日,向客户转让相关商品时:

销售的充值卡应当确认的收入 = (40 000 + 1 000 × 40 000 ÷ 49 000) ÷ (1 + 13%) = 40 816(元)

借:合同负债   40 816

      应交税费——待转销项税额   5 306

      贷:主营业务收入   40 816

           应交税费——应交增值税(销项税额)   5 306

当客户放弃其全部或部分合同权利,如,客户放弃充值卡的使用等,企业预收款项不需要退回时,企业预期将有权获得与客户所放弃的合同权利相关的金额,应当按照客户行使合同权利的模式按比例将上述金额确认为收入。

如果有相关法律规定,企业所收取的与客户未行使权利相关的款项须转交给其他方,例如,法律规定无人认领的财产需上交政府,则企业不应将其预收款项确认为收入。

六、主要责任人和代理人

当企业向客户销售商品涉及其他方参与时,企业应当确定其自身在该交易中的身份是主要责任人还是代理人。

当存在第三方参与企业向客户提供商品时,企业向客户转让特定商品之前能够控制该商品的,应当作为主要责任人。企业作为主要责任人的情形有:

(1)企业自该第三方取得商品或其他资产控制权后,再转让给客户。这里的商品或其他资产也包括企业向客户转让的未来享有由其他方提供服务的权利。企业应当评估该权利在转让给客户前,企业是否控制该权利。

(2)企业能够主导第三方代表本企业向客户提供服务。当企业承诺向客户提供服务,并委托分包商、其他服务提供商等第三方代表企业向客户提供服务时,如果企业能够主导该第三方代表本企业向客户提供服务,则表明企业在相关服务提供给客户之前能够控制该相关服务。

(3)企业在判断其在向客户转让特定商品之前是否已经拥有对该商品的控制权时,不应仅局限于合同的法律形式,而应当综合考虑验收风险、存货风险和价格风险等所有相关事实和情况进行判断。

主要责任人应当按照已收或应收对价总额确认收入;代理人应当按照预期有权收取的佣金或手续费的金额确认收入。

七、授予知识产权许可

授予知识产权许可是指企业授予客户对企业拥有的知识产权享有相应权利。常见的知识产权包括软件和技术、影视和音乐等的版权、特许经营权以及专利权、商标权和其他版权等。

企业向客户授予知识产权许可的,应当按照规定评估该知识产权许可是否构成单项履约义务,构成单项履约义务的,应当进一步确定其是在某一时段内履行还是在某一时点履行。

企业向客户授予知识产权许可,作为在某一时段内履行的履约义务确认相关收入的,应同时满足合同要求或客户能够合理预期企业将从事对该项知识产权有重大影响的活动、该活动对客户将产生有利或不利影响,以及该活动不会导致向客户转让某项商品的条件;否则,应当作为在某一时点履行的履约义务确认相关收入。

需要说明的是,当企业向客户授予知识产权许可,并约定按客户实际销售或使用情况收取特许权使用费时,企业应当在下列两项孰晚的时点确认收入:一是客户后续销售或使用行为实际发生;二是企业履行相关履约义务。

八、无需退回的初始费

无需退回的初始费是指企业在合同开始(或接近合同开始)日向客户收取的无需退回的初

始费,如俱乐部的入会费、初装费等。

企业应当评估该初始费是否与向客户转让已承诺的商品相关,分别下列情形处理:一是该初始费与向客户转让已承诺的商品相关,并且该商品构成单项履约义务的,企业应当在转让该商品时,按照分摊至该商品的交易价格确认收入;二是该初始费与向客户转让已承诺的商品相关,但该商品不构成单项履约义务的,企业应当在包含该商品的单项履约义务履行时,按照分摊至该单项履约义务的交易价格确认收入;三是该初始费与向客户转让已承诺的商品不相关的,该初始费应当作为未来将转让商品的预收款,在未来转让该商品时确认为收入。

本章要点概览

1. 收入是指企业在日常活动中形成的、会导致所有者权益增加的、与所有者投入资本无关的经济利益的总流入。

2. 收入按其性质不同,分为销售商品收入、提供服务收入、让渡资产使用权和建造合同收入等取得的收入。收入按企业经营业务的主次不同,分为主营业务收入和其他业务收入。

3. 收入确认和计量分为五步:一是识别与客户订立的合同;二是识别合同中的单项履约义务;三是确定交易价格;四是将交易价格分摊至各单项履约义务;五是履行每一单项履约义务时确认收入。其中,第一、第二、第五步属于收入的确认,第三、第四步属于收入的计量。

4. 企业确认收入的方式应当反映其向客户转让商品(或提供服务,以下简称转让商品)的模式,收入的金额应当反映企业因转让这些商品而预期有权收取的对价金额。因此,企业应当在履行了合同中的履约义务,即在客户取得相关商品控制权时确认收入。

5. 对于在某一时段内履行的履约义务,且履约进度能够合理确定的,企业应当在该时段内按照履约进度确认收入。企业可以采用产出法或投入法确定履约进度,在确定履约进度时,应当扣除那些控制权尚未转移给客户的商品和服务。

6. 对于在某一时段内履行的履约义务,且履约进度不能够合理确定的,对于企业已经发生的成本预计能够得到补偿的,应当按照已经发生的成本金额确认收入,直到履约进度能够合理确定为止。

7. 销售商品收入计量时,应当考虑商业折扣、现金折扣和销售折让等因素。商业折扣是指企业为促进商品销售而在商品标价上给予的价格扣除;现金折扣是指债权人为鼓励债务人在规定的期限内付款而向债务人提供的债务扣除;销售折让是指企业因售出商品的质量不合格等原因而在售价上给予的减让。

8. 收入计量的原则:企业应当首先确定合同的交易价格,再按照分摊至各单项履约义务的交易价格计量收入,收入的金额应当反映企业因转让这些商品(或服务)而预期有权收取的对价金额。

9. 交易价格是指企业因向客户转让商品而预期有权收取的对价金额。

10. 企业已将该商品实物转移给客户,客户占有了某项商品的实物并不意味着其就一定取得了该商品的控制权。比如,支付手续费方式的委托代销安排。

11. 当企业将商品的控制权转移给客户的时间与客户实际付款的时间不一致时,如果各方以在合同中明确(或者以隐含的方式)约定的付款时间为客户或企业就转让商品的交易提供了重大融资利益,则合同中即包含了重大融资成分,企业在确定交易价格时,应当对已承诺的对价金额作出调整。

12. 当客户已经取得了对该商品的控制权时,即使客户决定暂不行使实物占有的权利,其仍有能力主导该商品的使用并从中获得几乎全部的经济利益。

13. 企业涉及售后代管商品的,在判断商品的控制权是否发生转移时,应当同时满足下列四项条件,则表明客户取得了该商品的控制权:一是该安排必须具有商业实质,如该安排是应客户的要求而订立的;二是属于客户的商品必须能够单独识别;三是该商品可以随时交付给客户;四是企业不能自行使用该商品或将该商品提供给其他客户。

14. 合同成本包括合同履约成本和合同取得成本。其中,合同履约成本是指从合同开始日至合同完成止所发生的、与执行合同有关的直接费用和间接费用;合同取得成本是指企业为取得合同发生的增量成本预期能够收回的,应当作为合同取得成本确认为一项资产。

15. 企业除一般商品销售外,还可能涉及附有销售退回条款的销售、附有质量保证条款的销售、附有客户额外购买选择权的销售、售后回购、客户未行使的权利、主要责任人和代理人、授予知识产权许可,以及无需退回的初始费等特定交易。

主 要 术 语

收入	日常活动
客户取得相关商品控制权	合同开始日
合同合并	合同变更
履约义务	履约进度
产出法	投入法
交易价格	可变对价
非现金对价	应付客户对价
单独售价	市场调整法
成本加成法	余值法
合同资产	合同负债
商品	重大融资成分
委托代销	售后代管商品
固定造价合同	成本加成合同
合同履约成本	合同取得成本
附有销售退回条件的商品销售	附有质量保证条款的销售
附有客户额外购买选择权的销售	售后回购
客户未行使的权利	主要责任人和代理人
授予知识产权许可	无需退回的初始费

复习思考题

1. 简述收入及其特征。

2. 如何理解收入确认和计量五步法？

3. 试述如何识别与客户订立的合同。

4. 如何判断履约义务是在某一时段内履行,还是在某一时点履行 ？

5. 在涉及可变对价时,如何确定交易价格？

6. 试述合同中存在的重大融资成分的账务处理。

7. 试比较销售折扣、销售折让和销售退回在账务处理上的异同点。

8. 什么是销售退回？发生销售退回时应如何进行账务处理？

9. 试述当合同中包含两项或多项履约义务时,如何将交易价格分摊至合同中的各单项履约义务。

10. 分别简述"合同资产"账户与"合同负债"账户的用途。

11. 售后代管商品与一般销售商品在账务处理上有何区别？

12. 如何确认提供服务收入？

13. 简述合同收入与合同成本的确认原则。

14. 附有销售退回条件的商品销售方式下,其账务处理与一般销售商品有何区别 ？

15. 附有质量保证条款的销售方式下,如何判断其销售商品的质量保证是符合既定标准的保证性质量保证,还是符合既定标准之外提供的一项单独服务的服务性质量保证 ？

16. 简述附有客户额外购买选择权销售的账务处理方法。

17. 简述不同类型的售后回购交易的账务处理方法。

业 务 题

【业务题一】

(一) 目的 练习将交易价格分摊至各单项履约义务的核算。

(二) 资料 2×19 年 3 月 1 日,甲公司与客户签订合同,向其销售 A、B 两项商品,A 商品的单独售价为 6 000 元、B 商品的单独售价为 24 000 元,合同价款为 25 000 元。合同约定,A 商品于合同开始日交付,B 商品在一个月之后交付,只有当两项商品全部交付之后,甲公司才有权收取 25 000 元的合同对价。假定 A 商品和 B 商品分别构成单项履约义务,其控制权在交付时转移给客户。上述价格均不包含增值税,且假定不考虑相关税费影响。

(三) 要求 根据上述资料,确定甲公司销售 A、B 两项商品时,A、B 商品应确认的交易价格,并编制甲公司交付 A、B 商品时的会计分录。

【业务题二】

(一) 目的 练习确认收入的核算。

（二）**资料** 中华股份有限公司(以下简称中华公司)为增值税一般纳税人,销售商品和提供安装服务适用的增值税税率分别为13％、9％,增值税采用一般计税方法核算。商品销售价格均不含增值税额,所有服务均属于工业性服务。中华公司销售商品和提供服务均为主营业务并于销售实现时结转销售成本。2×19年6月,中华公司有关销售商品和提供服务的资料如下:

1. 6月1日,与A公司签订协议,向A公司销售商品一批,增值税专用发票上注明的销售价格为80万元,增值税额为10.4万元。该协议规定,中华公司应在当年10月31日将该批商品购回,回购价为100万元(不含增值税额)。商品已发出,款项已收到。该批商品的实际成本为70万元。假定中华公司对回购价格与原销售价格之间的差额在售后回购期间内采用直线法按月计提利息费用,购回商品取得的增值税专用发票已经税务机关认证其增值税可予抵扣。

2. 6月10日,对B公司销售商品一批,增值税专用发票上注明的销售价格为200万元,增值税额为26万元。提货单和增值税专用发票已交B公司,B公司已承诺付款。为及时收回货款,双方协议规定的现金折扣条件为"2/10,1/20,n/30"。该批商品的实际成本为170万元。6月18日,收到B公司支付的已扣除所享受现金折扣金额后的款项,并存入银行。假定,计算现金折扣时不考虑增值税因素。

3. 6月13日,收到C公司来函,上月30日所购商品外观存在质量问题,要求对该所购商品在价格上给予5％的减让。中华公司经查核,该批商品外观确实存在质量问题,同意C公司提出的减让要求。6月15日,收到C公司交来的税务机关开具的索取折让证明单,并开具红字增值税专用发票和支付折让款项。中华公司在该批商品售出时,经判断,该销售商品发出时客户取得相关商品控制权,已确认销售收入100万元,结转销售成本75万元并收到款项。

4. 6月20日,一项设备安装服务任务完成并经D公司验收合格。中华公司实际发生加工人员薪酬为15万元。该设备安装任务系上年12月10日与D公司签订的一项设备安装服务合同。该合同规定,该设备不含增值税额的安装总价款为35万元,于安装任务完成并验收合格后一次结清。安装服务任务完成日,由于D公司发生重大财务困难,中华公司预计很可能收到含增值税额的加工款为10.9万元。

5. 6月22日,委托E公司代销商品一批。签订商品代销协议约定,中华公司委托E公司销售商品100件,协议规定,E公司应按每件商品1万元的价格对外销售,中华公司按售价的10％支付E公司手续费。该商品的成本为每件0.6万元。6月25日,E公司对外销售该商品10件时,向客户开具的增值税专用发票上注明该商品售价为10万元,增值税额为1.3万元,当日,已按代销协议向中华公司开具代销清单。6月25日,中华公司收到E公司交来的代销清单,并向E公司开具了一张相同金额的增值税专用发票,E公司取得该增值税专用发票已经税务机关认证其增值税可予抵扣。6月26日,中华公司收到E公司支付的已扣手续费的商品代销款。

6. 6月28日,与F公司签订一份特制商品的合同。该合同规定,商品不含增值税额总价款为60万元,合同签订日,F公司预付合同价款的50％,余款在交货时结清,自合同签订日起1个月内交货。中华公司已如数收到F公司预付合同价款并存入银行。中华公司尚未开始该商品的制造。

7. 6月29日,与G公司签订协议销售商品一批,增值税专用发票上注明的销售价格为300万元,增值税额为39万元。商品已发出,款项已收到。经判断,该销售商品发出时客户取得相关商品控制权。该批商品的实际成本为 200 万元。

8. 6 月 30 日,因商品存在质量问题,B 公司要求退回当月 10 日所购全部商品。中华公司经查核,该批商品确实存在质量问题,中华公司同意了 B 公司的退货要求。当日,收到 B 公司交来的税务机关开具的进货退出证明单并开具红字增值税专用发票,中华公司以银行存款支付退货款项。

（三）要求 编制中华公司 6 月份发生的上述经济业务的会计分录("应交税费"账户要求写出二级账户)。

【业务题三】

（一）目的 练习销售商品合同中存在重大融资成分的核算。

（二）资料 甲公司为增值税一般纳税人,增值税税率为 13%,增值税采用一般计税方法核算。甲公司于 2×20 年 1 月 1 日采用分期收款方式向 A 公司销售 1 台大型设备,增值税专用发票注明的设备价款为 1 000 000 元、增值税额 130 000 元,甲公司发出该设备时,其相关的增值税纳税义务同时发生,合同约定除首付款支付增值税款以外的其余货款分 5 年于每年年末等额收取,设备成本为 700 000 元。假定该大型设备不采用分期收款方式时的不含增值税额销售价格为 800 000 元。根据 1 元年金现值系数表,该公司计算得出年金 200 000 元、期数 5 年、现值 800 000 元的折现率为 7.93%,即该笔应收款项的实际利率。

（三）要求

1. 填写甲公司各年分期收款及摊销未实现融资收益的计算表(表 13-3)。

表 13-3

甲公司各年分期收款及摊销未实现融资收益计算表

金额单位:元

日 期	分期收款额	摊销未实现融资收益	摊余成本减少额	摊余成本
合 计				

2. 编制甲公司 2×20 年采用分期收款方式销售的会计分录。

【业务题四】

（一）目的 练习提供服务收入的核算。

（二）资料 乙公司为增值税一般纳税人,适用的增值税税率为 9%,增值税采用一般计税方法核算。于 2×19 年 11 月接受一项设备安装服务,预计安装期 15 个月,不含增值税合同总收入为 200 万元,合同预计总成本为 158 万元。2×20 年,预收款项 160 万元(累计预收款项 190 万元),余款在安装服务完成时收取。2×20 年,实际发生成本 137 万元,其中,安装人员薪酬 35 万元、安装领用原材料 102 万元。为完成该设备安装服务,预计还将发生成本 8 万元。2×19 年已确认收入 20 万元,确认成本 15 万元。假定乙公司按年确认安装服务收入,采用已经发生的成本占估计总成本的比例确定服务的履约进度,根据税法规定提供安装服务采取预收款方式的,其纳税义务发生时间为收到预收款的当天。

(三) **要求** 根据上述资料,编制乙公司 2×20 年的会计分录。

【业务题五】

(一) **目的** 练习附有客户额外购买选择权销售的核算。

(二) **资料** 2×19 年 1 月 1 日,丙公司为保持市场份额推行一项奖励积分活动。该活动承诺客户在本公司每消费 10 元可获得 1 个积分,每个积分在以后购物消费时可以抵减 1 元。截至 2×19 年 1 月 31 日,客户共消费 40 000 元,可获得 4 000 个积分,丙公司根据以往经验估计该积分的兑换率为 92%。截至 2×19 年 12 月 31 日,客户共兑换了 1 800 个积分,丙公司对该积分重新估计其兑换率,预计该积分的兑换率为 95%。截至 2×20 年 12 月 31 日,客户累计兑换了 3 400 个积分。丙公司对该积分重新估计其兑换率,预计该积分的兑换率为 97%。假定上述金额均不包含增值税,且假定不考虑相关税费的影响。

(三) **要求** 根据上述资料,编制丙公司 2×19 年、2×20 年的会计分录。

第十四章　费　用

 学习目的与要求

通过本章的学习,你应当:

1. 了解费用的概念、特征及分类。

2. 熟悉费用的确认与计量。

3. 掌握营业成本、期间费用的内容及核算。

课前预习题

某企业 2×19 年 3 月份支出如下:生产车间生产产品发生材料费用、人工费用和折旧费用等 726 000 元,发生机器设备日常维修费用 3 200 元;行政管理部门管理组织生产经营活动发生各种费用 91 300 元;销售网点发生经营费用 32 700 元;支付第一季度短期借款利息 36 000 元,前 2 个月已计提 20 000 元;摊销应由本月负担的财产保险费 9 000 元;预付第二季度办公房租赁费用 30 000 元。

请问:

1. 该企业 2×19 年 3 月份发生的各项支出是否均应确认为费用?

2. 该企业 2×19 年 3 月份发生的生产费用为多少?

3. 该企业 2×19 年 3 月份发生的期间费用为多少?

4. 该企业对发生期与支付期不在同一会计期间的费用应当如何计量?

5. 该企业 2×19 年 3 月份发生的生产费用与当月营业成本之间是否存在必然的联系?为什么?

第一节　费用概述

任何一项支出构成企业的费用,必须具备费用的特点并符合费用确认的条件。为科学地进行费用核算,应当对费用进行合理分类。

一、费用的概念

费用是指企业在日常活动中发生的、会导致所有者权益减少的、与向所有者分配利润无关的经济利益的总流出。

企业在生产经营过程中为了取得收入,必然会发生各种各样的支出,这些支出有的构成企业的费用,有的不构成费用。企业发生的支出要构成企业的费用,必须同时具备以下两个特点。

1. 费用最终会导致企业资源的减少

费用的确认会导致企业资产的减少或负债的增加,具体表现为企业现金和现金等价物的流出(如支付工资薪酬、办公费等)、非现金资产的耗用或者损耗(如生产过程中消耗材料、固定资产折旧、无形资产摊销)和预期的现金支出(如对售出商品质量保证产生的预计负债)。

2. 费用最终会减少企业的所有者权益

根据"资产－负债＝所有者权益"这一会计等式的原理,发生费用所导致企业的资产减少或负债增加,必然会导致企业所有者权益减少。但是在生产经营过程中权益偿债性支出和向投资者分配现金股利或利润这两类支出不构成费用。企业发生权益偿债性支出,只会引起资产和负债的等额减少,对所有者权益没有影响,不应当确认为费用;另一类是企业向投资者分配现金股利或利润,这一类资金流出虽然减少了企业的所有者权益,但其本质是对最终利润的分配,不是生产经营过程中发生的,不是经营活动的结果,也不应当确认为费用。

二、费用的分类

为科学地进行费用核算,应当对费用进行合理分类,按照经济内容分类和经济用途分类是两种最基本的分类。

（一）费用按照经济内容分类

（1）外购材料。外购材料是指企业为生产经营而耗用的一切从外部购入的原材料、辅助材料、修理用备件、包装物和低值易耗品等。

（2）外购燃料。外购燃料是指企业为生产经营而耗用的一切从外部购入的各种燃料。

（3）外购动力。外购动力是指企业为生产经营而耗用的一切从外部购入的各种动力。

（4）职工薪酬。职工薪酬是指企业生产经营人员的工资、福利费等职工薪酬。

（5）折旧费。折旧费是指对企业所拥有或控制的固定资产计提的折旧费用。

（6）其他费用。其他费用是指不属于以上各项的费用支出。

（二）费用按照经济用途分类

1. 生产费用

生产费用是指工业企业在一定期间内发生的以货币表现的生产耗费。生产费用构成产品制造成本,产品实现销售时应确认为营业成本。生产费用进一步按经济用途分为若干个项目,称为成本项目,一般设置直接材料、直接人工、燃料及动力和制造费用等成本项目。

（1）直接材料。直接材料是指直接用于产品生产、构成产品实体的原料、主要材料、外购半成品以及有助于产品形成的辅助材料等。

（2）直接人工。直接人工是指直接从事产品生产的工人工资、福利费等职工薪酬。

（3）燃料及动力。燃料及动力是指直接用于产品生产的外购燃料及动力费用。

（4）制造费用。制造费用是指企业各生产单位为组织和管理生产而发生的费用以及不能直接计入产品成本的各项直接生产费用。

2. 期间费用

期间费用是指与产品生产不存在因果关系,难以按产品归集计入产品成本,必须从当期收入中得到补偿的费用,包括管理费用、销售费用和财务费用。

三、费用的确认与计量

一项支出是否确认为企业的费用以及确认多少费用,直接影响企业财务状况和经营成果。

（一）费用的确认

费用的确认首先应当符合费用的概念,除此之外还应同时符合以下条件:经济利益很可能流出企业、经济利益流出额能够可靠计量。经济利益很可能流出企业是确认费用的基本条件。只有经济利益很可能流出企业,在满足其他条件时才能确认费用;如果经济利益不是很可能流出企业或者费用流出企业的可能性小于不能流出企业的可能性,则即使满足其他确认条件,也不能确认费用。同时,经济利益流出企业只有在能够可靠计量时,在满足其他条件时才能确认费用;如果经济利益流出企业不能够可靠计量,则即使满足其他确认条件,也不能确认费用。

费用的确认应遵循权责发生制原则。对于应归属于本期的各项费用,无论本期是否实际支付,均应确认为本期费用;对于不应归属于本期的各项费用,即使其款项已经在本期支付,也不应确认为本期费用。

费用的确认还应遵循收入与费用的配比原则。与当期收入存在直接因果关系的,直接确认为本期费用;与多个会计期间收入存在直接因果关系的,需要按合理且系统的分配方法分期确认费用;没有确凿证据表明与收入相关的支出,在该支出发生期间确认为费用。

会计实务中,费用的确认有以下三个标准。

1. 按与营业收入直接因果关系确认的费用

企业为生产产品、提供劳务等发生的可归属于产品成本、劳务成本等的费用,应当在确认产品销售收入、劳务收入等时,将已销售产品、已提供劳务的成本确认为该期的费用,计入当期损益。

2. 按合理且系统的分配方法确认的费用

企业发生资本性支出形成的资产能够在多个会计期间为企业带来经济利益,该项资产的成本应当采用合理且系统的分配方法在多个会计期间分摊。如固定资产成本,应采用一定的折旧方法,分期确认折旧费用。确认费用时应注意支出的发生先于费用的确认,还是费用的确认先于支出的发生。对于支出发生先于费用确认这种情况,如预付报刊订阅费、预付财产保险费等,这些支出发生时,其效用尚未发生,在以后期间其效用才逐步发挥出来,因此应在该支出效用发挥时再确认费用。对于费用确认先于支出发生这种情况,如预计产品质量保证费、预计短期借款利息等,其效用发挥时虽然支出尚未发生,但应在其效用发挥时确认为费用。确认费用时还应注意所发生支出的金额的大小,如果金额较小,为简化核算,在支出发生时,所发生的支出全部确认为费用。

3. 在支出时直接确认的费用

企业发生的支出没有确凿证据表明会产生经济利益或者即使能够产生经济利益但不符合或者不再符合资产确认条件的,应当在发生时确认为费用,计入当期损益。如企业行政管理部门职工的工资和福利费、办公费、差旅费、业务招待费以及融资所发生的手续费等支出,这些支出不会产生未来经济利益,应直接作为当期的费用予以确认。有些支出,比如广告费,是否会产生经济利益并不明确,这些费用虽然与跨期收入有一定联系,但不能确定预计其收益所涉及的期间,因而在支出发生时直接确认为当期费用。

(二)费用的计量

费用计量是指选择恰当的数量对经济业务予以量化表述,是通过生产经营过程中所使用或所耗用的资产或劳务的价值进行计量的。实务工作中,费用一般以历史成本为基础进行计量。

费用的发生与支出的发生在时间上可能在同一会计期间,也可能不在同一会计期间。对于支出的发生与费用的发生在同一会计期间的,实际支出额就是对其所发生费用的恰当计量,如支付办公用品费、当月利息费用、职工薪酬等。对于支出的发生与费用的发生不在同一会计期间的,如果费用确认后于支出发生的,对支出发生额在其效用发挥期限内采用一定方法计量;如果费用确认先于支出发生的,由于支出尚未发生,因此必须对支出进行合理预计,按预计金额分期对费用计量。对于支出的发生与费用的发生不在同一会计期间,金额较小的,为简化核算,在支出发生时,按实际支出额对其所发生的费用计量。

第二节　营业成本与期间费用

企业在确认产品销售收入、劳务收入等时,应将已销售产品、已提供劳务的成本确认为费用,这种费用称为营业成本。营业成本按与主营业务收入、其他业务收入的关系分为主营业务成本和其他业务成本。期间费用是指本期发生的、不能直接或间接计入产品成本的、直接计入当期损益的各项费用。期间费用是企业当期发生的费用中的重要组成部分,包括管理费用、销售费用和财务费用。

一、营业成本

(一)主营业务成本

主营业务成本是与主营业务收入直接相关的、已经确定了归属期和归属对象的成本。主营业务成本是指企业确认销售商品、提供劳务等主营业务收入时结转的成本。

不同类型的企业,主营业务成本的表现形式也不同。在工业企业,主营业务成本主要表现为已销售产品的生产成本;在商品流通企业,主营业务成本主要表现为已销售商品的成本;在提供劳务的企业,主营业务成本主要表现为已提供劳务的成本。

企业销售商品、提供劳务等主营业务时,符合收入确认条件的,在确认主营业务收入的同时,按已经销售商品、已经提供劳务的成本,借记"主营业务成本"账户,贷记"库存商品""劳务成本"账户。

(二)其他业务成本

其他业务成本是指企业确认的除主营业务活动以外的其他经营活动所发生的成本,主要包括已销售材料的成本、出租包装物的成本或摊销额、出租固定资产计提的折旧额、出租无形资产的摊销额和投资性房地产计提的折旧额或摊销额等。

企业销售材料、出租包装物或固定资产或无形资产或房地产时,符合收入确认条件的,在确认其他业务收入的同时,按已经销售材料成本,出租包装物、固定资产、无形资产、房地产计提折旧额或摊销额,借记"其他业务成本"账户,贷记"原材料""包装物""累计折旧""累计摊销""投资性房地产累计折旧或摊销"等账户。

二、期间费用

(一)管理费用

管理费用是指企业为组织和管理企业生产经营所发生的管理费用,包括企业在筹建期间内发生的开办费、董事会和行政管理部门在企业的经营管理中发生的或者应由企业统一负担的公司经费(包括行政管理部门职工工资及福利费、物料消耗、固定资产折旧、低值易耗品摊销、办公费和差旅费等)、工会经费、董事会费(包括董事会成员津贴、会议费和差旅费等)、聘请中介机构费、咨询费(含顾问费)、诉讼费、业务招待费、技术转让费、矿产资源补偿费、研究费用、不允许资本化的开发支出、排污费、行政管理部门等发生的固定资产修理费用以及应交纳的残疾人就业保障金等等。

企业发生的管理费用,在"管理费用"账户核算并按费用项目进行明细核算。商品流通企业管理费用不多的,可不设置"管理费用"账户,其核算内容可并入"销售费用"账户核算。企业生产车间(部门)和行政管理部门等发生的固定资产日常修理费用等后续支出,也在"管理费用"账户核算。

企业在筹建期间内发生的开办费,包括人员工资、办公费、培训费、差旅费、印刷费、注册登记费以及不计入固定资产成本的借款费用等,在实际发生时,借记"管理费用"账户,贷记"银行存款"等账户。

企业发生的行政管理部门人员的职工薪酬,借记"管理费用"账户,贷记"应付职工薪酬"账户。

企业行政管理部门、未使用、不需用固定资产计提折旧,借记"管理费用"账户,贷记"累计折旧"账户。

企业发生的办公费、水电费、业务招待费、聘请中介机构费、咨询费、诉讼费、技术转让费、不允许资本化的开发支出,借记"管理费用"账户,贷记"银行存款"等账户。

企业发生的研发费用是指企业进行研究与开发过程中发生的费用化支出,以及计入管理费用的自行开发无形资产的摊销金额,包括"管理费用"账户下"研究费用""无形资产摊销"明细账户的当期发生额。期末结转本期发生的研究费用、摊销本期自行开发无形资产,借记"管理费用"账户,贷记"研发支出——费用化支出""无形资产摊销"账户。

企业按规定计算确定的应交矿产资源补偿费的金额,借记"管理费用"账户,贷记"应交税费"账户。

期末,"管理费用"账户的余额转入"本年利润"账户,计入当期损益,结转后,本账户无余额。

（二）销售费用

销售费用是指企业销售商品和材料、提供劳务的过程中发生的各种费用,包括保险费、包装费、展览费和广告费、商品维修费、预计产品质量保证损失、运输费、装卸费等以及为销售本企业商品而专设的销售机构(含销售网点、售后服务网点等)的职工薪酬、业务费、折旧费等经营费用。

企业发生的销售费用,在"销售费用"账户核算并按费用项目进行明细核算。企业发生的与专设销售机构相关的固定资产日常修理费用等后续支出,也在本账户核算。

企业在销售商品过程中发生的包装费、保险费、展览费和广告费、运输费、装卸费等费用,借记"销售费用"账户,贷记"库存现金""银行存款"账户。企业发生的为销售本企业商品而专设的销售机构的职工薪酬、业务费、折旧费等经营费用,借记"销售费用"账户,贷记"应付职工薪酬""银行存款""累计折旧"等账户。

期末,"销售费用"账户余额转入"本年利润"账户,计入当期损益,结转后,本账户无余额。

（三）财务费用

财务费用是指企业为筹集生产经营所需资金等而发生的筹资费用,包括利息支出(减利息收入)、汇兑损失(减汇兑收益)以及相关的手续费、企业发生的现金折扣或取得的现金折扣等。但为购建或者生产符合资本化条件的资产所发生借款费用,予以资本化部分,不包括在财务费用的核算范围。

企业发生的财务费用,在"财务费用"账户核算,并按费用项目进行明细核算。

企业发生的财务费用,借记"财务费用"账户,贷记"应付利息""银行存款""长期借款——应计利息""未确认融资费用""应收账款"等账户。发生的应冲减财务费用的利息收入、汇兑收益、取得的现金折扣,借记"银行存款""应付账款"等账户,贷记"财务费用"账户。期末,"财务费用"账户的余额转入"本年利润"账户,计入当期损益,结转后本账户无余额。

本章要点概览

1. 费用是指企业在日常活动中发生的、会导致所有者权益减少的、与向所有者分配利润无关的经济利益的总流出。费用只有在经济利益很可能流出从而导致企业资产减少或者负债增加且经济利益的流出额能够可靠计量时才能予以确认。

2. 企业的费用主要按经济内容和经济用途两种标准分类。费用的确认应当符合确认的条件并遵循相关的原则和标准。费用的计量一般以历史成本为基础,费用计量还应当考虑费用的发生与支出的发生是否在同一会计期间,所发生支出金额的大小等因素。

3. 企业在营业收入确认的同时应确认营业成本。本期发生的期间费用不计入产品成本,直接计入当期损益,这包括管理费用、销售费用和财务费用。

主 要 术 语

生产费用   营业成本

期间费用   销售费用

管理费用   财务费用

复习思考题

1. 什么是费用？费用有哪些特点？

2. 费用按经济内容如何分类？按经济用途分为哪几类？

3. 企业费用的确认应遵循哪些标准？

4. 企业对费用进行计量应遵循哪些原则？

5. 什么是营业成本？它包括哪些内容？

6. 什么是期间费用？它包括哪些内容？

第十五章 利　润

学习目的与要求

通过本章学习,你应当:

1. 掌握利润的构成及其主要内容。
2. 掌握营业外收入、营业外支出的核算内容及账务处理。
3. 掌握本年利润的结转及其账务处理。
4. 熟悉会计与税法处理规定不同产生差异的类型。
5. 了解资产计税基础、负债计税基础的确定。
6. 了解应纳税暂时性差异和可抵扣暂时性差异的确定。
7. 了解递延所得税资产和递延所得税负债的确认。
8. 掌握所得税费用的确认和计量。
9. 掌握所得税的账务处理方法。
10. 掌握利润分配的顺序及其账务处理。

课前预习题

1. 2×19 年 3 月份,甲公司累计实现的商品销售收入为 200 000 元,结转已销商品的销售成本为 150 000 元,确认报废固定资产的净损失为 100 000 元,确认转让交易性金融资产的净收益为 135 000 元。

请问:甲公司上述事项中不影响营业利润的金额为多少? 并说明其理由。

2. 2×19 年 5 月份,甲公司支付的广告费为 65 000 元,发生的研究开发费用为 105 000 元,确认报废固定资产的净损失为 80 000 元,摊销出租无形资产的账面价值为 50 000 元。

请问:甲公司上述事项中应计入营业外支出的金额为多少? 并说明其理由。

3. 2×19 年 6 月份,甲公司确认非货币性资产交换的利得为 48 000 元,处置长期股权投资产生的收益为 185 000 元,出租无形资产取得的收入为 90 000 元,处置投资性房地产取得的收入为 1 350 000 元。

请问:甲公司上述事项中应计入营业外收入的金额为多少? 并说明其理由。

4. 结转本年利润的方法有表结法和账结法,会计小欣选择了表结法结转本公司的本年利润,其在结转公司本年利润时,每月月末均编制相应的转账凭证,将在账上结计出的各损益类账户的余额结转入“本年利润”账户。

请问:会计小欣在结转公司本年利润时的做法是否正确? 如不正确,请说明正确的处理方法。

5. 甲公司 2×19 年度实现的利润总额为 1 000 万元,包括国库券利息收入50 万元和税收滞纳金支出 20 万元。假定税法规定可扣除的工资费用为 200 万元,企业实际支付的工资为 250 万元,递延所得税资产的年初余额是 100 万元,年末余额是 130 万元,递延所得税负债的年初余额是 45 万元,年末余额是 65 万元。甲公司适用的企业所得税税率为 25%,假定不考虑其他因素。

请问:甲公司如采用应付税款法核算所得税,2×19 年度甲公司应确认的所得税费用为多少? 如采用资产负债表债务法核算所得税,2×19 年度甲公司应确认的所得税费用为多少?

6. 乙公司 2×19 年度主营业务收入为 3 000 万元,主营业务成本为 2 500 万元,其他业务收入为 20 万元,其他业务成本为 10 万元,营业外收入为 20 万元,营业外支出为 10 万元,乙公司适用的所得税税率为 25%。假定不考虑其他因素。

请问:乙公司 2×19 年度利润表中的净利润应为多少?

7. 丙公司 2×19 年度发生亏损 200 万元,2×20 年度实现会计利润 1 200 万元,后者包括国债利息收入 100 万元和营业外支出中税收罚款支出 150 万元,丙公司适用的所得税税率为 25%。

请问:丙公司 2×20 年应交所得税额为多少? 并说明其利润分配的顺序。

第一节 利润概述

企业利润包括收入减去费用后的净额、直接计入当期利润的利得和损失等。因此,构成企业的利润既有通过日常生产经营活动取得的,又有与生产经营活动无直接关系的事项所形成的利得和损失。当企业在一定会计期间的收入大于成本费用,其差额为利润;反之,为亏损。

一、利润的组成

(一)营业利润

营业利润是企业利润的主要来源,营业利润由营业收入减去营业成本、税金及附加、销售费用、管理费用、财务费用、资产减值损失,加上公允价值变动净收益、投资净收益、资产处置收益、其他收益构成,用计算公式表示如下:

营业利润＝营业收入－营业成本－税金及附加－销售费用－管理费用－财务费用
　　　　　－资产(信用)减值损失＋公允价值变动净收益(－公允价值变动净损失)
　　　　　＋投资净收益(－投资净损失)＋资产处置收益(－资产处置损失)＋其他收益

其中:

(1)营业收入是指企业销售商品、提供服务等主营业务的收入,以及除主营业务以外的其他经营活动实现的收入。

(2)营业成本是指企业根据收入准则确认销售商品、提供服务等主营业务收入时应结转的成本,以及除主营业务活动以外的其他经营活动所发生的支出。

(3)税金及附加是指企业经营活动发生的消费税、城市维护建设税、资源税、教育费附加及房产税、土地使用税、车船税、印花税等相关税费。

(4)资产(信用)减值损失是指企业根据存货、资产减值等准则规定计提各项资产减值准备所形成的损失。

(5)公允价值变动净收益是指企业交易性金融资产、交易性金融负债,以及采用公允价值模式计量的投资性房地产等业务中公允价值变动形成的应计入当期损益的利得和损失。

(6)投资净收益是指企业通过长期股权投资确认的投资收益或投资损失、企业处置交易性金融资产等实现的处置损益。

(7)资产处置收益是指企业处置固定资产、在建工程和无形资产等非流动资产而产生的处置利得或损失。非流动资产中不包括金融资产、长期股权投资和投资性房地产。

(8)其他收益是指与企业日常活动相关、但不宜确认收入或冲减成本费用的政府补助。

(二)利润总额

利润是企业生产经营成果的综合反映。利润总额是指企业实现的营业利润加上营业外收入,减去营业外支出后的金额,即企业的税前利润,用计算公式表示如下:

利润总额＝营业利润＋营业外收入－营业外支出

其中:

(1)营业外收入是指企业发生的与其经营活动无直接关系的各项净收入。

（2）营业外支出是指企业发生的与其经营活动无直接关系的各项净支出。

（三）净利润

净利润是指企业当期实现的利润总额减去所得税费用后的金额,即企业的税后利润,用计算公式表示如下:

净利润＝利润总额－所得税费用

其中,所得税费用是指企业应从当期利润总额中扣除的所得税费用。

二、营业外收支

营业外收支是指企业发生的与其生产经营活动无直接关系的各项收入和各项支出,是企业利润总额的重要组成部分。营业外收支作为直接计入当期利润的利得和损失会导致所有者权益发生增减变动,但其属于与所有者投入资本或者向所有者分配利润无关的利得和损失。营业外收支通常意外出现、偶然发生,企业难以控制也难以预见。

（一）营业外收入

营业外收入是指企业发生的与其经营活动无直接关系的各项净收入,主要包括处置非流动资产利得、非货币性资产交换利得、债务重组利得、罚没利得、政府补助、确实无法支付而按规定程序经批准后转作营业外收入的应付款项、捐赠利得、盘盈利得等。

（1）处置非流动资产利得是指企业因报废和毁损固定资产、无形资产等非流动资产所取得的收入扣除处置固定资产等非流动资产账面价值、处置税费后的余额,转入营业外收入的金额。

（2）非货币性资产交换利得是指企业在进行非货币性资产交换时,其换入资产公允价值超过换出资产账面价值的差额,转入营业外收入的金额。

（3）债务重组利得是指企业发生债务重组时,其重组债务的账面价值超过抵债资产的公允价值、所转股份的公允价值的差额,转入营业外收入的金额。

（4）罚没利得是指企业取得的滞纳金、各种形式的罚款收入,扣除由于对方违约造成企业经济损失后的罚没净收入。

（5）政府补助是指企业从政府无偿取得与企业日常活动无关的货币性资产或非货币性资产,同时满足相关条件时,予以确认并计入营业外收入的金额。

（6）确实无法支付而按规定程序经批准后转作营业外收入的应付款项是指由于债权单位撤销或其他原因而无法支付,企业按规定程序经批准后转作营业外收入的应付款项。

（7）捐赠利得是指企业接受资产捐赠按规定转入营业外收入的金额。

（8）盘盈利得是指企业在财产清查中发生的非流动财产资产的实存数量超过账面数量而出现的盈余,按规定转入营业外收入的金额。

（二）营业外支出

营业外支出是指企业发生的与其生产经营活动无直接关系的各项净支出,主要包括处置非流动资产损失、非货币性资产交换损失、债务重组损失、罚款支出、捐赠支出、非常损失、盘亏损失等。

（1）处置非流动资产损失是指企业因报废和毁损固定资产、无形资产等非流动资产所取得的收入不足以抵补处置固定资产等非流动资产账面价值、处置税费所发生的损失,应计入营业外支出的金额。

（2）非货币性资产交换损失是指企业在进行非货币性资产交换时，其换入资产公允价值低于换出资产账面价值的差额，应计入营业外支出的金额。

（3）债务重组损失是指企业发生债务重组时，其重组债权的账面余额超过受让资产的公允价值、所转股份的公允价值的差额，应计入营业外支出的金额。

（4）罚款支出是指企业因违反法律、行政法规而交付的罚款、罚金、滞纳金，包括税收滞纳金。

（5）捐赠支出是指企业对外单位或个人捐赠的各种资产的价值。

（6）非常损失是指企业因自然灾害等原因造成的损失，扣除毁损资产的残料价值、保险公司赔偿后，应计入营业外支出的净损失金额。

（7）盘亏损失是指企业在财产清查中发生的各项非流动资产的实存数量低于账面数量而出现的损失，按规定转入营业外支出的金额。

（三）营业外收支的账务处理

企业取得的营业外收入并不是企业经营资金耗费所产生的，一般不需企业付出代价，而企业发生的营业外支出应从企业实现的利润总额中直接扣除，两者一般彼此相互独立，不具有因果关系。因此，在会计核算时应当分清营业外收入和营业外支出两者的界限分别核算，一般不得以营业外收入直接冲减营业外支出，也不得以营业外支出直接冲减营业外收入。

1. 营业外收支核算的账户设置

为了正确核算营业外收支业务，应当设置以下账户进行账务处理：

（1）"营业外收入"账户。该账户用来核算企业发生的与其经营活动无直接关系的各项净收入，其贷方登记企业实际发生的营业外收入，借方登记期末转入本年利润的本期营业外收入，期末结转后，应无余额。该账户应当按照营业外收入项目进行明细核算。

（2）"营业外支出"账户。该账户用来核算企业发生的与其经营活动无直接关系的各项净支出，其借方登记企业实际发生的营业外支出，贷方登记期末转入本年利润的本期营业外支出，期末结转后，应无余额。该账户应当按照营业外支出项目进行明细核算。

2. 营业外收支的账务处理

企业发生营业外收入时，按实际发生的营业外收入，借记"库存现金""银行存款""待处理财产损溢""固定资产清理""应付账款"等账户，贷记"营业外收入"账户；收到返还的消费税等各种税金及附加时，按实际收到的金额，借记"银行存款"账户，贷记"营业外收入"账户。

【例15－1】　明立公司应付甲公司货款共计 50 000 元，因甲公司撤销而无法支付，明立公司按规定程序报经公司董事会批准，同意按规定予以核销。明立公司应根据公司董事会的批准决议，作账务处理如下：

借：应付账款——甲公司　　　　　　　　　　　　　　　　　　　　　50 000

　　贷：营业外收入——无法支付的应付款项　　　　　　　　　　　　　　　　50 000

【例15－2】　明立公司收到乙公司因违反购销合同而支付的违约金 3 000 元，收取的该违约金已存入银行。明立公司应按实际收取的违约金作账务处理如下：

借：银行存款　　　　　　　　　　　　　　　　　　　　　　　　　　3 000

　　贷：营业外收入——罚没利得　　　　　　　　　　　　　　　　　　　　3 000

【例 15 - 3】 明立公司收到当地政府按国家有关规定拨给的上年遭受重大自然灾害的补助资金 5 500 元。明立公司应作账务处理如下：

借：银行存款   5 500

     贷：营业外收入——政府补助   5 500

企业发生营业外支出时，按实际发生的营业外支出，借记"营业外支出"账户，贷记"待处理财产损溢""库存现金""银行存款""固定资产清理"等账户。

【例 15 - 4】 大兴公司因偷漏税被税务机关查处，责令其支付税收滞纳金 2 000 元、罚金 800 元，该公司当即以银行存款如数支付税收滞纳金、罚金。大兴公司应根据税务机关开具的处罚通知书，作账务处理如下：

借：营业外支出——罚款支出   2 800

     贷：银行存款   2 800

【例 15 - 5】 立信公司通过市民政部门向山西省某希望工程小学捐赠 100 000 元，捐赠款已从银行存款支付。立信公司应按实际支付的捐赠款作账务处理如下：

借：营业外支出——捐赠支出   100 000

     贷：银行存款   100 000

三、利润的结转

企业应当设置"本年利润"账户，定期结转利润，以确定本期实现的净利润或发生的净亏损。期末结转利润时，企业应将损益类中的各收入类账户的期末余额转入"本年利润"账户的贷方，应将损益类中的各支出类账户的期末余额转入"本年利润"账户的借方。期末结转后，"本年利润"账户如为贷方余额，反映本年度自年初起累计实现的净利润额；如为借方余额，则反映本年度自年初起累计发生的净亏损额。年度终了，企业应将本年收入和支出相抵后结出的本年实现的净利润，转入"利润分配——未分配利润"账户的贷方；如为净亏损，则转入"利润分配——未分配利润"账户的借方。年终结转后，"本年利润"账户应无余额。

【例 15 - 6】 甲公司采用年末一次结转利润的结账方法。2×19 年 12 月 31 日，甲公司各损益类账户的期末余额如表 15 - 1 所示。

表 15 - 1

账 户 余 额 表

单位：元

账 户 名 称	结 账 前 余 额	账 户 名 称	结 账 前 余 额
主营业务成本	1 210 000	主营业务收入	1 350 000
其他业务成本	750 000	其他业务收入	980 000
税金及附加	40 000	公允价值变动损益	150 000
销售费用	95 000	投资收益	680 000

账 户 名 称	结 账 前 余 额	账 户 名 称	结 账 前 余 额
管理费用	120 000	营业外收入	120 000
财务费用	86 000		
资产减值损失	158 000		
营业外支出	250 000		
所得税费用	202 950		

根据上述资料，甲公司应作账务处理如下：

（1）结转损益类中的各收入类账户时：

借：主营业务收入	1 350 000
其他业务收入	980 000
公允价值变动损益	150 000
投资收益	680 000
营业外收入	120 000
贷：本年利润	3 280 000

（2）结转损益类中的各支出类账户时：

借：本年利润	2 911 950
贷：主营业务成本	1 210 000
其他业务成本	750 000
税金及附加	40 000
销售费用	95 000
管理费用	120 000
财务费用	86 000
资产减值损失	158 000
营业外支出	250 000
所得税费用	202 950

（3）结转本年实现的净利润时：

借：本年利润	368 050
贷：利润分配——未分配利润	368 050

第二节　所　得　税

企业所得税是国家对企业取得的生产、经营所得和其他所得征收的一种税。

一、所得税的计算

企业所得税以企业的应纳税所得额为计税依据。所谓应纳税所得额，是指企业每一纳税年度的收入总额减去准予扣除项目后的余额。其计算公式如下：

$$应纳税所得额＝收入总额－准予扣除项目金额$$

其中：

（1）收入总额是指企业在纳税年度内各项收入的总和,具体包括生产经营收入、财产转让收入和其他等收入。

（2）准予扣除项目是指在计算应纳税所得额时准予从收入总额中扣除的,每一纳税年度发生的,与取得应纳税收入有关的所有必要和正常的成本、费用、税金和损失。

企业的应纳税所得额与其会计利润是两个不同的概念。我国税法明确规定,企业在计算应纳税所得额时,其会计处理办法同国家有关税收的规定有抵触的,应当依照国家有关税收的规定计算。企业按照会计规定计算的税前会计利润与按税收规定计算的应纳税所得额之间存在的差异,实务中通常以会计利润为基础,依照税法规定进行一定的调整来确定应纳税所得额。此时,应纳税所得额的计算公式如下：

$$应纳税所得额＝会计利润总额＋纳税调整增加额－纳税调整减少额$$

企业应交所得税额的计算公式如下：

$$应交所得税额＝应纳税所得额×所得税税率$$

二、会计和税法处理规定不同产生的差异

随着我国企业会计准则体系的建立和税制改革的逐步深入,企业财务会计和所得税会计逐步分离,企业按照企业会计准则核算的会计利润与按照税法计算的企业应纳税所得额之间的差异也逐步扩大。这些差异按其产生原因及其性质,一般可以分为永久性差异和暂时性差异两大类。

（一）永久性差异

永久性差异是指某一会计期间,由于会计准则和税法在计算收益、费用或损失时的口径不同所产生的税前会计利润与应纳税所得额之间的差异。这项差异在本期发生,不会在以后各期转回。永久性差异分以下两类。

1. 不需要交纳所得税的永久性差异

（1）按企业会计准则规定核算时确认为收益,但税法在计算应纳税所得额时不确认为收益。例如,企业购买国债所产生的国债利息收入按照企业会计准则规定,计入当期损益,但税法规定,国债的利息收入不构成应税所得,不需要交纳所得税。

（2）按企业会计准则规定核算时不确认为费用或损失,但税法在计算应纳税所得额时则允许扣减。例如,根据《企业所得税法》的规定,企业发生的研究开发费用,未形成无形资产计入当期损益的,在按规定据实扣除的基础上,允许再按研究开发费用实际发生额的一定比例抵扣当年度的应纳税所得额。

上述两项差异,税前会计利润大于应纳税所得额。产生的永久性差异不需要交所得税,在计算应纳税所得额时,应将税前会计利润扣除该类永久性差异,将税前会计利润调整为应纳税所得额。

2. 需要交纳所得税的永久性差异

（1）按企业会计准则规定核算时不确认为收益，但税法在计算应纳税所得额时确认为收益。例如，企业在销售商品的同时，同意日后再将同样的商品购回，税法上规定按该产品售价与成本的差额计入应纳税所得额。

（2）按企业会计准则规定核算时确认为费用或损失，但税法在计算应纳税所得额时则不允许扣减。例如，企业发生的非公益和救济性捐赠支出、各种赞助费，按企业会计准则规定发生时计入当期损益，但税法在计算应纳税所得额时不允许扣减。

上述两项差异，税前会计利润小于应纳税所得额。产生的永久性差异需要交纳所得税，在计算应纳税所得额时，应将税前会计利润加上该类永久性差异，将税前会计利润调整为应纳税所得额。

（二）暂时性差异

暂时性差异是指资产或负债的账面价值与其计税基础之间的差额。这里，资产或负债的账面价值是指企业在其资产负债表中反映的资产或负债的价值；资产的计税基础是指某一项资产在未来期间计税时，按照税法规定可以税前扣除的金额；负债的计税基础是指负债的账面价值减去未来期间计算应纳税所得额时按照税法规定可予抵扣的金额。

企业未作为资产和负债确认的项目，按照税法规定可以确定其计税基础的，该计税基础与其账面价值之间的差额也属于暂时性差异。该项差异在未来期间资产收回或负债清偿时，会产生应税利润或可抵扣金额。

按照暂时性差异对未来期间应税金额的影响，分为以下两类。

1. 应纳税暂时性差异

应纳税暂时性差异是指在确定未来收回资产或清偿负债期间的应纳税所得额时，将导致产生应税金额的暂时性差异。即将导致使用或处置资产、偿付负债的未来期间内增加应纳税所得额，由此产生递延所得税负债的差异。其类型一般包括：

（1）资产的账面价值大于其计税基础。例如，按企业会计准则规定，企业取得以公允价值计量且其变动计入当期损益的金融资产后，期末由于该金融资产公允价值上升，确认公允价值变动收益并调整该金融资产的账面价值；但按照税法规定，由于以公允价值计量且其变动计入当期损益的金融资产公允价值变动不计入应纳税所得额，即其计税基础保持不变，从而产生应纳税暂时性差异。

（2）负债的账面价值小于其计税基础。例如，资产负债表日，企业将其承担的以公允价值计量且其变动计入当期损益的金融负债的公允价值低于其账面余额的差额计入当期损益，并调减了负债的账面价值；但按照税法规定，由于该金融负债公允价值变动不计入应纳税所得额，即其计税基础保持不变，从而产生应纳税暂时性差异。

上述两项差异，将导致使用或处置资产、偿付负债的未来期间内增加应纳税所得额，由此产生递延所得税负债的差异。

2. 可抵扣暂时性差异

可抵扣暂时性差异是指在确定未来收回资产或清偿负债期间的应纳税所得额时，将导致产生可抵扣金额的暂时性差异。即将导致使用或处置资产、偿付负债的未来期间内减少应纳税所得额，由此产生递延所得税资产的差异。其类型一般包括：

（1）资产的账面价值小于其计税基础。例如，各项资产发生减值，提取的减值准备。按照企业会计准则规定，资产的可变现净值或可收回金额低于其成本或账面价值时，应当确认资产减值损失，调减资产的账面价值；但按照税法规定，企业提取的减值准备不允许税前抵扣，只有在资产发生实质性损失时才允许税前扣除，从而产生可抵扣暂时性差异。

（2）负债的账面价值大于其计税基础。例如，按照企业会计准则规定，企业因或有事项确认的预计负债应当按照最佳估计数确认，计入当期损益；但按照税法规定，与预计负债相关的费用应当在实际发生时准予税前扣除，即其计税基础为零，从而产生可抵扣暂时性差异。

上述两项差异，将导致使用或处置资产、偿付负债的未来期间内减少应纳税所得额，由此产生递延所得税资产的差异。

需要说明的是，某些交易或事项中产生的递延所得税，不影响利润表中确认的所得税费用，其所得税影响应视下列情况分别确认：

（1）直接计入所有者权益的交易或事项。这类交易或事项产生的递延所得税，无论是对当期所得税的影响还是对递延所得税的影响，均应计入所有者权益。例如，以公允价值计量且其变动计入其他综合收益的金融资产公允价值的变动，其资产的账面价值与计税基础之间形成暂时性差异的，应按照企业会计准则规定确认递延所得税资产或递延所得税负债，并计入其他综合收益。

（2）企业合并中产生的递延所得税。因企业会计准则规定与税法规定对企业合并类型的划分标准不同，某些情况下可能导致合并中取得资产、负债的入账价值与其计税基础之间产生差异。因企业合并产生的应纳税暂时性差异或可抵扣暂时性差异的影响，应在确认递延所得税负债或递延所得税资产的同时，确认相关的递延所得税费用（或收益），一般应调整在合并中应予确认的商誉中。

三、所得税的账务处理

企业的所得税核算主要有应付税款法和资产负债表债务法等方法，企业应当根据企业规模类型，选择采用其中的一种所得税会计处理方法。执行《企业会计准则》体系的企业，应当采用资产负债表债务法作为所得税会计处理方法；执行《小企业会计准则》体系的企业，应当采用应付税款法作为所得税会计处理方法。

（一）应付税款法

应付税款法是指将本期税前会计利润与应纳税所得额之间的差异造成的影响纳税的金额直接计入当期损益，而不递延到以后各期。它是企业不单独确认暂时（时间）性差异对所得税的影响金额，而按照当期计算的应交所得税确认为当期所得税费用的方法。在这种方法下，当期所得税费用等于当期应交的所得税。暂时（时间）性差异产生的影响所得税金额均在本期确认所得税费用或在本期抵减所得税费用，即在应付税款法下，本期发生的暂时（时间）性差异不单独核算，与本期发生的永久性差异同样处理。

应付税款法对所得税的账务处理方法建立在"利润表观"的基础上，以利润表中的利润为起点，来调整由于会计与税法因遵循原则不同而形成的永久性差异和暂时（时间）性差异，从而得出企业当期的应纳税所得额。

企业采用应付税款法核算所得税时，应当设置"所得税费用""应交税费"账户，分别用以反映本期应计入利润表的所得税费用,以及本期应交纳的所得税。

会计期末,企业在计算交纳所得税时应按税法规定对税前会计利润进行调整,调整为应纳税所得额,再按应纳税所得额与适用的所得税税率计算出本期应交的所得税,并列作本期所得税费用,借记"所得税费用"账户,贷记"应交税费——应交所得税"账户。实际交纳所得税时,借记"应交税费——应交所得税"账户,贷记"银行存款"账户。期末,应将"所得税费用"账户的借方余额转入"本年利润"账户,结转后,"所得税费用"账户应无余额。

【例 15 - 7】 甲企业 2×19 年度实现的税前会计利润为 100 万元,所得税税率为 25%,所得税采用应付税款法核算。该企业经税务机关核定的全年业务宣传费支出为 150 万元,企业当年实际发生的业务宣传费支出为 180 万元;全年按企业会计准则规定计提折旧为 60 万元,折旧费用全部计入当年损益,按税法规定可在纳税所得前扣除的折旧费用为 45 万元;当年取得国债利息收入 25 万元。假定甲企业当年除上述事项外无其他纳税调整因素。根据上述资料,甲企业 2×19 年应交所得税和所得税费用应作账务处理如下:

(1) 计算 2×19 年应交所得税和所得税费用时:

税前会计利润	1 000 000
加:超标准业务宣传费支出	300 000
折旧差额	150 000
减:国债利息收入	250 000
应纳税所得额	1 200 000
所得税税率	25%
本年应交所得税	300 000

(2) 2×19 年,进行所得税账务处理时:

借:所得税费用　　　　　　　　　　　　　　　　　　　　　　　　300 000
　贷:应交税费——应交所得税　　　　　　　　　　　　　　　　　　300 000

(二)资产负债表债务法

资产负债表债务法是指以企业的资产负债表为依据,结合相关账簿资料,分析计算各项资产、负债的计税基础,通过比较资产、负债的账面价值与其计税基础之间的差异,确定应纳税暂时性差异和可抵扣暂时性差异并以预期转回年度的所得税税率为依据,计算递延税款的一种所得税会计处理方法。

资产负债表债务法对所得税的财务处理方法是建立在"资产负债表观"的基础之上,以资产负债表为报表中心,将期末净资产和期初净资产相比较求得当期全面收益并据此编制财务报告。因此,这种方法更注重暂时性差异,要求企业在取得资产和负债时,应当确定其计税基础,资产和负债的账面价值与其计税基础之间的差额为暂时性差异,根据确定的所得税税率,确认由该项资产或负债所产生的递延所得税资产或递延所得税负债,从而提高企业在财务报告中对财务状况和未来现金流量作出恰当的评价和预测其价值,全面完整地反映企业所得税的核算和交纳过程。

1. 设置的账户

为了正确核算所得税及其暂时性差异对所得税的影响,应设置以下账户进行账务处理:

(1)"所得税费用"账户。该账户用来核算企业确认的应从当期利润总额中扣除的所得税费用。期末,应将其余额转入"本年利润"账户,结转后,应无余额。该账户应当按照"当期所得税费用""递延所得税费用"进行明细核算。

(2)"应交税费——应交所得税"账户。该账户用来核算企业按照税法规定计算应交纳的所得税。

(3)"递延所得税资产"账户。该账户用来核算企业确认的可抵扣暂时性差异产生的递延所得税资产。该账户借方登记本期确认的可抵扣暂时性差异产生的递延所得税资产,贷方登记本期转回可抵扣暂时性差异产生的递延所得税资产、预计未来期间很可能无法获得足够的应纳税所得额用以抵扣而减记的金额,以及税率变动调整的递延所得税资产,期末借方余额反映企业已确认的递延所得税资产的余额。该账户应当按照可抵扣暂时性差异等项目进行明细核算。

(4)"递延所得税负债"账户。该账户用来核算企业确认的应纳税暂时性差异产生的递延所得税负债。该账户贷方登记本期确认的应纳税暂时性差异产生的递延所得税负债,借方登记本期转回应纳税暂时性差异产生的递延所得税负债,以及税率变动调整的递延所得税负债,期末贷方余额反映企业已确认的递延所得税负债的余额。该账户应当按照应纳税暂时性差异项目进行明细核算。

同时,企业应设置"递延税款备查登记簿",详细记录发生的暂时性差异的原因、金额、预计转销期限、已转销数额等。

2. 资产负债表债务法账务处理

第一种情况,税率不变情况下的账务处理。

会计期末,企业应当按税法规定对税前会计利润进行调整,调整为应纳税所得额,再按应纳税所得额与适用的所得税税率计算出本期应交的所得税并列作本期所得税费用,借记"所得税费用——当期所得税费用"账户,贷记"应交税费——应交所得税"账户。

同时,应当区分可抵扣暂时性差异和应纳税暂时性差异分别处理。

按照可抵扣暂时性差异与适用的所得税税率计算的结果,确认本期发生的递延所得税资产以及相应的递延所得税收益,借记"递延所得税资产"账户,贷记"所得税费用——递延所得税费用""其他综合收益"等账户;递延所得税资产确认后,相关的可抵扣暂时性差异于以后期间转回时,应当调整原已确认的递延所得税资产以及相应的递延所得税收益,借记"所得税费用——递延所得税费用""其他综合收益"等账户,贷记"递延所得税资产"账户。

按照应纳税暂时性差异与适用的所得税税率计算的结果,确认本期发生的递延所得税负债以及相应的递延所得税费用,借记"所得税费用——递延所得税费用""其他综合收益"等账户,贷记"递延所得税负债"账户;递延所得税负债确认后,相关的应纳税暂时性差异于以后期间转回时,应当调整原已确认的递延所得税负债以及相应的递延所得税费用,借记"递延所得税负债"账户,贷记"所得税费用——递延所得税费用""其他综合收益"等账户。

需要说明的是,企业应当以很可能取得用来抵扣可抵扣暂时性差异的应纳税所得额为限,确认由可抵扣暂时性差异产生的递延所得税资产。企业在确定未来期间很可能取得的应纳税所得额时,应包括未来期间企业正常生产经营活动实现的应纳税所得额,以及在可抵扣暂时性差异转回期间因应纳税暂时性差异的转回增加的应纳税所得额并应提供相关的证据。

【例 15-8】 某企业于 2×19 年 12 月 31 日购入管理用设备 1 台,价值为 100 000 元,预计使用寿命 4 年,预计无残值。该企业采用年数总和法计提折旧,按税法规定应采用直线法计提折旧,预计使用寿命及净残值与会计相同。假定该企业每年实现的税前会计利润为 500 000 元,除该项折旧外其他资产、负债的账面价值与其计税基础均一致,适用的所得税税率为 25%,所得税采用资产负债表债务法核算,该企业预计在未来期间能够产生足够的应纳税所得额用来抵扣可抵扣暂时性差异。该企业各年应交所得税和所得税费用应作账务处理如下:

(1) 计算该设备各年产生的暂时性差异及递延所得税费用(收益)如表 15 - 2 所示。

表 15 - 2

计算该设备各年产生的暂时性差异及递延所得税费用(收益)表

单位:元

项　　目	2×19 年	2×20 年	2×21 年	2×22 年	2×23 年	合　计
会计折旧年数总和法		40 000	30 000	20 000	10 000	100 000
税法折旧直线法		25 000	25 000	25 000	25 000	100 000
账面价值	100 000	60 000	30 000	10 000	0	
计税基础	100 000	75 000	50 000	25 000	0	
可抵扣暂时性差异	0	−15 000	−20 000	−15 000	0	
所得税税率	25%	25%	25%	25%	25%	
递延所得税费用	0	−3 750	−1 250	1 250	3 750	0

(2) 2×19 年,计算确认应交所得税和所得税费用时:

$$应交所得税 = 500\,000 \times 25\% = 125\,000(元)$$

借:所得税费用——当期所得税费用　　　　　　　　　　　　　　　　　　　　125 000

　　贷:应交税费——应交所得税　　　　　　　　　　　　　　　　　　　　　　　　125 000

该设备当年未产生暂时性差异。

$$2×19 年所得税费用 = 125\,000(元)$$

(3) 2×20 年,计算确认应交所得税和所得税费用时:

$$应交所得税 = (500\,000 + 15\,000) \times 25\% = 128\,750(元)$$

借:所得税费用——当期所得税费用　　　　　　　　　　　　　　　　　　　　128 750

　　贷:应交税费——应交所得税　　　　　　　　　　　　　　　　　　　　　　　　128 750

确认 2×20 年该设备的递延所得税资产、递延所得税费用 = −15 000 × 25% = −3 750(元)

借:递延所得税资产　　　　　　　　　　　　　　　　　　　　　　　　　　　　3 750

　　贷:所得税费用——递延所得税费用　　　　　　　　　　　　　　　　　　　　　3 750

$$2×20 年所得税费用 = 128\,750 − 3\,750 = 125\,000(元)$$

（4）2×21年，计算确认应交所得税和所得税费用时：

$$应交所得税 = (500\ 000 + 5\ 000) \times 25\% = 126\ 250(元)$$

借：所得税费用——当期所得税费用   126 250
  贷：应交税费——应交所得税   126 250

$$\begin{matrix}\text{确认 } 2\times21 \text{ 年该设备的递延}\\ \text{所得税资产、递延所得税费用}\end{matrix} = [-20\ 000 - (-15\ 000)] \times 25\% = -1\ 250(元)$$

借：递延所得税资产   1 250
  贷：所得税费用——递延所得税费用   1 250

$$2\times21 \text{ 年所得税费用} = 126\ 250 - 1\ 250 = 125\ 000(元)$$

（5）2×22年，计算确认应交所得税和所得税费用时：

$$应交所得税 = (500\ 000 - 5\ 000) \times 25\% = 123\ 750(元)$$

借：所得税费用——当期所得税费用   123 750
  贷：应交税费——应交所得税   123 750

$$\begin{matrix}\text{确认 } 2\times22 \text{ 年该设备的递延}\\ \text{所得税资产、递延所得税费用}\end{matrix} = [-15\ 000 - (-20\ 000)] \times 25\% = 1\ 250(元)$$

借：所得税费用——递延所得税费用   1 250
  贷：递延所得税资产   1 250

$$2\times22 \text{ 年所得税费用} = 123\ 750 + 1\ 250 = 125\ 000(元)$$

（6）2×23年，计算应交所得税和所得税费用时：

$$应交所得税 = (500\ 000 - 15\ 000) \times 25\% = 121\ 250(元)$$

借：所得税费用——当期所得税费用   121 250
  贷：应交税费——应交所得税   121 250

确认2×23年该设备的递延所得税资产、递延所得税费用 $= [0 - (-15\ 000)] \times 25\% = 3\ 750(元)$

借：所得税费用——递延所得税费用   3 750
  贷：递延所得税资产   3 750

$$2\times23 \text{ 年所得税费用} = 121\ 250 + 3\ 750 = 125\ 000(元)$$

【例15-9】 金欣公司2×19年度实现的税前会计利润为1 000万元，所得税税率为25%，所得税采用资产负债表债务法核算，递延所得税资产和负债年初均无余额。金欣公司持有一项以公允价值计量且其变动计入当期损益的金融资产，该金融资产年末账面余额为800万元，年末公允价值为900万元；当年该公司因涉及一项债务担保，年末经判断满足确认负债的相关条件，按照履行现时义务所需支出的最佳估计数确认了80万元预计负债计入当期损益；该公司经税务机关核定的全年业务招待费支出为150万元，企业当年实际发生的业务招待费支出为180万元；当年取得国债利息收入25万元。假定按照税法规定，以公允价值计量且其变动计入当期损益的金融资产在持有期间公允价值变动不计入应纳税所得额；与预计负债相关的费用,视相关交易事项的具体情况,一般在实际发生时准予税前扣除。金欣公司当年除上述事项外其他资产、负债的账面价值与其计税基础均一致;该公司预计在未来期间能够产生足够的应纳税所得额用来抵扣可抵扣暂时性差异。根据上述资料,金欣公司 2×19 年应交所得税和所得税费用应作账务处理如下:

（1）计算 2×19 年应交所得税时:

税前会计利润	10 000 000
加:超标准业务招待费支出	300 000
确认预计负债	800 000
减:国债利息收入	250 000
交易性金融资产公允价值变动	1 000 000
应纳税所得额	9 850 000
所得税税率	25%
本年应交所得税	2 462 500

借:所得税费用——当期所得税费用　2 462 500

　　贷:应交税费——应交所得税　　　　　　　　2 462 500

（2）计算确认 2×19 年的递延所得税负债、递延所得税资产、递延所得税费用（收益）时:

$$递延所得税负债＝1\,000\,000×25\%＝250\,000（元）$$
$$递延所得税资产＝800\,000×25\%＝200\,000（元）$$
$$递延所得税费用＝250\,000－200\,000＝50\,000（元）$$

借:递延所得税资产　　　　　　　　　200 000

　　所得税费用——递延所得税费用　　50 000

　　贷:递延所得税负债　　　　　　　　　　　250 000

$$2×19\ 年的所得税费用＝2\,462\,500＋50\,000＝2\,512\,500（元）$$

从[例 15－9]可见,企业在计算确定当期所得税费用(即当期应交所得税)以及递延所得税费用(或收益)的基础上,应将两者之和确认为当期利润表中的所得税费用(或收益)。其计算公式如下:

$$所得税费用(或收益)＝当期所得税费用＋递延所得税费用(－递延所得税收益)$$

【例 15－10】 2×19 年 9 月 12 日,大同公司从证券市场购入甲公司股票 20 000 股,每股成交价为 12 元,将该股票投资划分为以公允价值计量且其变动计入其他综合收益的非交易性权益工具投资。2×19 年 12 月 31 日,其每股公允价值为 14.5 元。大同公司适用的所得税税率为 25%。大同公司 2×19 年年末应作账务处理如下:

2×19 年年末,确认该股票的公允价值变动时:

借:其他权益工具投资——公允价值变动　　　　　50 000

　　贷:其他综合收益　　　　　　　　　　　　　　　50 000

确认应纳税暂时性差异的所得税影响时:

借：其他综合收益	12 500
贷：递延所得税负债	12 500

第二种情况，税率发生变动情况下的账务处理。

企业适用的所得税税率发生变化时，应对已确认的递延所得税资产和递延所得税负债进行重新计量，除直接在权益中确认的交易或者事项产生的递延所得税资产和递延所得税负债以外，应当将当期影响数计入变化当期的所得税费用。在转回递延所得税资产、递延所得税负债时，应当按照现行所得税率计算转回。

因此，在所得税税率发生变化时，当期的所得税费用包括，企业当期所得税费用（即当期应交所得税）、递延所得税费用（或收益），以及由于税率发生变动，对前期已确认的递延所得税资产和递延所得税负债账面余额的调整数。

3. 所得税的特殊处理

（1）定期对递延所得税资产的账面价值进行复核。期末，企业应当对递延所得税资产的账面价值进行复核。如果未来期间很可能无法获得足够的应纳税所得额用以抵扣递延所得税资产利益，应当减记递延所得税资产的账面价值。则按原已确认的递延所得税资产中应减记的金额，借记"所得税费用""其他综合收益"账户，贷记"递延所得税资产"账户。

（2）抵扣亏损的处理。按照税法规定允许企业用以后年度实现的利润弥补的可抵扣亏损及可结转以后年度的税款抵减，企业可视同可抵扣暂时性差异，按照可抵扣暂时性差异的原则处理，以很可能获得用来抵扣亏损和税款抵减的未来应纳税所得额为限，确认相应的递延所得税资产。

【例 15 - 11】 某股份有限公司 2×19 年年初成立，当年发生净亏损 100 万元，2×20—2×22 年每年实现的会计利润分别为 40 万元、20 万元、50 万元。该股份有限公司各年适用的所得税税率均为 25%，采用资产负债表债务法核算所得税，假定各年均无其他暂时性差异。该股份有限公司各年应交所得税和所得税费用应作账务处理如下：

（1）2×19 年：

借：递延所得税资产	250 000
贷：所得税费用——递延所得税费用	250 000

（2）2×20 年：

借：所得税费用——递延所得税费用	100 000
贷：递延所得税资产	100 000

（3）2×21 年：

借：所得税费用——递延所得税费用	50 000
贷：递延所得税资产	50 000

（4）2×22 年：

借：所得税费用——递延所得税费用	100 000
贷：递延所得税资产	100 000

借：所得税费用——当期所得税费用　　　　　　　　　　　　　　　　　　　25 000
　　贷：应交税费——应交所得税　　　　　　　　　　　　　　　　　　　　　　25 000

第三节　利　润　分　配

利润分配是指企业根据国家有关法规规定和股东大会或投资者的决议，对企业本年实现的净利润所进行的分配。企业本年实现的净利润，加上年初未分配利润为可供分配的利润。利润分配涉及股东、债权人、职工、社会等各个利益主体的切身利益，因此，对企业实现的净利润按规定进行利润分配，不仅应考虑到投资者的利益，也应考虑到维护企业的财产基础及其信用能力。

一、利润分配顺序

公司税后利润的分配顺序，主要按照我国《公司法》的相关规定。

（一）弥补以前年度亏损

企业的法定公积金不足以弥补以前年度亏损的，在依照规定提取法定公积金之前，应当先用当年利润弥补亏损。公司出现亏损直接影响到公司资本的充实、公司的稳定发展以及公司股东、债权人权益的有效保障。因此，对于以前年度亏损应当遵循"亏损必弥补"的原则。根据《公司法》的规定，企业的资本公积金不得用于弥补企业的亏损。

（二）提取法定盈余公积

法定盈余公积是企业为巩固企业财产基础，增强企业信用，弥补意外亏损，扩大业务规模等目的，而于资本额外保留的一部分金额。企业分配当年税后利润时，应当提取利润的10%列入企业法定盈余公积。企业法定盈余公积累计额为企业注册资本的50%以上的，可以不再提取。对于法定盈余公积，企业既不得以其章程或股东会决议予以取消，也不得削减其法定比例。

（三）经股东会或者股东大会决议提取任意盈余公积

公司从税后利润中提取法定盈余公积后，经股东会或者股东大会决议，可以从税后利润中提取任意盈余公积。

（四）支付股利

股利是指公司依照法律或章程的规定，按期以一定的数额和方式分配给股东的利润。企业弥补亏损和提取盈余公积后所余税后利润，按照利润分配方案分配给股东（投资者）。股利分配的形式主要包括现金股利和股票股利两种形式。现金股利是公司向股东分配股利的基本形式。

股东会、股东大会或者董事会违反规定，在公司弥补亏损和提取法定公积金之前向股东分配利润的，股东必须将违反规定分配的利润退还公司。公司持有的本公司股份不得分配利润。

二、利润分配核算设置的账户

为了正确核算企业利润分配（或亏损的弥补）和历年分配（或弥补）后的积存余额的情况，

应设置"利润分配"账户进行账务处理并分别"提取法定盈余公积""提取任意盈余公积""应付现金股利或利润""转作股本的股利""盈余公积补亏"和"未分配利润"等进行明细核算。

该账户借方登记企业根据国家有关法规规定和股东大会或投资者的决议对企业本年实现的净利润所进行的利润分配数,贷方登记企业用盈余公积弥补亏损的弥补亏损数。年度终了,企业应将全年实现的净利润或净亏损,转入"利润分配——未分配利润"账户;同时,将其所属其他明细账户的余额转入"利润分配——未分配利润"账户。结转后,除"未分配利润"明细账户外,其他明细账户应无余额。年末结账后,该账户年末余额反映企业历年积存的未分配利润(或未弥补亏损)。

三、利润分配的账户处理

(一)弥补亏损

企业弥补以前年度亏损有两条渠道:一是本年实现的利润;二是历年积累的盈余公积。

(1)用本年实现的利润弥补亏损。企业用本年实现的利润弥补以前年度亏损的,根据税法规定,分为两种弥补亏损方法:其一,用当年实现的税前利润弥补。税法规定,企业发生年度亏损的,可以用下一纳税年度的所得弥补;下一纳税年度的所得不足弥补的,可以逐年延续弥补。但是延续弥补期最长不得超过 5 年。这里的"5 年"是指税收上计算弥补亏损的期限。其二,用税后利润弥补。无论是以税前利润还是税后利润弥补亏损,其账务处理方法相同,无须专门作账务处理,企业在弥补年度将实现的利润自"本年利润"账户转入"利润分配——未分配利润"账户,自然弥补了以前年度亏损。税前利润弥补与税后利润弥补的区别仅在于前者结转的是税前利润总额,后者结转的是税后净利润。

(2)用历年积累的盈余公积弥补亏损。以盈余公积弥补,应当由公司董事会提议并经股东大会或类似机构决议批准,一般在弥补后结余的盈余公积应在注册资本的 25% 以上。企业用盈余公积弥补亏损,借记"盈余公积——法定盈余公积或任意盈余公积"账户,贷记"利润分配——盈余公积补亏"账户。在年度终了,结转"盈余公积补亏"明细账户时,将其余额,借记"利润分配——盈余公积补亏"账户,贷记"利润分配——未分配利润"账户。

【例 15 - 12】 2×19 年度,某公司亏损 800 000 元,经该公司董事会提议并经股东大会批准,用其积累的法定盈余公积弥补该亏损额。该公司应作账务处理如下:

(1)结转当年亏损时:

借:利润分配——未分配利润   800 000
  贷:本年利润   800 000

(2)用盈余公积弥补该亏损时:

借:盈余公积——法定盈余公积   800 000
  贷:利润分配——盈余公积补亏   800 000

(3)结转"利润分配"除"未分配利润"外的其他明细账户余额时:

借:利润分配——盈余公积补亏   800 000
  贷:利润分配——未分配利润   800 000

（二）提取盈余公积

企业根据国家有关法规规定和股东大会或投资者的决议提取盈余公积时，按实际提取盈余公积数，分别借记"利润分配——提取法定盈余公积""利润分配——提取任意盈余公积"账户，贷记"盈余公积——法定盈余公积""盈余公积——任意盈余公积"账户。

（三）分配股利

企业经股东大会或类似机构决议，分配给股东或投资者现金股利或利润时，借记"利润分配——应付现金股利或利润"账户，贷记"应付股利"账户。

经股东大会或类似机构决议，分配给股东的股票股利，应在办理增资手续后，借记"利润分配——转作股本的股利"账户，贷记"股本"账户。

（四）未分配利润的账务处理

可供投资者分配的利润，经过上述分配后，为未分配利润（或未弥补亏损）。未分配利润可留待以后年度进行分配。企业如发生亏损，可以按规定由以后年度利润进行弥补。企业未分配的利润（或未弥补的亏损）应当在资产负债表的所有者权益项目中单独反映。

企业未分配的利润（或未弥补的亏损）应当通过"利润分配"账户下的"未分配利润"明细账户进行账务处理。年度终了，企业应当将本年所有收入和费用项目相抵后结出的全年净利润数额，借记"本年利润"账户，贷记"利润分配——未分配利润"账户；如为净亏损的，作相反的账务处理。同时，按本年各项利润分配的数额，借记"利润分配——未分配利润"账户，贷记"利润分配——提取法定盈余公积""利润分配——提取任意盈余公积""利润分配——应付现金股利或利润""利润分配——转作股本的股利"等账户的余额。结转后，"利润分配——未分配利润"账户如为贷方余额，反映历年积存的未分配利润的数额；如为借方余额，则反映企业累计未弥补亏损的数额。

【例 15 - 13】 2×19 年年末，经计算甲公司本年实现的净利润为 3 500 000 元，甲公司董事会提议并经公司股东大会决议确定的利润分配方案如下：按净利润的 10% 计算提取法定盈余公积，按净利润的 8% 计算提取任意盈余公积，按净利润的 20% 计算向投资者分配现金股利。根据上述资料，甲公司应作账务处理如下：

（1）按净利润的 10% 计算提取法定盈余公积时：

借：利润分配——提取法定盈余公积 　　　　　　　　　　　　　　　　　350 000

　　贷：盈余公积——法定盈余公积 　　　　　　　　　　　　　　　　　　　350 000

（2）按净利润的 8% 计算提取任意盈余公积时：

借：利润分配——提取任意盈余公积 　　　　　　　　　　　　　　　　　280 000

　　贷：盈余公积——任意盈余公积 　　　　　　　　　　　　　　　　　　　280 000

（3）按净利润的 20% 计算向投资者分配现金股利时：

借：利润分配——应付现金股利或利润 　　　　　　　　　　　　　　　　700 000

　　贷：应付股利 　　　　　　　　　　　　　　　　　　　　　　　　　　　700 000

（4）结转本年实现的净利润时：

借：本年利润   3 500 000

  贷：利润分配——未分配利润   3 500 000

（5）结转本年"利润分配"其他明细账户时：

借：利润分配——未分配利润   1 330 000

  贷：利润分配——提取法定盈余公积   350 000

    利润分配——提取任意盈余公积   280 000

    利润分配——应付现金股利或利润   700 000

本章要点概览

1. 利润是指企业在一定会计期间的最终财务成果。它是衡量企业经营管理水平、评价企业经济效益的一项重要指标。

2. 企业利润包括收入减去费用后的净额、直接计入当期利润的利得和损失等。

3. 营业利润是企业利润的主要来源,营业利润由营业收入减去营业成本、税金及附加、销售费用、管理费用、财务费用、资产（信用）减值损失,加上公允价值变动净收益、投资净收益,加上资产处置收益、其他收益构成。

4. 利润总额是指企业实现的营业利润加上营业外收入,减去营业外支出后的金额;净利润是指企业当期实现的利润总额减去所得税费用后的金额。

5. 营业外收支是指企业发生的与其生产经营活动无直接关系的各项收入和各项支出,是企业利润总额的重要组成部分。

6. 应纳税所得额是指企业每一纳税年度的收入总额减去准予扣除项目后的余额。

7. 企业按照企业会计准则核算的会计利润与按照税法计算的企业应纳税所得额之间的差异按其产生原因及其性质,一般可以分为永久性差异和暂时性差异。

8. 永久性差异是指某一会计期间,由于会计准则和税法在计算收益、费用或损失时的口径不同,所产生的税前会计利润与应纳税所得额之间的差异。

9. 暂时性差异是指资产或负债的账面价值与其计税基础之间的差额。按照暂时性差异对未来期间应税金额的影响,分为应纳税暂时性差异和可抵扣暂时性差异。应纳税暂时性差异将导致使用或处置资产、偿付负债的未来期间内增加应纳税所得额,由此产生递延所得税负债的差异。可抵扣暂时性差异将导致使用或处置资产、偿付负债的未来期间内减少应纳税所得额,由此产生递延所得税资产的差异。

10. 企业的所得税核算主要有应付税款法和资产负债表债务法两种方法。

11. 应付税款法是指将本期税前会计利润与应纳税所得额之间的差异造成的影响纳税的金额直接计入当期损益,而不递延到以后各期。应付税款法适用于执行《小企业会计准则》体系的企业。

12. 资产负债表债务法是指以企业的资产负债表及其附注为依据,结合相关账簿资料,分析计算各项资产、负债的计税基础,通过比较资产、负债的账面价值与其计税基础之间的差异,确定应纳税暂时性差异和可抵扣暂时性差异,并以预期转回年度的所得税税率为依据,计算递延税款的一种所得税会计处理方法。资产负债表债务法适用于执行《企业会计准则》体系的企业。

13. 企业根据国家有关法规规定和股东大会或投资者的决议,对企业实现的净利润按规定的分配顺序进行利润分配。利润的分配顺序如下:弥补以前年度亏损;根据《公司法》规定,提取法定盈余公积;经股东会或者股东大会决议提取任意盈余公积;依照章程的规定,按照利润分配方案分配给股东(投资者)股利(利润)。

主 要 术 语

利润	营业利润
营业收入	营业成本
税金及附加	公允价值变动净收益
投资净收益	利润总额
营业外收入	营业外支出
净利润	所得税费用
应纳税所得额	应交所得税额
永久性差异	暂时性差异
应纳税暂时性差异	可抵扣暂时性差异
资产账面价值	资产计税基础
负债账面价值	负债计税基础
应付税款法	资产负债表债务法
递延所得税资产	递延所得税负债
递延所得税费用	当期所得税费用
抵扣亏损	利润分配
弥补以前年度亏损	提取法定盈余公积
提取任意盈余公积	分配股利

复习思考题

1. 期末如何进行利润的结转?

2. 简述净利润的组成。

3. 简述按照我国《公司法》的规定,公司税后利润的分配顺序。

4. 简述弥补以前年度亏损的途径。

5. 简述利润分配的账务处理。

6. 企业计算所得税时,为什么不能直接以财务报表中列示的会计利润作为纳税依据?

7. 在进行所得税的核算时,永久性差异和暂时性差异的形成原因分别是什么?

8. 试述资产计税基础的确定。

9. 试述负债计税基础的确定。

10. 简述应纳税暂时性差异的确定及其类型。

11. 简述可抵扣暂时性差异的确定及其类型。

12. 如何确认递延所得税资产？

13. 如何确认递延所得税负债？

14. 简述所得税费用的确认和计量。

业 务 题

【业务题一】

（一）目的 练习利润结转和利润分配的核算。

（二）资料 2×19 年 12 月 31 日，三达公司各损益类账户的年末余额如下：

账户名称	结账前余额
主营业务收入	60 000 000 元（贷）
主营业务成本	40 000 000 元（借）
税金及附加	800 000 元（借）
销售费用	5 000 000 元（借）
管理费用	7 700 000 元（借）
财务费用	2 000 000 元（借）
其他业务收入	7 000 000 元（贷）
其他业务成本	4 000 000 元（借）
投资收益	6 000 000 元（贷）
营业外收入	500 000 元（贷）
营业外支出	2 500 000 元（借）
所得税费用	3 300 000 元（借）

假定三达公司经批准按 10% 提取法定盈余公积并分配给普通股股东现金股利 2 000 000 元。

（三）要求 根据上述资料，编制三达公司 2×19 年年末结转当年实现净利润和利润分配的会计分录并对利润分配账户进行结转。

【业务题二】

（一）目的 练习所得税采用应付税款法的核算。

（二）资料 某企业某年度核定的全年合理工资为 1 700 000 元，全年实发工资为 2 100 000 元。当年按会计核算原则计算的税前会计利润为 4 800 000 元，包括本年收到的国库券利息收入为 300 000 元，所得税税率为 25%，假定全年无其他纳税调整因素。该企业所得税采用应付税款法核算。

（三）要求 根据上述资料，编制该企业当年计算和交纳所得税的会计分录。

【业务题三】

（一）目的 练习递延所得税负债、递延所得税资产的确认和计算。

（二）资料　2×19 年 12 月 31 日，某企业资产负债表中有关项目金额及其计税基础如表 15 - 3 所示。

表 15 - 3

某企业相关资料表

单位：元

项　　目	账　面　价　值	计　税　基　础
库存商品	1 300 000	1 700 000
投资性房地产	3 600 000	2 400 000
预计负债	250 000	0
应付职工薪酬	510 000	510 000

除上述项目外，该企业其他资产、负债的账面价值与其计税基础不存在差异且递延所得税资产和递延所得税负债期初无余额，适用的所得税税率为 25%。假定当期按照税法规定计算确定的应交所得税为 1 000 000 元。该企业预计在未来期间能够产生足够的应纳税所得额用来抵扣可抵扣暂时性差异。

（三）要求　根据上述资料，确定应纳税暂时性差异和可抵扣暂时性差异并计算确认该企业 2×19 年度的递延所得税负债、递延所得税资产、递延所得税费用以及所得税费用。

【业务题四】

（一）目的　练习所得税采用资产负债表债务法的核算。

（二）资料　2×19 年 12 月，A 公司购入 1 台设备价值 3 000 万元，预计使用寿命 4 年，预计净残值为 0，采用直线法计提折旧。税法规定采用年数总和法计提折旧，使用寿命及净残值与会计相同。该设备使用期满仍在继续使用。假定：甲公司各年实现的会计利润均为 1 000 万元，无其他纳税调整事项；所得税采用资产负债表债务法核算，所得税税率为 25%；发生的可抵减暂时性差异预计在以后年度有足够的应税所得予以转回。

（三）要求

1. 计算确定各年的暂时性差异及该项差异对纳税的影响（将计算结果填入表 15 - 4）。

表 15 - 4

确定各年的暂时性差异及该项差异对纳税的影响表

项　　目	2×19 年	2×20 年	2×21 年	2×22 年	2×23 年
设备账面价值					
设备计税基础					
差额					
税率					
对所得税影响数					

2. 作 A 公司各年有关所得税的账务处理。

第十六章 财务报告

 学习目的与要求

通过本章学习,你应当:

1. 了解财务报表的作用、分类及列报要求。
2. 掌握资产负债表的概念、结构及编制方法。
3. 掌握利润表的概念、结构及编制方法。
4. 熟悉所有者权益变动表的概念、结构及编制方法。
5. 掌握现金流量表的概念、内容及编制方法。

课前预习题

1. 某企业因生产经营资金短缺,决定向某建设银行贷款,此次贷款是否能取得将直接影响企业生产经营活动能否顺利进行,为此准备向该银行提供证明其偿债能力的信息。

请问:该企业申请贷款,银行需要了解其偿债能力的信息通过什么财务报表获取? 该财务报表反映的信息是通过对哪些账簿加工取得的? 该财务报表的各项信息如何取得?

2. 某企业因经营状况良好,决定扩大生产规模,但所需资金不足,董事会提请股东大会决议增资方案,为取得股东增加投资准备提供证明其获利能力的信息。

请问:该企业股东要了解其获利能力可以通过什么财务报表获取? 该财务报表反映的信息是通过对哪些账簿加工取得的? 该财务报表的编制基础是什么? 是否存在局限性? 财务报表体系中什么报表对其起到补充作用?

3. 某企业的控股股东要了解其资本保值增值情况,财务总监向其提供了资

产负债表和利润表。

请问：该企业财务总监向其控股股东提供的财务报表是否需要补充？如需要，需补充的是什么财务报表？为什么？

4. 2×19年度，某企业实现净利润3 260万元，现金流量净额为3 310万元，经营活动现金流量净额为－860万元。

请问：该企业该年度确认的净利润与现金流量净额差异较小，是否说明净利润确认风险较小？现金流量净额与经营活动现金流量净额差异较大，说明该企业现金流量可能通过哪些活动取得？净利润与经营活动现金流量净额差异较大，可以通过什么财务报表分析差异产生的原因？

第一节 财务报告概述

财务报告是企业对外提供的反映企业某一特定日期的财务状况和某一特定期间的经营成果、现金流量和所有者权益变动等会计信息的文件。

财务报告包括财务报表和其他应当在财务报告中披露的相关信息和资料。财务报表是财务报告的核心内容。

一、财务报告的作用

编制财务报告的目的主要是为财务报告使用者进行决策提供需要的相关会计信息,有助于财务报告使用者对企业过去、现在或者未来的情况作出评价或者预测。当然财务报告面向不同的使用者,所提供的应是使用者共同需要的相关信息,是通用的财务报告,而不是对某类特定使用者提供特定信息需求。财务报告的作用主要表现在以下几个方面。

(一)为国家宏观经济管理部门进行宏观调控和管理提供需要的信息

国家宏观经济管理部门通过对企业财务报告进行汇总,可以分析和考核国民经济的总体运行情况、各种财经法规制度的贯彻执行情况,及时发现国民经济运行中存在的问题并采取有效的经济手段,把国民经济纳入健康、稳定、可持续发展的轨道,以充分发挥国家宏观经济管理部门在合理配置社会资源和维护经济秩序中的作用。

(二)为投资人和债权人等有关各方了解企业提供需要的信息

财务报告是投资人和债权人等有关各方了解企业的主要载体,企业投资人和债权人等有关各方通过企业财务报告,可以了解企业的财务状况、经营成果和现金流量,分析企业的获利能力和偿债能力,有助于企业投资人和债权人等有关各方作出正确判断,以便对投资、信贷和融资等活动作出合理的决策。

(三)为企业经营管理者提高经营管理水平提供需要的信息

企业经营管理者通过企业财务报告,可以了解企业的生产经营活动情况、财务状况、经营成果、现金流量和净资产变动情况,以便对计划的执行情况进行考核和分析,及时发现企业经营管理活动中存在的问题,采取有效的措施,达到企业预期的经营目标。

(四)为工会和员工了解职工利益提供需要的信息

企业工会通过企业财务报告,可以了解企业对国家维护员工利益政策的执行情况,及时发现侵害员工利益的情况,以采取维护员工利益的措施;企业员工通过企业财务报告,可以了解企业发展与职工薪酬水平增长情况,以更好地规划未来职业发展。

二、财务报表的分类

(一)财务报表按编报时间的不同分类

财务报表按编报时间的不同,分为中期财务报表和年度财务报表。其中,中期财务报表包括月度报表、季度报表和半年度报表。

(二)财务报表按编制单位的不同分类

财务报表按编制单位的不同,分为个别财务报表、汇总财务报表和合并财务报表。个别财务报表是由某一会计主体编制,反映其财务状况、经营成果、现金流量和所有者权益变动等信息的财务报表;汇总财务报表是按行政隶属关系由主管部门或上级机构根据所属单位报送的财务报表汇总编制而成的财务报表;合并财务报表是以企业集团为一个会计主体,由母公司编制的反映企业集团财务状况、经营成果、现金流量和所有者权益变动等信息的财务报表。

（三）财务报表按反映内容的不同分类

财务报表按反映内容的不同分,可分为反映某一特定日期财务状况的财务报表;反映某一特定时期经营成果的财务报表;反映某一特定时期现金流动的财务报表;反映某一特定时期所有者权益变动的财务报表;反映对资产负债表、利润表、现金流量表和所有者权益变动表等报表中列示项目的文字描述或明细资料,以及对未能在这些报表中列示项目的说明等。

三、财务报表列报的基本要求

（一）以持续经营为基础

持续经营是会计核算的基本假设之一,是会计确认、计量、记录及编制财务报表的基础。财务报表列报应以持续经营为前提条件。企业管理层应当评价企业的持续经营能力,对持续经营能力产生重大怀疑的,应当在附注中披露,并披露财务报表列报的基础及导致对持续经营能力产生重大怀疑的不确定因素。

（二）遵循重要性原则列报

财务报表的列报应当区分主次,重要的会计事项即对决策会产生重大影响的,应当在财务报表中单独列报;次要的会计事项即对决策不会产生重大影响的,可以在财务报表中合并反映。重要性应当从项目的性质和金额两方面加以判断。考虑项目性质的重要性应从是否属于企业日常活动等因素加以确定;判断项目金额的重要性应当通过单项金额占资产总额、负债总额、所有者权益总额、营业收入总额、净利润等直接相关项目金额的比重加以确定。性质或功能不同且具有重要性的项目应当在财务报表中单独列报;性质或功能类似的项目可以合并列报。

（三）遵循可比性原则列报

财务报表各项目的列报应当口径一致、相互可比,不得随意变更,包括同一企业不同时期相同财务报表中相关项目指标相互可比和不同企业相同财务报表中相关项目指标相互可比,以便对有关指标进行前后各期及不同企业之间的比较、分析和利用,但企业会计准则要求改变财务报表项目的列报及企业经营业务的性质发生重大变化后变更财务报表项目的列报除外。企业列报财务报表至少应当列报上一期比较数据,若上期财务报表项目的列报发生变化,应按照当期的列报要求对上期财务报表有关项目进行调整并在附注中加以披露;如对上期财务报表有关项目进行调整不可行,应在附注中披露不能调整的理由。

（四）不得相互抵销后列报

财务报表应以总额列报,资产项目和负债项目的金额、收入项目和费用项目的金额不得相互抵销,以完整反映企业资产规模、负债总量、业务规模和耗费总额等信息,但资产项目按扣除减值准备后的净额列示及非日常活动产生的损益以收入减去费用后的净额列示不属于抵销。

第二节 资 产 负 债 表

资产负债表是反映企业在某一特定日期财务状况的财务报表。资产负债表提供企业在特定日期所拥有或控制的经济资源、所承担的现有义务和企业所有者对企业净资产的要求权等方面的会计信息。

通过资产负债表提供的信息，可以了解企业的资产总额及其分布结构，可以了解企业的负债与资本总额及其结构；通过对资产负债表有关信息进行分析，可以判断企业的偿债能力、现金支付能力等；通过将资产负债表有关信息与利润表、现金流量表相关信息进行比较分析，可以从动态上判断资金周转情况、资产增值程度；通过前后两期或更多期资产负债表资料的比较，可以推断企业财务状况发展的趋势，为报表使用者作出正确的决策提供依据。

一、资产负债表的内容和结构

（一）资产负债表的内容

资产负债表反映的内容包括资产、负债和所有者权益三个方面。

1. 资产

资产是指企业过去的交易或者事项形成的、由企业拥有或者控制的、预期会给企业带来经济利益的资源。资产按其流动性或变现能力，划分为流动资产和非流动资产两大类。资产满足下列条件之一的应当归类为流动资产：① 预计在一个正常营业周期中变现、出售或耗用。② 主要为交易目的而持有。③ 预计在资产负债表日起 1 年内（含 1 年）变现。④ 自资产负债表日起 1 年内（含 1 年），交换其他资产或清偿负债的能力不受限制的现金或现金等价物。流动资产包括货币资金、交易性金融资产、应收票据、应收账款、预付款项、应收利息、应收股利、其他应收款、存货、一年内到期的非流动资产等。流动资产以外的资产归类为非流动资产。非流动资产包括债权投资、其他债权投资、长期应收款、长期股权投资、其他权益工具投资、投资性房地产、固定资产、在建工程、生物资产、无形资产、商誉、长期待摊费用、递延所得税资产等。

2. 负债

负债又称债权人权益，是指企业过去的交易或者事项形成的、预期会导致经济利益流出企业的现时义务。负债按其偿付期限的长短，可划分为流动负债和非流动负债两大类。负债满足下列条件之一的应当归类为流动负债：① 预计在一个正常营业周期中清偿。② 主要为交易目的而持有。③ 在资产负债表日起 1 年内（含 1 年）到期应予以清偿。④ 企业无权自主地将清偿推迟至资产负债表日后 1 年以上。流动负债包括短期借款、交易性金融负债、应付账款、预收款项、合同负债、应付职工薪酬、应交税费、应付利息、应付股利、其他应付款、一年内到期的非流动负债等。流动负债以外的负债归类为非流动负债。非流动负债包括长期借款、应付债券、长期应付款、预计负债、递延所得税负债等。

3. 所有者权益

所有者权益又称净资产，是指企业资产扣除负债后由企业所有者享有的剩余权益。公司的所有者权益又称为股东权益。所有者权益按其来源可分为所有者投入的资本、直接计入所有者权益的利得和损失、留存收益三部分。留存收益是指企业从历年实现的利润中提取或形成的留存于企业的内部积累,包括盈余公积和未分配利润两部分。

（二）资产负债表的结构

资产负债表的结构是以"资产＝负债＋所有者权益"这一会计基本等式为基础的,通常有账户式和报告式两种结构形式。账户式资产负债表分左、右两方:左方列示资产项目,全部项目按流动性大小由大到小依次排列。右方列示负债和所有者权益,负债项目排列在前,所有者权益排列在后,以体现债权人权益优先于所有者权益这一特点;负债项目按流动性大小由大到小依次排列,所有者权益项目按流动性由小到大排列。报告式资产负债表将资产、负债及所有者权益项目自上而下排列。我国企业的资产负债表采用"账户式"结构。

二、资产负债表的填列方法

资产负债表各项目设置"上年年末余额"和"期末余额"两栏,反映各项目两个不同时点的余额,通过比较可以揭示企业在一定时期内资产、负债、所有者权益的增减变化情况。

（一）资产负债表"上年年末余额"的填列

资产负债表"上年年末余额"栏各项目,应根据上年年末资产负债表"期末余额"栏内所列数字填列。

（二）资产负债表"期末余额"的填列

资产负债表"期末余额"栏各项目,应根据有关总账账户、明细账户的期末余额填列。具体填列方法归纳以下。

1. 根据总账账户余额直接填列

资产类项目有"其他权益工具投资""递延所得税资产"等。

负债类项目有"短期借款""交易性金融负债""应付票据""应付职工薪酬""预计负债""递延所得税负债"等。

所有者权益类项目有"实收资本(或股本)""资本公积""库存股""其他综合收益""专项储备""盈余公积"等。

2. 根据总账账户余额计算填列

（1）"货币资金"项目,应根据"库存现金""银行存款"和"其他货币资金"账户期末余额合计数填列。

（2）"存货"项目,应根据"在途物资""材料采购""原材料""委托加工物资""包装物""低值易耗品""生产成本""库存商品""发出商品""委托代销商品"等账户期末余额合计数加上或减去"材料成本差异"账户期末余额,再减去"商品进销差价""存货跌价准备"账户期末余额后的数额填列。

（3）"长期股权投资""投资性房地产""无形资产"项目,应根据相应资产账户的期末余额减去相关的"长期股权投资减值准备""投资性房地产累计折旧(摊销)""投资性房地产减值准备""累计摊销""无形资产减值准备"账户的期末余额后的数额填列。

（4）"固定资产"项目,应根据"固定资产""固定资产清理"账户期末余额减去"累计折旧""固定资产减值准备"账户的期末余额后的数额填列。

（5）"在建工程"项目,应根据"在建工程""工程物资"账户期末余额减去"在建工程减值准备""工程物资减值准备"账户的期末余额后的数额填列。

（6）"其他应付款"项目,应根据"应付利息""应付股利"和"其他应付款"账户期末余额合计数填列。

3. 根据明细账户余额计算填列

（1）"预付款项"项目,应根据"应付账款"和"预付账款"账户所属明细账户期末借方余额的合计数,减去"坏账准备"账户期末余额中预付账款坏账准备后的数额填列。

（2）"应付账款"项目,应根据"应付账款"和"预付账款"账户所属明细账户期末贷方余额的合计数填列。

（3）"其他流动资产""其他非流动金融资产"或"其他非流动资产"项目,应根据"应交税费"账户所属的"应交增值税""未交增值税""待认证进项税额""增值税留抵税额"等明细账户期末借方余额,"交易性金融资产""其他债权投资"等账户期末余额分析计算填列。

（4）"应交税费"项目,应根据"应交税费"账户所属的"未交增值税""简易计税""转让金融商品应交增值税""代扣代交增值税"和"应交消费税""应交城市维护建设税""应交教育费附加""应交所得税"等明细账户期末贷方余额计算填列。

（5）"其他流动负债"或"其他非流动负债"项目,应根据"应交税费"账户所属的"待转销项税额"等账户期末贷方余额填列。

4. 根据总账账户和明细账户期末余额分析计算填列

（1）"应收票据"项目,应根据"应收票据"账户期末借方余额,减去"坏账准备"账户期末余额中应收票据坏账准备后的数额填列。

（2）"应收账款"项目,应根据"应收账款"账户期末借方余额之和,减去"坏账准备"账户期末余额中应收账款坏账准备后的数额填列。

（3）"其他应收款"项目,应根据"应收利息"账户期末借方余额,减去"坏账准备"账户期末余额中应收利息坏账准备后的数额,"应收股利"账户期末借方余额,减去"坏账准备"账户期末余额中应收股利坏账准备后的数额填列,"其他应收款"账户期末借方余额,减去"坏账准备"账户余额中其他应收款坏账准备后的数额的合计数填列。

（4）"一年内到期的非流动资产"项目,应根据"债权投资""长期应收款""长期待摊费用"等账户期末余额中将于1年内到期或摊销完毕部分的数额减去相关的"债权投资减值准备""未实现融资收益""坏账准备"账户期末余额后的数额填列。

（5）"长期应收款"项目,应根据"长期应收款"账户期末余额,减去"未实现融资收益"账户期末余额、"坏账准备"账户期末余额中长期应收款坏账准备后的数额填列。将于1年内到期的长期应收款应从中剔除。

（6）"债权投资"项目,应根据"债权投资"账户的期末余额,减去"债权投资减值准备"账户期末余额后的数额填列。将于1年内到期的债权投资应从中剔除。

（7）"长期待摊费用"项目,应根据"长期待摊费用"账户的期末余额填列。将于1年内到期的长期待摊费用应从中剔除。

（8）"一年内到期的非流动负债"项目,应根据"长期借款""应付债券""长期应付款""预计负债"等账户期末余额中将于1年内到期部分的数额填列。

（9）"长期借款"项目,应根据"长期借款"账户期末余额填列。将于1年内到期的长期借款应从中剔除。

（10）"应付债券"项目，应根据"应付债券"账户期末余额填列。将于1年内到期的应付债券应从中剔除。

（11）"长期应付款"项目，应根据"长期应付款"账户期末余额，减去"未实现融资费用"账户期末余额后的数额填列。将于1年内到期的长期应付款应从中剔除。

（12）"预计负债"项目，应根据"预计负债"账户期末余额填列。将于1年内到期的"预计负债"应从中剔除。

（13）"未分配利润"项目，应根据"利润分配——未分配利润"年初余额（借方余额以"－"反映），加上"本年利润"账户期末贷方余额或减去"本年利润"账户期末借方余额，减去"利润分配"有关明细分类账户期末借方余额或加上"利润分配"账户期末贷方余额后的数额填列（1～11月月末）；年末应根据"利润分配"或"利润分配——未分配利润"账户期末余额直接填列（若期末有借方余额以"－"列示）。

（三）资产负债表编制举例

【例16-1】 甲股份有限公司为增值税一般纳税人，适用的增值税税率为13%，所得税税率为25%。甲股份有限公司采用实际成本核算原材料。2×19年12月31日，该公司账户余额如表16-1所示。

表16-1

账 户 余 额 表

2×19年12月31日 单位：元

账 户 名 称	借 方 余 额	账 户 名 称	贷 方 余 额
库存现金	3 000.00	短期借款	200 000.00
银行存款	726 000.00	应付票据	80 000.00
其他货币资金	10 000.00	应付账款	116 331.65
交易性金融资产（为成本）	1 260 000.00	应交税费	75 000.00
应收票据	500 000.00	应付利息	8 000.00
应收账款	1 379 000.00	其他应付款	4 980.00
坏账准备	−137 900.00	长期借款	2 300 000.00
预付账款	118 320.00	股本	7 000 000.00
其他应收款	2 000.00	资本公积	65 000.00
原材料	647 000.00	盈余公积	580 000.00
包装物	4 000.00	利润分配	159 440.00
低值易耗品	5 000.00		
库存商品	936 000.00		
长期股权投资	600 000.00		
长期股权投资减值准备	−70 000.00		

（续表）

账 户 名 称	借 方 余 额	账 户 名 称	贷 方 余 额
固定资产	2 820 000.00		
累计折旧	−600 000.00		
在建工程	194 356.65		
无形资产	2 060 000.00		
累计摊销	−20 000.00		
长期待摊费用	100 000.00		
递延所得税资产	51 975.00		
合 计	10 588 751.65	合 计	10 588 751.65

假设：

（1）坏账准备均为应收账款计提的坏账准备。

（2）长期借款中将于1年内到期的长期借款为1 800 000元。

2×20年，该公司发生的经济业务如下：

（1）出售交易性金融资产，其账面余额为1 260 000元，出售所得款1 920 000元存入银行。

（2）购入原材料一批，增值税专用发票上注明的价款为200 000元，增值税额为26 000元，款项以银行存款支付，材料尚未到达。

（3）以银行存款支付到期的银行承兑汇票80 000元。

（4）收到原材料一批，增值税专用发票上注明的价款为102 000元，增值税额为13 260元，材料已验收入库，货款已于上月预付。

（5）销售产品一批，增值税专用发票上注明的价款为300 000元，增值税额为39 000元，款项尚未收到。该批产品已发出，其实际成本为280 000元。该项销售符合收入确认条件。

（6）购入不需要安装的生产设备1台，增值税专用发票上注明的价款为20 000元，增值税额为2 600元，款项以银行存款支付。

（7）销售产品一批，增值税专用发票上注明的价款为400 000元，增值税额为52 000元，款项已收到并存入银行。该批产品已发出，其实际成本为370 000元。该项销售符合收入确认条件。

（8）购入改造生产流水工程使用的物资一批，增值税专用发票上注明的价款为10 000元，增值税额为1 300元，款项以银行存款支付。

（9）以银行存款归还到期的3年期借款1 800 000元。

（10）基本生产车间1台车床报废，其原始价值为500 000元，已提折旧为460 000元。车床报废清理过程中发生清理费用，取得的增值税专用发票上列明价款为1 000元，增值税额为130元，出售残料，开具的增值税专用发票上列明价款为1 600元，增值税额为208元，均通过银行存款收支。车床已清理完毕。

（11）从银行借入3年期用于购建固定资产的专门借款200 000元，借款已存入银行。

(12) 公司持有的一张面值为 500 000 元的商业承兑汇票到期,款项已收存银行。

(13) 以银行存款归还短期借款本金 200 000 元,支付利息 8 000 元(原已预提)。

(14) 以银行存款支付职工工资 912 000 元。

(15) 分配当期职工工资 912 000 元,其中,基本生产车间工人工资 570 000 元,基本生产车间管理人员工资 45 600 元,厂部管理人员工资 228 000 元,在建工程人员工资 68 400 元。假设该企业当年实际发生工资均为合理的工资支出。

(16) 计提应计入本期损益的借款利息 23 000 元,其中,短期借款利息 7 800 元,长期借款利息 15 200 元。假设该长期借款经计算其实际利率与合同利率差异较小,该利息按合同利率计算确定。该项长期借款采用分期付款方式。

(17) 计提固定资产折旧 160 000 元,其中,基本生产车间固定资产折旧 128 000 元,行政管理部门固定资产折旧 32 000 元。假设该企业固定资产的折旧方法、折旧年限、预计净残值率与税法一致。

(18) 摊销无形资产价值 30 000 元;长期待摊费用摊销计入管理费用 9 855 元。

(19) 基本生产车间领用原材料一批,实际成本 400 000 元,其中,商品生产耗用 380 000 元,一般耗用 20 000 元。

(20) 收到应收账款 171 000 元存入银行。

(21) 销售商品一批,增值税专用发票上注明的价款为 180 000 元,增值税额为 23 400 元,收到一张面值为 203 400 元的不带息银行承兑汇票。该批商品已发出,其实际成本为 132 400 元。该项销售符合收入确认条件。

(22) 按合同预收货款 500 000 元存入银行。

(23) 以银行存款支付商品广告费,取得的增值税专用发票上列明价款为 42 900 元,增值税额为 2 574 元。

(24) 以银行存款交纳当期增值税 65 000 元。

(25) 以银行存款支付所欠购货款 100 000 元。

(26) 按应收账款余额的 10% 计提坏账准备。

(27) 年末,长期股权投资可收回金额为 510 855 元,计提该项股权投资减值准备。

(28) 已投产的商品本期全部完工入库,结转制造费用和完工商品成本。

(29) 将损益类账户余额结转至"本年利润"账户。

(30) 结算本期应交所得税并将所得税费用结转至"本年利润"账户(假定本期未发生其他暂时性差异)。

(31) 以银行存款交纳所得税 137 000 元。

(32) 按净利润的 10%、15% 的比例提取法定盈余公积和任意盈余公积。

(33) 宣告分派普通股现金股利 100 000 元。

(34) 将"本年利润""利润分配"账户有关明细账户余额转入"利润分配——未分配利润"账户。

根据上述经济业务,该公司应作账务处理如下(假定增值税额当月已认定可抵扣):

(1) 借:银行存款   1 920 000
　　贷:交易性金融资产——成本   1 260 000
　　　　投资收益   660 000

（2）借：在途物资　　　　　　　　　　　　　　　　　　　　　200 000
　　　　应交税费——应交增值税（进项税额）　　　　　　　　26 000
　　　　贷：银行存款　　　　　　　　　　　　　　　　　　　　　　　226 000

（3）借：应付票据　　　　　　　　　　　　　　　　　　　　　　80 000
　　　　贷：银行存款　　　　　　　　　　　　　　　　　　　　　　　　80 000

（4）借：原材料　　　　　　　　　　　　　　　　　　　　　　102 000
　　　　应交税费——应交增值税（进项税额）　　　　　　　　13 260
　　　　贷：预付账款　　　　　　　　　　　　　　　　　　　　　　　115 260

（5）借：应收账款　　　　　　　　　　　　　　　　　　　　　339 000
　　　　贷：主营业务收入　　　　　　　　　　　　　　　　　　　　　300 000
　　　　　　应交税费——应交增值税（销项税额）　　　　　　　　　39 000
　　　借：主营业务成本　　　　　　　　　　　　　　　　　　　280 000
　　　　贷：库存商品　　　　　　　　　　　　　　　　　　　　　　　280 000

（6）借：固定资产　　　　　　　　　　　　　　　　　　　　　　20 000
　　　　应交税费——应交增值税（进项税额）　　　　　　　　　2 600
　　　　贷：银行存款　　　　　　　　　　　　　　　　　　　　　　　22 600

（7）借：银行存款　　　　　　　　　　　　　　　　　　　　　452 000
　　　　贷：主营业务收入　　　　　　　　　　　　　　　　　　　　　400 000
　　　　　　应交税费——应交增值税（销项税额）　　　　　　　　　52 000
　　　借：主营业务成本　　　　　　　　　　　　　　　　　　　370 000
　　　　贷：库存商品　　　　　　　　　　　　　　　　　　　　　　　370 000

（8）借：工程物资　　　　　　　　　　　　　　　　　　　　　　10 000
　　　　应交税费——应交增值税（进项税额）　　　　　　　　　1 300
　　　　贷：银行存款　　　　　　　　　　　　　　　　　　　　　　　11 300

（9）借：长期借款　　　　　　　　　　　　　　　　　　　　1 800 000
　　　　贷：银行存款　　　　　　　　　　　　　　　　　　　　　1 800 000

（10）借：固定资产清理　　　　　　　　　　　　　　　　　　　40 000
　　　　　累计折旧　　　　　　　　　　　　　　　　　　　　460 000
　　　　　贷：固定资产　　　　　　　　　　　　　　　　　　　　　　500 000
　　　　借：固定资产清理　　　　　　　　　　　　　　　　　　　1 000
　　　　　　应交税费——应交增值税（进项税额）　　　　　　　　　130
　　　　　贷：银行存款　　　　　　　　　　　　　　　　　　　　　　1 130
　　　　借：银行存款　　　　　　　　　　　　　　　　　　　　　1 808
　　　　　贷：固定资产清理　　　　　　　　　　　　　　　　　　　　1 600
　　　　　　　应交税费——应交增值税（销项税额）　　　　　　　　　208
　　　　借：营业外支出　　　　　　　　　　　　　　　　　　　39 400
　　　　　贷：固定资产清理　　　　　　　　　　　　　　　　　　　39 400

（11）借：银行存款　　　　　　　　　　　　　　　　　　　　　　200 000
　　　　贷：长期借款　　　　　　　　　　　　　　　　　　　　　　　　200 000

（12）借：银行存款　　　　　　　　　　　　　　　　　　　　　　500 000
　　　　贷：应收票据　　　　　　　　　　　　　　　　　　　　　　　　500 000

（13）借：短期借款　　　　　　　　　　　　　　　　　　　　　　200 000
　　　　　应付利息　　　　　　　　　　　　　　　　　　　　　　　　8 000
　　　　贷：银行存款　　　　　　　　　　　　　　　　　　　　　　　　208 000

（14）借：应付职工薪酬　　　　　　　　　　　　　　　　　　　　912 000
　　　　贷：银行存款　　　　　　　　　　　　　　　　　　　　　　　　912 000

（15）借：生产成本　　　　　　　　　　　　　　　　　　　　　　570 000
　　　　　制造费用　　　　　　　　　　　　　　　　　　　　　　　45 600
　　　　　管理费用　　　　　　　　　　　　　　　　　　　　　　228 000
　　　　　在建工程　　　　　　　　　　　　　　　　　　　　　　　68 400
　　　　贷：应付职工薪酬　　　　　　　　　　　　　　　　　　　　　　912 000

（16）借：财务费用　　　　　　　　　　　　　　　　　　　　　　23 000
　　　　贷：应付利息　　　　　　　　　　　　　　　　　　　　　　　　23 000

（17）借：制造费用　　　　　　　　　　　　　　　　　　　　　128 000
　　　　　管理费用　　　　　　　　　　　　　　　　　　　　　　32 000
　　　　贷：累计折旧　　　　　　　　　　　　　　　　　　　　　　　　160 000

（18）借：管理费用　　　　　　　　　　　　　　　　　　　　　　39 855
　　　　贷：累计摊销　　　　　　　　　　　　　　　　　　　　　　　30 000
　　　　　　长期待摊费用　　　　　　　　　　　　　　　　　　　　　　9 855

（19）借：生产成本　　　　　　　　　　　　　　　　　　　　　380 000
　　　　　制造费用　　　　　　　　　　　　　　　　　　　　　　20 000
　　　　贷：原材料　　　　　　　　　　　　　　　　　　　　　　　　400 000

（20）借：银行存款　　　　　　　　　　　　　　　　　　　　　171 000
　　　　贷：应收账款　　　　　　　　　　　　　　　　　　　　　　　　171 000

（21）借：应收票据　　　　　　　　　　　　　　　　　　　　　203 400
　　　　贷：主营业务收入　　　　　　　　　　　　　　　　　　　　　180 000
　　　　　　应交税费——应交增值税（销项税额）　　　　　　　　　　　23 400
　　　　借：主营业务成本　　　　　　　　　　　　　　　　　　　　132 400
　　　　贷：库存商品　　　　　　　　　　　　　　　　　　　　　　　　132 400

（22）借：银行存款　　　　　　　　　　　　　　　　　　　　　500 000
　　　　贷：合同负债　　　　　　　　　　　　　　　　　　　　　　　　500 000

（23）借：销售费用　　　　　　　　　　　　　　　　　　　　　42 900
　　　　　应交税费——应交增值税（进项税额）　　　　　　　　　　　2 574
　　　　贷：银行存款　　　　　　　　　　　　　　　　　　　　　　　　45 474

（24）借：应交税费——应交增值税（已交税金）　　　　　　　　65 000
　　　　贷：银行存款　　　　　　　　　　　　　　　　　　　　　　　65 000

（25）借：应付账款　　　　　　　　　　　　　　　　　　　100 000
　　　　贷：银行存款　　　　　　　　　　　　　　　　　　　　　　100 000

（26）借：信用减值损失　　　　　　　　　　　　　　　　　16 800
　　　　贷：坏账准备　　　　　　　　　　　　　　　　　　　　　　　16 800

（27）借：资产减值损失　　　　　　　　　　　　　　　　　19 145
　　　　贷：长期股权投资减值准备　　　　　　　　　　　　　　　　　19 145

（28）借：生产成本　　　　　　　　　　　　　　　　　　　193 600
　　　　贷：制造费用　　　　　　　　　　　　　　　　　　　　　　193 600
　　　借：库存商品　　　　　　　　　　　　　　　　　　1 143 600
　　　　贷：生产成本　　　　　　　　　　　　　　　　　　　　　1 143 600

（29）借：主营业务收入　　　　　　　　　　　　　　　　880 000
　　　　投资收益　　　　　　　　　　　　　　　　　　　660 000
　　　　贷：本年利润　　　　　　　　　　　　　　　　　　　　　1 540 000
　　　借：本年利润　　　　　　　　　　　　　　　　　　1 223 500
　　　　贷：主营业务成本　　　　　　　　　　　　　　　　　　　　782 400
　　　　　管理费用　　　　　　　　　　　　　　　　　　　　　　299 855
　　　　　信用减值损失　　　　　　　　　　　　　　　　　　　　　16 800
　　　　　资产减值损失　　　　　　　　　　　　　　　　　　　　　19 145
　　　　　销售费用　　　　　　　　　　　　　　　　　　　　　　　42 900
　　　　　财务费用　　　　　　　　　　　　　　　　　　　　　　　23 000
　　　　　营业外支出　　　　　　　　　　　　　　　　　　　　　　39 400

（30）借：所得税费用　　　　　　　　　　　　　　　　79 125.00
　　　　递延所得税资产　　　　　　　　　　　　　　　8 986.25
　　　　贷：应交税费——应交所得税　　　　　　　　　　　　　88 111.25
　　　借：本年利润　　　　　　　　　　　　　　　　　79 125
　　　　贷：所得税费用　　　　　　　　　　　　　　　　　　　　　79 125

（31）借：应交税费——应交所得税　　　　　　　　　137 000
　　　　贷：银行存款　　　　　　　　　　　　　　　　　　　　　137 000

（32）借：利润分配——提取法定盈余公积　　　　　23 737.50
　　　　利润分配——提取任意盈余公积　　　　　35 606.25
　　　　贷：盈余公积——法定盈余公积　　　　　　　　　　　23 737.50
　　　　　盈余公积——任意盈余公积　　　　　　　　　　　　35 606.25

（33）借：利润分配——应付现金股利　　　　　　　100 000
　　　　贷：应付股利　　　　　　　　　　　　　　　　　　　　　100 000

（34）借：本年利润　　　　　　　　　　　　　　　　237 375
　　　　贷：利润分配——未分配利润　　　　　　　　　　　　　237 375

借：利润分配——未分配利润			159 343.75
贷：利润分配——提取法定盈余公积			23 737.50
利润分配——提取任意盈余公积			35 606.25
利润分配——应付现金股利			100 000.00

根据 2×19 年 12 月 31 日账户余额及账务处理，计算的 2×20 年 12 月 31 日账户余额如表 16-2 所示。

根据 2×19 年 12 月 31 日账户余额及 2×20 年 12 月 31 日账户余额编制的资产负债表如表 16-3 所示。

表 16-2

2×20 年 12 月 31 日账户余额表

单位：元

账 户 名 称	借 方 余 额	账 户 名 称	贷 方 余 额
库存现金	3 000.00	应付账款	16 331.65
银行存款	862 304.00	合同负债	500 000.00
其他货币资金	10 000.00	应交税费	29 855.25
预付账款	3 060.00	应付利息	23 000.00
应收票据	203 400.00	应付股利	100 000.00
应收账款	1 547 000.00	其他应付款	4 980.00
坏账准备	−154 700.00	长期借款	700 000.00
其他应收款	2 000.00	股本	7 000 000.00
在途物资	200 000.00	资本公积	65 000.00
原材料	349 000.00	盈余公积	639 343.75
包装物	4 000.00	利润分配	237 471.25
低值易耗品	5 000.00	库存商品	1 297 200.00
长期股权投资	600 000.00		
长期股权投资减值准备	−89 145.00		
固定资产	2 340 000.00		
累计折旧	−300 000.00		
在建工程	262 756.65		
工程物资	10 000.00		
无形资产	2 060 000.00		
累计摊销	−50 000.00		
长期待摊费用	90 145.00		
递延所得税资产	60 961.25		
合　　计	9 315 981.90	合　　计	9 315 981.90

表 16 - 3

资 产 负 债 表

会企 01 表

编制单位：甲股份有限公司　　　　2×20 年 12 月 31 日　　　　单位：元

资　　　产	期末余额	上年年末余额	负债和所有者权益（或股东权益）	期末余额	上年年末余额
流动资产：			流动负债：		
货币资金	875 304.00	739 000.00	短期借款		200 000.00
交易性金融资产		1 260 000.00	交易性金融负债		
衍生金融资产			衍生金融负债		
应收票据	203 400.00	500 000.00	应付票据		80 000.00
应收账款	1 392 300.00	1 241 100.00	应付账款	16 331.65	116 331.65
应收款项融资			预收款项		
预付款项	3 060.00	118 320.00	合同负债	500 000.00	
其他应收款	2 000.00	2 000.00	应付职工薪酬		
存货	1 855 200.00	1 592 000.00	应交税费	29 855.25	75 000.00
持有待售资产			其他应付款	127 980.00	12 980.00
一年内到期的非流动资产			持有待售负债		
其他流动资产			一年内到期的非流动负债		1 800 000.00
流动资产合计	4 331 264.00	5 452 420.00	其他流动负债		
非流动资产：			流动负债合计	674 166.90	2 284 311.65
债权投资			非流动负债：		
其他债权投资			长期借款	700 000.00	500 000.00
长期应收款	510 855.00	530 000.00	应付债券		
长期股权投资			租赁负债		
其他权益工具投资			长期应付款		
其他非流动金融资产			预计负债		
投资性房地产			递延收益		
固定资产	2 040 000.00	2 220 000.00	递延所得税负债		
在建工程	272 756.65	194 356.65	其他非流动负债		
生产性生物资产			非流动负债合计	700 000.00	500 000.00
油气资产			负债合计	1 374 166.90	2 784 311.65
使用权资产			所有者权益（或股东权益）：		
无形资产	2 010 000.00	2 040 000.00	实收资本（或股本）	7 000 000.00	7 000 000.00
开发支出			其他权益工具		

（续表）

资　　产	期末余额	上年年末余额	负债和所有者权益 （或股东权益）	期末余额	上年年末余额
商誉			其中：优先股		
长期待摊费用	90 145.00	100 000.00	永续债		
递延所得税资产	60 961.25	51 975.00	资本公积	65 000.00	65 000.00
其他非流动资产			减：库存股		
非流动资产合计	4 984 717.90	5 136 331.65	其他综合收益		
			专项储备		
			盈余公积	639 343.75	580 000.00
			未分配利润	237 471.25	159 440.00
			所有者权益（或股东权益）合计	7 941 815.00	7 804 440.00
资产总计	9 315 981.90	10 588 751.65	负债和所有者权益（或股东权益）总计	9 315 981.90	10 588 751.65

第三节　利　润　表

利润表是反映企业在一定期间经营成果的财务报表。利润表提供了企业在一定期间内实现的收益、发生的费用以及经营成果等方面的会计信息。

通过利润表提供的信息,有助于报表使用者了解企业管理当局的经营业绩、获利能力、利用经济资源的效率和经营管理水平;有助于报表使用者了解企业收益的稳定性和可持续性;有助于报表使用者预测企业未来的收益。

一、利润表的内容和结构

（一）利润表的内容

利润表主要反映企业在一定会计期间内实现的营业利润、利润总额、净利润、每股收益和综合收益等方面的内容。

（二）利润表的结构

利润表的结构以"收入－费用＝利润"这一会计等式为基础,通常有单步式利润表和多步式利润表两种形式。

单步式利润表是将汇总后的本期所有收入和收益合计数与所有费用和损失相抵,仅通过一个步骤计算得出净利润。单步式利润表结构简单,但不能提供营业利润、利润总额等相关信息,不便于比较分析企业经营业绩。

多步式利润表是将利润表项目按相同属性进行归类,逐步计算得出净利润。多步式利润表结构比较复杂,但能提供更多的有利于报表使用者决策的利润信息。

我国企业的利润表采用"多步式"结构,包括以下五个步骤:

第一步,计算营业利润。其计算公式如下:

营业利润＝营业收入－营业成本－税金及附加－销售费用－管理费用－财务费用

　　　　－资产减值损失－信用减值损失＋其他收益＋投资收益(－投资损失)

　　　　＋以摊余成本计量的金融资产终止确认收益(－终止确认损失)

　　　　＋公允价值变动收益(－公允价值变动损失)＋资产处置收益(－资产处置损失)

第二步,计算利润总额。其计算公式如下:

$$利润总额＝营业利润＋营业外收入－营业外支出$$

第三步,计算净利润。其计算公式如下:

$$净利润＝利润总额－所得税费用$$

第四步,计算综合收益总额。其计算公式如下:

$$综合收益总额＝净利润＋其他综合收益的税后净额$$

第五步,计算基本每股收益和稀释每股收益。其计算公式如下:

$$基本每股收益＝归属于普通股股东的当期净利润÷发行在外普通股的加权平均数$$

计算稀释每股收益时,当期发行在外普通股的加权平均数应当为计算基本每股收益时普通股的加权平均数与稀释性潜在普通股转换为已发行普通股而增加的普通股股数的加权平均数之和。

二、利润表的填列方法

(一)利润表"上期金额"的填列

利润表"上期金额"栏各项目应根据上年度利润表中"本期金额"栏内所列数字填列。若上期利润表项目的名称和内容与本期不相一致,则应按照本期规定对上期利润表中有关项目进行调整,按调整后的数字填入利润表"上期金额"栏内。

(二)利润表"本期金额"的填列

利润表"本期金额"栏各项目应根据各损益类账户的本期发生额分析计算填列。"基本每股收益"和"稀释每股收益"项目,应当根据《企业会计准则第 34 号——每股收益》的规定计算。

(三)利润表编制举例

【例 16-2】 仍以[例 16-1]中甲股份有限公司 2×20 年发生的经济业务为例。2×20 年年末,年终结转前损益类账户余额如表 16-4 所示。

表 16-4

2×20 年年终结转前损益类账户余额表

单位:元

账 户 名 称	借 方 余 额	贷 方 余 额
主营业务收入		880 000
主营业务成本	782 400	
销售费用	42 900	

（续表）

账 户 名 称	借方余额	贷方余额
管理费用	299 855	
财务费用	23 000	
资产减值损失	19 145	
信用减值损失	16 800	
投资收益		660 000
营业外支出	39 400	
所得税费用	79 125	

根据表 16-4，编制利润表如表 16-5 所示。

表 16-5

利润表

会企 02 表

编制单位：甲股份有限公司　　　　　　2×20 年　　　　　　单位：元

项　　　目	本 期 金 额	上期金额
一、营业收入	880 000	（略）
减：营业成本	782 400	
税金及附加		
销售费用	42 900	
管理费用	299 855	
研发费用		
财务费用	23 000	
其中:利息费用	23 000	
利息收入		
加：其他收益		
投资收益（损失以"-"号填列）	660 000	
其中:对联营企业和合营企业的投资收益		
以摊余成本计量的金融资产终止确认收益（损失以"-"号填列）		
公允价值变动收益（损失以"-"号填列）		
信用减值损失（损失以"-"号填列）	-16 800	
资产减值损失（损失以"-"号填列）	-19 145	
资产处置收益（损失以"-"号填列）		

（续表）

项　　　目	本 期 金 额	上 期 金 额
二、营业利润（亏损以"－"号填列）	355 900	
加：营业外收入		
减：营业外支出	39 400	
三、利润总额（亏损总额以"－"号填列）	316 500	
减：所得税费用	79 125	
四、净利润（净亏损以"－"号填列）	237 375	
（一）持续经营净利润（净亏损以"－"号填列）	237 375	
（二）终止经营净利润（净亏损以"－"号填列）		
五、其他综合收益的税后净额		
（一）不能重分类进损益的其他综合收益		
1. 重新计量设定受益计划变动额		
2. 权益法下不能转损益的其他综合收益		
……		
（二）将重分类进损益的其他综合收益		
1. 权益法下可转损益的其他综合收益		
2. 其他债权投资公允价值变动		
3. 金融资产重分类计入其他综合收益的金额		
4. 其他债权投资信用减值准备		
5. 现金流量套期储备		
6. 外币财务报表折算差额		
……		
六、综合收益总额	237 375	
七、每股收益：	（略）	
（一）基本每股收益		
（二）稀释每股收益		

第四节　所有者权益变动表

所有者权益变动表是反映构成所有者权益的各组成部分当期增减变动情况的财务报表。

所有者权益变动表提供了企业当期所有者权益总量变化的信息、所有者权益增减变动的重要结构性信息、正常生产经营活动导致的所有者权益变动与非正常生产经营活动导致的所有者权益变动的信息、直接计入所有者权益的利得和损失与直接计入损益的利得和损失的信息,以及所有者投入资本和向所有者分配利润等信息,有助于报表使用者了解企业所有者权益变动的根源。

一、所有者权益变动表的内容和结构

（一）所有者权益变动表的内容

所有者权益变动表的内容主要包括：

（1）综合收益总额。

（2）会计政策变更和差错更正的累积影响金额。

（3）所有者投入资本和向所有者分配利润。

（4）按规定提取的盈余公积。

（5）实收资本(或股本)、资本公积、其他综合收益、专项储备、盈余公积、未分配利润的期初和期末余额及其调节情况等。

（二）所有者权益变动表的结构

所有者权益变动表的结构采用多步式,分别所有者权益内容按顺序反映本年年初余额、本年增减变动金额、本年年末余额。

二、所有者权益变动表的填列方法

（一）本年年初余额

所有者权益变动表"本年年初余额"栏各项目应根据上年度所有者权益变动表"本年年末余额"栏内所列数字填列。若上年度所有者权益变动表项目的名称和内容与本年度不相一致,则应按照本年度规定对上年度所有者权益变动表有关项目进行调整,并在"本年年初余额"栏前的"上年年末余额""会计政策变更""前期差错更正"各栏单独列示。

（二）本年增减变动金额

（1）"综合收益总额"项目,根据"本年利润""其他综合收益"账户发生额分析计算填列。

（2）"所有者投入和减少资本"各项目,根据"实收资本"或"股本""资本公积"等账户发生额分析计算填列。

（3）"利润分配"各项目,根据"利润分配"有关明细分类账户发生额分析计算填列。

（4）"所有者权益内部结转"各项目,根据"实收资本"或"股本""资本公积""盈余公积""利润分配"有关明细分类账户发生额分析计算填列。

（三）本年年末余额

所有者权益变动表"本年年末余额"栏各项目应根据"本年年初余额""本年增减变动金额"各项目栏所列数字计算填列。"本年年末余额"栏各项目数额应与资产负债表"年末余额"栏各项目数额相符。

（四）所有者权益变动表编制举例

【例16-3】 仍以[例16-1]中甲股份有限公司 2×20 年发生的经济业务为例,编制的所有者权益变动表如表16-6所示。

表 16－6

编制单位：甲股份有限公司

所有者权益变动表

2×20 年度

会企 04 表
单位：元

项　目	本年金额											上年金额（略）
	实收资本（或股本）	其他权益工具 优先股	其他权益工具 永续债	其他权益工具 其他	资本公积	减：库存股	其他综合收益	专项储备	盈余公积	未分配利润	所有者权益合计	（同左各列，略）
一、上年年末余额	7 000 000.00				65 000.00				580 000.00	159 440.00	7 804 440.00	
加：会计政策变更												
前期差错更正												
二、本年年初余额	7 000 000.00				65 000.00				580 000.00	159 440.00	7 804 440.00	
三、本年增减变动金额												
（一）综合收益总额										237 375.00	237 375.00	
（二）所有者投入或减少资本												
1. 所有者投入的普通股												
2. 其他权益工具持有者投入资本												
3. 股份支付计入所有者权益的金额												
4. 其他												

（续表）

项目	本年金额											上年金额（略）
	实收资本（或股本）	其他权益工具-优先股	其他权益工具-永续债	其他权益工具-其他	资本公积	减：库存股	其他综合收益	专项储备	盈余公积	未分配利润	所有者权益合计	
（三）利润分配												
1. 提取盈余公积									59 343.75	-59 343.75		
2. 对所有者（或股东）的分配										-100 000.00	-100 000.00	
3. 其他												
（四）所有者权益内部结转												
1. 资本公积转增资本（或股本）												
2. 盈余公积转增资本（或股东）												
3. 盈余公积弥补亏损												
4. 设定受益计划变动额结转留存收益												
5. 其他												
四、本年年末余额	7 000 000.00				65 000.00				639 343.75	237 471.25	7 941 815.00	

第五节　现金流量表

现金流量表是反映企业在一定会计期间现金及现金等价物流入和流出的财务报表。它是从现金的流入和流出两个方面,揭示企业一定期间经营、投资、筹资活动所产生的现金流量。现金流量表编制的理论依据是收付实现制。

一、现金流量表中现金的范围

现金流量表是以现金和现金等价物为基础编制的,现金流量表中的"现金"包括现金及现金等价物。

(1)现金是指企业库存现金以及可以随时用于支付的存款。不能随时用于支付的存款不属于现金。

(2)现金等价物是指企业持有的期限短、流动性强、易于转换为已知金额现金、价值变动风险很小的投资。期限短一般是指从购买日起3个月内到期。现金等价物通常包括3个月内到期的债券投资等。权益性投资变现的金额通常不确定,因而不属于现金等价物。企业应当根据具体情况,确定现金等价物的范围,一经确定不得随意变更。

现金流量是指现金和现金等价物的流入和流出。企业从银行提取现金、用现金购买3个月内到期的债券等现金和现金等价物之间的转换不属于现金流量。

二、一般企业现金流量表的内容和结构

(一)现金流量表的内容

1. 经营活动产生的现金流量

经营活动是指企业投资活动和筹资活动以外的所有交易和事项。经营活动的现金流入主要包括销售商品、提供劳务收到的现金和收到的税费返还等;经营活动的现金流出主要包括购买商品、接受劳务和支付给职工工资、支付的税费等所支出的现金。

2. 投资活动产生的现金流量

投资活动是指企业长期资产的购建和不包括在现金等价物范围内的投资及其处置活动。投资活动的现金流入主要包括收回投资收到的现金、取得投资收益收到的现金,以及处置固定资产、无形资产和其他长期资产所收到的现金净额;投资活动的现金流出主要包括购建固定资产、无形资产和其他长期资产所支出的现金,以及权益工具、债务工具和合营中的权益所支付的现金等。

3. 筹资活动产生的现金流量

筹资活动是指导致企业资本及债务规模和构成发生变化的活动。筹资活动的现金流入主要包括吸收投资收到的现金,取得借款收到的现金等;筹资活动的现金流出主要包括偿还债务支付的现金,分配股利、利润和偿付利息支付的现金等。

现金流量表还在补充资料中披露某些重要的、不涉及现金收支的投资和筹资活动。这些不形成当期现金收支的投资和筹资活动,会对企业以后期间的现金流量产生重大的影响,因此,它也是报表使用者十分关注的重要信息。

（二）现金流量表的结构

现金流量表由正表和补充资料两部分组成。

现金流量表正表采用报告式，按现金流量性质，分类反映企业经营活动产生的现金流量、投资活动产生的现金流量、筹资活动产生的现金流量和汇率变动对现金及现金等价物的影响，最后汇总反映企业现金及现金等价物净增加额。

现金流量表补充资料包括三部分内容：① 将净利润调节为经营活动的现金流量。② 不涉及现金收支的重大投资和筹资活动。③ 现金及现金等价物净变动情况。

三、一般企业现金流量表的填列

（一）现金流量表项目的内容及填列

1. 经营活动现金流量项目的内容及填列

列报经营活动所产生的现金流量有两种方法：一是直接法；二是间接法。直接法是通过现金收入和支出的主要类别反映来自企业经营活动的现金流量的方法。间接法是以净利润为起点，通过调整某些相关项目后，计算得出经营活动产生的现金流量的方法。

直接法下，主要项目反映的内容如下：

（1）"销售商品、提供劳务收到的现金"项目。本项目反映企业本期销售商品、提供劳务收到的现金，以及前期销售商品、提供劳务本期收到的现金（包括销售收入和应向购买者收取的增值税销项税额）和本期预收的款项等。本期销售退回商品和前期销售本期退回商品支付的现金应在本项目中扣除。企业销售材料和代购代销业务收到的现金，也在本项目反映。本项目可根据"库存现金""银行存款""应收票据""应收账款""合同负债""主营业务收入""应交税费——应交增值税（销项税额）"等账户记录分析计算填列。

"销售商品、提供劳务收到的现金"项目的计算方法有以下两种：

方法一，根据现金账户发生额分析计算填列：

销售商品、提供劳务收到的现金＝本期销售商品、提供劳务收到的现金（包括收取的增值税销项税额）

　　　　　　　　＋本期收回前期销售商品、提供劳务的应收票据和应收账款

　　　　　　　　＋本期预收账款－本期销售退回支付的现金

　　　　　　　　＋本期收回前期核销的坏账损失

方法二，根据有关收入账户发生额及"应收票据""应收账款""合同负债"账户余额等资料分析计算填列：

销售商品、提供劳务收到的现金＝本期销售商品、提供劳务的收入和增值税销项税额

　　　　　　　　＋（"应收票据"账户期初余额－"应收票据"账户期末余额）

　　　　　　　　＋（"应收账款"账户期初余额－"应收账款"账户期末余额）

　　　　　　　　＋（"合同负债"账户期末余额－"合同负债"账户期初余额）

在运用上述方法二时，应注意扣除未增加现金流入的应收票据、应收账款的减少（如本期收到用于抵债的非现金资产、本期实际核销的坏账损失等），加上未减少应收票据、应收账款的现金流入（如本期收回前期核销的坏账损失）。

【例16-4】 某企业2×20年度有关资料如下：商品销售收入5 000万元，增值税销项税

额 650 万元,已收到现金 3 850 万元;"应收票据"账户年初余额 40 万元,本年收回前期应收票据 40 万元,本年销售收到票据 170 万元,年末余额 170 万元;"应收账款"账户年初余额 100 万元,本年赊销 1 600 万元,本年收回前期应收账款 1 600 万元,本年核销坏账损失 30 万元,本年收回前期核销的坏账损失 50 万元,年末余额 70 万元;"合同负债"账户年初余额 30 万元,本年转销 30 万元,本年预收 46 万元,年末余额 46 万元。

该企业销售商品、提供劳务收到的现金:

方法一:

$$3\ 850 + 1\ 600 + 50 + 40 + 46 = 5\ 586(万元)$$

方法二:

$$5\ 000 + 650 + (40 - 170) + (100 - 70) + (46 - 30) + 50 - 30 = 5\ 586(万元)$$

(2)"收到的税费返还"项目。本项目反映企业按规定收到返还的所得税、增值税、消费税、关税和教育费附加等各种税费返还款。本项目可根据"银行存款""所得税费用""税金及附加"等账户记录分析计算填列。

(3)"收到其他与经营活动有关的现金"项目。本项目反映企业除上述各项现金流入外,与经营活动有关的其他现金收入,但金额较大的应当单独列示。本项目可根据"库存现金""银行存款""营业外收入"等账户记录分析计算填列。

(4)"购买商品、接受劳务支付的现金"项目。本项目反映企业购买商品、接受劳务实际支付的现金(包括增值税进项税额),以及本期支付前期购买商品、接受劳务的未付款项和本期预付款项等。本期因发生购货退回收到的现金应在本项目中扣除。企业购买材料和代购代销业务支付的现金,也在本项目反映。本项目可根据"库存现金""银行存款""主营业务成本""应交税费——应交增值税(进项税额)"、存货类账户和"应付票据""应付账款""预付账款"等账户记录分析计算填列。

"购买商品、接受劳务支付的现金"项目的计算方法有以下两种:

方法一,根据现金账户发生额分析计算填列:

购买商品、接受劳务支付的现金=本期购买商品、接受劳务实际支付的现金(包括增值税进项税额)

　　　　　　　　　　　　　+本期支付前期购买商品、接受劳务的应付票据、应付账款

　　　　　　　　　　　　　+本期预付账款-本期因发生购货退回而收到的现金

方法二,根据"主营业务成本""其他业务成本""应交税费——应交增值税(进项税额)"账户发生额及存货类账户、"应付票据""应付账款"和"预付账款"等账户记录分析计算填列:

购买商品、接受劳务支付的现金=本期营业成本+本期购买商品、接受劳务的增值税进项税额

　　　　　　　　　　　　　+(存货类账户期末余额-存货类账户期初余额)

　　　　　　　　　　　　　+("应付票据"账户期初余额-"应付票据"账户期末余额)

　　　　　　　　　　　　　+("应付账款"账户期初余额-"应付账款"账户期末余额)

　　　　　　　　　　　　　+("预付账款"账户期末余额-"预付账款"账户期初余额)

在运用上述方法二时,应注意扣除未增加现金流出的应付票据、应付账款的减少(如本期用非现金资产抵偿债务等)、本期非购买存货成本的增加以及与购买商品、接受劳务无关的应付及预付款项(如购置固定资产发生的应付款项、预付工程款等)。

【例 16－5】　某企业 2×20 年度有关资料如下：主营业务成本 3 020 万元；"存货"项目年初余额为 100 万元(未计提存货跌价准备)，本年购入 3 000 万元，增值税进项税额 390 万元，本年发出 3 020 万元，年末余额为 80 万元(未计提存货跌价准备)；"应付票据"账户年初余额 40 万元，本年支付前期应付票据 40 万元，本年购买交付应付票据 20 万元，年末余额 20 万元；"应付账款"账户年初余额 100 万元，本年赊购 210 万元，本年偿还 280 万元，年末余额 30 万元；"预付账款"账户年初余额 80 万元，本年转销 70 万元，预付货款 80 万元，年末余额 90 万元。

该企业购买商品、接受劳务支付的现金：

方法一：

$$(3\,000＋390－20－210－70)＋40＋280＋80＝3\,490(万元)$$

方法二：

$$3\,020＋390＋(80－100)＋(40－20)＋(100－30)＋(90－80)＝3\,490(万元)$$

(5)"支付给职工以及为职工支付的现金"项目。本项目反映企业以现金支付给职工的工资、奖金、各种津贴和补贴等职工薪酬(代扣代缴的职工个人所得税)。企业支付给离退休人员的各种款项应在"支付其他与经营活动有关的现金"项目中反映。支付给在建工程人员的工资等属于投资活动的现金流量，应在"购建固定资产、无形资产和其他长期资产支付的现金"项目中反映。本项目可根据"库存现金""银行存款""应付职工薪酬""管理费用"等账户记录分析计算填列。

(6)"支付的各项税费"项目。本项目反映企业本期发生并支付、以前各期发生本期支付以及预交的各项税费，包括所得税、增值税、消费税、印花税、房产税、土地增值税、车船税、教育费附加等。有关投资活动发生的税款支出(如耕地占用税等)应在"购建固定资产、无形资产和其他长期资产支付的现金"项目中反映。本项目可根据"库存现金""银行存款""应交税费"等账户记录分析计算填列。

(7)"支付其他与经营活动有关的现金"项目。本项目反映企业除上述各项现金流出外，其他与经营活动有关的现金支出，但金额较大的应当单独列示。本项目可根据"库存现金""银行存款""销售费用""管理费用""营业外支出""其他应收款"等账户记录分析计算填列。

2. 投资活动现金流量项目的内容及填列

(1)"收回投资收到的现金"项目。本项目反映企业通过出售、转让或到期收回除现金等价物以外的对其他企业的权益工具、债务工具和合营中的权益投资所收到的现金，不包括债务工具投资收回的利息。收回债务工具投资的利息应在"取得投资收益收到的现金"项目中反映。本项目可根据"银行存款""交易性金融资产""债权投资""其他债权投资""其他权益工具投资""长期股权投资"等账户记录分析计算填列。

(2)"取得投资收益收到的现金"项目。本项目反映企业对其他企业的权益工具、债务工具和合营中的权益投资分回的现金股利和利息等。本项目可根据"银行存款""投资收益""应收股利""应收利息"等账户记录分析计算填列。

(3)"处置固定资产、无形资产和其他长期资产收回的现金净额"项目。本项目反映企业处置固定资产、无形资产和其他长期资产所收到的现金扣除因处置发生的现金支出后的净额。由于自然灾害等原因所造成的固定资产等长期资产毁损而收到的保险赔偿款，也在本项目中反映。如该项目处置收回的现金净额为负数,应在投资活动现金流出"支付其他与投资活动有关的现金"项目中反映。本项目可根据"库存现金""银行存款""固定资产清理"等账户记录分析计算填列。

(4)"购建固定资产、无形资产和其他长期资产支付的现金"项目。本项目反映企业购买、建造固定资产、取得无形资产和其他长期资产所支付的现金(含增值税款等),以及用现金支付的应由在建工程和无形资产负担的职工薪酬。计入固定资产价值的借款利息支出不包括在本项目。支付借款利息属于筹资活动的现金流量,应在"分配股利、利润或偿付利息支付的现金"项目中反映。本项目可根据"库存现金""银行存款""在建工程""固定资产""无形资产""长期待摊费用"等账户记录分析计算填列。

(5)"投资支付的现金"项目。本项目反映企业进行除现金等价物以外的对其他企业的权益工具、债务工具和合营中的权益投资所支付的现金,佣金,手续费等附加费用。但是,企业对其他企业的权益工具、债务工具和合营中的权益投资时,实际支付的价款中包含的已宣告但尚未领取的现金股利或已到付息期但尚未领取的债券利息,应在"支付其他与投资活动有关的现金"项目中反映;收到上述现金股利和债券利息,则应在"收到其他与投资活动有关的现金"项目中反映,但金额较大的应当单独列示。本项目可根据"库存现金""银行存款""交易性金融资产""债权投资""其他债权投资""其他权益工具投资""长期股权投资"等账户记录分析计算填列。

企业除上述投资活动所产生的各项现金流量外,其他与投资活动有关的现金收入和支出分别在"收到其他与投资活动有关的现金"项目和"支付其他与投资活动有关的现金"项目中反映。

3. 筹资活动现金流量项目的内容及填列

(1)"吸收投资收到的现金"项目。本项目反映企业以发行股票、债券等方式筹集资金实际收到的款项,减去直接支付给金融企业的佣金、手续费、宣传费、咨询费、印刷费等发行费用后的净额。本项目可根据"库存现金""银行存款""实收资本"或"股本""资本公积""应付债券"等账户记录分析计算填列。

(2)"取得借款收到的现金"项目。本项目反映企业举借各种短期借款、长期借款所收到的现金。本项目可根据"银行存款""短期借款""长期借款"等账户记录分析计算填列。

(3)"偿还债务支付的现金"项目。本项目反映企业偿还债务本金所支付的现金,包括偿还金融企业的借款本金和偿还企业的债券本金等。本项目可根据"库存现金""银行存款""短期借款""长期借款""应付债券"等账户记录分析计算填列。

(4)"分配股利、利润或偿付利息支付的现金"项目。本项目反映企业实际支付给投资者的现金股利或利润,以及用现金支付的借款利息、债券利息。本项目可根据"库存现金""银行存款""应付股利""财务费用""应付利息""长期借款""应付债券"等账户记录分析计算填列。

企业除上述筹资活动所产生的各项现金流量外,其他与筹资活动有关的现金流入或流出分别在"收到其他与筹资活动有关的现金"和"支付其他与筹资活动有关的现金"项目中反映,但金额较大的应当单独列示。

4. "汇率变动对现金及现金等价物的影响"项目的内容及填列

"汇率变动对现金及现金等价物的影响"项目反映企业外币现金流量折算为记账本位币时,所采用的现金流量发生日的即期汇率或按照系统合理的方法确定的、与现金流量发生日即期汇率近似的汇率折算金额与"现金及现金等价物净增加额"中外币现金净增加额按期末汇率折算金额之间的差额。本项目可根据"库存现金""银行存款"等账户记录分析计算填列。

5. 补充资料项目的填列

1）将净利润调节为经营活动现金流量

将净利润调节为经营活动的现金流量即采用间接法计算列报经营活动所产生的现金流量净额。将净利润调节为经营活动的现金流量,需要调整的项目可归为以下四类:

第一类,不涉及现金流出的费用或损失。由于不涉及现金流出的费用或损失在计算净利润时已作扣减处理,但并未发生现金流出,应将其加回到净利润中去。

第二类,不涉及现金流入的收益。由于不涉及现金流入的收益在计算净利润时已作加计处理,但并未发生现金流入,应将其从净利润中扣除。

第三类,不属于经营活动的损益。由于不属于经营活动的收益在计算净利润时已作加计处理,但不属于经营活动,应将其从净利润中扣除;不属于经营活动的费用或损失在计算净利润时已作扣减处理,但不属于经营活动,应将其加回到净利润中去。

第四类,经营性非现金流动项目。经营性非现金流动项目主要包括以下项目:

"存货的减少"项目。如果本期购买存货均为现购且存货支出均计入当期损益,存货的期末账面余额大于期初账面余额的增加额,说明本期现购支出大于计入当期损益存货支出;反之,说明本期现购支出小于计入当期损益存货支出。为反映经营活动的现金流出额,应从净利润中减去存货的增加额加上存货的减少额,即为存货类账户的期初余额与期末余额的差额。如果本期购买存货中有赊购,这部分未发生现金流出,为简化也在本项目调整,多调减的部分再通过"经营性应付项目的增加"项目调回。如果本期存货支出未计入当期损益,这部分非经营性支出未影响净利润,也未影响现金流量,在计算时应予剔除,以消除非经营性因素对存货的影响。

"经营性应收项目的减少"项目。如果经营性应收款项的期末账面余额大于期初账面余额,说明计入本期净利润中赊销的营业收入大于本期收回应收款项的现金流入;反之,说明计入本期净利润中赊销的营业收入小于本期收回应收款项的现金流入。为反映经营活动的现金流入额,应从净利润中减去应收款项的增加额加上应收款项的减少额,即为应收款项的期初余额与期末余额的差额。如果应收项目与经营活动无关,在计算时应予剔除以消除非经营性因素对应收款项的影响。

"经营性应付项目的增加"项目。如果经营性应付款项的期末账面余额大于期初账面余额,说明本期实际发生的经营性应付款项大于本期以现金支付的应付款项;反之,说明本期实际发生的经营性应付款项小于本期以现金支付的应付款项。为反映经营活动的现金流出额,应从净利润中加上应付款项增加额减去应付款项减少额。从净利润中加上应付款项增加额是为调回"存货的减少"项目多调减的部分。如果应付项目与经营活动无关在计算时应予剔除以消除非经营性因素对应付款项的影响。

具体的调整项目如下:

第一,"资产减值准备"项目,反映企业本期计提的坏账准备、存货跌价准备、长期股权投资减值准备、债权投资减值准备、投资性房地产减值准备、固定资产减值准备、在建工程减值准备、无形资产减值准备、商誉减值准备等资产减值准备。本项目根据"坏账准备""存货跌价准备""债权投资减值准备""其他综合收益——信用减值准备""长期股权投资减值准备""在建工程减值准备""固定资产减值准备""工程物资减值准备""无形资产减值准备""商誉减值准备"等账户记录分析填列。

第二,"固定资产折旧、油气资产折耗、生物性资产折旧"项目,分别反映企业本期计提的固定资产折旧。本项目根据"累计折旧"账户本期贷方发生额分析填列。

第三,"无形资产摊销"和"长期待摊费用摊销"项目,分别反映企业本期计提的无形资产摊销、长期待摊费用摊销。本类项目根据"累计摊销"和"长期待摊费用"账户本期贷方发生额分析填列。

第四,"处置固定资产、无形资产和其他长期资产的损失(收益以'一'号填列)"项目,反映企业本期处置固定资产、无形资产和其他长期资产发生的净损失。如果本期处置固定资产、无形资产和其他长期资产发生的净收益以"一"列示。在本项目根据"资产处置损益"账户本期发生额分析填列。

第五,"固定资产报废损失(收益以'一'号填列)"项目,反映企业本期固定资产报废及盘亏后的净损失。在本项目根据"营业外支出"和"营业外收入"账户本期发生额分析填列。

第六,"公允价值变动损失(收益以'一'号填列)"项目,反映企业持有的采用公允价值计量且其变动计入当期损益的金融资产、金融负债等的公允价值变动损失减去收益后的净损失。本项目根据"公允价值变动损益"账户本期发生额分析填列。

第七,"财务费用(收益以'一'号填列)"项目,反映企业本期发生的应属于投资活动或筹资活动的财务费用。本项目根据"财务费用"账户本期借方发生额分析填列。

第八,"投资损失(收益以'一'号填列)"项目,反映企业本期投资所发生的损失减去收益后的净损失。本项目根据"投资收益"账户本期发生额分析填列。

第九,"递延所得税资产减少(增加以'一'号填列)"项目,反映企业本期递延所得税资产减少额减去递延所得税资产增加额后的差额。本项目根据资产负债表"递延所得税资产"项目的期初余额减去期末余额后的差额填列。

第十,"递延所得税负债增加(减少以'一'号填列)"项目,反映企业本期递延所得税负债增加减去递延所得税负债减少后的差额。本项目根据资产负债表"递延所得税负债"项目的期末余额与期初余额后的差额填列。

第十一,"存货的减少(增加以'一'号填列)"项目,反映企业"存货"类账户(不包括"存货跌价准备"账户)的减少额减去增加额后的差额。本项目根据资产负债表扣减"存货跌价准备"账户余额前"存货"项目的期初余额减去期末余额后的差额填列。

第十二,"经营性应收项目的减少(增加以'一'号填列)"项目,反映企业本期经营性应收项目(包括应收票据、应收账款、预付款项、其他应收款和长期应收款中与经营活动有关的部分及应收的增值税销项税额等)减少额减去增加额后的差额。本项目根据资产负债表扣减"坏账准备"账户余额前的应收票据、应收账款、预付账款、其他应收款和长期应收款项目的期初余额减去期末余额后的差额填列。

第十三,"经营性应付项目的增加(减少以'一'号填列)"项目,反映企业本期经营性应付项目(包括应付票据、应付账款、合同负债、预收款项、应付职工薪酬、应交税费、其他应付款和长期应付款中与经营活动有关的部分及应付的增值税进项税额等)增加额减去减少额后的差额。本项目根据资产负债表应付票据、应付账款、合同负债、预收款项、应付职工薪酬、应交税费、其他应付款和长期应付款项目期末余额减去期初余额后的差额填列。

净利润经调节后计算得出的经营活动现金流量净额,应与主表该项目数额相符。

2)不涉及现金收支的重大投资和筹资活动

不涉及现金收支的重大投资和筹资活动,反映企业一定期间内影响资产或负债但不形成该期现金收支的所有投资和筹资活动的信息。其主要项目的内容及填列方法如下:

第一,"债务转为资本"项目,反映企业本期转为资本的债务金额。本项目根据有关负债账户的本期发生额分析填列。

第二,"一年内到期的可转换公司债券"项目,反映企业1年内到期的可转换公司债券的本息。本项目根据"应付债券"账户的本期发生额分析填列。

第三"融资租入固定资产"项目,反映企业本期融资租入固定资产的最低租赁付款额扣除应分期计入利息费用的未确认融资费用后的净额。本项目根据"长期应付款"和"未确认融资费用"账户的本期发生额分析填列。

3)现金及现金等价物净变动情况

现金及现金等价物净变动情况应根据资产负债表有关项目的增减变动情况等分析计算填列,计算结果应与主表现金及现金等价物净增加额项目金额相符。

(二)现金流量表编制举例

【例16-6】 沿用[例16-1]和[例16-2]的资料,编制现金流量表。

第一,甲公司2×20年度现金流量表正表各项目计算分析如下:

(1)销售商品、提供劳务收到的现金

$$=本期销售商品收到的现金+前期销售商品本期收到的现金+本期预收的款项$$
$$=452\,000+500\,000+171\,000+500\,000$$
$$=1\,623\,000(元)$$

或:

$$=本期销售商品、提供劳务的收入和增值税销项税额+(应收票据期初余额-应收票据期末余额)$$
$$+(应收账款期初余额-应收账款期末余额)+(合同负债期末余额-合同负债期初余额)$$
$$=880\,000+39\,000+52\,000+23\,400+(500\,000-203\,400)+(1\,379\,000-1\,547\,000)+(500\,000-0)$$
$$=1\,623\,000(元)$$

(2)购买商品、接受劳务支付的现金

$$=本期购买商品实际支付的现金+本期支付前期购买商品的应付票据、应付账款$$
$$+本期预付账款-本期因发生购货退回而收到的现金$$
$$=226\,000+100\,000+80\,000$$
$$=406\,000(元)$$

或:

$$=本期营业成本+本期购买商品的增值税进项税额+(存货类账户期末余额-存货类账户期初余额)$$
$$+(应付票据期初余额-应付票据期末余额)+(应付账款期初余额-应付账款期末余额)$$
$$+(预付账款期末余额-预付账款期初余额)-非本期购买存货的增加$$
$$=782\,400+26\,000+13\,260+(1\,855\,200-1\,592\,000)+(80\,000-0)+(116\,331.65-16\,331.65)$$
$$+(3\,060-118\,320)-(500\,000+40\,000+70\,000+5\,600+128\,000)$$
$$=406\,000(元)$$

（3）支付给职工以及为职工支付的现金

　　＝支付给职工薪酬－支付给在建工程人员薪酬

　　＝912 000－68 400

　　＝843 600(元)

（4）支付的各项税费

　　＝支付的增值税＋支付的所得税

　　＝65 000＋137 000

　　＝202 000(元)

（5）支付其他与经营活动有关的现金

　　＝支付的广告费

　　＝45 474(元)

（6）收回投资收到的现金

　　＝出售交易性金融资产收到的现金

　　＝1 920 000(元)

（7）处置固定资产、无形资产和其他长期资产收回的现金净额

　　＝处置固定资产收入－处置固定资产费用

　　＝1 808－1 130

　　＝678(元)

（8）购建固定资产、无形资产和其他长期资产支付的现金

　　＝购买固定资产支付的现金＋购买工程物资支付的现金＋支付给在建工程人员薪酬

　　＝22 600＋11 300＋68 400

　　＝102 300(元)

（9）取得借款收到的现金

　　＝举借长期借款收到的现金

　　＝200 000(元)

（10）偿还债务支付的现金

　　＝偿还1年内到期的长期借款支付的现金＋偿还短期借款支付的现金

　　＝1 800 000＋200 000

　　＝2 000 000(元)

（11）分配股利、利润或偿付利息支付的现金

　　＝偿付利息支付的现金

　　＝8 000(元)

第二,净利润调节为经营活动现金流量各项目计算分析如下：

（1）资产减值准备＝16 800＋19 145＝35 945(元)

（2）固定资产折旧、油气资产折耗、生产性生物资产折旧＝160 000(元)

（3）无形资产摊销＝30 000(元)

（4）长期待摊费用摊销＝9 855(元)

（5）固定资产报废损失＝39 400(元)

（6）财务费用＝23 000(元)

（7）投资损失＝－660 000(元)

（8）递延所得税资产减少＝51 975－60 961.25＝－8 986.25(元)

（9）存货的减少＝1 592 000－1 855 200＝－263 200(元)

（10）经营性应收项目的减少＝(500 000－203 400)＋(1 379 000－1 547 000)＋(118 320－3 060)＋(2 000－2 000)＝243 860(元)

（11）经营性应付项目的增加＝(0－80 000)＋(16 331.65－116 331.65)＋(500 000－0)＋(33 677.25－75 000)＝278 677.25(元)

第三,将上述各项目数据填入现金流量表及其补充资料,如表16－7和表16－8所示。

表16－7

现 金 流 量 表

编制单位:甲股份有限公司　　　　　　　2×20 年度　　　　　　　会企03表　单位:元

项　　　　目	本期金额	上期金额
一、经营活动产生的现金流量:		（略）
销售商品、提供劳务收到的现金	1 623 000	
收到的税收返还		
收到其他与经营活动有关的现金		
经营活动现金流入小计	1 623 000	
购买商品、接受劳务支付的现金	406 000	
支付给职工以及为职工支付的现金	843 600	
支付的各项税费	202 000	
支付其他与经营活动有关的现金	45 474	
经营活动现金流出小计	1 497 074	
经营活动产生的现金流量净额	125 926	
二、投资活动产生的现金流量:		
收回投资收到的现金	1 920 000	
取得投资收益收到的现金		
处置固定资产、无形资产和其他长期资产收回的现金净额	678	
处置子公司及其他营业单位收到的现金净额		
收到其他与投资活动有关的现金		
投资活动现金流入小计	1 920 678	
购建固定资产、无形资产和其他长期资产支付的现金	102 300	

（续表）

项　　目	本期金额	上期金额
投资支付的现金		（略）
取得子公司及其他营业单位支付的现金净额		
支付其他与投资活动有关的现金		
投资活动现金流出小计	102 300	
投资活动产生的现金流量净额	1 818 378	
三、筹资活动产生的现金流量：		
吸收投资收到的现金		
取得借款收到的现金	200 000	
收到其他与筹资活动有关的现金		
筹资活动现金流入小计	200 000	
偿还债务支付的现金	2 000 000	
分配股利、利润或偿付利息支付的现金	8 000	
支付其他与筹资动有关的现金		
筹资活动现金流出小计	2 008 000	
筹资活动产生的现金流量净额	−1 808 000	
四、汇率变动对现金及现金等价物的影响		
五、现金及现金等价物净增加额	136 304	
加：期初现金及现金等价物余额	739 000	
六、期末现金及现金等价物余额	875 304	

表 16-8

现金流量表补充资料

补　充　资　料	本期金额	上期金额
1. 将净利润调节为经营活动现金流量：		（略）
净利润	237 375.00	
加：资产减值准备	35 945.00	
固定资产折旧、油气资产折耗、生产性生物资产折旧	160 000.00	
无形资产摊销	30 000.00	
长期待摊费用摊销	9 855.00	
处置固定资产、无形资产和其他长期资产的损失		
固定资产报废损失	39 400.00	

(续表)

补 充 资 料	本期金额	上期金额
公允价值变动损失		（略）
财务费用	23 000.00	
投资损失	−660 000.00	
递延所得税资产减少	−8 986.25	
递延所得税负债增加		
存货的减少	−263 200.00	
经营性应收项目的减少	243 860.00	
经营性应付项目的增加	278 677.25	
其他		
经营活动产生的现金流量净额	125 926.00	
2. 不涉及现金收支的重大投资和筹资活动：		
债务转为资本		
一年内到期的可转换公司债券		
融资租入固定资产		
3. 现金及现金等价物净变动情况：		
现金的期末余额	875 304.00	
减：现金的期初余额	739 000.00	
加：现金等价物的期末余额		
减：现金等价物的期初余额		
现金及现金等价物增加额	136 304.00	

第六节　附　注

附注是对资产负债表、利润表、所有者权益变动表和现金流量表等报表中列示项目的文字描述或明细资料，以及对未能在这些报表中列示项目的说明等。

一、附注的作用

财务报表反映的信息是通过一定程序和方法归类和汇总后的结果，只能提供高度概括的数据信息，没有提供生成这些数据信息所运用的会计政策、总括数据的明细信息以及有助于信息使用者理解财务报表的其他必须披露的信息，其反映的会计信息所起的作用受到了一定的限制。

附注是对财务报表的补充，是财务报告不可或缺的组成部分。它主要对财务报表中未包括的内容或披露不详尽的内容作进一步的解释与说明，以有助于信息使用者理解会计信息，充分发挥会计信息的作用。附注相对于财务报表而言,具有同等重要性,他们都是财务报告的有机组成部分。

二、附注披露的顺序和内容

附注应当按照一定的结构进行系统合理的排列和分类,有顺序地披露信息。一般企业财务报表附注应按下列顺序至少披露以下内容。

（一）企业的基本情况

（1）企业注册地、组织形式和总部地址。

（2）企业的业务性质和主要经营活动。

（3）母公司以及集团最终母公司的名称。

（4）财务报告的批准报出者和财务报告批准报出日。

（二）财务报表的编制基础

企业应当说明财务报表的编制是否以持续经营为基础,如未以持续经营为基础编制应说明不能持续经营的理由。

（三）遵循企业会计准则的声明

企业应当明确说明编制的财务报表符合企业会计准则体系的要求,真实、完整地反映了企业的财务状况,经营成果和现金流量。

（四）重要会计政策和会计估计

企业应当披露重要的会计政策和会计估计,不重要的会计政策和会计估计可以不披露。在披露重要会计政策和会计估计时,应当披露重要会计政策的确定依据和财务报表项目的计量基础,以及会计估计中所采用的关键假设和不确定因素。

企业至少应当披露的重要会计政策包括存货、长期股权投资、投资性房地产、固定资产、无形资产、非货币性资产交换、资产减值、职工薪酬、企业年金基金、股份支付、债务重组、或有事项、收入、建造合同、政府补助、借款费用、所得税、外币折算、企业合并、租赁、金融工具确认和计量、金融资产转移、套期保值、合并财务报告、每股收益、分部报告、金融工具列报等。

（五）会计政策和会计估计变更以及差错更正的说明

企业应当按照《企业会计准则第28号——会计政策、会计估计变更和差错更正》及其应用指南的规定进行披露。

（六）重要财务报表项目的说明

企业应当尽可能以列表形式披露重要财务报表项目的构成或当期增减变动情况。

对重要财务报表项目的明细说明,应当按照资产负债表、利润表、现金流量表、所有者权益变动表的顺序以及财务报表项目列示的顺序进行披露,采用文字和数字描述相结合的方式进行披露并与财务报表项目相互参照。

（七）或有事项的说明

（1）预计负债的种类、形成原因以及经济利益流出不确定性的说明。

（2）与预计负债有关的预期补偿金额和本期已确认的预期补偿金额。

（3）或有负债的种类、形成原因及经济利益流出不确定性的说明。

（4）或有负债预计产生的财务影响,以及获得补偿的可能性;无法预计的,应当说明原因。

（5）或有资产很可能会给企业带来经济利益的，其形成的原因、预计产生的财务影响等。

（6）在涉及未决诉讼、未决仲裁的情况下，披露全部或部分信息预期对企业造成重大不利影响的，披露该未决诉讼、未决仲裁的性质以及没有披露这些信息的事实和原因。

（八）资产负债表日后事项的说明

每项重要的资产负债表日后非调整事项的性质、内容，及其对财务状况和经营成果的影响。无法作出估计的，应当说明原因。

（九）关联方关系及其交易的说明

（1）母公司和子公司的名称。母公司不是该企业最终控制方的，说明最终控制方名称。母公司和最终控制方均不对外提供财务报告的，说明母公司之上与其最相近的对外提供财务报告的母公司名称。

（2）母公司和子公司的业务性质、注册地、注册资本（或实收资本、股本）及其当期发生的变化。

（3）母公司对该企业或者该企业对子公司的持股比例和表决权比例。

（4）企业与关联方发生关联方交易的，该关联方关系的性质、交易类型及交易要素。交易要素至少应当包括：① 交易的金额。② 未结算项目的金额、条款和条件，以及有关提供或取得担保的信息。③ 未结算应收项目的坏账准备金额。④ 定价政策。

（5）企业应当分别关联方以及交易类型披露关联方交易。

本章要点概览

1. 财务报告是企业对外提供的反映企业某一特定日期的财务状况、某一特定期间的经营成果、现金流量和所有者权益变动等会计信息的文件。财务报告的目的主要是为报告使用者进行决策提供需要的相关会计信息。财务报告可按不同的标准分类，我国《企业会计准则第30号——财务报告列报》规定，财务报告至少应当包括资产负债表、利润表、现金流量表、所有者权益（或股东权益）变动表和附注。财务报表列报应当符合基本的要求。

2. 资产负债表是指反映企业在某一特定日期财务状况的财务报表，其编制的理论依据是"资产＝负债＋所有者权益"这一会计基本等式；利润表是指反映企业在一定会计期间经营成果的财务报表，其编制的理论依据是"收入－费用＝利润"这一会计等式；现金流量表是指反映企业在一定会计期间的现金和现金等价物流入和流出的财务报表，其编制的理论依据是收付实现制；所有者权益变动表是反映构成所有者权益的各组成部分当期增减变动情况的财务报表。

3. 附注是对资产负债表、利润表、现金流量表和所有者权益变动表等财务报表中列示项目的文字描述或明细资料，以及对未能在这些财务报表中列示项目的说明等，以充分发挥财务报表的作用。

主 要 术 语

财务报告	资产负债表
利润表	所有者权益变动表
现金流量	现金流量表

经营活动现金流量   直接法

间接法   投资活动现金流量

筹资活动现金流量   财务报表附注

复习思考题

1. 什么是财务报告？财务报告的作用有哪些？
2. 简述我国财务报告体系的组成内容。
3. 财务报表列报有哪些基本要求？
4. 简述资产负债表的内容、结构及编制方法。
5. 简述利润表的内容、结构及编制方法。
6. 简述所有者权益变动表的内容、结构及编制方法。
7. 简述现金流量表中的现金范围及现金流量的分类。
8. 列报经营活动产生的现金流量有哪两种方法？简述这两种方法所起的作用有何不同。
9. 简述现金流量表补充资料包括的内容。
10. 简述财务报表附注的作用及其披露的顺序和内容。

业 务 题

【业务题一】

(一) **目的**   练习资产负债表的部分项目的填列。

(二) **资料**   某企业 2×19 年 12 月 31 日,资产期末计价前有关账户余额如下(单位:元):

账户名称	借或贷	金额
交易性金融资产	借	100 000
应收账款	借	700 000
坏账准备——应收账款	贷	40 000
材料采购	借	20 000
原材料	借	570 000
包装物	借	6 000
低值易耗品	借	16 000
材料成本差异	贷	9 000
存货跌价准备	贷	5 000
应付账款	贷	500 000
应付账款——D公司	贷	800 000
应付账款——E公司	借	300 000

该企业交易性金融资产年末公允价值为 80 000 元。

该企业按应收账款余额的 5% 计提坏账准备。

该企业存货年末可变现净值为 600 000 元。

(三) 要求 根据上述资料,填列该企业 2×19 年 12 月 31 日资产负债表下列项目的期末余额:

1. 交易性金融资产。

2. 应收账款。

3. 预付款项。

4. 存货。

5. 应付账款。

【业务题二】

(一) 目的 练习利润表的部分项目的填列。

(二) 资料 某企业适用的所得税税率为 25%,2×19 年 12 月 31 日资产期末计价前有关账户余额如下(单位:元):

账户名称	借或贷	金额
交易性金融资产	借	600 000
应收账款	借	800 000
坏账准备	贷	30 000
主营业务收入	贷	1 900 000
主营业务成本	借	1 580 000
税金及附加	借	10 000
销售费用	借	50 000
管理费用	借	120 000
财务费用	借	40 000
投资收益	借	70 000
营业外收入	贷	9 000
营业外支出	借	3 000

该企业交易性金融资产年末公允价值为 820 000 元。

该企业按应收账款余额的 10% 计提坏账准备。

该企业除上述暂时性差异外,未发生其他暂时性差异,本年度发生的可抵减暂时性差异预计未来期间能够产生足够的应纳税所得额予以抵扣。

(三) 要求

1. 分别采用应付税款法和资产负债表债务法编制 2×19 年度结算应交所得税的会计分录。

2. 根据上述资料,填列 2×19 年度利润表下列指标的本期金额:

(1) 营业利润。

(2) 利润总额。

3. 分别采用应付税款法和资产负债表债务法计算 2×19 年度利润表中"净利润"项目本期金额。

【业务题三】

（一）**目的**　练习现金流量表的部分项目的填列。

（二）**资料**　某企业 2×20 年度有关资料如下：

1. "营业收入"项目 5 000 万元，"应交税费"项目中增值税销项税额 650 万元，其中已收到现金 4 250 万元；"应收票据"项目年初余额 32 万元，本年收回前期应收票据 32 万元，本年销售收到票据 86 万元，年末余额 86 万元；"应收账款"项目年初余额 72 万元，本年赊销 1 290 万元，本年收回前期应收账款 1 280 万元，本年收到以非现金资产抵偿 24 万元，本年收回前期核销的坏账损失 40 万元，年末余额 44.40 万元；"坏账准备——应收账款"账户年初余额为 8 万元，年末余额为 21.60 万元；"合同负债"项目年初余额 24 万元，本年实现销售转销 24 万元，本年预收 36.80 万元，年末余额 36.80 万元。

2. "营业成本"项目 1 812 万元；"存货"项目年初余额为 60 万元（无跌价准备），本年购入 1 800 万元，增值税进项税额 234 万元，其中已支付现金 1 872 万元，本年发出 1 812 万元，年末余额为 48 万元（无跌价准备）；"应付票据"项目年初余额 24 万元，本年支付前期应付票据 24 万元，本年购买材料交付应付票据 12 万元，年末余额 12 万元；"应付账款"项目年初余额 60 万元，本年赊购 126 万元，本年偿还 168 万元，年末余额 18 万元；"预付款项"项目年初余额 48 万元，本年收到材料转销 24 万元，预付货款 48 万元，年末余额 54 万元。

3. 出售旧机器 1 台，原始价值为 200 000 元，已提折旧额为 80 000 元，开具的增值税专用发票上注明的价款为 138 000 元，增值税额为 17 940 元，发生清理费用，取得的增值税专用发票上注明的价款为 4 800 元，增值税额为 624 元，款项均已通过银行收付。

4. 偿还短期借款本金 100 000 元，并支付利息 5 000 元。偿还长期借款利息 60 000 元，该项借款为专门借款，其利息费用全部计入在建工程成本。

5. 收回到期一次还本付息的 5 年期债券投资的本金 600 000 元，利息 72 000 元，款项已收存银行。

（三）**要求**　根据上述资料，填列该企业 2×20 年度现金流量表下列项目的本期金额：

1. 销售商品、提供劳务收到的现金。

2. 购买商品、接受劳务支付的现金。

3. 收回投资收到的现金。

4. 取得投资收益收到的现金。

5. 处置固定资产、无形资产和其他长期资产收回的现金净额。

6. 偿还债务支付的现金。

7. 分配股利、利润或偿付利息支付的现金。

【业务题四】

（一）**目的**　练习财务报表的填列。

（二）**资料**　某企业为增值税一般纳税人，适用的增值税税率为 13%。该企业采用资产负债表核算所得税,适用的所得税税率为25%。该企业2×19年12月31日账户余额如表16-9所示。

表16-9

账户余额表

2×19年12月31日 单位:元

账户名称	借方余额	账户名称	贷方余额
库存现金	1 200	短期借款	80 000
银行存款	290 400	应付票据	32 000
其他货币资金	4 000	应付账款	20 000
交易性金融资产(为成本)	104 000	应交税费	30 000
应收票据	200 000	应付利息	3 200
应收账款	551 600	其他应付款	2 400
坏账准备	−55 160	长期借款	520 000
预付账款	47 736	股本	2 800 000
其他应收款	800	资本公积	26 000
原材料	258 800	盈余公积	232 000
包装物	1 600	利润分配	84 566
低值易耗品	2 000		
库存商品	374 400		
长期股权投资	240 000		
长期股权投资减值准备	−28 000		
固定资产	1 128 000		
累计折旧	−240 000		
在建工程	72 000		
无形资产	824 000		
累计摊销	−8 000		
长期待摊费用	40 000		
递延所得税资产	20 790		
合 计	3 830 166	合 计	3 830 166

假设:

(1) 坏账准备均为应收账款计提的坏账准备。

(2) 长期借款中将于1年内到期的长期借款为100 000元。

2×20 年,该企业发生的经济业务如下:

1. 销售商品一批,增值税专用发票上注明的价款为 170 000 元,增值税额为 22 100 元,款项尚未收到。该批商品已发出,其实际成本为 112 000 元。

2. 出售交易性金融资产,其账面余额为 54 000 元,出售所得款 62 000 元存入银行。

3. 购入原材料一批,增值税专用发票上注明的价款为 80 000 元,增值税额为 10 400 元,款项以银行存款支付,材料已验收入库。

4. 销售商品一批,增值税专用发票上注明的价款为 260 000 元,增值税额为 33 800 元,款项已收到存入银行。该批商品已发出,其实际成本为 148 000 元。

5. 以银行存款支付到期的银行承兑汇票 32 000 元。

6. 收到原材料一批,增值税专用发票上注明的价款为 40 800 元,增值税额为 5 304 元,材料已验收入库,货款已于上月预付。

7. 购入不需要安装的生产用设备 1 台,增值税专用发票上注明的价款为 20 000 元,增值税额为 2 600 元,款项以银行存款支付。

8. 购入安装生产用设备的物资一批,增值税专用发票上注明的价款为 4 000 元,增值税额为 520 元,款项以银行存款支付。

9. 以银行存款归还到期的 3 年期借款 100 000 元。

10. 基本生产车间 1 台车床报废,其原始价值为 200 000 元,已提折旧额 184 000 元。车床报废清理过程中发生清理费用,取得的增值税专用发票上注明的价款为 400 元,增值税额为 52 元,残料出售,开具的增值税专用发票上注明的价款为 640 元,增值税额为 83.20 元,均通过银行存款收支。车床已清理完毕。

11. 销售商品一批,增值税专用发票上注明的价款为 72 000 元,增值税额为 9 360 元,收到一张面值为 81 360 元的不带息商业承兑汇票。该批商品已发出,其实际成本为 52 960 元。

12. 从银行借入 3 年期用于购建固定资产的专门借款 80 000 元,借款已存入银行。

13. 公司持有的一张面值为 20 000 元的商业承兑汇票到期,款项已收存银行。

14. 以银行存款归还短期借款本金 80 000 元,支付以前月份已预提的利息 3 200 元。

15. 以银行存款支付职工工资 357 002.40 元,其中,支付给在建工程人员的工资 27 360 元。

16. 分配当期职工工资 357 002.40 元,其中,基本生产车间工人工资 228 000 元,基本生产车间管理人员工资 18 240 元,厂部管理人员工资 83 402.40 元,在建工程人员工资 27 360 元。

17. 按合同预收货款 80 000 元存入银行。

18. 提取应计入本期损益的借款利息 10 157.60 元,其中,短期借款利息 4 077.60 元,长期借款利息 6 080 元(采用分期付息方式)。

19. 计提固定资产折旧 64 000 元,其中,基本生产车间固定资产折旧 51 200 元,行政管理部门固定资产折旧 12 800 元。

20. 摊销无形资产价值 24 000 元;长期待摊费用摊销计入管理费用 3 600 元。

21. 基本生产车间领用原材料一批,实际成本 160 000 元,其中,商品生产耗用 152 000 元,一般耗用 8 000 元。

22. 收到应收账款 125 400 元存入银行。

23. 以银行存款支付商品广告费,取得的增值税专用发票上注明的价款为 17 160 元,增值税额为 1 029.60 元。

24. 以银行存款交纳所得税 30 000 元。

25. 按应收账款余额的 10% 计提坏账准备。

26. 已投产的产品的本期全部完工入库,结转制造费用和完工产品成本。

27. 以银行存款预付购货款 8 000 元。

28. 结转本期应交未交或多交增值税。

29. 年末交易性金融资产的公允价值为 58 680 元,确认公允价值变动损益。年末,长期股权投资可收回金额为 212 000 元。

30. 将损益类账户余额结转至“本年利润”账户。

31. 计算本期所得税费用和应交所得税(假定本期除资产减值损失和交易性金融资产的公允价值变动外,其他交易或事项核算均符合税法规定)并将所得税费用结转至“本年利润”账户。

32. 分别按净利润 10% 和 15% 的比例提取法定盈余公积和任意盈余公积。

33. 将“本年利润”“利润分配”账户有关明细账户余额转入“利润分配——未分配利润”账户。

(三) 要求

1. 根据上述资料,编制会计分录(假定增值税额当月已经税务机关认证可予抵扣)。

2. 根据 2×19 年 12 月 31 日账户余额及编制的会计分录,编制 2×20 年 12 月 31 日账户余额表。

3. 编制该企业 2×20 年 12 月 31 日资产负债表。

4. 编制该企业 2×20 年度利润表。

5. 编制该企业 2×20 年度所有者权益变动表。

6. 编制该企业 2×20 年度现金流量表。

主要参考文献

1.《企业会计准则——基本准则》(2006 年 2 月 15 日财政部颁布,2007 年 1 月 1 日起施行),(2014 年 7 月 23 日财政部颁布关于修改《企业会计准则——基本准则》的决定,自公布之日起施行)。

2.《企业会计准则——具体准则》(2006 年 2 月 15 日财政部颁布,2007 年 1 月 1 日起施行;其中,修订后的长期股权投资、职工薪酬、财务报表列报、合并财务报表、金融工具列报、金融工具确认和计量、金融资产转移七项企业会计准则,以及公允价值计量、合营安排、在其他主体中权益的披露三项新企业会计准则,自 2014 年 7 月 1 日起施行);2017 年修订后的《企业会计准则第 22 号——金融工具确认和计量》《企业会计准则第 23 号——金融资产转移》《企业会计准则第 24 号——套期会计》《企业会计准则第 37 号——金融工具列报》和《企业会计准则第 14 号——收入》自 2018 年 1 月 1 日起按企业类型分阶段施行;《企业会计准则第 16 号——政府补助》自 2017 年 6 月 12 日起施行。2017 年 4 月 28 日财政部发布的《企业会计准则第 42 号——持有待售的非流动资产、处置组和终止经营》自 2017 年 5 月 28 日起施行。2018 年 12 月 7 日,财政部修订发布《企业会计准则第 21 号——租赁》自 2019 年 1 月 1 日起按企业类型分阶段施行;2019 年 5 月 9 日,财政部修订发布《企业会计准则第 7 号——非货币性资产交换》自 2019 年 6 月 10 日起施行;2019 年 5 月 16 日,财政部修订发布《企业会计准则第 12 号——债务重组》自 2019 年 6 月 17 日起施行。

3.《企业会计准则——应用指南》(2006 年 10 月 30 日财政部颁布,2007 年 1 月 1 日起施行;其中,修订后的长期股权投资、职工薪酬、财务报表列报、合并财务报表、金融工具列报、金融工具确认和计量、金融资产转移七项企业会计准则,以及公允价值计量、合营安排、在其他主体中权益的披露三项新企业会计准则,自 2014 年 7 月 1 日起施行)。

4.《企业会计准则解释》第 1～第 12 号(财政部颁布)。

5.《增值税会计处理规定》(财会〔2016〕22 号)(2016 年 12 月财政部颁布)。

6.《现金管理暂行条例》(1988 年 9 月 8 日国务院颁布,自 1988 年 10 月 1 日起施行)。

7.《支付结算办法》(1997 年 9 月 19 日中国人民银行发布,自 1997 年 12 月 1 日起施行)。

8.《人民币银行结算账户管理办法》(2003 年 4 月 10 日中国人民银行发布,自 2003 年 9 月 1 日起施行)。

9.《关于修订印发 2019 年度一般企业财务报表格式的通知》(财会〔2019〕6 号)(2019 年 4 月 30 日财政部颁布)。

立信经典教材

教材名称	第一主编
财务会计(第六版)	李正华
财务会计习题及解答(第四版)	李正华
财务会计实训(第三版)	沈亚香
高级财务会计(第五版)	徐文丽
涉外企业会计(第六版)	徐文丽
财务报表分析(第四版)	张立达
企业会计制度设计(第七版)	董惠良
税务会计(第十四版)	盖　地
会计报表编制与分析(第四版)	赵　威
小企业会计基础(第四版)	严玉康
小企业会计综合实训(第四版)	严玉康
金融企业会计(第三版)	亚春林
金融企业会计模拟实训(第二版)	亚春林
会计综合实训(第二版)	王立新